｜高校社科研究文库｜

知识产权与
成果转化案例评析

刘伟成｜著

光明日报出版社

图书在版编目（CIP）数据

知识产权与成果转化案例评析 / 刘伟成著 . -- 北京：
光明日报出版社，2019. 11（2022. 4 重印）
ISBN 978 - 7 - 5194 - 5026 - 7

Ⅰ.①知⋯ Ⅱ.①刘⋯ Ⅲ.①知识产权法—案例—中
国 Ⅳ.①D923. 405

中国版本图书馆 CIP 数据核字（2019）第 252702 号

知识产权与成果转化案例评析
ZHISHI CHANQUAN YU CHENGGUO ZHUANHUA ANLI PINGXI

著　者：刘伟成

责任编辑：章小可　　　　　　　　责任校对：傅泉泽
封面设计：中联学林　　　　　　　　责任印制：曹　净

出版发行：光明日报出版社
地　　址：北京市西城区永安路 106 号，100050
电　　话：010-63139890（咨询）　63131930（邮购）
传　　真：010 - 63131930
网　　址：http://book. gmw. cn
E - mail：gmrbcbs@ gmw. cn
法律顾问：北京市兰台律师事务所龚柳方律师

印　　刷：三河市华东印刷有限公司
装　　订：三河市华东印刷有限公司
本书如有破损、缺页、装订错误，请与本社联系调换，电话：010 - 63131930

开　　本：170mm×240mm
字　　数：359 千字　　　　　　　　印　　张：20
版　　次：2019 年 11 月第 1 版　　　印　　次：2022 年 4 月第 2 次印刷
书　　号：ISBN 978 - 7 - 5194 - 5026 - 7
定　　价：78. 00 元

目　录
CONTENTS

第一章

著作权法案例

案例一 "易查网"侵犯著作权罪案

2012 年，北京易查无限信息技术有限公司（以下简称易查公司）股东于某为提高其注册经营的"易查网"的用户数量，在未获上海玄霆娱乐信息科技有限公司（以下简称玄霆公司）许可的情况下，擅自使用软件，复制、下载玄霆公司发行于"起点中文网"网站上的《仙傲》（雾外江山）等文字作品，通过信息网络向公众传播其文字作品数量合计五百部以上，并因此获得经济收益，构成侵犯著作权罪。2014 年 4 月 21 日，于某主动向公安机关投案，易查公司向玄霆公司赔偿 800 万元。上海市浦东新区人民检察院指控被告单位易查公司、被告人于某犯侵犯著作权罪，于 2015 年 12 月 11 日向上海市浦东新区人民法院提起公诉。

【案情简介】

被告单位北京易查无限信息技术有限公司（以下简称易查公司）系"易查网"的经营者。该公司的法定代表人及技术负责人于某提出开发触屏版小说产品的方案，易查网将 web 小说网页转码成 WAP 网页供移动用户阅读。公安机关扣押了易查公司的服务器硬盘，鉴定人员以此搭建出局域网环境下的"易查网"，发现可以搜索、阅读并下载小说。鉴定人员对从硬盘中下载的 798 本小说与玄霆公司享有著作权的同名小说进行了比对，确定相同字节数占总字节数70% 以上的有 588 本。被告人及其辩护人提出，"易查网"的开发设想系提供搜索及转码服务，而非内容服务，即在用户搜索并点击阅读时，对来源网页进行转码后临时复制到硬盘上形成缓存并提供给用户阅读，当用户离开阅读页面时自动删除该缓存。但根据鉴定确认的事实可知，"易查网"在将其所谓"临时复制"的内容传输给触发"转码"的用户后，并未随即将相应内容从服务器硬盘中自动删除，被"复制"的小说内容仍可被其他用户再次利用，上述行为已明显超出转码技术的必要过程。

据此可以认定，"易查网"直接向网络用户提供了涉案文字作品。易查公司未经著作权人许可，通过"易查网"传播他人享有著作权的文字作品500余部，情节严重，已构成侵犯著作权罪。于某作为易查公司直接负责的主管人员，亦应承担侵犯著作权罪的刑事责任。本案中，易查公司及于某具有自首和通过赔偿获得被害单位谅解等酌情从轻处罚的情节，法院综合考虑本案的犯罪情节、后果，依法判处单位罚金，判处于某缓刑及罚金。宣判后，易查公司、于某均未提出上诉。

【法院判决】

法院认为，玄霆公司通过与涉案文字作品的作者签订协议，享有涉案作品的著作权。未经玄霆公司许可，通过信息网络向公众传播其文字作品的数量合计在五百部以上的，构成侵犯著作权罪。根据控辩双方的意见，本案争议焦点在于：①"易查网"小说频道提供的服务是内容服务，还是搜索、转码服务；②若易查公司构成侵犯著作权罪，被告人于某是否应承担责任。

一、关于"易查网"小说频道提供服务的性质

根据公诉机关提交的证据，用户可在被告单位易查公司经营的"易查网"小说频道搜索、阅读小说，该频道所对应的服务器硬盘中存储有588部与玄霆公司享有著作权的文字作品构成实质性相似的小说。根据玄霆公司申请所作的（2014）沪卢证经字第958号公证书及公诉机关提供的"易查网"小说频道的界面截图，在通过该网站搜索、阅读小说过程中，地址栏所显示的URL地址均系"易查网"的服务器地址。上述事实可以证明，"易查网"直接向网络用户提供了上述文字作品，使得网络用户可以在其个人选定的时间和地点进行阅读，侵害了玄霆公司对涉案作品享有的信息网络传播权。

被告人提出，根据其就"易查网"小说频道所提开发要求，该网站提供小说的搜索、转码服务，仅对涉案作品进行"缓存"或"临时复制"，该"临时复制"的内容仅提供给触发转码的用户，且在用户离开阅读页面或超过5分钟无操作时会自动删除。在用户阅读过程中，地址栏中的"nid = 2c4469……"等是"易查网"对于"url = 来源网址"的重新编码。

在手机阅读领域，转码技术是指将针对台式机、笔记本电脑等PC端设备设

计的 HTML 格式（Hypertext Markup Language，超文本标记语言）的网页，转换成适用于手机阅读的网页（如 WML 格式网页，即 Wireless Markup Language，无线标记语言）的一种技术，该技术解决了因手机屏幕小、多媒体处理能力弱而难以访问 HTML 格式网页或访问中用户体验不佳的问题。在网页转码技术中，HTML 格式的网页内容需存储在服务器内存或硬盘上才能进行处理转换，该过程必然涉及对网页中作品的"复制"。若搜索引擎在将转码后的网页传输给手机用户后，即自动删除了在内存或硬盘中临时存储的内容，则该过程所涉及的瞬间、短暂的"复制"行为属于转码技术的必要组成部分，且没有独立的经济价值，不属于侵犯他人复制权或信息网络传播权的行为。但若经营者在使用转码技术的过程中实施了超出了上述必要过程的行为，则有可能因踏入他人著作权的禁止权范围而构成侵权。

本案中，根据鉴定意见所反映的事实，鉴定人在使用"易查网"服务器所搭建的网络环境时，可以在线阅读涉案小说，并从服务器硬盘中下载涉案小说。可见，"易查网"在将其所谓"临时复制"的内容传输给触发"转码"的用户后，并未立刻将相应内容从服务器硬盘中自动删除，被"复制"的小说内容仍可被其他用户再次利用。被告人于某亦自认，根据"易查网"小说频道的技术设想，该网站将 HTML 格式的网页"临时复制"在其服务器内存上，经运算后将转换后的网页"临时复制"到其服务器硬盘中，且在用户阅读过程中持续存储该内容。在上述过程中，对 HTML 格式网页的临时复制为转码技术所必须；但搜索引擎在将经转码后的网页传输给手机用户后，应立即自动删除其临时存储的内容，继续在服务器中存储该内容并非提供转码服务的必经程序。被告人提出，"易查网"将转码后的网页"缓存"在服务器端而非浏览器端的原因在于手机浏览器的缓存空间太小，难以缓存一个章节的小说内容。然而一个章节的小说网页经转码后所需的缓存空间极小，在现有技术条件下，显然在手机浏览器缓存空间的荷载范围内，被告人的上述解释不符合常理。"易查网"在提供小说阅读服务过程中，不仅进行了网页的格式转换，还在其服务器中存储了经过格式转换的网页内容，使后来的用户可以直接从其服务器中获得。可见，上述行为已明显超出转码技术的必要过程，所谓"临时复制"的内容已具备独立的经济价值。因此，易查公司的小说服务模式构成对作品内容的直接提供。在此情形下，即便"易查网"设置了所谓的删除机制，也不改变其行为的性质。

被告人提出，鉴定人之所以能够在搭建的网络环境中阅读涉案小说，是因为被告单位在开发中专门给 PC 端用户设置了"管理员权限"，鉴定人系使用电脑操作，故可阅读到服务器中由其他用户搜索、阅读而形成的全部"缓存"内容，若使用手机操作则无法阅读。即便该抗辩内容属实，则当 PC 端用户搜索、阅读某一小说章节时，若该内容已被"临时复制"到"易查网"服务器中，则直接从"易查网"的服务器提供给 PC 端用户，"易查网"实施了直接向所有 PC 端用户提供作品的行为，该行为构成直接侵权。辩护人提出极少用户会通过 PC 端访问"易查网"，但现有证据证明确可通过 PC 端阅读"易查网"上的相应小说内容，是否有 PC 端用户实际访问及访问人数的多少不影响其性质的认定。

对提供搜索及转码服务的经营者而言，当用户点击搜索结果后，地址栏中显示的网址一般为"搜索引擎网址 + 被链网页网址"的混合网址形式。但本案中，小说阅读页面的地址栏仅显示了"易查网"的网址，也可佐证"易查网"并非提供网络服务。被告人称地址栏中的"nid = 2c4469……"等是"易查网"对于"url = 来源网址"的重新编码，法院认为，一方面，提供搜索、转码服务的经营者刻意隐藏来源网站 URL 地址的行为与常理不符；另一方面，更与本案其他证据所证明的事实相违背。

综上，法院认定被告单位易查公司未经许可，通过"易查网"传播了玄霆公司享有信息网络传播权的涉案小说，数量达 588 部，情节严重，构成侵犯著作权罪。对被告人及辩护人提出的意见，法院不予采纳。

二、关于被告人于某是否应承担责任

被告人于某在被告单位易查公司中负责技术工作，其提议开发涉案触屏版小说产品，且由其直接提出该产品的技术需求，则在具体开发中，尤其是产品上线前，其应跟踪了解该产品的技术实现方式，以确保不侵犯他人合法权益。于某自认其并未完全了解该技术的具体实现方式，也未就开发中的具体技术问题进行后续跟踪，其主观上至少存在放任的间接故意。因此，对辩护人提出被告人不存在主观故意的意见，法院不予采纳。

综合以上认定，被告人于某作为易查公司直接负责的主管人员，亦应以侵犯著作权罪追究其刑事责任。被告单位易查公司、被告人于某均系自动投案，故法院依法对被告单位易查公司及被告人于某从轻处罚。案发后，被告单位易查公司对玄霆公司进行了赔偿并获得谅解，可以酌情从轻处罚，据此法院根据被告人的犯罪情节、社会危害性、认罪悔罪态度等，判决如下：

一、被告单位北京易查无限信息技术有限公司犯侵犯著作权罪，判处罚金人民币二万元（于本判决生效后一个月内缴纳）。

二、被告人于某犯侵犯著作权罪，判处拘役三个月，缓刑三个月，罚金人民币五千元。

（缓刑考验期限，从判决确定之日起计算；罚金于本判决生效后一个月内缴纳。）

三、违法所得予以追缴。

四、扣押的硬盘予以没收。

【相关法律条文】

《中华人民共和国刑法》第五十三条第一款、第六十四条、第六十七条第一款、第七十二条第一款、第三款、第七十三条第一款、第三款、第二百一十七条、第二百二十条；《最高人民法院、最高人民检察院关于办理侵犯知识产权刑事案件具体应用法律若干问题的解释》第十一条；《最高人民法院、最高人民检察院关于办理侵犯知识产权刑事案件具体应用法律若干问题的解释（二）》第四条、第六条；《最高人民法院、最高人民检察院、公安部、司法部关于办理侵犯知识产权刑事案件适用法律若干问题的意见》第十三条第一款第（二）项。

【案例评析】

转码技术是随着移动阅读逐渐普及产生的一项技术，本案是移动阅读网站对转码技术不当使用构成侵犯著作权罪的案件。判决对"转码"技术实施的特点以及必要限度进行了详细阐释，从信息网络传播行为的本质出发，厘清了"转码"行为罪与非罪的界限。本案较好地展现了在技术飞速发展的时代背景下，知识产权司法保护在坚持技术中立的同时，如何结合技术事实认真厘清有关技术是否超越法律范围、侵犯他人合法权利的标准。对于以技术为挡箭牌，侵权情节严重，符合知识产权犯罪构成要件的行为，应依法给予刑事处罚。本案的裁判结果充分体现了人民法院处理科技进步带来的新型犯罪行为的司法智慧和司法能力，彰显了依法打击侵犯知识产权犯罪行为的力度和决心。

【思考题】

1. 转码过程中的复制行为不构成侵权应满足哪些条件？

2. 网络服务提供者设置的删除机制，在何种情况下即便完成了"通知与移除"程序，也不能免除相应责任？

案例二 琼某诉于某侵害著作权纠纷案

2014年4月8日，一部由于某（本名余某）编剧的古装电视剧《宫锁连城》登陆湖南卫视金鹰独播剧场，并相继在各大网络视频平台播出，取得较高的收视率。4月15日，台湾编剧琼某（本名陈某）在微博上发布公开信，称《宫锁连城》涉嫌抄袭《梅花烙》，于某当日则发表微博称剧本没有问题。4月28日，琼某委托北京盈科律师事务所律师王某向北京市第三中级人民法院提起诉讼。后因不服北京市第三中级人民法院判决，余某等五名被告于2015年12月16日向北京市高级人民法院提起上诉。

【案情简介】

本案被上诉人（一审原告）陈某（笔名：琼某）于1992年至1993年间创作完成了电视剧剧本及同名小说《梅花烙》（统称涉案作品），并自始至终完整、独立地享有涉案作品著作权（包括但不限于改编权、摄制权等）。涉案作品在中国大陆地区多次出版、发行，拥有广泛的读者群与社会认知度、影响力。

本案上诉人（一审被告）余某（笔名：于某）于2012年至2013年间，未经陈某许可，擅自采用涉案作品核心独创情节进行改编，创作电视剧剧本《宫锁连城》。本案上诉人（一审被告）湖南经视公司、东阳欢娱公司、万达公司、东阳星瑞公司共同摄制了电视剧《宫锁连城》（又名《凤还巢之连城》），并在电视频道及网络大量播出。

陈某以余某、湖南经视公司、东阳欢娱公司、万达公司、东阳星瑞公司侵害其涉案作品的改编权、摄制权为由，向北京市第三中级人民法院提起诉讼。

一审法院（北京市第三中级人民法院）裁判认为：第一，根据法院查明事实认定涉案作品著作权人为陈某。第二，电视剧《梅花烙》的公开播出可以推定为剧本《梅花烙》的公开发表。鉴于余某、湖南经视公司、东阳欢娱公司、万达公司、东阳星瑞公司均具有接触电视剧《梅花烙》的机会和可能，故可以推定其亦具有接触剧本《梅花烙》的机会和可能，从而满足了侵害著作权中的接触要件。第三，剧本《宫锁连城》就各情节的设置，与涉案作品的独创安排高度相似，余某、湖南经视公司、东阳欢娱公司、万达公司及东阳星瑞公司未经陈某许可，擅自改编涉案作品创作剧本《宫锁连城》及对上述行为提供帮助，并以该剧本为基础拍摄、发行电视剧《宫锁连城》，侵害了陈某依法对涉案作品享有的改编权及摄制权。

二审法院（北京市高级人民法院）裁判认为：第一，根据法院查明事实认定涉案作品著作权人为陈某。第二，原审被告满足接触要件。第三，陈某主张的9个情节属于著作权法中保护的，剧本《宫锁连城》的相应情节与其构成实质性相似。余某侵害了陈某的改编权。第四，湖南经视公司、东阳欢娱公司、万达公司、东阳星瑞公司与余某构成共同侵权，应当承担赔偿损失的责任。

【法院判决】

本案争议焦点如下：1. 剧本《梅花烙》著作权的归属；2. 小说《梅花烙》与剧本《梅花烙》著作权的关系；3. 原告主张被改编和摄制的内容能否受著作权法保护；4.《宫锁连城》是否侵害了《梅花烙》剧本及小说的改编权；5.《宫锁连城》电视剧是否侵害了《梅花烙》剧本及小说的摄制权；6. 侵害改编权及摄制权主体与民事责任的认定。

一，根据陈某提交的电视剧剧本《梅花烙》、陈某的《权利声明书》以及相关笔录和当事人陈述等证据，能够证明原审法院查明的事实，二审法院对此予以确认。

本案中，陈某主张权利的是1992年10月创作完成的剧本《梅花烙》，但湖南经视公司在二审法院诉讼中提交的台湾地区"经济部智慧财产局"登记簿誊本显示，还存在一个1992年9月的《梅花烙》剧本，且该剧本著作权已转让给怡人公司。就上述两个不同时间的剧本，首先，根据怡人公司在《确认书》中所作的权利处分声明，可以认定1992年9月的《梅花烙》剧本著作权也归属于陈某。其次，即便湖南经视公司等否认1992年9月剧本和陈某主张权利的1992年10月剧本不同，并进而否认陈某提交的1992年10月剧本的真实性，但考虑到电视剧《梅花烙》已于1993年10月在台湾地区上映，而按照正常逻辑，拍摄用剧本在电视剧拍摄完成时必然已成型，即陈某据以主张权利的拍摄用1992年10月剧本至少在1993年10月既已存在。原审法院对陈某提交的1992年10月剧本所作认定并无不妥。再次，根据林某在《声明书》中所作的权利处分意思表示，并结合小说《梅花烙》所附的《后记》，可以确认陈某对1992年10月的剧本亦享有著作权，即不论两个剧本的内容是否相同或实质性相似，其著作权均归陈某所有。综上，余某、湖南经视公司、东阳欢娱公司、万达公司、东阳星瑞公司据此否认1992年10月剧本存在，并进而否认陈某对该剧本享有著作权的上诉理由，依据不足，不能成立。

陈某在本案中还主张小说《梅花烙》的著作权。根据小说《梅花烙》的署名，陈某为该小说的作者，在无相反证据的情况下，其对该作品享有著作权。小说《梅花烙》由剧本《梅花烙》改编而来，两者在内容上高度关联、相似，但由于从剧本到小说发生了文学艺术形式的变化，小说《梅花烙》是在剧本《梅花烙》基础上创作出来的具有独创性的新作品，其独创性即体现在文学艺术形式的转换之中。由于原作品的著作权人即为陈某，改编作品的著作权人也是陈某，因此，陈某对于小说《梅花烙》亦可主张权利。

二，本案中，根据剧本《梅花烙》拍摄的电视剧《梅花烙》早已在中国大陆地区公开播放，电视剧《梅花烙》是对剧本《梅花烙》内容的视听化。比对陈某提供的剧本《梅花烙》打印文本所载内容与电视剧《梅花烙》内容，两者高度一致，相关公众通过观看电视剧《梅花烙》即可获知剧本《梅花烙》的内容，尤其是结合陈某在二审法院诉讼中提交的证据，余某微博中的表述，清楚地表明其观看过电视剧《梅花烙》，由此更可以印证余某已经知悉电视剧《梅花烙》的内容。因此，电视剧《梅花烙》的公开播放可以视为剧本《梅花烙》的发表，并可据此推定余某、湖南经视公司、东阳欢娱公司、万达公司、东阳星瑞公司接触了剧本《梅花烙》。

剧本和小说均属于文学作品，文学作品中思想与表达界限的划分较为复杂。文学作品的表达既不能仅仅局限为对白台词、修辞造句，也不能将文学作品中的主题、题材、普通人物关系认定为著作权法保护的表达。文学作品的表达，不仅表现为文字性的表达，也包括文字所表述的故事内容，但人物设置及其相互的关系，以及由具体事件的发生、发展和先后顺序等构成的情节，只有具体到一定程度，即文学作品的情节选择、结构安排、情节推进设计反映出作者独特的选择、判断、取舍，才能成为著作权法保护的表达。确定文学作品保护的表达是不断抽象过滤的过程。

文学作品中，情节的前后衔接、逻辑顺序将全部情节紧密贯穿为完整的个性化表达，这种足够具体的人物设置、情节结构、内在逻辑关系的有机结合体可以成为著作权法保护的表达。如果被诉侵权作品中包含足够具体的表达，且这种紧密贯穿的情节设置在被诉侵权作品中达到一定数量、比例，可以认定为构成实质性相似；或者被诉侵权作品中包含的紧密贯穿的情节设置已经占到了权利作品足够的比例，即使其在被诉侵权作品中所占比例不大，也足以使受众感知到来源于特定作品时，可以认定为构成实质性相似。

陈某主张的剧本《梅花烙》的21个情节（小说《梅花烙》的17个情节），前后串联构建起整个故事的情节推演，虽然小说和剧本在部分情节上有细微差别，但是并不影响剧本和小说两部作品在整体内容上的一致性，陈某主张的上述情节在前后衔接、逻辑顺序上已经紧密贯穿为完整的个性化表达。剧本《宫锁连城》虽然在故事线索上更为复杂，但是陈某主张的上述情节的前后衔接、逻辑顺序均可映射在剧本《宫锁连城》的情节推演中，即使存在部分情节的细微差别，但是并不影响剧本《宫锁连城》与涉案作品在情节内在逻辑推演上的一致性。陈某主张的上述情节，如果以剧本《宫锁连城》中的所有情节来计算，所占比例不高，但是由于其基本包含了涉案作品故事内容架构，也就是说其包含的情节设置已经占到了涉案作品的足够充分的比例，以至于受众足以感知到来源于涉案作品，且上述情节是《梅花烙》的绝大部分内容。因此，剧本《宫锁连城》与涉案作品在整体上仍然构成实质性相似。

综上所述，剧本《宫锁连城》侵犯了陈某对涉案作品享有的改编权。

三，电视剧《宫锁连城》系根据剧本《宫锁连城》拍摄而成。剧本《宫锁连城》基于上述分析，系未经许可对涉案作品进行改编而成，作为改编作品的剧本《宫锁连城》，未经陈某许可即被摄制为电视剧，构成对涉案作品著作权人陈某所享有的摄制权的侵害。

余某、湖南经视公司、东阳欢娱公司、万达公司、东阳星瑞公司均符合接触涉案作品的要件，同时剧本《宫锁连城》与涉案作品构成实质性相似，侵害了陈某对涉案作品享有的改编权。余某、湖南经视公司、东阳欢娱公司、万达公司、东阳星瑞公司是否应对此侵权行为承担连带责任，关键点在于其是否构成共同侵权。

余某作为剧本《宫锁连城》的作者、著作权人，直接实施了侵害改编权的行为，应承担相应的侵权责任。根据东阳欢娱公司、湖南经视公司、东阳星瑞公司在2013年1月8日签订的协议，其中约定《宫锁连城》剧本内容由上述三方共同审查，经三方书面确认通过后才能进行拍摄；湖南经视公司全权负责剧本的立项、报批、审批环节的相关事宜，三方均有权了解本剧前期筹备、拍摄制作、送审、宣传、发行的计划安排以及实际进展；东阳欢娱公司负责该剧的剧本创作、摄制工作，负责在三方认可通过之预算范围内安全、即时、优质完成该剧剧本创作和拍摄、制作工作。基于上述合同约定，可以看出尽管东阳欢娱公司、湖南经视公司、东阳星瑞公司对剧本的创作、报批、审批、拍摄有明确分工，但只有在三方审查同意剧本内容之后电视剧《宫锁连城》方可拍摄，因此，东阳欢娱公司、湖南经视公司、东阳星瑞公司实际上参与到剧本《宫锁连城》的创作之中，即余某、东阳欢娱公司、湖南经视公司、东阳星瑞公司对剧本《宫锁连城》的创作存在共同的意思联络，其相互之间的行为共同侵害了陈某的改编权，构成了共同加害行为，应承担连带责任。

东阳欢娱公司、湖南经视公司、东阳星瑞公司作为出品单位，根据三方合同约定，东阳欢娱公司具体负责拍摄制作，湖南经视公司和东阳星瑞公司对拍摄制作等情况有权了解和监督，因此，东阳欢娱公司、湖南经视公司、东阳星瑞公司是电视剧《宫锁连城》的制片者，应承担相应的侵害摄制权的责任。余某作为编剧，拍摄电视剧《宫锁连城》得到其许可，且作为电视剧的制片人、出品人，为电视剧《宫锁连城》的拍摄提供了实质性的帮助，与东阳欢娱公司、湖南经视公司、东阳星瑞公司构成共同侵权，应承担连带责任。

万达公司系电视剧《宫锁连城》署名的出品方，其提供了与东阳欢娱公司签订的协议作为推翻署名的相反证据，二审法院认为该协议不能成为推翻署名的相反证据。具体理由为：第一，万达公司在原审庭审中提供的该份协议的原件存在若干条款的遮挡，而遮挡的不仅仅是个别数据，因此，证据在形式上存在瑕疵，不能完整地呈现协议内容。第二，即使不考虑证据形式上的瑕疵，协议中约定万达公司除署名权、优先收回投资和获取收益的权利外，对电视剧不享有其他著作权。署名的出品方提供拍摄协议来证明实际拍摄中著作权权利归属划分，是可以作为推翻署名的相反证据，但是根据万达公司提供的拍摄协议，除署名之外，其还享有获取收益的权利，万达公司对电视剧《宫锁连城》在获取报酬这一点上与其他出品方并无不同，该项权利是著作财产权的重要内容，也是基于此，万达公司提供的该份协议不能成为推翻署名的相反证据。综上，万达公司仍应被认定为电视剧《宫锁连城》的制片者，应对侵犯改编权、摄制权的行为承担连带责任。

四、著作权从权利性质划分上属于排他性的绝对权，当该种权利受到侵害时，停止侵害请求权是著作权自身具有的保护性请求权。因此，停止侵权责任是侵权人应当承担的民事责任，侵权人不承担停止侵权责任是一种基于利益衡量之后的政策选择，是一种例外情形，应当严格予以把握。是否对权利人的停止侵害请求权加以限制，主要考量的是个人利益之间的利益平衡以及个人和社会公众利益之间的平衡。本案具体可以从以下方面进行判断：

第一，权利人和侵权人之间是否具有竞争关系。如果权利人和侵权人之间具有竞争关系，则不宜对停止侵害请求权进行限制，否则不判令承担停止侵权责任，意味着给侵权人赋予了强制许可，这种违背权利人意愿的方式有可能极大损害权利人通过投资获得收益并取得竞争优势。本案中，陈某与余某、湖南经视公司、东阳欢娱公司、万达公司、东阳星瑞公司之间是具有竞争关系的。陈某作为涉案作品的著作权人，虽然涉案作品于 1992 年创作完成，1993 年被拍摄为电视剧并播映，但是陈某仍然可以对涉案作品进行再次的改编、拍摄。小说或剧本的影视改编、摄制、发行活动，是实现小说或剧本市场价值、商业利益的重要方式。余某同样作为编剧，湖南经视公司等作为电视剧的制片者，与陈某之间具有竞争关系，剧本《宫锁连城》与涉案作品构成实质性相似的情况下，基于该剧本拍摄的电视剧《宫锁连城》继续复制、发行、传播将意味着其取得了强制许可，这显然违背了陈某本人的意愿，且损害了陈某再次改编、拍摄涉案作品并投入市场的竞争优势。

第二，侵权人市场获利是否主要基于著作权的行使。如果侵权人的商业产品获得成功并非来源于产品中著作权发挥的功能，或者其发挥的功能仅占产品市场成功的很小部分时，基于权利人利益和侵权人利益之间的平衡，可以对停止侵害请求权进行限制。本案中，电视剧《宫锁连城》的拍摄融合了导演、编剧、演员、摄影等若干人员的劳动，但对于余某担任编剧的电视剧，其之所以获得较高收视率的核心因素在于余某创作的据以拍摄的剧本，也就是说剧本《宫锁连城》对于电视剧《宫锁连城》的市场成功起到了决定性作用，由此，余某、湖南经视公司、东阳欢娱公司、万达公司、东阳星瑞公司应当承担停止侵权的责任。

第三，权利人的主观意图和侵权人的实际状况。陈某自获知电视剧《宫锁连城》之后即开始积极维权，并未怠于行使其权利。对于电视剧《宫锁连城》的制片者来说，停止复制、发行、播放电视剧的行为并非不可实现或者实现困难。

第四，社会公众利益。如果对停止侵害请求权进行限制已经损害了社会公众利益，则不宜判令侵权人承担停止侵权的责任。社会公众利益是一个不确定概念，但可以确定的是个别人或者个别公司的利益不属于社会公众利益。信息作为一种公共产品，赋予其专有权的目的在于激励创作，长远来看有利于社会发展。停止侵权责任将强化著作权的保护，更符合长远的社会公众利益。

综合上述因素，原审法院判令湖南经视公司、东阳欢娱公司、万达公司、东阳星瑞公司承担停止复制、发行、传播的责任并无不当。

五，关于赔礼道歉、消除影响的责任。本案中虽然陈某主张的是改编权、摄制权，即著作财产权，但原审法院判令余某承担赔礼道歉、消除影响的责任并无不当。首先，通常而言，著作人身权受到侵害时适用赔礼道歉、消除影响的民事责任。赔礼道歉是消除影响的手段，消除影响是赔礼道歉的后果。但从《中华人民共和国著作权法》第四十七条规定的字面含义来看，在改编权、摄制权受到侵害时，并不排除赔礼道歉、消除影响责任和赔偿损失责任的并行适用。

其次，尽管陈某在本案中主张的是改编权、摄制权，但对于侵犯改编权的行为而言，在剧本《宫锁连城》与涉案作品构成实质性相似的情况下，实质上暗含了对于涉案作品著作人身权的侵害，比如署名权，同时结合权利人明确提出了要求赔礼道歉、消除影响的诉讼主张，判令余某承担上述责任并未违反同质救济的原则。

六，余某、湖南经视公司、东阳欢娱公司、万达公司、东阳星瑞公司的行为侵害了陈某的改编权、摄制权，应当承担赔偿损失的责任。关于赔偿数额问题，陈某在原审诉讼中主张以侵权人的违法所得来计算损害赔偿。二审法院认为，本案不应适用侵权人的违法所得来计算损害赔偿，应适用酌定赔偿来确定赔偿数额。具体理由为：第一，双方均未提供充分证据证明违法所得，仅凭陈某主张的余某编剧酬金标准及电视剧《宫锁连城》的发行价格来确定违法所得数额，依据不足。第二，原审法院既要根据侵权人的违法所得来确定赔偿数额，同时又结合各种因素对于赔偿数额进行酌定，其在适用赔偿数额的方法上存有矛盾之处。第三，酌定赔偿是加大知识产权保护力度的背景之下，法官在一定事实和证据的基础上，根据案件具体情况和自由心证，酌情裁量能够给予权利人充分赔偿的损失赔偿方法。陈某提供的证据不能充分证明侵权人的违法所得，侵权人亦不提供证据证明其违法所得，在此情况下，原审法院将陈某主张的计算标准作为参考因素是恰当的，也就是说本案中陈某的初步举证可以证明侵权人的违法所得明显要高于五十万元的法定赔偿。基于此，二审法院同时考虑到侵权人的主观过错、具体的侵权行为、侵权后果等因素，酌情确定赔偿数额。原审法院虽然在确定赔偿数额的方法上有一定的不当，但其确定的赔偿数额尚属合理，二审法院对此赔偿数额予以支持。

综上，驳回上诉，维持原判。

【相关法律条文】

《中华人民共和国著作权法》第十条第一款第（十三）项、第（十四）项，第十一条第四款，第十二条，第十五条，第四十七条第（六）项，第四十九条第一款；《中华人民共和国侵权责任法》第八条，第九条第一款；《最高人民法院关于审理著作权民事纠纷案件适用法律若干问题的解释》第七条第一款，第九条；《最高人民法院关于民事诉讼证据的若干规定》第十七条第（二）项、第（三）项，第七十五条；《中华人民共和国民事诉讼法》第七十二条第一款、第一百七十条第一款第（一）项；《最高人民法院关于民事诉讼证据的若干规定》第六十九条；《最高人民法院关于适用的解释》第三百三十四条。

【案例评析】

本案入选"最高人民法院 2015 年十大知识产权案件"。本案自原告陈某在互联网中维权起，至本案经北京市高级人民法院二审裁判结束时，一直备受关注。一是因为本案原、被告琼某与于某均为知名作家、编剧；本案所涉及作品《梅花烙》与《宫锁连城》也有着广泛的读者，根据两作品所拍摄同名电视剧的观众数量也极广泛。二是本案判决对判断作品是否构成实质性相似、思想表达二分法等著作权领域的核心问题进行了系统的阐述，为著作权领域案件的审理产生了指导性的作用。

文艺作品本身是一种全新的创造，是创新的体现。一部好作品凝聚的可能是一位编剧的青春、经历、激情、热忱和才华，背后是多少年的积累和不间断的学习。好的文艺作品一旦出现，可能会影响几代人，甚至改变许多人的命运。因此，对于原创作者的辛勤劳动，应当予以尊重。近年来，我国文化产业发展迅速，但随之而来的是，影视剧涉嫌抄袭的消息屡见不鲜。"借鉴"来的作品往往出品快、省力气、来钱多，成为一些作品吸引眼球的"法宝"，折射出文艺创作的浮躁之风。

影视创作的核心是创意，原创者是故事题材的发现者和人物形象的发明者，是核心版权的首创人，拥有至高无上的法定地位，对原创者的敬畏和尊重标志着一个民族的文明程度。当这场涉及精神文化成果的是非矛盾冲突真实地呈现在我们面前时，没有两难抉择，只能选择用精神力量推动建设法治国家和正义社会的车轮。从法律的角度讲是只有形成版权的作品才有资格成为被保护的对象。从文艺创作的特点看是或多或少会有合理借鉴，可能有意无意用别人的桥段、风格、样式结构，具体到什么程度会构成侵权应进一步明确法律红线，让从业者更加"心中有数"。

本案审理过程中，还采纳了原告陈某在原审诉讼中提交的新浪娱乐关于"调查：琼某举报于某抄袭，你怎么看？"的调查结果。在著作权侵权案件中，受众对于前后两作品之间的相似性感知及欣赏体验，也是侵权认定的重要考量因素。

本案判赔金额较大，保护力度值得肯定。加大侵权成本，让侵权者不敢心存侥幸，减少赢了官司、输了市场的现象，加强影视产业的相关单位和从业者的版权意识和信用意识。同时有专家认为本案降低了抄袭的认定尺度，可能对公众的创作自由产生长远的影响。

【思考题】

1. 余某等五名被告具体侵害了原告的哪些权利？
2. 本案判赔金额是否合理？其依据和用意为何？
3. 如何判断作品是否构成实质性相似？
4. 如何理解著作权法中的"思想与表达二分法"？

案例三　深圳市快播科技有限公司与深圳市市场监督管理局、深圳市腾讯计算机系统有限公司著作权行政处罚纠纷案

2014年3月18日，深圳市腾讯计算机系统有限公司（以下简称腾讯公司）向深圳市市场监督管理局（以下简称市场监管局）投诉称，深圳市快播科技有限公司（以下简称快播公司）侵害了其享有的涉案作品信息网络传播权，请求予以查处。2014年6月26日，市场监督管理局作出行政处罚决定，责令快播公司立即停止侵权行为，并处以非法经营额3倍的罚款26014.8万元人民币。随后快播公司不服处罚起诉，深圳市中级人民法院一审驳回，快播遂向广东省高级人民法院上诉。2016年6月，广东省高级人民法院两次开庭审理了本案，因案情复杂，最高法院批准延长本案的审理期限。2018年12月24日，广东高院对快播公司诉深圳市场监管局著作权行政处罚纠纷案作出终审宣判，驳回上诉，维持原判。

【案情简介】

腾讯公司从权利人处获得涉案24部作品信息网络传播权的独家许可之后，又将其中13部作品的信息网络传播权以直接分销或版权等值置换等方式非独家许可第三方使用。根据腾讯公司提交的合同显示，该13部作品的分销或者置换价格总计为人民币8671.6万元。2014年3月18日，腾讯公司向简称市场监管局投诉称，快播公司侵害了其享有的涉案作品信息网络传播权，请求予以查处。市场监管局向深圳市盐田公证处申请证据保全公证。公证书显示，在手机上登录快播客户端搜索涉案24部影视作品，每一部影视作品首选链接均为"腾讯视频"，点击"腾讯视频"旁的下拉选项，均有其他链接（多数伪造成乐视网、

优酷、电影网等知名视频网站）；点击其他链接播放具体集数，视频显示的播放地址均是一些不知名的、未依法办理备案登记的网站。2014 年 6 月 26 日，市场监管局作出深市监稽罚字〔2014〕123 号《行政处罚决定书》，决定：一、责令立即停止侵权行为；二、处以非法经营额 3 倍的罚款 26014.8 万元人民币。快播公司申请行政复议，广东省版权局于 2014 年 9 月 11 日作出《行政复议决定书》，维持市场监管局的行政处罚决定。快播公司起诉至深圳市中级人民法院，请求判令撤销《行政处罚决定书》。深圳市中级人民法院驳回快播公司的诉讼请求，广东省高级人民法院维持一审判决。

【法院判决】

一审法院归纳主要争议焦点在于：1. 市场监管局作出被诉行政处罚，是否为行政执法主体错误；2. 市场监管局对于行政处罚决定书认定快播公司侵犯腾讯公司《北京爱情故事》等 24 部作品信息网络传播权的事实是否清楚，证据是否充分；3. 市场监管局认定非法经营额的事实是否清楚，证据是否充分，市场监管局适用法律、法规是否正确，行政处罚的罚款数额是否适当；4. 市场监管局的被诉行政处罚程序是否合法。

深圳市中级人民法院认为：

一、市场监管局系本案被诉行政处罚的合法执法主体

行政主体拥有行政职权必须通过法定的途径获得，且深圳市行政主体还须经行政执法主体公告程序，未经公告或者超越公告的职责和权限范围的执法活动无效。本案中，2009 年深圳市进行大部制改革，进行政府工作部门及职责的调整。2009 年 9 月 25 日深圳市人民政府法制办公室《关于深圳市市级行政执法主体变更的公告》公告事项："深圳市市场监督管理局行使原市工商行政管理局（物价局）、原市技术监督局、原知识产权局（市版权局）的职责。"2009 年 12 月 2 日深圳市机构编制委员会通过《深圳市市场监督管理局主要职责内设机构和人员编制规定》明确了市场监管局的职责，将原深圳市知识产权局（版权局）的职责划入市场监管局，由市场监管局行使著作权等知识产权的行政管理职责。在该编制规定中，核定了市场监管局的内设机构和人员编制。后深圳市人民政府做出一系列对于相关职能部门机构设置、变更或加挂"知识产权局牌子"，至市场监管局作出涉案行政处罚决定时，深圳市人民政府法制办公室未进行执法主体公告，深圳市机构编制委员会也没有明确相关内设机构和人员编制。

综上，市场监管局系本案被诉行政处罚的合法执法主体，快播公司有关该项的意见，一审法院不予采纳。

二、快播公司侵犯腾讯公司涉案作品的信息网络传播权，事实清楚、证据确凿、于法有据

腾讯公司在向市场监管局进行举报投诉时，提交了证明其取得涉案24部作品独占信息网络传播权的权利证明文件、授权合同书等相关证据，经核对原件，原审法院对上述证据的真实性予以确认，故依法认定腾讯公司享有涉案24部作品独占性的信息网络传播权。

"避风港"规则指出，网络服务提供者在接到权利人的通知后若删除或断开与侵权作品的链接，免除其赔偿责任；如果网络服务提供者明知或应知所链接的作品侵权的，应当承担共同侵权责任。快播公司在收到国家版权局和腾讯公司多次的侵权整改通知至2014年3月18日市场监管局公证取证时快播公司仍未删除或断开侵权作品的链接，明知其所链接的作品侵权而提供搜索、链接服务，甚至伪造正版链接，表明快播公司侵权故意明显，不属"技术中立"，也不适用"避风港"规则。

三、市场监管局认定非法经营额的事实清楚、证据充分，适用法律、法规正确，行政处罚的罚款数额合理

首先，行政机关进行行政处罚以法律保护的公共利益受到损害为前提，也以公共利益作为行政处罚评价的依归，通过对行为人的行为进行处罚，维护正常的社会公共秩序，实现行政管理目的。本案中，快播公司未经腾讯公司的许可，通过信息网络向公众传播腾讯公司拥有独占性信息网络传播权的《北京爱情故事》等24部侵权作品，并在腾讯公司数次通知快播公司，要求停止侵权的情况下，不予删除，继续传播侵权作品。快播公司的该行为不仅侵犯了腾讯公司的信息网络传播权，而且违背了信息网络传播中应当遵守的法律法规，属于不正当竞争，扰乱了网络环境中的正常市场经济秩序，快播公司的行为是损害社会公共利益的具体表现，市场监管局适用法律正确。

其次，快播公司通过搜索、链接，向终端客户传播涉案作品，依据现有证据，其非法获利情况无法查明，市场监管局也无法查明快播公司的实际经营数额，但在深圳经济特区，不能就此认为本案无非法经营额。本案中，在无标价，也未能查明快播公司实际经营数额的情况下，市场监管局以被侵权影视作品的市场中间价确定非法经营额，符合《深圳经济特区加强知识产权保护工作若干规定》。快播公司侵犯腾讯公司《AA制生活》《北京爱情故事》等24部作品的信息网络传播权，由于被侵权对象为影视作品，以及涉案侵犯客体的特定性，即为影视作品中的信息网络传播权，因而，涉案影视作品信息网络传播权的市场价格可以通过其销售价格或授权价格表现出来。市场监管局以腾讯公司分销

或等值置换被侵权作品信息网络传播权的平均价格作为市场中间价，并无不妥。

第三，本案中，涉案作品有两个阶段的授权价格，第一阶段是作品权利人授权腾讯公司的价格，第二阶段是腾讯公司授权他人的价格。因两阶段授予信息网络传播权性质不同，价格也有差异，第一阶段是独占信息网络传播权，第二阶段则是非独占信息网络传播权，结合快播公司侵权性质，市场监管局以第二阶段授权价即腾讯公司授权他人的价格确定市场中间价，较为合理。市场监管局根据24部被侵权影视作品中腾讯公司授予他人网络传播权的分销价格、等价置换价格，以能够计算涉案作品市场价格平均值为计算对象，确定了其中13部作品的市场中间价，认定快播公司非法经营额为人民币8671.6万元，事实清楚，证据确凿。

第四，快播公司经营规模较大，侵权时间持续长，破坏了正常的社会经济秩序，违法情节严重；且在2013年12月27日受到国家版权局针对其侵犯乐视网信息技术（北京）股份有限公司作品信息网络传播权的行政处罚、责令其整改，及在腾讯公司多次侵权警告的情况下，仍然不停止侵犯腾讯公司作品的信息网络传播权，主观恶意明显。因此，市场监管局根据《著作权法实施条例》规定可处非法经营额1倍以上5倍以下罚款，酌定非法经营额3倍罚款，即对快播公司罚款人民币26014.8万元罚款，系在法定处罚幅度内，并无不当。

四、关于被诉行政行为程序是否合法问题

腾讯公司的投诉举报符合市场监管局发布的《著作权侵权投诉案件立案须知》第四条立案受理条件。稽查大队系市场监管局的直属单位，主要职责包括"负责大案要案、跨区域案件和专利案件查处；承办市局交办的其他事项"。市场监管局依法履行了立案、调查、听证、作出处罚并送达等程序，虽然在做出行政处罚前未征询深圳市人民政府法律顾问室意见，但是不违反《中华人民共和国行政处罚法》有关行政处罚程序的规定，立案受理和调查程序均系合法。

综上，深圳市中级人民法院判决驳回深圳市快播科技有限公司的诉讼请求。一审案件受理费人民币50元，由深圳市快播科技有限公司负担。快播公司不服，向广东高院提起上诉。

根据本案的相关证据以及各方当事人在二审庭审中的质证、辩论情况，二审法院对原审法院经审理查明的事实依法予以确认。本案二审争议焦点如下：1.市场监管局是否有职权；2.市场监管局认定快播侵犯腾讯网络传播权并侵犯公众利益是否有法律依据，快播侵权是否适用于避风港原则；3.处罚金额是否适当；4.执法程序是否合法。

二审法院认为：

一、市场监管局具有作出涉案行政处罚的职权

其一，2014年3月18日至2014年5月7日之间，市场监管局的行政主体资格与行政管理职权均未丧失。《深圳市行政执法主体公告管理规定》系由深圳市人民政府颁布的有效规章，该规章对于深圳市的执法主体变更程序作出了特定规定，即其第四条、第五条第二款、第六条第（四）项分别明确，"行政执法主体应当在市政府公告的职责和权限内依法实施执法活动。未经公告或者超越公告的职责和权限范围的执法活动无效""市级行政执法主体由市法制工作部门提出审查意见后报市政府批准公告""行政执法主体必须符合下列条件……（四）有机构编制部门核定的机构编制和符合条件的执法人员"。市场监管局系依照深发〔2009〕9号文组建的行政机关，主管深圳市的知识产权工作，其职权、机构及编制经深圳市人民政府与深圳市机构编制委员会审核，深圳市人民政府法制办公室亦对其行政执法主体予以公告。2014年1月29日，深圳市人民政府发布深府〔2014〕9号文宣布撤销市场监管局，组建深圳市市场秩序局，但是深圳市人民政府只是将该通知在"深圳政府在线"及《深圳市人民政府公报》公告，而并未按照《深圳市行政执法主体公告管理规定》的上述规定由深圳市人民政府法制办公室履行特定的行政执法主体变更公告程序，故该通知关于撤销市场监管局、组建深圳市市场秩序局的内容不能发生行政主体变更的法律效力。

其二，本案未以深圳市知识产权局的名义作出处罚，并无不当。〔2011〕201号文决定市场监管局加挂深圳市知识产权局的牌子，但是对于加挂牌子之后是否必须以深圳市知识产权局的名义作出行政处罚，无论是该文件还是深圳市其他具有法律效力的规范性文件，均未对此作出明确规定。而且，如前所述，该行政主体的变更亦未按照《深圳市行政执法主体公告管理规定》的上述规定由深圳市人民政府法制办公室履行特定的行政执法主体变更公告程序。因此，本案仅以市场监管局的名义作出行政处罚，并无不当。综上所述，快播公司对市场监管局在涉案行政处罚中的职权所提出的异议不成立，本院予以驳回。

二、市场监管局认定快播公司侵害腾讯公司信息网络传播权以及损害公共利益事实与法律依据充分

1. 市场监管局列出的相关证据充分，依照证据可确认以下事实："www.lulukan.net""www.afddy.com"等小网站在其网站上擅自上传腾讯公司享有独家信息网络传播权的涉案24部影视作品，其中包括两部被国家版权局纳入重点警示名单的热门作品。快播公司在明知或者应知该类网站不具备授权可能性的情况下，主动采集其网站数据设置链接，并对该设链网页上的内容进行分类、整理、编辑、排序和推荐，还将该类小网站伪装成行业内具有较高知名

度的大网站，为该类小网站实施侵权行为提供帮助。并且，在国家版权局责令整改、腾讯公司多次送达停止侵权告知函之后，快播公司仍未及时删除涉案24部作品的侵权链接。快播公司明知或者应知第三方网站侵犯腾讯公司涉案24部作品信息网络传播权的情形下，仍通过其经营的快播播放器及其内设的搜索网站进行设链，故构成侵权，市场监管局认定快播公司构成侵权证据确凿、法律依据充分。快播公司关于其行为符合"技术中立"与"避风港"等原则的上诉理由不成立，本院不予采纳。

2. 市场监管局认定快播公司侵害了公共利益的依据充分。著作权民事侵权行为是否同时损害公共利益，应当由著作权行政管理部门在个案之中根据侵权人的过错程度、损害后果等具体情节作出判断。本案中，快播公司经腾讯公司多次举报或者投诉，仍不改正。而且，在此次被市场监管局查处之前，其还被其他多家权利人向国家版权局举报侵权，国家版权局也责令其在2014年2月15日前完成整改。快播公司帮助侵权网站传播作品的行为，并非仅侵害了腾讯公司的民事权利，还损害了整个网络视频版权市场的秩序，损害了公共利益。因此，市场监管局基于案件的具体情况作出的相关认定并无不当。

三、市场监管局认定的处罚金额合法、适当

1. 市场监管局不构成重复处罚。国家版权局2013年12月27日作出行政处罚，针对的是快播公司侵害乐视网络信息技术（北京）股份有限公司《高举爱》等影视作品的信息网络传播权的违法行为所进行的行政处罚，其处以快播公司人民币25万元的罚款金额时，也完全未将快播公司侵害腾讯公司涉案24部作品信息网络权的违法行为作为考量因素。而本案快播公司被市场监管局处以罚款的违法行为系其侵害了腾讯公司涉案24部作品的信息网络传播权。因此，市场监管局与国家版权局行政处罚针对的并非同一违法行为。综上，市场监管局在本案的行政处罚决定未违反行政处罚法关于"一事不再罚"的规定。

2. 快播公司关于其没有非法经营额或者非法经营额不足5万元，市场监管局对其只能处以25万元以下罚款的上诉理由不成立。本案快播公司帮助小网站侵害涉案24部影视作品信息网络传播权，且该24部作品客观上均具有相应的市场价值，故其显然具有非法经营额。快播公司在上诉中一再以其没有从链接服务中非法获利为由，否定其在本案中有非法经营额。二审法院认为：首先，非法经营额与非法获利是两个不同的概念，即使快播公司没有因本案侵权行为获得非法利益，亦不能否认其具有非法经营额。其次，互联网企业具有特殊的盈利模式。快播公司通过向公众免费提供涉案24部侵权影视作品，增加其网站的用户流量和关注度，在此基础上吸引客户使用其游戏软件以及与其他网站进行流量分成以获取利益，故快播公司没有向小网站收取服务费也未直接插播广告，并不代表其没有非法获利。因快播公司侵害了腾讯公司多达 24 部影视作品的权利，部分影视作品还正处于热播期，具有较高的市场价值。综合考虑本案案情，本院认为快播公司关于本案应适用上述条例第三十六条"没有非法经营额或者非法经营额 5 万元以下的，著作权行政管理部门根据情况轻重，可处以 25 万元以下的罚款"之规定对其进行处罚的主张，证据不足，不能成立。

3. 市场监管局关于本案快播公司非法经营额与处罚金额的认定并无明显不当。本案中，市场监管局依据相关规定，在无法直接查明快播公司非法获利情况和实际经营数额的情况下，以涉案 13 部影视作品的市场中间价为依据计算出非法经营额为 8671.6 万元。在此基础上综合考虑快播公司的主观过错程度、侵权情节、违法行为后果等，对快播公司处以非法经营额的 3 倍罚款，符合相关法律的规定，并无明显不当。

4. 市场监管局作出的处罚金额未超越其行政处罚裁量权范围。如前所述，快播公司的非法经营额可以通过涉案 13 部影视作品的市场中间价为依据计算，故其以《深圳市市场监督管理局行政处罚裁量权实施标准（暂行）》附件 1、《〈中华人民共和国著作权法〉行政处罚裁量权实施标准》中关于"非法经营额无法计算的，并处 5 万元罚款"的规定为由，提出市场监管局作出涉案处罚超出其行政处罚裁定权范围的主张，不能成立。

四、本案行政执法程序合法

1. 本案投诉、立案、执法中出示证件、公证调查程序，均有相应的证据和事实证明程序符合相关规定。

市场监管局的证据收集程序。市场监管局向原审法院提交的证据包括腾讯公司对涉案 24 部作品享有信息网络传播权权利证明文件的复印件，市场监管局与腾讯公司在庭审时也确认举报时核对过原件。虽然腾讯公司一审庭审时未再提交该组证据的原件供法庭核对，但其亦表示，如法院认为需要，庭审后可以提供原件。快播公司关于市场监管局的该组证据是事后收集的上诉理由证据不足，不能成立。

2. 快播公司提出市场监管局存在受理程序违法、提取证据程序违法等问题。对此，市场监管局虽然存在不规范之处，但其对于案件处理结果未产生影响。（1）关于受理程序。市场监管局在本案的行政处罚过程中依法举行了听证程序，保障了快播公司的陈述权与申辩权，快播公司也未在听证程序中对管辖问题提出异议。（2）关于提取证据的程序。2014 年 3 月 25 日，市场监管局的两名执法人员到快播公司的办公地点，对李某的电脑硬盘采取先行登记保存措施并将其送往广东安证计算机司法鉴定所鉴定、复制。2014 年 4 月 14 日，市场监管局执法人员方某将李某备份硬盘的资料打印成纸质材料，用于证明李某为云帆搜索的运营人员。虽然该打印过程只有一名执法人员签名，但是其只是将已经经过司法鉴定机构鉴定的硬盘内容书面化；提取说明也显示，提取地点是在市场监管局稽查大队的办公室。而且，李某本人在调查过程中对于其系云帆搜索运营人员的事实也明确承认。

3. 快播公司提出本案行政处罚中无调查报告、复核报告，未经集体讨论以及未向快播公司送达听证通知书等程序违法问题，市场监管局在一审庭审后已向法院提交相应证据，证明其依法履行了上述程序。市场监管局补充提交的上述证据，均系其在作出涉案行政处罚行为时已经收集的证据，又因本案涉及公共利益，法院有权要求市场监管局补充该组证据，快播公司拒绝质证不影响法院对该组证据的采纳。尤其对于听证程序，市场监管局还依法向快播公司送达了行政处罚听证告知书，快播公司也按照通知规定的时间和地点参加了听证活动并充分发表了陈述与申辩意见。

4. 关于征询意见程序。本案涉及的处罚对象快播公司以及权利人腾讯公司均系行业内有较大影响的企业，处罚金额也高达上亿元人民币。市场监管局在作出涉案行政处罚前未按照《深圳市规范行政处罚裁量权若干问题规定》的有关规定征询深圳市人民政府法律顾问室的意见，确实有失审慎。但是，市场监管局在作出涉案行政处罚之前，已经按照《行政处罚法》的规定依法全面履行了调查、收集证据、听证、集体讨论等程序，充分保障了快播公司陈述和申辩的权利。至于争议的征询程序，其并非《行政处罚法》所规定的必经程序，也并非直接针对行政相对人的外部程序，其只是为了让行政机关作出的处罚决定更为精准而设置的内部咨询程序。虽然市场监管局在作出行政处罚决定前未征询深圳市人民政府法律顾问室的意见，但因其未对快播公司的处罚结果产生影响，故可认定不构成程序违法。

二审法院判决：驳回上诉，维持原判。本案二审案件受理费 50 元，财产保全申请费 5000 元，共计 5050 元，由上诉人深圳市快播科技有限公司负担。本判决为终审判决。

【相关法律条文】

《中华人民共和国著作权法》第四十八条第（一）项；《中华人民共和国著作权法实施条例》第三十六条；《著作权行政处罚实施办法》第十二条；《著作权行政管理实施办法》第十四条；《中华人民共和国行政诉讼法》第十四条第三

项；第二十六条第二款；第四十一条；第六十九条；《中华人民共和国行政处罚法》第三条、《信息网络传播权保护条例》第七条、第八条、第九条、第二十三条；《最高人民法院关于执行若干问题的解释》第八条第（四）项；《深圳经济特区加强知识产权保护工作若干规定》第二十一条；第二十三条；《最高人民法院、最高人民检察院关于办理侵犯知识产权刑事案件具体应用法律若干问题的解释》第十二条。

【案例评析】

近年来，随着互联网的广泛普及和深度运用，网络视频版权蕴藏的巨大商业价值，已日益成为不法分子的觊觎目标，由此导致了恶意侵犯网络视频版权的案件频发。分析其背后的原因有侵权行为的隐蔽性强、权利人维权难度大、惩治力度不够等。本案社会关注度高，腾讯公司、快播公司均为互联网领域受众较多的企业，案件涉及的处罚金额亦高达 2.60148 亿元。案件的法律适用不仅涉及知识产权民事、行政以及破产等多部门法的交织，程序及实体问题繁杂，还涉及著作权民事侵权行为是否同时损害公共利益、如何认定互联网企业存在非法获利以及非法经营额的计算等法律问题的适用。该案的判决起到了惩处侵权、净化版权市场的良好社会效果，对于促进依法行政与加强知识产权保护、规范互联网市场的竞争秩序均有积极的导向作用。

【思考题】

1. 网络信息"避风港"原则的适用范围是什么？
2. 如何确定侵权企业非法获利的额度？
3. 快播公司是否损害了公共利益？

案例四　沈某、沈某、沈某与南京经典拍卖有限公司、张某著作权权属、侵害著作权纠纷案

2014 年 1 月，茅盾先生文学评论文章《谈最近的短篇小说》手稿在南京经典拍卖公司经过 44 轮竞拍，最终以 1050 万落槌。虽然买家并未支付价款，拍卖没有成功，但经典拍卖公司和手稿所有人张某的拍卖行为却引起了茅盾先生后

人的不满。本案中，原告沈某、沈某、沈某与被告经典拍卖公司、张某就涉案手稿的性质、著作权的归属和侵权问题产生纠纷。

【案情简介】

1958 年，茅盾先生将其用毛笔书写创作的一篇评论文章《谈最近的短篇小说》向杂志社投稿，该篇文章的文字内容发于 1958 年第 6 期《人民文学》。

张某于 2000 年 12 月在江苏徐州一位著名收藏家处购得涉案手稿。2013 年 11 月 13 日，张某委托南京经典拍卖有限公司拍卖多件物品，其中包括涉案手稿；之后，经典拍卖公司在《东方卫报》发布拍卖公告，向公众告知 2014 年 1 月 5 日至 6 日举行 2013 年秋季拍卖会，推出名家书画、佛像杂件共 1273 件拍品。

2013 年 12 月 30 日，经典拍卖公司通过数码相机拍照上传了涉案手稿的高清数码照片，在其公司网站和微博上对手稿以图文结合的方式进行了宣传介绍。2014 年 1 月 3 日至 4 日，经典拍卖公司在南京丁山花园大酒店钻石厅、君悦厅对涉案手稿进行了拍卖前的预展。预展过程中，经典拍卖公司展示了涉案作品原件，也向观展者提供了印有涉案拍品的宣传册。

2014 年 1 月 5 日，手稿在经典拍卖公司 2013 季秋拍中国书画专场进行拍卖。经过多轮竞价，案外人岳某以 1050 万元的价格竞得手稿。但此后岳某未支付相应价款，拍卖未成交，岳某和张某也未向拍卖公司支付佣金。涉案手稿原件仍由张某持有。拍卖结束后，该拍卖公司仍在互联网上持续展示涉案手稿，直至 2017 年 6 月才将其删除。

沈某、沈某、沈某系茅盾先生的合法继承人，其认为张某和经典拍卖公司的上述行为侵害了涉案手稿的著作权，故诉至江苏省南京市六合区人民法院，请求判令经典拍卖公司、张某：1. 停止侵害涉案手稿作为美术作品的展览权、发表权、复制权、发行权、信息网络传播权，以及作为文字作品的复制权、发行权、信息网络传播权的行为；2. 在媒体及网站上向其承认错误并赔礼道歉；3. 连带赔偿其经济损失 50 万元。

六合区人民法院作出一审判决，认定：涉案手稿构成文学作品和美术作品；涉案手稿不构成遗失物，张某系该手稿的合法持有人，委托拍卖公司拍卖藏品的行为不构成著作权侵权；拍卖公司在拍卖前已经尽到合理的注意义务，但拍卖公司将涉案手稿上传到网站和微博上进行宣传的行为，侵犯了原告的信息网络传播权。六合区法院要求经典拍卖公司立即停止侵权行为，并赔偿原告经济损失 10 万元。

三原告不服，向江苏省南京市中级人民法院提起上诉。2018 年 1 月 16 日，南京市中级人民法院作出二审判决，认为涉案手稿既是文字作品也是美术作品，张某系涉案手稿的合法所有权人，有权选择以拍卖的方式处分自己的合法财产，张某的行为没有侵害涉案手稿的著作权。经典拍卖公司侵害了涉案手稿的美术作品发表权、复制权和信息网络传播权，应当承担停止侵害、赔礼道歉和赔偿损失的侵权责任。二审法院遂判决经典拍卖公司向沈某、沈某、沈某公开赔礼道歉并赔偿经济损失 10 万元。该判决现已生效。

【法院判决】

一审法院归纳争议焦点如下：1. 原审原告是否有提起本案诉讼的主体资格；2. 原审原告的起诉是否超过诉讼时效；3. 涉案手稿是否具备美术作品的性质；4. 张某是否是涉案手稿的合法所有人；5. 经典拍卖公司在拍卖前有无尽到合理注意义务；6. 张某与经典拍卖公司是否侵犯了原审原告的著作权，及侵权责任的承担。

南京六合法院一审认为：

一、涉案手稿既是文字作品又是美术作品

本案所涉手稿是茅盾先生创作的一篇近万字的评论文章，该篇文章的文字表达具有独创性的内容，应当作为文字作品予以保护。同时，该手稿是茅盾先生用毛笔书写，其文字风格瘦硬清雅、俊逸舒朗，展现了瘦金体楷书书体的魅力，具备了美术作品的特征，应受到我国著作权法保护。

二、原审原告的起诉没有超过诉讼时效

向人民法院请求保护民事权利的诉讼时效期间为二年，时效期间从知道或者应当知道权利被侵害时起计算。本案中，原审原告主张的侵权行为自 2013 年底起持续至诉讼时，且原审被告未提交证据证明原审原告知晓被控侵权行为的时间，故原审被告主张原审原告起诉已超过诉讼时效，于法无据，不应予以支持。

三、张某是涉案手稿的合法所有人

涉案手稿系动产，且无法定物权登记机关，张某实际持有该手稿，在无证据证明张某为非法持有人的情况下，应认定张某系涉案手稿合法所有人。另外，张某是徐州市收藏家协会副会长，作为收藏爱好者，其从文化市场购买藏品存在一定的合理性。

本案中，茅盾先生于 1958 年将手稿原件投稿给《人民文学》杂志社，并非无意间丧失对手稿原件的占有。自 1958 年起至张某 2014 年委托经典拍卖公司拍卖,时隔五十六年,手稿原件在此期间如何流转,双方当事人均未提交证据证明。因此,沈某等主张涉案手稿原件是遗失物,无事实和法律依据。

四、经典拍卖公司在拍卖前已尽到合理注意义务

涉案手稿并无物权登记机关,根据动产的物权公示原则,张某作为动产的持有人已向经典拍卖公司书面说明以买卖的方式购得该手稿,并保证自己为合法所有人,经典拍卖公司有理由相信张某是物权人,有权拍卖涉案手稿。因此,经典拍卖公司已尽到拍卖人对于委托人身份及对拍品相关权利的合理注意义务。

五、经典拍卖公司侵害了涉案手稿的信息网络传播权

张某作为所有人,有权以拍卖的方式出售作品原件。经典拍卖公司作为拍卖人,将涉案手稿印于拍卖图录中,在正式拍卖前向特定人群无偿少量发放,在公司网站和微博中介绍拍品的行为,均符合相关法律、规章的规定及拍卖惯例,是以拍卖为目的,向潜在竞买人进行的必要宣传,不构成侵犯就涉案手稿作为美术作品享有的展览权、发表权以及作为文字作品及美术作品享有的复制权、发行权、信息网络传播权。但是,经典拍卖公司在拍卖结束两年多时间内,仍在互联网上持续使用涉案手稿,侵害了涉案手稿的信息网络传播权。关于侵权赔偿金额,一审法院根据茅盾先生的知名度和影响力、涉案作品的价值、经典拍卖公司的过错程度,以及侵权行为的时间、规模、性质、情节,沈某等为制止侵权行为所支付的合理开支等因素酌情确定赔偿数额为 10 万元。此外,因经典拍卖公司、张某未侵犯涉案手稿著作权人的人身权利,也未对涉案手稿的作者和著作权人的名誉造成损毁,故对于赔礼道歉的诉讼请求,不予支持。

一审法院判决:一,经典拍卖公司于一审判决发生法律效力之日起停止侵害原审原告信息网络传播权的行为;二,经典拍卖公司自一审判决发生法律效力之日起十日内赔偿原审原告沈某、沈某、沈某经济损失 100000 元;三,驳回原审原告沈某、沈某、沈某的其他诉讼请求。

根据双方的诉辩主张,本案二审争议焦点如下:1. 张某是否系涉案手稿的合法所有人;2. 涉案手稿是否构成美术作品;3. 被上诉人是否侵害了上诉人所主张的著作权项;4. 若侵权成立,被上诉人具体应当承担何种侵权责任。

二审法院审理后认为:

一、张某系涉案手稿的合法所有权人

上诉人一、二审均坚持主张涉案手稿应当被认定为遗失物,意欲借此否定张某受让手稿的法律基础,进而否定张某对手稿的合法所有权,甚至提出手稿应当作为遗失物返还给上诉人。为此,上诉人向一、二审法院提供了《人民文学》杂志社出具的情况说明、《人民文学》刊物的部分页面、该杂志社主编施某

先生的证言以及《北京市人民政府关于妥善解决"文革"中查抄财务遗留问题的通知》等多份证据，本院认为，上诉人提供的上述证据尚不足以形成涉案手稿系遗失物的高度盖然性，该主张不能成立。

二、涉案手稿既是文字作品也是美术作品

涉案手稿用笔以中锋为主，间有侧锋，字中宫收得较紧，有柳体的骨架、颜体的气韵、瘦金体的神髓。手稿的线条如张弓之弦，舒展雅致，风骨不俗；行笔轻利自如，隽秀飘逸或笔断而意连；笔画细劲多曲，清瘦挺拔，风格俊爽，体现了汉字书写艺术的精妙，能够给人以审美的享受，符合著作权法对于美术作品的相关规定，应受到著作权法的保护。

众所周知，茅盾先生是中国现代文坛泰斗级的人物，是新文化运动的先驱者，中国革命文艺的奠基人之一，其生前书写的诸多文稿都具有极高的文学和美学价值，为世人所称道，涉案手稿《谈最近的短篇小说》就是其中之一。

书法作品保护的是通过执笔、运笔、点画、结构、布局等技法表现出来的汉字书写艺术。我国著作权法并没有排除同一作品因兼具不同的外在表达，从而被认定为不同作品种类的可能性。涉案手稿是以文字形式表现出来的文学和艺术领域内的智力成果，既是文字作品也是美术（书法）作品，一审法院对手稿作品性质的认定并无不当，本院予以确认。

三、经典拍卖公司侵害了上诉人的美术作品著作权

（1）涉案手稿的著作权与物权相分离，物权的行使不应损害著作权人的权益。《中华人民共和国著作权法》第十八条规定，美术等作品原件所有权的转移，不视为作品著作权的转移。本案中，上诉人是茅盾先生的合法继承人，享有涉案手稿的著作权，被上诉人张某是该手稿原件的所有人。物权人在占有、使用、处分作品的过程中，不应篡改作者身份、破坏作品完整，也不得在未经著作权人许可的情况下，将作品复制、发行、改编或上传至网络，否则构成著作权侵权，应承担相应的法律后果。

（2）经典拍卖公司未尽到合理注意义务。经典拍卖公司作为专业的拍卖机构，除负有物权保护注意义务外，还应当负有合理的著作权保护注意义务。经典拍卖公司未对涉案手稿的著作权状态进行审查，并未适当履行合理的注意义务，具有一定的主观过错。

（3）经典拍卖公司侵害了涉案手稿的美术作品著作权。茅盾先生及其继承人并没有将手稿公之于众的行为和意思表示，经典拍卖公司上传照片的行为客观上已将该美术作品公开发表，侵害了三原告的发表权；同时，经典拍卖公司将涉案手稿"翻拍"为高清电子照片，形成美术作品的电子复制件，侵害了三

原告的复制权；经典拍卖公司将电子照片上传至互联网的行为，侵犯了三原告的信息网络传播权；经典拍卖公司在互联网上陈列展示涉案手稿的电子照片，侵害了三原告的展览权。经典拍卖公司主观上未尽到专业机构的合理注意义务，客观上实施了不适当的拍卖经营行为，造成了著作权人相关权项严重减损的实际后果，侵害了上诉人作为美术作品著作权权利人的发表权、复制权、展览权和信息网络传播权。一审法院对经典拍卖公司的侵权行为形态认定不完整，本院依法予以纠正。

（4）张某的行为不构成著作权侵权。《中华人民共和国物权法》第三十九条规定，所有权人对自己的不动产或者动产，依法享有占有、使用、收益和处分的权利。被上诉人张某作为涉案手稿的所有权人，有权选择以拍卖的方式处分自己的合法财产，其并没有著作权侵权的故意，也没有实施相应的侵权行为，经典拍卖公司的侵权行为亦不是张某委托拍卖的必然结果。所以，上诉人主张被上诉人张某侵害其著作权的诉讼请求，本院不予支持。

四、经典拍卖公司应当承担的侵权责任

由于著作权具有明显的人身权利属性，与上诉人的人身利益密切相关，且经典拍卖公司通过网络、媒体对涉案手稿的拍卖活动进行了广泛宣传，并持续将涉案手稿展示至 2017 年 6 月，伤害了上诉人的感情。所以，对于上诉人要求经典拍卖公司赔礼道歉的诉讼请求，本院予以支持。一审法院未支持，显属不当，本院予以纠正。

关于赔偿数额。本院根据以下因素：1. 茅盾先生的知名度和影响力；2. 涉案手稿的艺术价值和市场价值；3. 经典拍卖公司具体侵害的著作权权项；4. 经典拍卖公司的过错程度；5. 经典拍卖公司侵权行为的性质、规模、持续时间；6. 经典拍卖公司没有获得佣金的实际情况；7. 上诉人为制止侵权行为所支付的合理开支等，对一审法院判决的 10 万元赔偿数额进行了斟酌，特别考虑到案涉拍卖并未实际成交、经典拍卖公司没有实际获得拍卖报酬这一情形，本院认为一审酌定的赔偿数额尚属适当，从尊重一审裁量权出发，应予以维持。

二审法院判决：一，维持南京市六合区人民法院（2016）苏 0116 民初 4666 号民事判决第二、三项；二，撤销南京市六合区人民法院（2016）苏 0116 民初 4666 号民事判决第一项；三，被上诉人南京经典拍卖有限公司自本判决生效之日起十五日内就其涉案侵权行为在《扬子晚报》及其官方网站（网址为 www.njjdpm.com/article/128）首页上刊登向上诉人沈某、沈某、沈某赔礼道歉的声明（声明内容须经法院核准，逾期不执行，法院将在一家全国发行的报纸上公布判决主要内容，相关费用由被上诉人南京经典拍卖有限公司负担）。本判决为终审判决。

【相关法律条文】

《中华人民共和国物权法》第六条；第七条；第三十九条；第一百零九条，《中华人民共和国著作权法》第十条；第十八条；第十九条；第二十一条；第四十七条；第四十八条；第四十九条，《中华人民共和国拍卖法》第四十一条，《中华人民共和国著作权法实施条例》第二条；第四条；第十七条，《中华人民共和国民事诉讼法》第一百六十八条；第一百七十条，《最高人民法院关于适用的解释》第三百二十三条。

【案例评析】

本案涉及美术作品拍卖活动中著作权法、物权法、拍卖法三部法律交叉调整地带的相关主体权利义务关系问题。判决平衡了物权人和著作权人的合法权益，明确了拍卖人的知识产权保护注意义务。判决指出，在美术作品著作权与物权分离的情况下，原件所有人依法行使处分权、收益权、展览权的行为，均受到法律保护，著作权人无权干涉。但美术作品原件所有人行使物权应以不损害该作品著作权人的合法权利为前提。拍卖公司作为接受物权人委托的拍卖方，除负有物权保护注意义务外，还应负有合理的著作权保护注意义务，规范尽职地进行拍卖活动，审慎避让著作权人的权益。判决明确了不同主体权利的边界，体现了对物权人和著作权人合法权益平衡保护的司法精神，并按照尽职拍卖人的合理标准确定拍卖公司的注意义务，充分体现了严格保护的司法导向。

透过此案我们从中可以得到的启示是：名人手稿除了可以作为文学作品对文字内容进行保护之外，还可能因其具有很强的艺术价值而作为美术作品进行保护。在将名人手稿作为美术作品进行保护时，需要注意手稿所有权与著作权的分离状态，在行使物权时不应损害名人手稿承载的著作权。在使用他人作品的时候，应当切实、适当履行合理的注意义务，对相关作品的著作权状态与归属进行彻底审查，当出现权利冲突的情况时做好避让工作，或者取得相应的授权许可后进行使用。

【思考题】

1. 展览权与发表权分离的情形下相关权利如何行使？
2. 手稿的作品属性应该如何认定？

案例五 北京微播视界科技有限公司与百度在线
网络技术（北京）有限公司、百度网讯科技
有限公司侵害作品信息网络传播权纠纷案

2018 年 12 月 26 日上午，北京互联网法院对抖音短视频与伙拍短视频的著作权纠纷案作出宣判。在本案中，该院首次认定涉案短视频是我国《著作权法》所保护的作品，同时认定百度作为网络服务提供者，即时删除了涉案短视频，不构成侵权，判决驳回抖音方面的诉讼请求。此前，抖音视频以侵权为由起诉伙拍短视频索赔 100 万元。

【案情简介】

北京微播视界科技有限公司（简称微播视界公司）是抖音平台的运营者。百度在线网络技术（北京）有限公司、百度网讯科技有限公司（合称百度公司）是伙拍平台的运营者。汶川特大地震十周年之际，2018 年 5 月 12 日，抖音平台的加 V 用户"黑脸 V"响应全国党媒信息公共平台（简称党媒平台）和人民网的倡议，使用给定素材，制作并在抖音平台上发布"5·12，我想对你说"短视频（简称"我想对你说"短视频）。经"黑脸 V"授权，微播视界公司对"我想对你说"短视频在全球范围内享有独家排他的信息网络传播权及独家维权的权利。短视频时长 13 秒，表达了对汶川地震十周年的缅怀。作品一经发布就受到网民广泛赞誉，点赞量达到 280 多万。伙拍小视频手机软件上传播了"我想对你说"短视频，该短视频播放页面上未显示有抖音和用户 ID 号水印。微播视界公司以"我想对你说"短视频构成以类似摄制电影的方法创作的作品（简称类电作品），百度公司上述传播和消除水印的行为侵犯了微播视界公司的信息网络传播权为由，提起诉讼，要求其所有者百度在线网络技术（北京）有限公司和北京百度网讯科技有限公司停止侵权，并赔偿 100 万元及诉讼合理支出 5 万元。北京互联网法院认为，"我想对你说"短视频构成类电作品，百度公司作为提供信息存储空间的网络服务提供者，对于伙拍小视频手机软件用户的提供被控侵权短视频的行为，不具有主观过错，在履行了"通知—删除"义务后，不构成侵权行为，不应承担相关责任，判决驳回微播视界公司的全部诉讼请求。

【法院判决】

根据查明的事实，北京互联网法院认为本案的争议焦点为：一，微播视界公司、百度在线公司是否为本案适格的主体；二，"我想对你说"短视频是否构成类电作品；三，二被告对"我想对你说"短视频是否构成侵权，是否承担责任。

经审理后该院认为：

1. 微播视界公司、百度在线公司为本案适格的主体

（1）原告是本案适格主体。本案中，原告主张案外人谢某为"我想对你说"短视频的制作者，经谢某授权，原告取得了"我想对你说"短视频的信息网络传播权等权利，二被告对谢某为原始权利人不予认可，故本案需首先审查谢某是否为原始权利人。《中华人民共和国著作权法》第十一条规定，著作权属于作者。如无相反证明，在作品上署名的公民、法人或者其他组织为作者。著作权法第十五条规定，电影作品和以类似摄制电影的方法创作的作品的著作权由制片者享有。根据上述法律规定，在无相反证据的情况下，可根据作品的署名推定权利归属。在互联网上发表的作品，作者署非真名的，主张权利的当事人通过登录帐号等方式能够证明该署名与作者之间存在真实对应关系的，亦可以推定其为作者。因"黑脸 V"并非制作者真名，若原告主张谢某为制作者，应对"黑脸 V"与谢某之间存在真实对应关系负有举证责任。原告提交的公证书显示，谢某通过输入后台登记的手机号码及相应验证码分别登录了今日头条手机软件和抖音短视频手机软件的前述"黑脸 V"账号。上述证据可以推定谢某为"我想对你说"短视频的制作者。二被告认为注册"黑脸 V"账号时使用的手机号码的机主是雷某，因此，制作人应当是雷某。考虑到雷某曾将署名为谢某的保密申请邮寄至该院一节，原告根据该院的要求安排了谢某和雷某接受询问，根据谢某和雷某在线接受询问时的陈述，雷某和谢某一致认可手机号码属于雷某，但由谢某使用；一致认可涉案"黑脸 V"账户由谢某注册、使用，"我想对你说"短视频由其拍摄、制作。考虑到现实生活中"人机分离"的情况是客观存在的，且二被告没有证据否定上述陈述，故被告的主张不能成立。据此，根据谢某出具的授权确认书，原告取得了 2018 年 1 月 1 日—2019 年 1 月 1 日期间，谢某制作的短视频的信息网络传播权的专有使用权及维权的权利，原告与本案有直接利害关系。根据《中华人民共和国民事诉讼法》第一百一十九条第一项规定，原告有权提起本案诉讼。

（2）百度在线公司是适格被告。手机软件的经营者应根据应用商店登记信

息、手机软件中标示的信息载明的经营者予以认定。应用商店登记信息、手机软件中标示的信息载明的经营者不一致的,可以认定二者为共同经营者。本案中,伙拍小视频手机软件 Android 系统仅显示开发者为百度在线公司,未显示经营者等其他经营主体信息,应认定上述登记的百度在线公司为经营者。百度在线公司否认是该系统运营者,二被告的解释为国家关于每个主体账户下的手机软件有数量限制,所以将伙拍小视频手机软件 Android 系统登记在百度在线公司名下。该院认为,首先,二被告规避行政监管的行为,不能成为有效的抗辩主张;其次,在相关软件上公示权利人信息,除了基于执法者的管理要求外,还具有对公众承诺承担相关民事责任的意义,公众基于上述公示产生的信赖应当予以保护;再次,二被告虽然主张在伙拍小视频手机软件用户协议中表明经营者系百度网讯公司,但相关条款对合同外第三人不发生效力。另外,即使如二被告解释,百度在线公司出借相关企业资质给百度网讯公司,亦应与百度网讯公司承担连带责任。综上,该院认定百度在线公司是本案适格被告。

2. "我想对你说"短视频具备著作权法的独创性要求,构成类电作品。《中华人民共和国著作权法实施条例》第二条规定,著作权法所称作品,是指文学、艺术和科学领域内具有独创性并能以某种有形式复制的智力成果。著作权法实施条例第四条规定,电影作品和以类似摄制电影的方法创作的作品,是指摄制在一定介质上,由一系列有伴音或者无伴音的画面组成,并且借助适当装置放映或者以其他方式传播的作品。本案中,"我想对你说"短视频显然符合"摄制在一定介质上,由一系列有伴音或者无伴音的画面组成,并且借助适当装置放映或者以其他方式传播"这些形式要件。《最高人民法院关于审理著作权民事纠纷案件适用法律若干问题的解释》第十五条规定,由不同作者就同一题材创作的作品,作品的表达系独立完成并且有创作性的,应当认定作者各自享有独立著作权。根据上述规定,作品具有独创性,应当具备两个要件:1. 是否由作者独立完成;2. 是否具备"创作性"。

(1)认定"我想对你说"短视频由制作者独立创作完成。党媒平台及人民网的示范视频和网络下载图片是原本没有任何关系的独立元素,"黑脸 V"将上述元素结合制作出的"我想对你说"短视频,与前两者存在能够被客观识别的差异。该短视频与抖音平台其他参与同一话题的用户制作的短视频亦存在较大区别,且没有证据证明该短视频在抖音平台上发布前,存在相同或近似的短视频内容。

(2)认定"我想对你说"短视频符合创作性的要求。短视频具有创作门槛低、录影时间短、主题明确、社交性和互动性强、便于传播等特点,是一种新型的视频形式。上述特点一般会使短视频制作过程简化，制作者以个人或小团队居多。基于短视频的创作和传播有助于公众的多元化表达和文化的繁荣，故对于短视频是否符合创作性要求进行判断之时，对于创作高度不宜苛求，只要能体现出制作者的个性化表达，即可认定其有创作性。首先，视频的长短与创作性的判定没有必然联系；其次，该短视频画面为一个蒙面黑脸帽衫男子站在灾后废墟中以手势舞方式进行祈福，手势舞将近结束时呈现生机勃勃景象，光线从阴沉灰暗变为阳光明媚，地面从沟壑不平到平整，电线杆从倾斜到立起，黑脸帽衫男子的衣袖也变为红色，最后做出比心的手势。该短视频构成了一个有机统一的视听整体，其中包含了制作者多方面的智力劳动，具有创作性。虽然该短视频是在已有素材的基础上进行创作，但其编排、选择及呈现给观众的效果，与其他用户的短视频完全不同，体现了制作者的个性化表达；最后，"我想对你说"短视频唤起观众的共鸣。正值汶川特大地震十周年，"我想对你说"短视频以公众乐于接受的形式传递出一份重生的安慰、一种温情的祝福、一股向前的力量，回应了公众心中对于汶川地震的缅怀之情，对于灾区人们的致敬之意，对于美好生活的向往之念。该短视频带给观众的精神享受亦是该短视频具有创作性的具体体现。

3. 被控侵权短视频系伙拍小视频手机软件用户（ID 为 451670）提供。百度在线公司和百度网讯公司作为提供信息存储空间的网络服务提供者，对于伙拍小视频手机软件用户的提供被控侵权短视频的行为，不具有主观过错，在履行了"通知—删除"义务后，不构成侵权行为，不应承担相关责任。

（1）二被告仅提供了信息存储空间服务，被控侵权短视频系伙拍小视频手机软件用户（ID 为 451670）提供，原告关于二被告直接提供作品，构成直接侵权的主张，不能成立。

（2）原告关于二被告因破坏技术措施，进而侵害其信息网络传播权的主张不能成立。《信息网络传播权保护条例》（以下简称信网权条例）第二十六条规定的权利管理电子信息的含义，是指说明作品及其作者、表演及其表演者、录音录像制品及其制作者的信息，作品、表演、录音录像制品权利人的信息和使用条件的信息，以及表示上述信息的数字或者代码。本案中的水印包含有"我想对你说"短视频的制作者用户 ID 号，表示了制作者的信息，更宜认定为权利管理信息。另，水印中标注的"抖音"字样，表示了传播者的信息。其次，被控侵权短视频系案外人上传，消除水印的行为人不是二被告。因水印并非著作权法意义上的技术措施，消除水印的行为人亦非二被告。

（3）二被告仅为网络服务提供者，其行为不构成侵权。根据《中华人民共

和国侵权责任法》第三十六条第二款、第三款之规定，网络用户利用网络服务
实施侵权行为的，被侵权人有权通知网络服务提供者采取删除、屏蔽、断开链
接等必要措施。网络服务提供者接到通知后未及时采取必要措施的，对损害的
扩大部分与该网络用户承担连带责任。网络服务提供者知道网络用户利用其网
络服务侵害他人民事权益，未采取必要措施的，与该网络用户承担连带责任。
因此，网络服务提供者承担责任的前提有二：一是网络用户利用网络服务实施
侵权行为，二是网络服务提供者对上述侵权行为的实施主观上具有过错。信网
权条例第二十二条规定，网络服务提供者为服务对象提供信息存储空间，供服
务对象通过信息网络向公众提供作品、表演、录音录像制品，并具备下列条件
的，不承担赔偿责任：（一）明确标示该信息存储空间是为服务对象所提供，并
公开网络服务提供者的名称、联系人、网络地址；（二）未改变服务对象所提供
的作品、表演、录音录像制品；（三）不知道也没有合理的理由应当知道服务对
象提供的作品、表演、录音录像制品侵权；（四）未从服务对象提供作品、表
演、录音录像制品中直接获得经济利益；（五）在接到权利人的通知书后，根据
本条例规定删除权利人认为侵权的作品、表演、录音录像制品。本案中，二被
告明确表示伙拍小视频手机软件是为服务对象所提供，并公开了百度网讯公司
的名称、联系人、网络地址；原告未提交证据证明被告不符合上述信网权条例
第二十二条第（二）至（四）项的规定。故，二被告是否承担责任关键在于二
被告是否履行了"通知—删除"义务。现有证据无法证明二被告对于被控侵权
短视频是否侵权存在明知或应知的主观过错，且在收到原告的通知后，二被告
及时删除了被控侵权短视频，该院认定二被告的行为符合进入"避风港"的要
件。在此情形下，无论伙拍小视频手机软件的涉案用户是否构成侵权，二被告
作为网络服务提供者，均不构成侵权，不应承担责任。

北京互联网法院判决如下：

驳回原告北京微播视界科技有限公司的全部诉讼请求。案件受理费 14250
元，由原告北京微播视界科技有限公司负担（已交纳）。如不服本判决，可在判
决书送达之日起 15 日内向该院递交上诉状，并按对方当事人的人数提出副本，
上诉于北京知识产权法院。宣判结束后，双方当事人均表示服从判决。

【相关法律条文】

《中华人民共和国著作权法》第三条第六项；第十条第一款第十二项；第四
十八条第一项，《信息网络传播权保护条例》第二十二条。

【案例评析】

本案为 2018 年度"中国十大传媒法事例"之一，引发了各界的广泛关注。本案涉及短视频节目能否得到著作权法保护、给予何种程度保护等一系列新类型法律问题的解决，对人民法院如何在著作权司法实践中平衡好创作与传播、权利人与网络服务提供者以及社会公众的利益关系，提出了新的挑战。与传统类型的电影作品相比，短视频时间较短，是否具备著作权法对保护客体提出的"独创性"要求，是本案双方当事人争议的焦点。人民法院在本案中充分贯彻合理确定不同领域知识产权的保护范围和保护强度的司法政策，根据著作权关于文学艺术类作品在作品特性、创作空间等方面的特点，充分考虑"互联网＋"背景下创新的需求和特点，合理确定了本案短视频节目独创性的尺度，正确划分了著作权范围与公共领域的界限，充分实现了保护知识产权与促进创新、推动产业发展和谐统一。本案中，百度公司虽然不承担侵权责任，但原告可以向视频上传者主张权利。

【思考题】

1. 什么是避风港规则？

2. 如何平衡网络环境下著作权人和网络服务提供者的利益？

3. 互联网企业应如何规避侵权风险？

4. 判断短视频是否系《著作权法》所保护"作品"的构成要件是什么？

案例六　"大头儿子"著作权纠纷案

【案情简介】

1994 年，动画片《大头儿子和小头爸爸》（1995 年版，以下简称 95 版动画片）导演崔某等人到刘某家中，委托其为即将拍摄的 95 版动画片创作人物形象。刘某当场用铅笔勾画了"大头儿子""小头爸爸""围裙妈妈"三个人物形象正面图，并将底稿交给了崔某。当时双方并未就该作品的著作权归属签署书面协议。崔某将底稿带回后，95 版动画片美术创作团队在刘某创作的人物概念设计图基础上，进行了进一步的设计和再创作，最终制作成了符合动画片标准造型的三个主要人物形象即"大头儿子""小头爸爸""围裙妈妈"的标准设计图以及之后的转面图、比例图等。刘某未再参与之后的创作。刘某创作的底稿由于年代久远和单位变迁,目前各方均无法提供。95版动画片由中央电视台和东方电视台联合摄制,于1995年播出,在其片尾播放的演职人员列表中载明:"人物设计:刘某"。2012年12月14日,刘某将自己创作的"大头儿子""小头爸爸""围裙妈妈"三幅作品的著作权转让给洪某,2014年3月10日,洪某将上述著作权转让给杭州大头儿子文化发展有限公司(以下简称大头儿子文化公司)。2013年,央视动画有限公司(以下简称央视动画公司)摄制了动画片《新大头儿子和小头爸爸》(以下简称2013版动画片)并在CCTV、各地方电视台、央视网上进行播放。大头儿子文化公司认为央视动画公司在未经著作权人许可且未支付报酬的情况下,利用上述美术作品形象改编为新人物形象,制作成动画片等行为侵犯了其著作权,故诉请判令央视动画公司停止侵权,登报赔礼道歉、消除影响,并赔偿经济损失及合理费用。杭州市滨江区人民法院认为,刘某作为受托人对其所创作的三幅美术作品享有完整的著作权。大头儿子文化公司经转让继受取得了上述作品除人身权以外的著作权。央视动画公司未经许可,在2013版动画片以及相关的展览、宣传中以改编的方式使用相关作品并据此获利的行为,侵犯了大头儿子文化公司的著作权,应承担相应的侵权责任。鉴于本案的实际情况,该院认为宜以提高赔偿额的方式作为停止侵权行为的责任替代方式,判决央视动画公司每个人物形象赔偿40万元。杭州市中级人民法院二审维持一审判决。浙江省高级人民法院亦驳回央视动画公司提出的再审申请。

【法院判决】

一审法院认为本案的争议焦点是:一,刘某某创作的作品性质及其权利归属;二,大头儿子文化公司受让的著作权权利归属及其保护范围;三,央视动画公司被控侵权作品的性质及其权利归属;四,央视动画公司是否构成侵权及责任承担。

一审法院根据各方提供的证据、证人证言对上述争议事实作出如下认定:

一、刘某某创作的作品性质及其权利归属

央视动画公司提出涉案作品系央视委托刘某某创作,其著作权应归央视所有,同时还认为该作品是刘某某与央视共同创造,属于合作作品。对此,一审法院认为,《中华人民共和国著作权法》第十七条规定:"受委托创作的作品,著作权的归属由委托人和受托人通过合同约定。合同未作明确约定或者没有订立合同的，著作权属于受托人。"关于委托作品，首先，央视动画公司并不能证明当年是央视委托了刘某某创造涉案作品，刘某某对该节事实予以明确否认；其次，央视动画公司并没有提供当时央视委托刘某某创作作品的书面合同，因此，其主张的涉案作品属于委托作品，并约定了作品著作权归属的主张没有事实依据。关于合作作品，《中华人民共和国著作权法》第十三条第一款规定，"两人以上合作创作的作品，著作权由合作作者共同享有"。本案中，根据各方所提供的证据以及证人证言，可以确认，刘某某当时是独立完成创作，其与央视并无合作创作的约定，故涉案作品并不构成合作作品。央视动画公司的该点主张亦不能成立。根据相关证据以及证人的当庭证言和对质，可以认定，1994年刘某某是受崔某某的委托，独立创作了"大头儿子""小头爸爸""围裙妈妈"三幅美术作品，因双方之间没有签订委托创作合同约定著作权归属，故刘某某作为受托人对其所创作的三幅美术作品享有完整的著作权。

二、大头儿子文化公司受让的著作权权利归属及其保护范围

本案中，刘某某于不同日期分别与洪某、央视动画公司签订了《著作权（角色商品化权）转让合同》、《大头儿子和小头爸爸》美术造型委托制作协议、《大头儿子和小头爸爸》美术造型委托制作协议补充协议，还出具了一份《说明》，上述四份文件中均涉及刘某某对其创作的三幅美术作品著作权归属的处分问题，从时间上看，其与洪某签署的转让合同时间早于另几份合同签署时间。央视动画公司主张，洪某之所以和刘某某签订《著作权（角色商品化权）转让合同》是因洪某偶然得知央视未与刘某某签订涉案作品的委托创作协议，故诱导刘某某签订了著作权转让合同，并伪造合同倒签日期。一审法院认为，《中华人民共和国合同法》第四条规定："合同当事人依法享有自愿订立合同权利，任何单位和个人不得非法干预。"同时《中华人民共和国著作权法》第十条第三款规定，著作权人可以全部或部分转让除人身权以外的权利，并依照约定获得报酬。经庭审查明，刘某某将其享有完整著作权的作品著作权转让给洪某，系双方真实意思表示，亦不违反法律规定，且双方对合同内容的真实性以及落款时间均明确表示认可，故刘某某和洪某签订的《著作权（角色商品化权）转让合同》合法有效。洪某依据该合同合法取得了刘某某创作的三幅美术作品的除人身权以外的著作权。之后大头儿子文化公司依据其与洪某签订的著作权转让协议，亦取得了上述作品除人身权以外的著作权。央视动画公司的抗辩理由与事实不符，不予采纳。

至于洪某和大头儿子文化公司取得著作权的作品范围及内容，一审法院认为，虽然刘某某不能提供当初创作的作品底稿，但并不影响其依法享有作品的

著作权。同时，一审法院还认为，由于我国实行作品自愿登记制度，著作权登记本身并不能成为登记人当然能够获得著作权保护的依据。尤其在涉及著作权转让的权利归属及范围时，受让人取得的著作权应当以转让人享有的著作权范围为限，并不能简单地以作品登记证书中记载的事项为依据，在个案发生争议时，裁判法院还是应当对权属及作品内容等问题重新作出审查判断。根据庭审中刘某某、崔某某和周某某的证言，洪某进行著作权登记的作品双方签订合同时由崔某某提供，而崔某某提供的是上海科影厂在原稿基础上改编的正面、背面和侧面标准设计图，并非当时刘某某创作的原稿，与原稿存在一定的区别。因此，根据刘某某创作作品的内容，以及其与洪某签订的转让合同，可以认定大头儿子文化公司通过受让取得并在本案中主张著作权保护的作品应是刘某某1994年创作的"围裙妈妈"美术作品，而非洪某于2013年1月23日通过作品登记取得的 11-2013-F-1732 号作品登记证书中所记载的作品。

一审法院认为，在刘某某与洪某签署转让合同、洪某已经取得涉案美术作品著作权的情况下，刘某某再次将作品著作权转让给他人本已无权利基础，同时结合刘某某的真实意思，可以认定，央视动画公司不能依据其与刘某某签订的《大头儿子和小头爸爸》美术造型委托制作协议、《大头儿子和小头爸爸》美术造型委托制作协议补充协议及《说明》中关于涉案美术作品著作权归属的条款内容而取得该美术作品的著作权。

三、央视动画公司被诉侵权作品的性质及其权利归属

本案中，大头儿子文化公司指控央视动画公司构成侵权的被诉侵权作品是2013版动画片中的人物形象。央视动画公司则抗辩其系经央视授权在对原人物形象进行改编后创作了2013版新美术作品。根据《中华人民共和国著作权法》第十二条"改编、翻译、注释、整理已有作品而产生的作品，其著作权由改编、翻译、注释、整理人享有，但行使著作权时不得侵犯原作品的著作权"的规定，演绎者对作品依法享有演绎权，演绎权是在原作品的基础上创作出派生作品的权利，这种派生作品使用了原作品的基本内容，但同时因加入后一创作者的创作成分而使原作品的内容发生改变。演绎者对其派生作品依法享有著作权，但行使著作权时应取得原作者的许可，不得损害原作者的著作权。95版动画片中三个人物形象包含了刘某某原作品的独创性表达元素，在整体人物造型、基本形态方面构成实质性相似，但央视95版动画片美术创作团队根据动画片艺术表现的需要，在原初稿基础上进行了艺术加工，增添了新的艺术创作成分。由于这种加工并没有脱离原作品中三个人物形象的"基本形态"，系由原作品派生而成，故构成对原作品的演绎作品。由于该演绎作品是由央视支持，代表央视意

志创作，并最终由央视承担责任的作品，故央视应视为该演绎作品的作者，对该演绎作品享有著作权。

央视动画公司是2007年由央视动画部建制转制，并由央视投资成立的公司。根据央视的授权，央视动画公司有权行使95版动画片的全部著作权及动画片中包括但不限于文学剧本、造型设计、美术设计等作品除署名权之外的全部著作权，故央视动画公司有权在2013版动画片中使用95版动画片中的人物形象。

四、央视动画公司是否构成侵权及责任承担

如前所述，央视动画公司在被控侵权作品中使用的是央视享有著作权的演绎作品，根据著作权法的规定，其在行使演绎作品著作权时不得侵害原作品的著作权。具体而言，演绎作品应当标明从何作品演绎而来，标明原作者名称，不得侵害原作者的其他人身权；在行使财产权时，需要取得原作品著作权人的许可。《中华人民共和国著作权法》第四十七条规定："有下列侵权行为的，应当根据情况，承担停止侵害、消除影响、赔礼道歉、赔偿损失等民事责任：……（六）未经著作权人许可，以展览、摄制电影和以类似摄制电影的方法使用作品，或者以改编、翻译、注释等方式使用作品的"，故央视动画公司未经大头儿子文化公司许可，在2013版动画片以及相关的展览、宣传中以改编的方式使用大头儿子文化公司的作品并据此获利的行为，侵害了大头儿子文化公司的著作权，应承担相应的侵权责任。

至于侵权责任的承担，一审法院认为，首先，应当充分考虑并尊重当时的创作背景，从崔某某作为95版动画片导演委托刘某某创作作品，95版动画片片尾对刘某某予以署名等事实看，央视及央视动画公司使用刘某某的原作品进行改编创作，主观上并没有过错，双方当时没有约定作品的权利归属有其一定的历史因素；其次，本案中大头儿子文化公司请求保护的原作品至今无法提供，刘某某在有关作品权属的转让和确认过程中存在多次反复的情况，且其自1994年创作完成直至2012年转让给央视动画公司的长达18年期间，从未就其作品被使用向央视或央视动画公司主张过权利或提出过异议；再次，由于著作权往往涉及多个权利主体和客体，因此在依法确定权利归属和保护范围的情况下，还应当注重合理平衡界定原作者、后续作者以及社会公众的利益。原创作品应当受到法律保护，他人在此基础上进行改编等创造性劳动必须尊重原作品权利人的合法权益，但也应当鼓励在原创作品基础上的创造性劳动，这样才有利于文艺创作的发展和繁荣。故鉴于本案的实际情况，一审法院认为宜以提高赔偿额的方式作为央视动画公司停止侵权行为的责任替代方式。

一审法院于2015年6月30日作出判决：一，央视动画公司于判决生效之日起十日内赔偿大头儿子文化公司经济损失人民币 400000 元；二，央视动画公司于判决生效之日起十日内赔偿大头儿子文化公司为维权所支出的合理费用人民币 22040 元；三，驳回大头儿子文化公司的其他诉讼请求。

双方当事人对一审判决均不服，向杭州市中级人民法院提起上诉。

根据双方的上诉请求和理由以及对方的答辩意见，二审法院认为本案的争议焦点是：一，刘某某创作的人物概念设计图能否作为独立作品进行保护，其与 95 版动画片及 2013 版动画片中人物形象的关系，及各自的权利归属；二，若侵权成立，央视动画公司应承担的民事责任，一审判决以提高赔偿额的方式作为央视动画公司停止侵权行为的责任替代方式是否合理。

二审法院审理后认为：

1. 动画片的人物造型本身属于美术作品，其作者有权对自己创作的部分单独行使其著作权，刘某某对其所创作的三人物概念设计图享有完整的著作权；同时央视创作团队在原作品基础上进行了艺术加工，构成了对原作品的演绎作品，根据我国著作权法第十二条的规定，演绎作品的著作权由演绎者享有，故央视享有 95 版动画片人物形象的著作权，而央视动画公司经央视许可有权使用 95 版动画片的人物形象。同时，对演绎作品的利用，应当经过原作品权利人和演绎作品权利人的双重许可，央视动画公司未经大头儿子文化公司许可，在 2013 版动画片及相关的展览、宣传中使用相关形象，侵害了大头儿子文化公司的著作权。

2. 无论是动画片，还是木偶剧，均具有公共文化的属性，著作权法的立法宗旨在于鼓励作品的创作和传播，使作品能够尽可能地被公之于众和得以利用，不停止上述作品的传播符合著作权法的立法宗旨和公共利益的原则。同时，无论是 95 版动画片，还是 2013 版动画片的人物形象均集合了刘某某和央视两方面的独创性劳动，虽然刘某某为 95 版动画片创作了人物形象的草图，但该作品未进行单独发表，没有任何知名度的积累，而央视创作团队最终完成了动画角色造型的工作和整部动画片的创作，并随着动画片的播出，使大头儿子、小头爸爸、围裙妈妈成为家喻户晓的知名动画人物，其对动画片人物形象的知名度和影响力的贡献亦应当得到充分考量。一审法院在综合考虑当时的创作背景、本案实际情况，平衡原作者、后续作品及社会公众的利益以及公平原则的基础上，判令央视动画公司不停止侵权，但以提高赔偿额的方式作为责任替代方式并无不妥，既符合本案客观实际，也在其合理的裁量范围之内。

二审法院作出判决：驳回上诉，维持原判。

央视动画有限公司对二审判决不服，向浙江省高级人民法院申请再审。该院经审理后，裁定驳回央视动画有限公司的再审申请。

【相关法律条文】

《中华人民共和国著作权法》第十条第三款、第十二条、第十三条第一款、第十五条第二款、第十七条、第四十七条；《最高人民法院关于审理著作权民事纠纷案件适用法律若干问题的解释》第二十五条第一款、第二款、第二十六条；《中华人民共和国民事诉讼法》第六十四条第一款、第一百七十条第一款第（一）项、第一百七十五条；《最高人民法院关于民事诉讼证据的若干规定》第七十八条。

【案例评析】

本案涉及动画人物形象权利归属及后续使用引发的纠纷。随着人们对优秀国产动画片价值认识的不断加深，近年来引发了不少类似的争议。本案中，由于在创作之初，投资拍摄的制片厂、电视台以及参与造型的创作人员等，各方对其权利义务均没有清晰的认识和明确的约定，法院需要在时隔多年后，适用法律规则，合情合理合法地判定其权利归属，本案的处理对同类问题具有一定指引作用。同时，本案在认定侵权成立的前提下，综合考虑了创作背景和本案实际情况，在平衡原作者、后续作品及社会公众利益以及公平原则的基础上，将提高赔偿额作为被告停止侵权责任的替代方式，亦充分考虑了保护著作权人与鼓励作品创作和传播的公共政策的平衡。

【思考题】

1. 对于改编作品，如何平衡原作者、后续作品及社会公众之间的利益？
2. 对于合作作品，如何界定各合作方之间的权属关系？

案例七　上海知豆电动车技术有限公司与达索系统股份有限公司侵害计算机软件著作权纠纷案

【案情简介】

原告达索系统股份有限公司（住所地法兰西共和国维拉库布莱维利兹 78140

区 10 街马塞尔达索）系计算机软件 CATIA V5 R20 的著作权人。原告曾因被告
上海知豆电动车技术有限公司（住所地中华人民共和国上海市嘉定区）使用侵
权软件于 2017 年 2 月向文化执法总队投诉，行政执法过程中查获知豆公司使用
侵权软件 8 套，期间双方达成和解，并签订了正版软件采购合同，文化执法总
队因此对被告依法减轻行政处罚，但被告并未按约支付软件采购款。同年 11
月，原告向上海知识产权法院申请证据保全。保全过程中，经原告同意，该院
采取确定抽查比例随机抽查的方式对计算机中安装涉案软件的情况进行证据保
全，同时根据所抽查计算机中安装涉案软件的比例推算经营场所内所有计算机
中安装涉案软件的数量。经清点，被告经营场所内共有计算机 73 台，其中抽查
的 15 台计算机均安装了涉案软件。原告遂诉至上海知识产权法院，要求被告停
止侵权，并赔偿经济损失及律师费共计 1800 余万元。

上海知产法院认为：被告虽与原告的授权销售代理商签订销售合同，但并
未实际履行，也未停止侵权行为，还进一步扩大了侵权规模，侵权主观恶意明
显，该院判令被告上海知豆电动车技术公司立即停止侵害原告达索系统股份有
限公司 CATIA V5 R20 计算机软件著作权的行为，赔偿原告经济损失及律师费共
计 900 万元。

知豆公司因一审判决赔偿金额过高，上诉至上海市高级人民法院。

上海市高院认为：上诉人和被上诉人已经就文化执法总队查获上诉人 8 台
工作电脑安装侵权软件的行为达成过和解协议，金额高达 140 万元。其后，上
诉人未履行和解协议，反而扩大侵权规模，经一审法院证据保全，在相同的经
营场所又查获上诉人 73 台工作电脑安装了侵权软件。由此可见，上诉人存在重
复侵权行为，侵权主观恶意明显，且被上诉人的实际损失已经明显超过法定赔
偿 50 万元的最高限额，故本案应当综合具体的证据情况，在法定赔偿最高限额
之上酌情确定赔偿金额。一审法院根据上诉人安装侵权软件的数量、侵权期间、
主观恶意及权利人为维权所支出的合理开支等因素，酌定上诉人赔偿被上诉人
经济损失及律师费 900 万元并无不当，应予维持。该院最终判决驳回上诉，维
持原判。

【法院判决】

一审法院归纳争议焦点如下：1. 被告安装侵权软件的数量；2. 被告的侵权
行为是否存在主观恶意；3. 原告要求被告赔偿损失的数额有无事实和法律依据。

一审法院审理后认为：

1. 关于第一项争议焦点，该院认为，首先，被告经营场所内共有计算机 73

台，法院采取随机抽查的方式对计算机中安装 CATIA 软件的情况进行证据保全，并明确告知了被告抽查比例以及将根据抽查计算机中安装 CATIA 软件的比例推算 73 台计算机中安装 CATIA 软件的数量，被告对此并未提出异议。保全结果为抽查的 15 台计算机中 100% 安装了涉案软件，故根据上述推算规则，可以认定 73 台计算机均安装了涉案软件。其次，被告虽辩称 73 台计算机并非都实际安装了涉案软件，但其并未提供相反证据予以证实。鉴于该经营场所系其技术集成中心，被告也自认在该经营场所稳定工作的有 30～50 名工程师，而且对于其所称的后勤人员以及被外派至其他地方工作的人员及情况，其亦未予以证明，故对其该辩称意见不予采信。再次，被告辩称其曾系原山东新大洋公司的下属部门，其中 8 套涉案软件系经原告授权山东新大洋公司合法使用的软件，但被告并未提供证据证明其所称与山东新大洋公司之关系，山东新大洋公司与原告授权销售代理商签订的销售合同中亦未约定山东新大洋公司购买的软件可以再许可给该公司以外的第三方使用，故对被告的该辩称意见亦不予采信。综上，对于原告关于被告安装侵权软件的数量为 73 套的主张，予以采纳。

2. 关于第二项争议焦点，该院认为，被告被文化执法总队查获使用侵权软件后，一方面与原告签订《和解协议》，并与原告授权销售代理商签订销售合同，但却未按约支付合同款项。另一方面，由于被告与原告达成和解，文化执法总队对其依法减轻处罚后，其在未获得软件合法使用许可的情况下，不但未停止侵权行为，还进一步扩大了侵权规模。由此可见，被告侵权行为的主观恶意明显。被告关于其不存在侵权的主观恶意，其未按约履行合同系由于内部管理不善所致的辩称意见，不予采信。

3. 关于第三项争议焦点，原告主张以涉案软件的市场价格 252770 元/套乘以被告安装侵权软件的数量即 73 套，计算被告侵权行为给原告造成的经济损失，同时主张如果一审法院不认可上述经济损失的计算方式，鉴于被告主观恶意极大，侵权情节严重，请求该院对被告适用惩罚性赔偿。被告则认为原告主张的涉案软件单价过高，原告亦未提供证据证明其经济损失，且被告不存在侵权的主观恶意，不应适用惩罚性赔偿。一审法院认为，本案中，原告虽提交了 2013 年 10 月其授权销售代理商与西巴克斯公司签订的销售合同，欲证明涉案软件的市场价格为 252770 元/套。被告与原告授权销售代理商 2017 年 7 月曾签订的销售合同亦约定 5 套软件的总价为 1400000 元。但被告提交的相关销售合同可以证明 2015 年 7 月山东新大洋公司购买 8 套软件的总价为 1500000 元，而文化执法总队 2017 年作出行政处罚时确定的软件单价仅为 81755 元/套，故现有证据所显示的涉案软件销售价格差异明显，且无法确定上述销售合同所涉软件包含的模块是否一致。因此，原告提交的销售合同不能直接作为赔偿数额确定的依据，原告关于以 252770 元/套的销售单价计算赔偿损失数额的主张，不予采纳。

著作权法第四十九条规定，侵犯著作权或者与著作权有关的权利的，侵权人应当按照权利人的实际损失给予赔偿；实际损失难以计算的，可以按照侵权人的违法所得给予赔偿。赔偿数额还应当包括权利人为制止侵权行为所支付的合理开支。权利人的实际损失或者侵权人的违法所得不能确定的，由人民法院根据侵权行为的情节，判决给予五十万元以下的赔偿。本案中，虽然原告的实际损失和被告的违法所得均难以确定，但结合原告提供的现有证据已经可以证明原告因侵权所受到的损失超过了著作权法规定的法定赔偿数额的上限五十万元，故结合全案的证据情况，以双方提交的销售合同约定的软件销售价格作为参考，综合考虑下列因素，在法定赔偿最高限额之上酌情合理确定赔偿数额。1. 被告安装侵权软件的数量为 73 套；2. 被告的侵权期间；3. 被文化执法总队查获使用侵权软件后，被告虽与原告的授权销售代理商签订销售合同，但并未实际履行，也未停止侵权行为，还进一步扩大了侵权规模，侵权主观恶意明显。关于原告主张的律师费，根据相关律师费收费标准，结合本案的难易程度、原告律师在本案中的工作量等予以全额支持。

一审法院作出如下判决：一，被告上海知豆电动车技术有限公司应于判决生效之日起立即停止侵害原告达索系统股份有限公司 CATIAV5R20 计算机软件著作权的行为；二，被告上海知豆电动车技术有限公司应于判决生效之日起十日内赔偿原告达索系统股份有限公司经济损失及律师费共计 900 万元；三，驳回原告达索系统股份有限公司的其余诉讼请求。一审案件受理费 133413 元，由原告达索系统股份有限公司负担 34433 元，被告上海知豆电动车技术有限公司负担 98980 元。

上海知豆电动车技术有限公司对一审判决不服，向上海市高级人民法院提起上诉。

根据双方的诉辩主张，本案二审法院认为本案争议焦点主要在于原审判决上诉人赔偿被上诉人经济损失及律师费 900 万元是否具有事实和法律依据。

二审法院审理后认为：

1. 关于抽查推算的问题。2011 年 1 月 10 日，最高人民法院、最高人民检察院、公安部联合发布《关于办理侵犯知识产权刑事案件适用法律若干问题的意见》，其中规定"公安机关在办理侵犯知识产权刑事案件时，可以根据工作需要抽样取证，或者商请同级行政执法部门、有关检验机构协助抽样取证"。由此可见，在办理侵犯知识产权刑事案件过程中，侦查机关可以根据工作需要抽样取证。根据举重以明轻的法律解释方法，人民法院在办理侵犯知识产权民事案件中，可以根据案件审理需要抽样取证。一审法院根据被上诉人经营场所内存有73台计算机的实际情况，以20％的比例进行随机抽查并无不当；且一审法院证据保全笔录显示，证据保全时，承办法官就抽查比例征询了当时在场的上诉人办公室主任意见，上诉人一方亦表示无异议，并签字确认。现上诉人在二审审理中质疑抽查推算的效力于法无据，不予支持。

2. 关于惩罚性赔偿的问题。一审原告曾在原审庭审中提出，一审被告主观恶意极大，侵权情节严重，请求一审法院适用惩罚性赔偿。但现行著作权法并未规定惩罚性赔偿的内容，一审法院亦未适用惩罚性赔偿方式，故上诉人认为一审判决适用了惩罚性赔偿缺乏事实依据，不予支持。

3. 关于法定赔偿金额超过最高限额的问题。著作权法第四十九条第二款规定"权利人的实际损失或者侵权人的违法所得不能确定的，由人民法院根据侵权行为的情节，判决给予五十万元以下的赔偿"。本案中，权利人的实际损失或者侵权人的违法所得均不能确定，一审法院应当根据侵权行为的情节，判决给予50万元以下的赔偿。但本案事实表明，上诉人和被上诉人已经就文化执法总队查获上诉人8台工作电脑安装侵权软件的行为达成过和解协议，金额高达140万元。其后，上诉人未履行和解协议，反而扩大侵权规模，经一审法院证据保全，在相同的经营场所又查获上诉人73台工作电脑安装了侵权软件。由此可见，上诉人存在重复侵权行为，侵权主观恶意明显，且被上诉人的实际损失已经明显超过法定赔偿50万元的最高限额，故本案应当综合具体的证据情况，在法定赔偿最高限额之上酌情确定赔偿金额。一审法院根据上诉人安装侵权软件的数量、侵权期间、主观恶意及权利人为维权所支出的合理开支等因素，酌定上诉人赔偿被上诉人经济损失及律师费900万元并无不当，应予维持。

上海市高级人民法院判决如下：驳回上诉，维持原判。

【相关法律条文】

《计算机软件保护条例》第五条第三款、第八条第一款第四项、第二十四条，《中华人民共和国著作权法》第二条第二款、第十条第一款第五项、第二十四条、第四十八条第一项、第四十九条第二款，《中华人民共和国行政处罚法》第二十七条第一款第一项，《中华人民共和国民事诉讼法》第一百七十条第一款第一项。

【案例评析】

本案是法院依法加大知识产权侵权赔偿力度的典型案例。法院综合全案证据情况，在法定赔偿最高限额之上酌情确定被告应赔偿原告的经济损失并全额支持了原告主张的合理开支，依法加大了对权利人的保护力度，为类似案件的审理提供了一定的参考，体现了法院不断强化知识产权司法保护的态度和决心。同时，本案判决倡导社会公众全面使用正版软件，尊重软件开发者的劳动和付出，推进企业软件正版化工作，形成尊重和保护知识产权的营商环境。

【思考题】

1. 经营企业如何避免软件侵权？
2. 企业收到软件公司发来警告函后应该如何应对？
3. 软件侵权赔偿金额应该如何认定？

案例八　葛某与李某侵害著作权纠纷案

【案情简介】

本案为再审申请人（一审被告、二审上诉人）葛怀圣与被申请人（一审原告、二审被上诉人）李子成侵害著作权纠纷一案。

2008 年 9 月 18 日，葛怀圣到李子成处找弥北李氏一族的有关族志和族谱资料时，二人协商共同点校民国版《寿光县志》一书，此后，双方开始合作点校。2009 年 6 月份第一稿全部打印排版完成。2009 年 7、8 月份形成第二稿。2009 年 10 月份形成第三稿，即李子成印刷成册的《寿光县志》校注本上、下册。此后，双方发生分歧，终止合作。该印刷成册的《寿光县志》校注本上、下册上标明，顾问：王冠三、孙仲春、魏道揆、葛怀圣，主编：李子成，该第三稿并未正式出版。其中，葛怀圣点校了该第三稿中卷十二《人物志》中的两册，卷十三《金石志》，卷十四《艺文志》，卷十五《大事记》，卷十六《杂记》、《附录》全部，其余部分由李子成点校。

2010 年 7 月 16 日，李子成给葛怀圣发电子邮件，称《寿光县志》清样（第四稿）已基本完稿，与葛怀圣商量印刷《寿光县志》的有关事宜，如定价、是否合作署名、费用承担及修改等问题。葛怀圣于 7 月 19 日去李子成处取回第四稿继续进行校对，因书中点校、注释部分错误仍然很多，双方对于有关文义的理解等问题各持己见，尤其对于是否多加注释的问题不能形成一致意见，发生严重分歧，双方于 2010 年 9 月 27 日再次终止合作。

2011 年 1 月 23 日，李子成在其博客上发布消息称，民国版《寿光县志》（简体字、校注本）已正式成书，并向爱好者提供。葛怀圣在第四稿的基础上，又点校了第五、第六、第七稿，最终于 2011 年 4 月 29 日由中国诗词楹联出版社正式出版民国版《寿光县志》点校本，该书标明点校人为葛怀圣。

李子成认为，其民国版《寿光县志》校注本与葛怀圣出版的民国版《寿光县志》点校本就点校部分，相同之处有 95%，不同之处有 5%，遂向山东省潍坊市中级人民法院诉称，葛怀圣的行为侵害其著作权，请求法院判令葛怀圣赔偿经济损失 15 万元，并在报纸上刊登严重错误勘正声明等。

【法院判决】

一审法院认为，双方当事人争议的焦点问题是：李子成是否享有涉案民国版《寿光县志》点校本的署名权和发行权；葛怀圣出版民国版《寿光县志》点校本的行为是否侵害了李子成的署名权和发行权。

一审法院审理后认为：

1. 所谓古籍点校，是点校人在古籍版本的基础上，运用专业知识，依据文字规则、标点规范，对照其他版本或史料对相关古籍进行划分段落、加注标点、选择用字并拟定校勘记的过程，通常会受点校人知识水平、文学功底、价值观、人生观、世界观及客观条件等多方面因素影响而有所不同，这种不同是点校人独创性思维的体现，民国版《寿光县志》虽然属于公有领域的作品，但对其进行整理、点校之后的点校本凝聚了点校人对点校内容的创造性劳动，构成了著作权法意义上的作品。

2. 根据《中华人民共和国著作权法》第十二条规定，改编、翻译、注释、整理已有作品而产生的作品，其著作权由改编、翻译、注释、整理人享有。同时，该法第十三条规定，两人以上合作创作的作品，著作权由合作作者共同享有。本案中，自 2008 年 9 月 18 日开始，李子成、葛怀圣就对民国版《寿光县志》合作进行整理、点校，就点校的内容来讲，至少有 85% 的相同部分凝聚了李子成、葛怀圣的创造性劳动，因此，双方对民国版《寿光县志》点校部分共同享有著作权。

3. 根据《中华人民共和国著作权法》第四十七条第二项之规定：未经合作

作者许可，将与他人合作创作的作品当作自己单独创作的作品发表的，构成侵害著作权的行为，应承担停止侵害、消除影响、赔礼道歉、赔偿损失等民事责任。本案中，葛怀圣在出版的民国版《寿光县志》点校本第一页上仅标明点校人为葛怀圣，其将与李子成合作创作的作品当作自己单独创作的作品发表，侵犯了合作作者李子成的署名权与发行权。

一审法院判决：1. 葛怀圣于判决生效后十日内赔偿李子成经济损失及合理费用共计 6 万元；2. 葛怀圣于判决生效之日起一个月内向李子成赔礼道歉，并在《寿光日报》上刊登声明，以表明李子成是涉案民国版《寿光县志》点校本的共同点校人；3. 驳回李子成的其他诉讼请求。一审案件受理费 3300 元，由李子成负担 990 元，由葛怀圣负担 2310 元。

葛怀圣对一审判决不服，向山东省高级人民法院提起上诉。

二审法院认为，本案当事人争议的焦点问题为：1. 涉案民国版《寿光县志》点校本是否构成著作权法意义上的作品。2. 葛怀圣的行为是否侵害了李子成的著作权。

二审法院审理后认为：

1. 本案中涉及的作品为民国版《寿光县志》点校本，其性质为古籍点校。虽然古籍点校以还原古籍原意为宗旨，但由于古籍点校通常会受主客观多方面因素的影响，就同一古籍，不同的点校人会创作出不同的点校作品，所以古籍点校凝聚了点校人的创造性劳动，具有独创性，构成著作权法意义上的作品，应受到著作权法的保护。

并且，由于我国古代文献资料极为丰富，绝大部分人只能通过点校版本阅读，如果不给予保护，将对我国古籍点校行业的健康发展、古籍作品的传播及传统文化的传承造成不利的影响。所以，古籍点校作品构成著作权法意义上的作品，应当受到著作权法的保护。

2. 本案中涉案作品的著作权应归其二人共同享有。涉案作品在葛怀圣出版之前从未发表过，而葛怀圣出版涉案作品时未将李子成列为共同点校人，其行为系将与李子成合作创作的作品当作其自己单独创作的作品进行发表，侵害了李子成对涉案作品享有的署名权和发行权。

二审法院判决：驳回上诉，维持原判。

葛怀圣不服山东省高级人民法院（二审法院）作出的（2014）鲁民三终字第 340 号民事判决，向最高人民法院申请再审。

最高人民法院再审认为，涉案民国版《寿光县志》点校本构成著作权法意义上的作品。理由如下：

1. 涉案点校本系对民国版《寿光县志》的首次点校，需要点校者具备一定的历史、人文、文学等素养，且需要投入人力物力进行调查研究，该点校过程属于智力劳动，涉案民国版《寿光县志》点校本属于智力劳动成果。

2. 涉案民国版《寿光县志》点校本构成对客观事实的表达。涉案点校行为可被视为具有独创性思维的表达。一方面，对一篇文学作品而言，通过对民国版《寿光县志》进行标点符号添加、段落层次划分，已加入了点校者对民国版《寿光县志》原意的理解；另一方面，对点校者而言，在面对无标点无分段，甚至部分文字残损的原本时，尽管其目的是要探寻原意，但均是依照点校者的理解对原本含义进行推敲、句读、分段等，客观上形成了一种特殊形式的表达。

3. 涉案民国版《寿光县志》点校本的表达方式并非唯一或极为有限，点校者在对民国版《寿光县志》进行句读、分段的过程中存在一定的选择空间，存在形成不同表达的可能。首先，点校者并非民国版《寿光县志》作者本人，其出于还原民国版《寿光县志》的初衷进行点校，但还原的成果也只是其主观理解上的"原著"，针对同一文本，不同点校人点校完成的版本通常不会完全一致；其次，不同点校者的认知水平、史学功底、专业技巧、点校经验存在差别，其对点校素材历史背景、相关事件、前因后果等了解程度亦有不同，最终的点校成果与原本贴近的关联度亦有差异；再次，点校行为受点校人多种主观因素的影响，不可避免地会融入点校者的个性选择。

4. 涉案民国版《寿光县志》点校本至少有85%的部分应由李子成、葛怀圣共同享有著作权，根据著作权法的相关规定，葛怀圣未经李子成许可，单独将其发表，构成侵害李子成著作权的行为。

最高人民法院判决如下：维持山东省高级人民法院（2014）鲁民三终字第340号民事判决；本判决为终审判决。

【相关法律条文】

《中华人民共和国著作权法》第十二条、第十三条、第四十七条第二项、第四十九条；《中华人民共和国著作权法实施条例》第二条；《最高人民法院关于审理著作权民事纠纷案件适用法律若干问题的解释》第二十五条第一款、第二款；《中华人民共和国民事诉讼法》第一百七十条第一款第一项、第二百零七条第一款。

【案例评析】

点校者对古籍原本进行推敲、句读、分段等，客观上形成了一种特殊形式的表达，同时由于主客观因素影响，点校成果表达形式具有多样性，受著作权法保护。合作点校的作品，著作权由多位点校者共同享有，若点校者之一未经其他点校者同意将作品以个人名义单独发表，则构成对其他创作者著作权的侵犯。

著作权法没有专门针对"古籍点校"做出明确规定。北京市高级人民法院发布的《侵害著作权案件审理指南》规定，对古籍进行校勘、注解而创作出的校勘记、注释等，满足独创性要求的，可以作为作品受著作权法保护。对古籍仅划分段落、加注标点、补遗、勘误等，应当结合案件情况认定是否作为作品或者作为版式设计受著作权法保护。本案件的亮点在于：认定点校行为构成著作权法意义的表达。

【思考题】

1. 古籍点校本是否构成著作权法意义上的作品？为什么？

2. 对于合作作品如何正确处理署名问题？

案例九 芦某与平昌县人民政府、周某、平昌县文化馆侵害作品表演权纠纷案

2016 年 3 月 14 日法院对于芦某与平昌县人民政府、周某、平昌县文化馆侵害作品表演权纠纷案进行判决，法院驳回原告芦某的诉讼请求。本案受理费 3300 元，由原告芦某负担。

【案情简介】

原告芦某诉称 2012 年 10 月，聂某、富某与原告芦某分别完成《水墨平昌》歌曲的作词、作曲、演唱的作品创作。该作品被平昌县人民政府选中为县歌，平昌县人民政府没有告知原告。2013 年 5 月 10 日，芦某在网上发现，自己原唱的《水墨平昌》歌曲被人篡改为《江口水乡》，以原词、原曲、原唱、原音频不变格调，被上传网上，并以周某的名义公开发表。2014 年，在乡村文化旅游节开幕式上，平昌县人民政府及周某套播芦某《江口水乡》歌曲原唱声音，由周某在台上假唱。乡旅节前后，二被告在城乡广泛播放原告演唱的《江口水乡》歌曲原唱，并通过 CCTV 央视网、中国经济网等海内外 40 多家新闻媒体和网站

公开发表和传播。同年 6 月 27 日，原告在平昌县人民政府等组织的"七一"建党节庆祝活动上演唱了两首歌曲，但平昌县人民政府没有对芦某原唱歌曲《江口水乡》作演唱外的更多传播，却对周某剽窃的芦某《江口水乡》演唱大肆宣传。二被告利用新媒、网传、县歌等如此之多的侵权手段，侵犯芦某合法的著作权、表演权、名誉权，对芦某的名誉、精神、经济均已造成了巨大的损害，其侵权损害结果极其严重。据此向法院提出诉讼。

【法院判决】

对于原告芦某要求被告平昌县人民政府、周某立即停止侵害，在侵权范围内消除影响、恢复名誉、公开赔礼道歉、赔偿损失、支付维权开支的费用以及要求被告平昌县人民政府支付使用费等主张，法院不予支持。依照《中华人民共和国侵权责任法》第三十四条第一款，《中华人民共和国著作权法》第三十八条第一款第（一）项、第（六）项，《中华人民共和国著作权法实施条例》第五条，《信息网络传播权保护条例》第二十二条，《中华人民共和国民事诉讼法》第六十四条，最高人民法院《关于适用〈中华人民共和国民事诉讼法〉的解释》第九十条之规定，经法院审判委员会讨论决定，判决如下：

驳回原告芦某的诉讼请求。

本案受理费 3300 元，由原告芦某负担。

如不服本判决，可在判决书送达之日起十五日内，向法院递交上诉状，并按对方当事人的人数提出副本，上诉于四川省高级人民法院。

【相关法律条文】

《中华人民共和国侵权责任法》

第三十四条 用人者责任用人单位的工作人员因执行工作任务造成他人损害的，由用人单位承担侵权责任。

劳务派遣期间，被派遣的工作人员因执行工作任务造成他人损害的，由接受劳务派遣的用工单位承担侵权责任；劳务派遣单位有过错的，承担相应的补充责任。

《关于审理涉及人民调解协议的民事案件的若干规定》

第五条 有下列情形之一的，调解协议无效：

（一）损害国家、集体或者第三人利益；

（二）以合法形式掩盖非法目的；

（三）损害社会公共利益；

（四）违反法律、行政法规的强制性规定；

人民调解委员会强迫调解的，调解协议无效。

《中华人民共和国著作权法》

第九条 著作权人包括：（一）作者；（二）其他依照本法享有著作权的公民、法人或者其他组织。

第十条 著作权包括下列人身权和财产权：

（九）表演权，即公开表演作品，以及用各种手段公开播送作品的表演的权利；

（十二）信息网络传播权，即以有线或者无线方式向公众提供作品，使公众可以在其个人选定的时间和地点获得作品的权利；

（十四）改编权，即改变作品，创作出具有独创性的新作品的权利；

（十六）汇编权，即将作品或者作品的片段通过选择或者编排，汇集成新作品的权利；

（十七）应当由著作权人享有的其他权利。

著作权人可以许可他人行使前款第（五）项至第（十七）项规定的权利，并依照约定或者本法有关规定获得报酬。

著作权人可以全部或者部分转让本条第一款第（五）项至第（十七）项规定的权利，并依照约定或者本法有关规定获得报酬。

第十一条 著作权属于作者，本法另有规定的除外。

创作作品的公民是作者。

由法人或者其他组织主持，代表法人或者其他组织意志创作，并由法人或者其他组织承担责任的作品，法人或者其他组织视为作者。

如无相反证明，在作品上署名的公民、法人或者其他组织为作者。

第三十八条 表演者对其表演享有下列权利：（一）表明表演者身份；（二）保护表演形象不受歪曲；（三）许可他人从现场直播和公开传送其现场表演，并获得报酬；（四）许可他人录音录像，并获得报酬；（五）许可他人复制、发行录有其表演的录音录像制品，并获得报酬；（六）许可他人通过信息网络向公众传播其表演，并获得报酬。

被许可人以前款第（三）项至第（六）项规定的方式使用作品，还应当取得著作权人许可，并支付报酬。

《中华人民共和国著作权法实施条例》

第五条 著作权法和本条例中下列用语的含义：

（六）表演者，是指演员、演出单位或者其他表演文学、艺术作品的人。

《信息网络传播权保护条例》

第二十二条 网络服务提供者为服务对象提供信息存储空间，供服务对象通过信息网络向公众提供作品、表演、录音录像制品，并具备下列条件的，不承担赔偿责任：

（一）明确标示该信息存储空间是为服务对象所提供，并公开网络服务提供者的名称、联系人、网络地址；

（二）未改变服务对象所提供的作品、表演、录音录像制品；

（三）不知道也没有合理的理由应当知道服务对象提供的作品、表演、录音录像制品侵权；

（四）未从服务对象提供作品、表演、录音录像制品中直接获得经济利益；

（五）在接到权利人的通知后，根据本条例规定删除风险权利人认为侵权的作品、表演、录音录像制品。

第二十六条 本条例下列用语的含义：

信息网络传播权，是指以有线或者无线方式向公众提供作品、表演或者录音录像制品，使公众可以在其个人选定的时间和地点获得作品、表演或者录音录像制品的权利。

《中华人民共和国民事诉讼法》

第六十四条 证明责任和职权探知

当事人对自己提出的主张，有责任提供证据。

当事人及其诉讼代理人因客观原因不能自行收集的证据，或者人民法院认为审理案件需要的证据，人民法院应当调查收集。

人民法院应当按照法定程序，全面地、客观地审查核实证据。

最高人民法院《关于适用〈中华人民共和国民事诉讼法〉的解释》

第九十条 当事人对自己提出的诉讼请求所依据的事实或者反驳对方诉讼请求所依据的事实，应当提供证据加以证明，但法律另有规定的除外。

【案例评析】

本案争议的焦点是：

1. 原告芦某是否享有诉争音乐作品《江口水乡》的著作权、表演权及本案的定性。

2. 三被告是否存在侵权行为，是否应当承担侵权责任。

关于原告芦某是否享有案涉音乐作品《江口水乡》的著作权、表演权及本案的定性问题。

《中华人民共和国著作权法》第九条规定："著作权人包括：（一）作者；（二）其他依照本法享有著作权的公民、法人或者其他组织。"第十条规定："著作权包括下列人身权和财产权：……（九）表演权，即公开表演作品，以及用各种手段公开播送作品的表演的权利；……。"第十一条规定："著作权属于作者，本法另有规定的除外。创作作品的公民是作者。"本案原告芦某既不是音乐作品《江口水乡》的词曲作者，也不是改编、汇编该作品的作者，而是直接或者借助技术设备以其声音再现作品的演唱者，故原告芦某不是诉争音乐作品《江口水乡》的著作权人，不享有著作权，也不享有表演权，但芦某是《江口水乡》歌曲小样的演唱者，享有表演者权，故本案应定性为侵害表演者权纠纷。

关于三被告是否存在侵权行为，是否应当承担侵权责任的问题。平昌县文化馆与《江口水乡》的词、曲作者虽签订有《原创音乐作品使用授权协议》，对词、曲和所提供的伴奏音乐享有永久使用和出版发行的权利，但在制作 MTV，向相关网站提供歌曲视频，具体组织旅游节开幕式文艺演出活动中，使用了芦某演唱的《江口水乡》歌曲小样，而未表明芦某就是该歌曲的演唱者，侵犯了芦某作为表演者应当享有的表明表演者身份的权利，以及许可他人通过信息网络向公众传播其表演，并获得报酬的权利。平昌县文化馆辩称在开幕式表演中系误播以及对歌曲小样的使用是合理使用于法无据，对其抗辩主张，法院不予支持。由于平昌县文化馆与芦某已就侵权事宜达成了赔偿协议，向其支付了15万元赔偿款，并在平昌县人民政府网站上发表声明，表明了芦某原唱者身份，且在庭审中芦某当庭表示不再追究平昌县文化馆的责任，故平昌县文化馆在本案中不再承担侵权责任。

周某在拍摄《江口水乡》MTV 时系平昌县文化馆的职工，履行的是职务行为，拍摄后 MTV 的制作、演唱者的署名以及向平昌县人民政府网站提供视频等均是平昌县文化馆的行为，根据《中华人民共和国侵权责任法》第三十四条第一款的规定，该侵权责任应当由平昌县文化馆承担。四川省第五届乡村文化旅游节开幕式虽然在平昌县举行，但开幕式中关于地方文艺展演部分是平昌县文化馆在具体组织、策划和实施，在演唱歌曲《江口水乡》时，由周某登台表演并署名为周某，播放的却是芦某演唱的歌曲小样。歌曲小样的持有者是平昌县文化馆，是播放伴奏还是歌曲小样，不是周某个人能决定的，且周某是受平昌县文化馆的邀请和安排而演唱，本人未收取任何费用，故周某实施的行为后果，应当由平昌县文化馆承担。播放和上传此次演唱视频无证据证明系周某所为，且芦某与平昌县文化馆已就包括乡旅节开幕式上的侵权行为达成了协议并实际履行，在协议中芦某表明对相关侵权单位的行为予以谅解，故周某个人不再对乡旅节上的演唱行为承担侵权责任。

平昌县人民政府作为四川省第五届乡村文化旅游节开幕式的承办单位之一，并不是文艺表演的具体组织、策划和实施者，也无证据证实平昌县人民政府在乡旅节上授意或知道平昌县文化馆、周某有侵犯芦某表演者权的行为。《信息网络传播权保护条例》第二十二条规定："网络服务提供者为服务对象提供信息存储空间，供服务对象通过信息网络向公众提供作品、表演、录音录像制品，并具备下列条件的，不承担赔偿责任：……（三）不知道也没有合理的理由应当知道服务对象提供的作品、表演、录音录像制品侵权；……。"本案中，平昌县人民政府虽在官方网站上播放过《江口水乡》MTV（署名演唱者周某，实为芦某在歌曲小样中的演唱）和开幕式演出视频，但此视频系平昌县文化馆提供，平昌县人民政府不知道平昌县文化馆提供的作品、表演、录音录像制品等侵权，也无证据证明平昌县人民政府明知视频侵权而予以上传，平昌县人民政府尽到了合理的审查义务，故对芦某要求其承担侵权责任的主张，法院不予支持。另一方面，芦某与平昌县文化馆通过平昌县江口镇人民调解委员会于2014年5月13日达成的《协议书》，是双方当事人的真实意思表示，未违反法律的禁止性规定，且在该协议达成后，平昌县文化馆已按协议约定支付赔偿款15万元，并重新为芦某拍摄了MTV。本案在审理过程中，原告芦某并没有提供证据证实该协议存在最高人民法院《关于审理涉及人民调解协议的民事案件的若干规定》第五条中关于调解协议无效的情形，故对芦某认为该协议无效的主张，本院不予支持。在该协议中，芦某与平昌县文化馆均认可了平昌县文化馆及相关单位在《江口水乡》歌曲演唱、使用中侵犯了歌手的相关权利，基于侵权行为，双方达成了赔偿协议。该协议虽是原告芦某与平昌县文化馆签订的，但在协议第六条载明了"乙方对甲方及相关单位在《江口水乡》歌曲演唱、使用中的侵权行为表示予以谅解，放弃侵权一事所有的民事赔偿的权利，不再追究。同时乙方对在网络传媒上以前和删不掉的视频仍存在的《江口水乡》（含音频、视频）等也同时予以谅解，达成协议后不追究任何责任。"即使平昌县人民政府有侵权行为，在该协议中也明确了对相关单位的侵权行为予以谅解，对民事赔偿表示放弃，不再追究，故对芦某要求平昌县人民政府承担侵权责任并赔偿经济损失的主张，法院不予支持。

平昌县人民政府没有具体使用芦某歌曲小样，双方也未对使用歌曲小样达成协议，芦某要求平昌县人民政府支付一年使用费50万元的主张既无事实依据，亦于法无据，法院不予支持。

最高人民法院《关于适用〈中华人民共和国民事诉讼法〉的解释》第九十

条规定：当事人对自己提出的诉讼请求所依据的事实或者反驳对方诉讼请求所依据的事实，应当提供证据加以证明，但法律另有规定的除外。在作出判决前，当事人未能提供证据或者证据不足以证明其事实主张的，由负有举证证明责任的当事人承担不利的后果。本案中，原告虽称被告平昌县人民政府、周某侵害了其名誉权以及在 2014 年 5 月 13 日以后又有以网络等方式传播侵权视频的行为，但没有充分的证据予以证实，故对其要求赔偿的主张，法院不予支持。

因芦某与平昌县文化馆达成的协议中已对侵权行为予以谅解，且在达成协议后平昌县文化馆已在平昌县人民政府网站上发表了声明，故对原告芦某要求在侵权范围内消除影响、恢复名誉、公开赔礼道歉的诉讼请求，法院不再支持。

【思考题】

著作权与表演权从法律角度如何认定？

第二章

专利法案例

案例一 礼来公司诉常州华生制药有限公司
侵害发明专利权纠纷案

【案情简介】

2013 年 7 月 25 日，礼来公司（又称伊莱利利公司）向江苏省高级人民法院诉称，常州华生制药有限公司使用的制备方法生产药物奥氮平侵害了礼来公司拥有的 91103346.7 号发明专利权。礼来公司认为常州华生制药有限公司使用的制备药物的方法侵害了该公司的合法权利。为此，礼来公司提起本案诉讼。

在法院调查中发现，华生公司主张其自 2003 年至今一直使用 2008 年向国家药监局补充备案工艺生产奥氮平，并提交了其 2003 年和 2008 年奥氮平批生产记录（一审补充证据 6），2003 年、2007 年和 2013 年生产规程（一审补充证据 7）、《药品补充申请批件》（一审补充证据 12）等证据证明其实际使用的奥氮平制备工艺。本案的侵权判定关键在于两个技术方案反应路线的比对，华生公司 2008 年补充备案工艺的反应路线可见于其向国家药监局提交的《奥氮平药品补充申请注册资料》，其中 5.1 "原料药生产工艺的研究资料及文献资料"之 5.1.2 "工艺路线"图显示该反应路线为：先将 "仲胺化物" 中的仲氨基用苄基保护起来，制得 "苄基化物"（苄基化），再进行闭环反应，生成 "苄基取代的噻吩并苯并二氮杂" 三环化合物（还原化物）。"还原化物" 中的氨基被 N - 甲基哌嗪取代，生成 "缩合物"，然后脱去苄基，制得奥氮平。法院认为，此证据能够形成完整证据链，证明华生公司 2003 年至涉案专利权到期日期间一直使用其 2008 年补充备案工艺的反应路线生产奥氮平，主要理由如下：

　　首先，华生公司 2008 年向国家药监局提出奥氮平药品补充申请注册，在其提交的《奥氮平药品补充申请注册资料》中，明确记载了其奥氮平制备工艺的反应路线。针对该补充申请，江苏省药监部门于 2009 年 7 月 7 日和 8 月 25 日对华生公司进行了生产现场检查和产品抽样，并出具了《药品注册生产现场检查报告》（受理号 CXHB0800159），该报告显示华生公司的"生产过程按申报的工艺进行"，三批样品"已按抽样要求进行了抽样"，现场检查结论为"通过"。也就是说，华生公司 2008 年补充备案工艺经过药监部门的现场检查，具备可行性。基于此，2010 年 9 月 8 日，国家药监局向华生公司颁发了《药品补充申请批件》，同意华生公司奥氮平"变更生产工艺并修订质量标准"。对于华生公司 2008 年补充备案工艺的可行性，礼来公司专家辅助人在二审庭审中予以认可，江苏省科技咨询中心出具的（2014）司鉴字第 02 号《技术鉴定报告》在其鉴定结论部分也认为"华生公司 2008 年向国家药监局备案的奥氮平制备工艺是可行的"。因此，在无其他相反证据的情形下，应当推定华生公司 2008 年补充备案工艺即为其取得《药品补充申请批件》后实际使用的奥氮平制备工艺。

　　其次，一般而言，适用于大规模工业化生产的药品制备工艺步骤烦琐，操作复杂，其形成不可能是一蹴而就的。从研发阶段到实际生产阶段，其长期的技术积累过程通常是在保持基本反应路线稳定的情况下，针对实际生产中发现的缺陷不断优化调整反应条件和操作细节。华生公司的奥氮平制备工艺受让于医科院药物所，双方于 1999 年 10 月 28 日签订了《技术转让合同》。按照合同约定，医科院药物所负责完成临床前报批资料并在北京申报临床。在医科院药物所 1999 年 10 月填报的（京 99）药申临字第 82 号《新药临床研究申请表》中，"制备工艺"栏绘制的反应路线显示，其采用了与华生公司 2008 年补充备案工艺相同的反应路线。针对该新药临床研究申请，北京市卫生局 1999 年 11 月 9 日作出《新药研制现场考核报告表》，确认"原始记录、实验资料基本完整，内容真实。"在此基础上，医科院药物所和华生公司按照《技术转让合同》的约定，共同向国家药监局提交新药证书、生产申请表〔（2001）京申产字第 019 号〕。针对该申请，江苏省药监局 2001 年 10 月 22 日作出《新药研制现场考核报告表》，确认"样品制备及检验原始记录基本完整"。通过包括前述考核在内的一系列审查后，2003 年 5 月 9 日，医科院药物所和华生公司获得国家药监局颁发的奥氮平原料药和奥氮平片《新药证书》。由此可见，华生公司自 1999 年即拥有了与其 2008 年补充备案工艺反应路线相同的奥氮平制备工艺，并以此申报新药注册，取得新药证书。因此，华生公司在 2008 补充备案工艺之前使用反应路线完全不同的其他制备工艺生产奥氮平的可能性不大。

最后，国家药监局2010年9月8日向华生公司颁发的《药品补充申请批件》"审批结论"栏记载："变更后的生产工艺在不改变原合成路线的基础上，仅对其制备工艺中所用溶剂和试剂进行调整"，即国家药监局确认华生公司2008年补充备案工艺与其之前的制备工艺反应路线相同。华生公司在一审中提交了其2003年、2007年和2013年的生产规程，2003年、2008年的奥氮平批生产记录，华生公司主张上述证据涉及其商业秘密，一审法院组织双方当事人进行了不公开质证，确认其真实性和关联性。华生公司2003年、2008年的奥氮平批生产记录是分别依据2003年、2007年的生产规程进行实际生产所作的记录，上述生产规程和批生产记录均表明华生公司奥氮平制备工艺的基本反应路线与其2008年补充备案工艺的反应路线相同，只是在保持该基本反应路线不变的基础上对反应条件、溶剂等生产细节进行调整，不断优化，这样的技术积累过程是符合实际生产规律的。华生公司2008年补充备案工艺真实可行，2003年至涉案专利权到期日期间，华生公司一直使用2008年补充备案工艺的反应路线生产奥氮平。

经过法院审查，华生公司奥氮平制备工艺未落入礼来公司所有的涉案专利权的保护范围，一审判决认定事实和适用法律存在错误，依法予以纠正。

【法院判决】

法院经调查后认为，华生公司的奥氮平制备工艺在三环还原物中间体是否为苄基化中间体以及由此增加的苄基化反应步骤和脱苄基步骤方面，与涉案专利方法是不同的，相应的技术特征也不属于基本相同的技术手段，达到的技术效果存在较大差异，未构成等同特征。法院生效裁判认为，《最高人民法院关于审理侵害专利权纠纷案件应用法律若干问题的解释》第七条规定："人民法院判定被诉侵权技术方案是否落入专利权的保护范围，应当审查权利人主张的权利要求所记载的全部技术特征。被诉侵权技术方案包含与权利要求记载的全部技术特征相同或者等同的技术特征的，人民法院应当认定其落入专利权的保护范围；被诉侵权技术方案的技术特征与权利要求记载的全部技术特征相比，缺少权利要求记载的一个以上的技术特征，或者有一个以上技术特征不相同也不等同的，人民法院应当认定其没有落入专利权的保护范围。"

因此，法院判定华生公司奥氮平制备工艺未落入涉案专利权保护范围。华生公司奥氮平制备工艺未落入礼来公司所有的涉案专利权的保护范围。

【相关法律条文】

1. 本案适用的是2000年修正的《中华人民共和国专利法》第五十六条第一款，其规定："发明或者实用新型专利权的保护范围以其权利要求的内容为准，说明书及附图可以用于解释权利要求。"

2. 《中华人民共和国专利法》第五十七条第二款规定："专利侵权纠纷涉及新产品制造方法的发明专利的，制造同样产品的单位或者个人应当提供其产品制造方法不同于专利方法的证明。"

3. 《中华人民共和国专利法》第六十二条第一款规定："侵犯专利权的诉讼时效为二年，自专利权人或者利害关系人得知或者应当得知侵权行为之日起计算。"

【案例评析】

在发明专利中又分为产品发明和方法发明，在本案例中涉及的是方法发明。方法发明是指人们为了制造产品或解决某个/些技术问题而研究开发出来的操作方法、制造方法以及工艺流程等技术方案。这些方法可以是由一系列步骤构成的一个完整过程，也可以仅仅只是一个步骤。

在本案中，华生公司被诉生产销售的药品与涉案专利方法制备的产品相同，均为奥氮平，判定华生公司奥氮平制备工艺是否落入涉案专利权保护范围，涉及以下三个问题：

（一）关于涉案专利权的保护范围

在本案例中涉及了专利权的保护范围，专利法第七章的内容都是关于保护专利权的条文。明确专利权的保护范围是让发明创造专利得到国家法律的保护，保障专利权人的合法利益不受到侵犯。

专利法第五十六条第一款规定在本案中基于礼来公司要求保护涉案专利权利要求1中的方法（a），该权利要求采取开放式的撰写方式，其中仅限定了参加取代反应的三环还原物及N－甲基哌嗪以及发生取代的基团，其保护范围涵盖了所有采用所述三环还原物与N－甲基哌嗪在Q基团处发生取代反应而生成奥氮平的制备方法，无论采用何种反应起始物、溶剂、反应条件，均在其保护范围之内。基于此，判定华生公司奥氮平制备工艺是否落入涉案专利权保护范围，关键在于两个技术方案反应路线的比对，而具体的反应起始物、溶剂、反应条件等均不纳入侵权比对范围，否则会不当限缩涉案专利权的保护范围，损害礼来公司的合法权益。

专利权的保护范围是指发明专利或实用新型专利中的权利要求部分，而且是批准专利权后的权利要求，不是申请人在专利申请时递交的权利要求书中的所叙述的权利要求。说明书及附图只能用来解释权利要求，而不能作为确定专利权保护范围的依据。对外观设计专利的保护范围则以表示在图片或照片中的该外观设计专利产品为准。

侵犯专利权的行为是指未经专利权人许可，出于生产经营目的制造、使用或销售其专利产品，或使用其专利方法的行为、假冒他人专利的行为都属于侵犯专利权的行为。

（二）关于华生公司使用的奥氮平制备工艺

专利法第五十七条第二款规定："专利侵权纠纷涉及新产品制造方法的发明专利的，制造同样产品的单位或者个人应当提供其产品制造方法不同于专利方法的证明。"本案中，双方当事人对奥氮平为专利法中所称的新产品不持异议，华生公司应就其奥氮平制备工艺不同于涉案专利方法承担举证责任。具体而言，华生公司应当提供证据证明其实际使用的奥氮平制备工艺反应路线未落入涉案专利权保护范围，否则，将因其举证不能而承担推定礼来公司侵权指控成立的法律后果。本案的侵权判定关键在于两个技术方案反应路线的比对，经过法院调查发现，两者的反应路线是不同的。

（三）关于礼来公司的侵权指控是否成立

对比华生公司奥氮平制备工艺的反应路线和涉案方法专利，二者的区别在于反应步骤不同，关键中间体不同。具体而言，华生公司奥氮平制备工艺使用的三环还原物的胺基是被苄基保护的，由此在取代反应之前必然存在苄基化反应步骤以生成苄基化的三环还原物，相应的在取代反应后也必然存在脱苄基反应步骤以获得奥氮平。而涉案专利的反应路线中并未对三环还原物中的胺基进行苄基保护，从而不存在相应的苄基化反应步骤和脱除苄基的反应步骤。

《最高人民法院关于审理专利纠纷案件适用法律问题的若干规定》第十七条第二款规定："等同特征，是指与所记载的技术特征以基本相同的手段，实现基本相同的功能，达到基本相同的效果，并且本领域普通技术人员在被诉侵权行为发生时无需经过创造性劳动就能够联想到的特征。"本案中，就华生公司奥氮平制备工艺的反应路线和涉案方法专利的区别而言，首先，苄基保护的三环还原物中间体与未加苄基保护的三环还原物中间体为不同的化合物，两者在化学反应特性上存在差异，即在未加苄基保护的三环还原物中间体上，可脱落的 Q 基团和胺基均可与 N－甲基哌嗪发生反应，而苄基保护的三环还原物中间体由于其中的胺基被苄基保护，无法与 N－甲基哌嗪发生不期望的取代反应，取代反应只能发生在 Q 基团处；相应地，涉案专利的方法中不存在取代反应前后的加苄基和脱苄基反应步骤。因此，两个技术方案在反应中间物和反应步骤上的差异较大。其次，由于增加了加苄基和脱苄基步骤，华生公司的奥氮平制备工艺在终产物收率方面会有所减损，而涉案专利由于不存在加苄基保护步骤和脱苄基步骤，收率不会因此而下降。故两个技术方案的技术效果如收率高低等方面存在较大差异。最后，尽管对所述三环还原物中的胺基进行苄基保护以减少副反应是化学合成领域的公知常识，但是这种改变是实质性的，加苄基保护的三环还原物中间体的反应特性发生了改变，增加反应步骤也使收率下降。而且加苄基保护为公知常识仅说明华生公司的奥氮平制备工艺相对于涉案专利方法改进有限，但并不意味着两者所采用的技术手段是基本相同的。

综上，华生公司的奥氮平制备工艺在三环还原物中间体是否为苄基化中间体以及由此增加的苄基化反应步骤和脱苄基步骤方面，与涉案专利方法是不同的，相应的技术特征也不属于基本相同的技术手段，达到的技术效果存在较大差异，未构成等同特征。因此，华生公司奥氮平制备工艺未落入涉案专利权保护范围。

【思考题】

1. 专利权保护范围的定义是什么？
2. 本案的判决依据是根据专利法的哪一条？简述你对本案判决的见解。

案例二　威海嘉易烤生活家电有限公司诉永康市金仕德工贸有限公司、浙江天猫网络有限公司侵害发明专利权纠纷案

【案情简介】

威海嘉易烤生活家电有限公司（以下简称嘉易烤公司）作为原告起诉永康市金仕德工贸有限公司（以下简称金仕德公司）未经其许可在天猫商城等网络平台上宣传并销售侵害其公司 ZL200980000002.8 号专利权的产品，构成专利侵权；另外，在威海嘉易烤生活家电有限公司投诉金仕德侵权行为的情况下，天猫公司未采取有效措施，应与金仕德公司共同承担侵权责任。

首先，天猫公司依法持有增值电信业务经营许可证，系信息发布平台的服务提供商，其在本案中为金仕德公司经营的"益心康旗舰店"销售涉案被诉侵权产品提供网络技术服务，符合侵权责任法第三十六条第二款所规定网络服务提供者的主体条件。

其次，天猫公司在二审庭审中确认嘉易烤公司已于2015年2月10日委托案外人张某向淘宝网知识产权保护平台上传了包含被投诉商品链接及专利侵权分析报告、技术特征比对表在内的投诉材料，且根据上述投诉材料可以确定被投诉主体及被投诉商品。

侵权责任法第三十六条第二款所涉及的"通知"是认定网络服务提供者是否存在过错及应否就危害结果的不当扩大承担连带责任的条件。"通知"是指被侵权人就他人利用网络服务商的服务实施侵权行为的事实向网络服务提供者所发出的要求其采取必要技术措施，以防止侵权行为进一步扩大的行为。"通知"既可以是口头的，也可以是书面的。通常，"通知"内容应当包括权利人身份情况、权属凭证、证明侵权事实的初步证据以及指向明确的被诉侵权人网络地址等材料。符合上述条件的，即应视为有效通知。嘉易烤公司涉案投诉通知符合侵权责任法规定的"通知"的基本要件，属有效通知。

再次，经查，天猫公司对嘉易烤公司投诉材料作出审核不通过的处理，其在回复中表明审核不通过原因是：烦请在实用新型、发明的侵权分析对比表表二中详细填写被投诉商品落入贵方提供的专利权利要求的技术点，建议采用图文结合的方式一一指出。（需注意，对比的对象为卖家发布的商品信息上的图片、文字），并提供购买订单编号或双方会员名。

二审法院认为，发明或实用新型专利侵权的判断往往并非仅依赖表面或书面材料就可以作出，因此专利权人的投诉材料通常只需包括权利人身份、专利名称及专利号、被投诉商品及被投诉主体内容，以便投诉接受方转达被投诉主体。在本案中，嘉易烤公司的投诉材料已完全包含上述要素。至于侵权分析比对，天猫公司一方面认为其对卖家所售商品是否侵犯发明专利判断能力有限，另一方面却又要求投诉方"详细填写被投诉商品落入贵方提供的专利权利要求的技术点，建议采用图文结合的方式一一指出"，法院认为，考虑到互联网领域投诉数量巨大、投诉情况复杂的因素，天猫公司的上述要求基于其自身利益考量具有一定的合理性，而且也有利于天猫公司对于被投诉行为的性质作出初步判断并采取相应的措施。但就权利人而言，天猫公司的前述要求并非权利人投诉通知有效的必要条件。况且，嘉易烤公司在本案的投诉材料中提供了多达5页的以图文并茂的方式表现的技术特征对比表，天猫公司仍以教条的、格式化的回复将技术特征对比作为审核不通过的原因之一，处置失当。至于天猫公司审核不通过并提出提供购买订单编号或双方会员名的要求，这在本案中并不影响投诉行为的合法有效。而且，天猫公司所确定的投诉规制并不对权利人维权产生法律约束力，权利人只需在法律规定的框架内行使维权行为即可，投诉方完全可以根据自己的利益考量决定是否接受天猫公司所确定的投诉规制。另外，投诉方可能无须购买商品而通过其他证据加以证明，也可以根据他人的购买行为发现可能的侵权行为。即使投诉方存在直接购买行为，也可以基于某种经济利益或商业秘密的考量而拒绝提供。相关证据材料。

最后，侵权责任法第三十六条第二款所规定的网络服务提供者接到通知后所应采取必要措施包括但并不限于删除、屏蔽、断开链接。"必要措施"应根据所侵害权利的性质、侵权的具体情形和技术条件等来加以综合判断。

【法院判决】

法院生效裁判认为：各方当事人对于金仕德公司销售的被诉侵权产品落入嘉易烤公司涉案专利权利要求 1 的保护范围，均不持异议，原审判决认定金仕德公司涉案行为构成专利侵权正确。关于天猫公司在本案中是否构成共同侵权，侵权责任法第三十六条第二款规定，网络用户利用网络服务实施侵权行为的，被侵权人有权通知网络服务提供者采取删除、屏蔽、断开链接等必要措施。网络服务提供者接到通知后未及时采取必要措施的，对损害的扩大部分与该网络用户承担连带责任。上述规定系针对权利人发现网络用户利用网络服务提供者的服务实施侵权行为后"通知"网络服务提供者采取必要措施，以防止侵权后果不当扩大的情形，同时还明确界定了此种情形下网络服务提供者所应承担的义务范围及责任构成。本案中，天猫公司涉案被诉侵权行为是否构成侵权应结合对天猫公司的主体性质、嘉易烤公司"通知"的有效性以及天猫公司在接到嘉易烤公司的"通知"后是否应当采取措施及所采取的措施的必要性和及时性等加以综合考量。

法院认为，天猫公司在接到嘉易烤公司的通知后未及时采取必要措施，对损害的扩大部分应与金仕德公司承担连带责任。天猫公司就此提出的上诉理由不能成立。关于天猫公司所应承担责任的份额，一审法院综合考虑侵权持续的时间及天猫公司应当知道侵权事实的时间，确定天猫公司对金仕德公司赔偿数额的 50000 元承担连带赔偿责任。

【相关法律条文】

1. 网络用户利用网络服务实施侵权行为，被侵权人依据侵权责任法向网络服务提供者所发出的要求其采取必要措施的通知，包含被侵权人身份情况、权属凭证、侵权人网络地址、侵权事实初步证据等内容的，即属有效通知。网络服务提供者自行设定的投诉规则，不得影响权利人依法维护其自身合法权利。

2. 《中华人民共和国侵权责任法》第三十六条第二款所规定："网络服务提供者接到通知后所应采取的必要措施包括但并不限于删除、屏蔽、断开链接等必要措施。""必要措施"应遵循审慎、合理的原则，根据所侵害权利的性质、侵权的具体情形和技术条件等来加以综合确定。

【案例评析】

本案中，在确定嘉易烤公司的投诉行为合法有效之后，需要判断天猫公司在接受投诉材料之后的处理是否审慎、合理。法院认为，本案系侵害发明专利权纠纷。天猫公司作为电子商务网络服务平台的提供者，基于其公司对于发明专利侵权判断的主观能力、侵权投诉胜诉概率以及利益平衡等因素的考量，并不必然要求天猫公司在接受投诉后对被投诉商品立即采取删除和屏蔽措施，对被诉商品采取的必要措施应当秉承审慎、合理原则，以免损害被投诉人的合法权益。但将有效的投诉通知材料转达被投诉人并通知被投诉人申辩当属天猫公司应当采取的必要措施之一。否则权利人投诉行为将失去任何意义，权利人的维权行为也将难以实现。网络服务平台提供者应该保证有效投诉信息传递的顺畅，而不应成为投诉信息的黑洞。被投诉人对于其或生产、或销售的商品是否侵权，以及是否应主动自行停止被投诉行为，自会作出相应的判断及应对。天猫公司未履行上述基本义务导致被投诉人未收到任何警示从而造成损害后果的扩大。至于天猫公司在嘉易烤公司起诉后即对被诉商品采取删除和屏蔽措施，当属审慎、合理。

【思考题】

在本案中涉及第三方的连带责任，请问在什么情形下会构成第三方连带责任？

案例三 罗某与斯特普尔斯公司、国家知识产权专利 复审委员会外观设计专利权无效行政纠纷案

【案情简介】

再审申请人斯特普尔斯公司因与被申请人罗世凯、一审被告国家知识产权局专利复审委员会（以下简称专利复审委员会）外观设计专利权无效行政纠纷一案，不服北京市高级人民法院（2016）京行终2901号行政判决，向人民法院申请再审。

斯特普尔斯公司申请再审的理由是：（一）二审判决适用法律错误。1.关于专利无效宣告程序的请求人主体资格，历版《中华人民共和国专利法》未作限制，均规定为"任何单位或个人"。二审法院在其判决中认为请求人主体资格应限定为权利人或利害关系人，明显违反法律规定，属于变相造法，理应由最高司法机关予以明确此类重大法律适用问题。2.2010年修订的《中华人民共和国专利法实施细则》第六十六条的规定是专利复审委员会受理案件时对证据的要求，而非对请求人主体资格的限定。二审判决错误依据该条认为请求人应限定为权利人或利害关系人，属于适用法律错误。（二）二审法院在本案中的观点与其在先判决的观点不同，自相矛盾。二审法院在先生效判决中认为，2000年修正的《中华人民共和国专利法》（以下简称专利法）第四十五条并未对提出无效宣告请求的主体资格作出限制性规定，并据此推翻专利复审委员会基于请求人主体资格限于权利人或利害关系人而作出的无效宣告请求审查决定。该院在本案中作出相反认定，认为该请求人主体资格应当受到限制，限定为权利人或利害关系人。在法律没有任何修改或调整的情况下，二审法院在相隔不到二年的时间里先后作出两个观点完全相反的生效判决，有违其先例，令公众无所适从。（三）斯特普尔斯公司属于以涉案外观设计专利与在先合法权利相冲突为由提出无效宣告请求的特定请求人主体，一、二审判决认定事实错误。即便二审判决关于请求人主体资格应限定为权利人或利害关系人的认定正确，斯特普尔斯公司也属于权利人或利害关系人。1.斯特普尔斯公司在提起无效宣告请求时是在先作品的著作权人，专利复审委员会第20813号无效宣告请求审查决定（以下称被诉决定）已有明确认定。因此，请求人主体资格问题应以斯特普尔斯

公司提出无效宣告请求时的权利状态为准。2. 在专利无效宣告请求审查过程中,斯特普尔斯公司将其著作权转让给他人,并不意味着将无效宣告请求主体资格也一并转让。3. 即便斯特普尔斯公司在权利转让之后不是纯正意义上的著作权人,其对转让后的著作权承担权利瑕疵担保责任,依然与现著作权人存在利害关系,因而属于与现著作权人有密切关系的利害关系人。一、二审判决事实认定错误。综上,请求人民法院撤销一、二审判决,维持专利复审委员会被诉决定。

罗世凯提交意见称,专利复审委员会受理本案时,斯特普尔斯公司是无效宣告请求人,但其在无效宣告行政程序中将涉案著作权转让给案外人。专利复审委员会未考虑新权利人的意愿,仅依据斯特普尔斯公司的无效宣告请求就作出被诉决定,这种做法是错误的,二审法院对此认定正确。斯特普尔斯公司提交的证据不足以证明其是在先著作权人或利害关系人。请求人民法院驳回斯特普尔斯公司的再审申请。

专利复审委员会提交意见称,根据斯特普尔斯公司在无效宣告行政程序阶段提交的证据,可以依法认定斯特普尔斯公司在提出无效请求时拥有在先合法有效的著作权,涉案外观设计专利与在先著作权相冲突,不符合专利法第二十三条的规定。二审判决认定事实不清,适用法律法规错误。请求本院撤销二审判决,维持被诉决定。

法院依法组成合议庭进行了审查,现已审查终结。

【法院判决】

综上,二审判决以涉案著作权已经转让为由否定斯特普尔斯公司提出无效宣告请求的请求人资格,适用法律错误;对相关证据的审查认定有违证据规则,应予纠正。本案应该在纠正上述法律适用错误的基础上,综合斯特普尔斯公司以及罗世凯提供的全部相关证据,对在案证据是否足以证明斯特普尔斯公司系涉案作品著作权人或者利害关系人以及被诉决定是否正确,重新作出审查认定。

斯特普尔斯公司的再审申请符合《中华人民共和国行政诉讼法》第九十一条规定的情形。依照《中华人民共和国行政诉讼法》第九十二条第二款和《最高人民法院关于执行〈中华人民共和国行政诉讼法〉若干问题的解释》第七十四条和第七十七条第二款之规定,裁定如下:

一、指令北京市高级人民法院再审本案;

二、再审期间,中止原判决的执行。

【相关法律条文】

1. 《中华人民共和国专利法》第四十五条规定："自国务院专利行政部门公告授予专利权之日起，任何单位或者个人认为该专利权的授予不符合本法有关规定的，可以请求专利复审委员会宣告该专利权无效。"专利无效理由可以区分为绝对无效理由和相对无效理由两种类型，两者在被规范的客体本质、立法目的等方面存在重大区别。有关外观设计专利权与他人在先合法权利冲突的无效理由属于相对无效理由。当专利法第四十五条关于请求人主体范围的规定适用于权利冲突的无效理由时，基于相对无效理由的本质属性、立法目的以及法律秩序效果等因素，无效宣告请求人的主体资格应受到限制，原则上只有在先合法权利的权利人及其利害关系人才能主张。

2. 在行政诉讼程序中，人民法院受理相关诉讼后，为保证诉讼程序的稳定和避免诉讼不确定状态的发生，当事人的主体资格不因有关诉讼标的的法律关系随后发生变化而丧失。专利无效宣告行政程序属于准司法程序，当事人恒定原则对于该程序亦有参照借鉴意义。对于无效宣告行政程序启动时符合资格条件的请求人，即便随后有关诉讼标的的法律关系发生变化，其亦不因此丧失主体资格。

【案例评析】

法院经审查认为，本案适用 2000 年修正的专利法。根据再审申请人的申请再审理由、被申请人答辩及本案案情，本案在再审审查阶段的焦点问题是：以外观设计专利权与他人在先取得的合法权利相冲突为由提起无效宣告请求的请求人资格问题；无效宣告行政程序启动时符合资格条件的请求人是否因有关诉讼标的的法律关系发生变化而丧失资格；二审判决关于斯特普尔斯公司并非涉案作品著作权人或者利害关系人的事实认定是否正确。

（一）以外观设计专利权与他人在先取得的合法权利相冲突为由提起无效宣告请求的请求人资格问题

专利法第四十五条规定："自国务院专利行政部门公告授予专利权之日起，任何单位或者个人认为该专利权的授予不符合本法有关规定的，可以请求专利复审委员会宣告该专利权无效。"从该条规定的文义来看，其未对提出无效宣告请求的主体范围作出限定。尽管如此，如果法律条文的字面含义涵盖过宽，在特定情形下依其字面解释将导致与被规范的客体本质、立法目的、法律秩序效果等无法协调并造成明显不当的法律效果时，可以在特定情形下对法律条文的字面含义予以限缩解释，自是法理之必然。本案中，无效宣告请求人以专利法第二十三条关于授予专利权的外观设计不得与他人在先取得的合法权利相冲突为由提出无效请求，对于依据该特定无效理由提出无效宣告的请求人资格问题，需从被规范的客体本质、立法目的以及法律秩序效果等方面分析如下：

首先，关于被规范的客体本质。无效宣告请求人依据专利法第四十五条提出无效宣告请求时，根据专利法关于专利权授予条件的相关规定，其据以主张的无效理由可以大致分为两类：一是有关可专利性、新颖性、创造性、实用性、充分公开、权利要求得到说明书支持等专利授权实质条件的无效理由；二是有关外观设计专利权与他人在先合法权利冲突的无效理由。由于不同类型无效理由的本质属性存在差异，当专利法第四十五条关于请求人主体范围的规定适用于上述不同类型的无效理由时，其请求人主体资格问题与无效理由本质属性密切相关。专利申请被授权后，专利权人将获得在一定期间内排他性实施该专利的独占权。为保证被授权的专利值得获取这种保护，要求该专利真正符合新颖性、创造性、实用性等专利实质条件，以使其获得的保护与其贡献相匹配。任何不符合专利实质条件的专利申请的授权，均将不当限制社会公众的自由利用与创新。为此，专利法设置了无效宣告制度，意在借助公众的力量，发现和清除不当授予的专利权，以维护有利于创新的公共空间。同时，对于社会公众而言，其亦有能力和机会获得有关专利性、新颖性、创造性、实用性、充分公开、权利要求得到说明书支持等专利授权实质条件的证据材料，对此并不存在实际障碍。因此，有关专利授权实质条件的前述第一类无效理由属于专利无效的绝对理由，任何人均可主张。对于外观设计专利权而言，其有关新颖性和区别性的无效理由，同样属于任何人均可主张的绝对理由。与第一类无效理由不同，有关外观设计专利权与他人在先合法权利冲突的第二类无效理由具有自身特殊的属性。如果外观设计专利权与他人在先合法权利冲突，直接影响的仅仅是在先合法权益，与公共利益无涉。同时，在实践操作层面上，证明外观设计专利权与他人在先合法权利相冲突的证据通常只有在先权利的权利人或者利害关系人才能掌握，他人难以获知。因此，关于外观设计专利权与他人在先合法权利冲突的无效理由属于相对无效理由，通常只能由在先权利的权利人或者利害关系人主张。主张该无效理由的请求人主体资格受到相对无效理由本质属性的天然限制。

其次，关于专利法第二十三条有关权利冲突规定的立法目的。"授予专利权的外观设计不得与他人在先取得的合法权利相冲突"这一规定系专利法第二次修正时加入，其目的在于解决实践中出现的外观设计专利申请人未经许可将他人享有权利的客体结合自己的产品申请外观设计专利的问题，为在先权利人请求宣告相应外观设计专利无效提供法律依据。因此，该规定的立法目的本身即为维护在先权利。基于该立法目的，自应由权利人或者利害关系人提出该无效主张。与专利法相配套的《中华人民共和国专利法实施细则》（2001年修订，以下简称实施细则）第六十五条第三款规定："以授予专利权的外观设计与他人在先取得的合法权利相冲突为理由请求宣告外观设计专利权无效，但是未提交生效的能够证明权利冲突的处理决定或者判决的，专利复审委员会不予受理。"实施细则的上述规定从证据条件的角度规定了以权利冲突为由提出的无效宣告请求的受理条件，从操作层面实质上限制了以权利冲突为由提出的无效宣告的请求人资格。

最后，关于法律秩序效果。如果任何人均可主张外观设计专利权与他人在先合法权利冲突的无效理由，可能会在法律秩序上造成不良效果。允许任何人均可以外观设计专利权与他人在先合法权利冲突为由提出无效宣告请求，会造成违背在先权利人意志的窘境。另外，外观设计专利权与他人在先合法权利冲突的本质在于外观设计专利权的实施将侵害他人在先权利，该冲突状态将因外观设计专利人获得在先权利人的许可或者同意而消除。因此，在先权利人及其利害关系人之外的社会公众发动无效宣告程序后，其后的行政程序和行政诉讼程序均可能因权利冲突状态的消除而随时归于无效，造成行政和司法资源的浪费。相反，如果仅允许在先权利人及其利害关系人主张权利冲突的无效理由，则可避免上述不良效果。

基于上述理由，当专利法第四十五条关于请求人主体范围的规定适用于有关外观设计专利权与他人在先合法权利冲突的无效理由时，无效宣告请求人的主体资格将因被规范的客体本质、立法目的以及法律秩序效果等而受到限制，原则上只有在先合法权利的权利人及其利害关系人才能主张。二审判决从外观设计专利保护客体的特殊性方面立论，理由虽欠妥当，但认定结论正确，法院予以确认。

（二）无效宣告行政程序启动时符合资格条件的请求人是否因有关诉讼标的的法律关系发生变化而丧失资格

《最高人民法院关于适用的解释》第二百四十九条第一款规定："在诉讼中，争议的民事权利义务转移的，不影响当事人的诉讼主体资格和诉讼地位。人民法院作出的发生法律效力的判决、裁定对受让人具有拘束力。"该规定体现了民事诉讼中的当事人恒定原则，该原则和精神对于行政诉讼亦有参照作用。根据该原则和精神，在行政诉讼程序中，人民法院受理相关诉讼后，为保证诉讼程序的稳定和避免诉讼不确定状态的发生，当事人的主体资格不因有关诉讼标的的法律关系随后发生变化而丧失。相反，如果允许当事人的主体资格因随后有关诉讼标的的法律关系发生变化而丧失，导致已经进行的行政诉讼程序归于无效，将对程序的稳定性和结果的确定性产生严重的不利影响，造成司法资源的浪费。同时，有关诉讼标的的法律关系发生变化后，新权利人的利益可以通过程序设计予以保障。对于专利无效宣告行政程序而言，其具有双方当事人参与和专利复审委员会原则上居中裁决的特点，属于准司法程序。当事人恒定原则对于该程序亦有参照借鉴意义。否则，同样可能导致专利无效宣告行政程序的不稳定及行政资源的浪费。因此，对于无效宣告行政程序启动时符合资格条件的请求人，即便随后有关诉讼标的的法律关系发生变化，其亦不因此当然丧失主体资格。本案中，假定斯特普尔斯公司在提出无效宣告请求时确实是涉案作品的著作权人或者利害关系人，即便其随后将该作品著作权转让给案外人，亦不会因此而丧失以权利冲突为由提出无效宣告请求的请求人主体资格。二审判决以斯特普尔斯公司所主张的涉案著作权已经转让为由，否定斯特普尔斯公司以涉案外观设计专利与其在先著作权相冲突为由提出无效宣告请求的请求人资格，适用法律错误，应予纠正。

（三）二审判决关于斯特普尔斯公司并非涉案作品著作权人或者利害关系人的事实认定是否正确

本案中，二审判决以斯特普尔斯公司提交的证据4和证据5存在相互冲突、证明同一事实的证据4、证据5、证据8和证据13存在明显矛盾、证据14的电子邮件中提及与涉案外观设计专利型号相同的型号为由，否定斯特普尔斯公司系涉案作品著作权人或者利害关系人。对此，法院认为：

首先，关于证据审查判断的一般原则和方法。《最高人民法院关于行政诉讼证据若干问题的规定》第五十四条规定："法庭应当对经过庭审质证的证据和无需质证的证据进行逐一审查和对全部证据综合审查，遵循法官职业道德，运用逻辑推理和生活经验，进行全面、客观和公正地分析判断，确定证据材料与案件事实之间的证明关系，排除不具有关联性的证据材料，准确认定案件事实。"在涉案外观设计专利无效宣告行政程序中，斯特普尔斯公司提交了证据1～18，用以证明其享有在先合法有效的涉案著作权。专利复审委员会在综合认定证据6和证据14所证明的相关事实的基础上，结合证据4、证据5、证据13、相关证人出庭做证的证言以及证据1、证据3和证据12的声明书，认定斯特普尔斯公司系涉案作品著作权人。二审判决仅以部分证据存在矛盾和冲突为由，维持一审法院对相关证据的采信和事实认定结论，有违证据的综合审查认定原则。

其次，关于证据14的审查认定。二审判决确认一审判决对证据14不予采信的审查结果，其理由是该证据中显示生成时间为2007年11月2日的电子邮件提及了一年多以后才出现的机器型号，存在明显矛盾。这一认定隐含的逻辑前提在于，该机器型号客观上确实产生于涉案外观设计专利申请日2008年2月22日。事实上，本案没有相关证据能够证明这一逻辑前提成立。二审判决关于证据14的上述认定明显有误，应予纠正。

最后，关于证据6和证据14的审查认定。一审判决以证据6和证据14均载有"本公证书仅是对当事人现场操作电脑、打印页面过程的客观记载，未对邮件来源、真实性和上述保全证据行为以外的事实予以证明"的内容，认定上述公证书不能独立、当然地对其中所显示的电子邮件的来源和内容真实性予以证明。在审查判断以公证书形式固定的电子邮件等相关电子证据的真实性与证明力时，应综合考虑相关公证书的制作过程、该电子邮件的形成过程、电子邮件的自身内容等因素，结合案件其他证据，对其真实性和证明力作出判断。在审查证据的基础上，如果确信现有证据能够证明待证事实的存在具有高度可能性，对方当事人对相应证据的质疑或者提供的反证不足以实质削弱相关证据的证明力，不能影响相关证据的证明力达到高度盖然性的证明标准的，应该认定待证事实存在。一审判决仅以上述公证书对其自身证明对象的声明内容为依据，排除上述公证书的独立证明力，未结合该电子邮件的形成过程和内容以及其他证据进行审查判断，有失偏颇。同时，如前所述，二审判决对证据14中邮件内容的审查又存在明显错误。在此情况下，一、二审判决对于证据14和证据16的审查认定有所不当。

【思考题】

专利无效理由和相对无效理由两者在被规范的客体本质及立法目的有哪些重大的区别？

案例四　中山市隆成日用制品有限公司与湖北童霸儿童用品有限公司侵害实用新型专利权纠纷案

【案情简介】

2011年5月，中山市隆成日用制品有限公司（以下简称隆成公司）向武汉市中级人民法院提起诉讼称：其是专利号为 ZL 01242571.0，名称为"前轮定位装置"实用新型专利（以下简称涉案专利）的权利人。2008 年 4 月，隆成公司曾以湖北童霸儿童用品有限公司（以下简称童霸公司）侵犯涉案专利为由向武汉市中级人民法院提起诉讼，法院以（2008）武知初字第 144 号民事判决书判决童霸公司停止侵权并赔偿损失。童霸公司不服上述判决而提起上诉。二审期间，经法院主持调解，双方达成调解协议并由湖北省高级人民法院制作了（2009）鄂民三终字第 42 号民事调解书，其主要内容为：童霸公司保证不再侵犯隆成公司的专利权，如发现一起侵犯隆成公司实用新型专利权的行为，自愿赔偿隆成公司人民币 100 万元。但童霸公司仍继续大规模地从事侵犯隆成公司涉案专利权的行为。（2009）中证内字第 5846 号公证书、（2010）中证内字第 938 号公证书，可证明童霸公司通过网络继续许诺销售，并实际生产、销售侵权产品。2009 年 10 月 23 日至 25 日，童霸公司参加中国进出口商品交易会，展出侵权产品并大量派发载有侵权产品图片的产品宣传册。2010 年 3 月，隆成公司通过湖北省汉川市公证处办理了相关侵权产品的购买公证。综上，隆成公司请求法院判令童霸公司赔偿隆成公司 100 万元并承担本案的诉讼费用。

童霸公司辩称：（2009）鄂民三终字第 42 号案件经湖北省高级人民法院调解结案后，隆成公司利用不正当手段到童霸公司取证。2011 年 3 月，隆成公司派外商连同公证人员到童霸公司购买被控侵权产品。童霸公司的业务员告知对方，没有被控侵权产品，与隆成公司存在侵权纠纷，需等隆成公司的专利失效后再进行生产。但对方坚持订货，称先拿几个样品回去，等专利失效后再大批量订货生产。因此，童霸公司的业务员就向对方提供了几个样品。此外，隆成公司请求赔偿 100 万元没有法律依据。

再审申请人隆成公司因与被申请人童霸公司侵害实用新型专利权纠纷一案，不服湖北省高级人民法院（2012）鄂民三终字第 86 号民事判决，向武汉市中级人民法院申请再审。法院于 2013 年 4 月 2 日作出（2013）民申字第 12 号民事裁定，提审本案。武汉市中级人民法院依法组成合议庭，于 2013 年 10 月 17 日公开开庭审理了本案。

【法院判决】

武汉市中级人民法院一审查明：

（一）涉案专利权概况

涉案专利的申请日为 2001 年 7 月 10 日，授权日为 2002 年 5 月 15 日，年费缴纳至 2011 年 7 月 10 日。涉案专利的原权利人为中山隆顺日用制品有限公司，

2004 年 7 月 30 日，权利人变更为隆成公司。涉案专利的权利要求书记载：1. 一种前轮定位装置，装设于婴儿车之前脚管末端，其特征在于，包括：垂直转轴，下端与前轮之轮轴结合，上端与该前脚管末端枢接并保持同轴转动的连接状态；及一控制前轮是否能够转向的卡掣机构，设置于前述垂直转轴上端与该前脚管末端之间。2. 如权利要求第 1 项所述之前轮定位装置，其特征在于：该前脚管末端具有一供该卡掣机构卡入后定位的定位孔。3. 如权利要求第 1 项所述之前轮定位装置，其特征在于，该卡掣机构包括：固定销；及控制该固定销之升降或移动的升降机构。4. 如权利要求第 3 项所述之前轮定位装置，其特征在于，该升降机构为一对转盘，该转盘之间有一旋斜面，该转盘之一端与该固定销连接。5. 如权利要求第 4 项所述之前轮定位装置，其特征在于：该转盘之一侧设有便于旋转该转盘的把手。2008 年 8 月 11 日，国家知识产权局专利复审委员会作出第 12067 号《无效宣告请求审查决定》，宣告涉案专利权利要求 1—3 项无效，在权利要求 4、5 项的基础上维持涉案专利权继续有效。

（二）指控侵权情况

2009 年 10 月 16 日，隆成公司的委托代理人徐畅在广东省中山市公证处，由公证员蔡某某、陈某某监督，从互联网进入阿里巴巴网站（hnp：//china. alibaba. com）页面，在该页面经搜索进入童霸公司网（http：//chen980412. en. alibaba. com/）并对该网站相关页面进行截屏，页面内容包括童霸公司简介和多种型号婴儿推车照片。广东省中山市公证处对上述过程出具了（2009）中证内字第 5846 号公证书。2010 年 2 月 24 日，隆成公司委托代理人林某某在广东省中山市公证处，由公证员蔡某某监督，从互联网进入童霸公司网站（http：//www. tongba888. cn），浏览童霸公司简介及多种型号婴儿推车照片，并进行截屏。广东省中山市公证处对上述过程出具（2010）中证内字第 938 号公证书。上述两公证书对童霸公司网站网页所作截屏，没有涉案被控侵权产品的内容。

2010 年 3 月 10 日，湖北省汉川市公证处出具（2010）川证字第 125 号公证书，该公证书记载：公民林某某称因工作需要，在童霸公司处购买了一箱童车，为防止争议，于 2010 年 3 月 9 日向湖北省汉川市公证处申请，对其从被告处取出童车的过程及箱内的童车拍照进行保全证据。当日，该公证处公证员蔡某某和公证工作人员徐某某与林某某一起到童霸公司门前，林某某从童霸公司处取出包装箱型号为 TBT85 - 670# 的童车一箱，该包装箱运至湖北省汉川市公证处开箱、拍照后封存。2010 年 3 月 9 日，童霸公司向隆成公司出具由开票人陈某某签名的销售结算单一份，该结算单写明所售产品型号为 TB86。

质证及庭审中，合议庭对湖北省汉川市公证处（2010）川证字第 125 号公证书封存的被控侵权童车进行了拆封，双方当事人对封存情况无异议。被控侵权童车的包装箱上显示型号为 TBT85－670#，启封后包装箱内没有被控侵权童车的说明书或合格证等任何资料，童霸公司当庭表示童车型号以包装箱内童车实物为准。启封后，隆成公司经比对认为被控侵权产品完全落入了涉案专利权的保护范围，童霸公司认可隆成公司的比对意见。

（三）相关案件处理情况

2008 年 4 月 2 日，隆成公司以童霸公司侵害其涉案专利权为由，向武汉市中级人民法院提起民事诉讼。2009 年 6 月 16 日，武汉市中级人民法院作出（2008）武知初字第 144 号民事判决书，判决：1. 童霸公司立即停止制造、许诺销售、销售侵犯隆成公司"前轮定位装置"实用新型专利权的 B858C－B 型手推车产品，并清除童霸公司网站与产品宣传册上关于该型号手推车产品的宣传内容；2. 童霸公司赔偿隆成公司 80 000 元；3. 驳回隆成公司其他诉讼请求。童霸公司不服该判决，提起上诉。2009 年 9 月 2 日，湖北省高级人民法院以（2009）鄂民三终字第 42 号民事调解书调解结案，调解协议的内容为：1. 童霸公司于调解协议签字之日起立即停止制造、许诺销售、销售 B858C－B 型号童车产品，清除童霸公司网站上关于该型号童车产品的图片及产品宣传册中关于该型号童车产品的文字与图片介绍，并保证不再侵犯隆成公司的专利权。如发现一起侵犯隆成公司外观设计专利权的行为，童霸公司自愿赔偿人民币 50 万元，如发现一起侵犯隆成公司实用新型专利权的行为，童霸公司自愿赔偿人民币 100 万元；2. 童霸公司于调解协议签字之日起十日内赔偿隆成公司经济损失 55 000 元，并支付隆成公司垫付的一审案件受理费 3300 元、证据保全费 30 元；3. 双方均放弃基于本案事实的其他诉讼请求。

（四）其他事实

一审庭审中，隆成公司明确本案依据专利侵权诉讼起诉，不选择合同违约之诉，但侵权赔偿数额请求按双方约定的违约金标准计算。

武汉市中级人民法院一审认为，本案争议焦点为：隆成公司是否享有涉案专利的专利权；童霸公司是否实施了侵权行为；如何确定童霸公司的民事责任。

（一）隆成公司是否享有涉案专利的专利权

"前轮定位装置"（专利号为 ZL 01242571.0）实用新型专利的专利权人原系中山隆顺日用制品有限公司，2004 年 7 月 30 日变更为隆成公司。2008 年 8 月 11 日，国家知识产权局专利复审委员会作出第 12067 号《无效宣告请求审查决定》，宣告涉案专利权利要求 1—3 项无效，在权利要求 4、5 项的基础上维持涉案专利权继续有效。涉案专利申请日是2001年7月10日，年费缴纳至2011年7月10日，本案公证证明的侵权时间为2010年3月9日，在涉案专利有效期内。因此，涉案专利的第4、5项权利要求在本案中受法律保护。

（二）童霸公司是否实施了侵权行为

湖北省汉川市公证处出具（2010）川证字第125号公证书证明，2010年3月9日公民林某某从童霸公司处取出包装箱型号为TBT85-670#的童车一箱，当日童霸公司出具销售结算单一份，且质证及庭审中童霸公司称隆成公司曾带外商来购买被控侵权童车，承认隆成公司所指控的侵权童车由童霸公司销售。鉴于童霸公司的生产经营性质、生产能力，及对产品的宣传介绍，结合本案其他证据，一审法院认定童霸公司存在生产、销售被控侵权产品的行为。关于隆成公司指控侵权产品的型号，（2010）川证字第125号公证书证明，林某某从童霸公司处取出童车的包装箱型号为TBT85-670#，但童霸公司出具的销售结算单上写明型号为TB86，双方当事人为童车型号发生分歧。一审庭审中，启封勘验公证封存的被控侵权童车，包装箱内没有说明书或合格证等能够说明童车型号的资料，童霸公司当庭表示童车的型号以包装箱内的童车实物为准，一审法院将童车实物与童霸公司的产品宣传册比对，童车实物与宣传册上的TBT86型号产品一致，故认定侵权公证封存的童车型号为TBT86。

庭审中将涉案专利权利要求与被控侵权TBT86型号童车进行比对，TBT86型号童车的技术方案体现了涉案专利权利要求第4、5项所记载的全部必要技术特征，且童霸公司对被控侵权产品落入涉案专利保护范围没有异议，也未提交证据证明其有法定的免责事由，因此，童霸公司生产、销售的TBT86型号童车侵害了隆成公司享有的涉案专利权，应依法承担相应民事责任。

关于隆成公司指控童霸公司许诺销售问题，隆成公司提交（2009）中证内字第5846号公证书、（2010）中证内字第938号公证书及光盘、中国进出口商品交易会《参展商名录》《产品宣传册》，用以证明童霸公司有许诺销售行为。经审查，上述两份公证书所作童霸公司网站网页截屏及《参展商目录》没有被控侵权童车内容，仅《产品宣传册》上有若干童车照片及简要文字介绍，无法对童车的形状、构造及其结合方式等技术特征与涉案专利的权利要求进行比对，因此，隆成公司关于童霸公司许诺销售被控侵权产品的主张，证据不足，不予支持。

（三）如何确定童霸公司的民事责任

隆成公司当庭明确本案系侵权之诉，要求童霸公司承担侵权赔偿责任，赔偿标准以双方在（2009）鄂民三终字第42号民事调解书中的约定为准。一审法院认为，侵权民事责任与违约民事责任的事实基础和法律基础不同，产生于不同的法律关系。《中华人民共和国合同法》（以下简称合同法）第一百二十二条规定，因当事人一方的违约行为，侵害对方人身、财产权益的，受损害方有权选择依照合同法要求其承担违约责任或者依照其他法律要求其承担侵权责任。本案中隆成公司既然明确选择对被控侵权行为提起侵权之诉，就应根据侵权责任法确定赔偿数额。隆成公司关于本案为侵权之诉，赔偿标准以（2009）鄂民三终字第 42 号民事调解书的约定为准，与合同法的上述规定相冲突，不予支持。本案中因隆成公司主张侵权之诉，导致童霸公司不能就违约之诉的违约事实及违约金是否过高提出抗辩，违约之诉也无法纳入法庭调查和辩论的范围。法院出具的调解书是对当事人已发生的行为所产生的责任的约定，并不具有对将来未发生行为的责任进行预判及强制执行的效力，如发生调解书中当事人约定的于将来发生的违约情形，该违约条款仍需当事人按合同法的相关规定另行诉讼，并经人民法院确定违约的事实及区分违约情节后判定违约责任。本案中，在隆成公司未主张违约之诉的情况下，法院无须就当事人双方是否有违约行为及违约责任作出判断，故不宜简单适用当事人约定的违约赔偿金，本案赔偿数额仍应根据童霸公司侵权行为的性质，依据《中华人民共和国专利法》（以下简称专利法）关于法定赔偿的规定加以确定。童霸公司关于隆成公司主张赔偿 100 万元依据不足的抗辩理由成立。

隆成公司在本案中没有提交证据证明其实际损失或童霸公司的侵权获利，一审法院依法适用法定赔偿。考虑涉案专利权现已到期，前轮定位装置在被控侵权童车整车中属辅助部件之一，整车售价不高，销售数量无法确定，且隆成公司亦认可在国内市场无法购买到被控侵权童车等因素，同时结合童霸公司系再次侵权，一审法院确定在前案判赔数额的基础上适当加重对童霸公司的赔偿处罚力度。

综上，一审法院判决：1. 童霸公司赔偿隆成公司 14 万元；2. 驳回隆成公司的其他诉讼请求。案件受理费 13800 元，财产保全费 5000 元，共计 18800 元，由童霸公司负担。

隆成公司不服一审判决，向湖北省高级人民法院提起上诉，请求撤销一审判决，并依法改判。理由为：1. 一审法院未认定童霸公司的许诺销售行为，属于事实认定错误；2. 一审法院未适用（2009）鄂民三终字第 42 号民事调解书中双方约定的赔偿标准，属于适用法律错误。

童霸公司亦不服一审判决，向湖北省高级人民法院提起上诉，请求撤销一审判决，并依法改判。理由为：1. 一审法院关于童霸公司生产、销售被控侵权产品的事实认定，没有依据；2. 一审法院将产品宣传册上载明的 TBT86 型号的童车与公证购买的童车实物相比较，以此认定公证购买的童车就是 TBT86 型号，该认定不当；3. 一审法院判赔 14 万元不符合专利法规定。4. 一审法院判决童霸公司承担全部案件受理费有失公平。

湖北省高级人民法院二审查明，一审查明的事实属实，依法予以确认。另查明，2010 年 3 月 9 日，隆成公司为购买涉案 TBT86 型号童车产品支付 260 元。

湖北省高级人民法院二审认为，结合双方当事人上诉请求、理由，本案二审争议焦点为：童霸公司与隆成公司签订调解协议后是否实施了涉案侵权行为；如何确定童霸公司的民事责任。

（一）童霸公司与隆成公司签订调解协议后是否实施了涉案侵权行为

2009 年 9 月 2 日，涉案双方签订调解协议。调解协议签订后，隆成公司指控童霸公司存在的侵权事实或行为包括三个方面：一是 2009 年 10 月 23 日至 25 日，在中国进出口产品交易会上展出侵权产品并派发相关产品宣传册；二是通过网络许诺销售侵权产品；三是 2010 年 3 月再次对侵权行为进行调查取证，并通过公证处办理了被控侵权产品的实物公证。

隆成公司在一审中提交了 4 份证据用于证明童霸公司存在许诺销售行为，即（2009）中证内字第 5846 号公证书、（2010）中证内字第 938 号公证书、《参展商名录》、《产品宣传册》。经查，上述两份公证书所作网页截屏没有被控侵权童车内容，且提交的网页图片本身不够清晰；《参展商名录》仅有童霸公司名称；《产品宣传册》仅有 TBT86 童车的一幅照片及简要文字介绍，且其来源不明、印刷时间不详。故一审对隆成公司指控的许诺销售行为不予认定，具有事实依据。

隆成公司在一审中提交的证据（2010）川证字第 125 号公证书及销售结算单，用于证明童霸公司存在生产、销售被控侵权产品行为。经查，（2010）川证字第 125 号公证书载明"取出童车一箱"，其包装箱外侧部显示"ITEM-NO. TBT85 - 670#"，外包装箱上未标明具体生产日期。同时，销售结算单上标明的一款品名为"TB86"，另一款则不清晰。一审将公证购买的童车与童霸公司产品宣传册的相关产品型号比对，实际与"TBT86"型号产品一致。据此，至少可以认定童霸公司在 2010 年 3 月 9 日提供给隆成公司的童车型号中有一款型号系 TBT86，但该款产品的具体生产时间并不明确。由于双方当事人达成调解协议的时间为 2009 年 9 月 2 日，故隆成公司提交的现有证据并不能证明童霸公司在签订调解协议之后实施了生产侵权行为。

虽然隆成公司公证购买的 TBT86 型号童车产品的具体生产时间并不明确，

但隆成公司为此支付了 260 元的对价，且童霸公司出具了相应的销售结算单。同时，基于童霸公司之前在调解协议中的自愿保证，其对自身涉案行为应有较为明确的认知，故可认定童霸公司存在销售被控侵权产品的行为。

综上，童霸公司存在销售被控侵权产品的行为，但无证据证明其存在生产、许诺销售行为。一审法院认定公证封存的被控侵权童车型号为 TBT86，将其与涉案专利进行比对，并判定其落入涉案专利权保护范围，具有事实和法律依据。

（二）如何确定童霸公司的民事责任

双方当事人曾因专利侵权纠纷在人民法院的主持下达成调解协议，协议约定赔偿经济损失的条件是童霸公司存在新的侵权行为。因此，侵权行为成立与否是本案双方当事人权利义务关系的基础，而不能直接以调解协议的内容作为双方权利义务关系的基础。

2009 年 9 月 2 日，童霸公司与隆成公司在涉案专利侵权的前案中达成调解协议，该案的被控侵权童车产品型号为 B858C－B，协议约定"如发现一起侵犯隆成公司外观设计专利权的行为，童霸公司自愿赔偿人民币 50 万元，如发现一起侵犯隆成公司实用新型专利权的行为，童霸公司自愿赔偿人民币 100 万元"。就该协议内容而言，由于其具体针对的被控侵权产品型号为 B858C－B，而非本案被控侵权产品 TBT86，故在被控侵权产品型号不相同的情况下，前述调解协议中约定的赔偿数额不能适用于本案。并且，现有证据仅表明童霸公司存在销售侵权行为，因此，专利侵权赔偿数额的确定不能忽略本案的实际情况，特别是涉案专利部分在整车中的价值份额，以及被控侵权产品本身并未进入市场销售，不管是国内市场还是国外市场；而且，并无任何直接证据显示童霸公司存在隆成公司诉称的"仍然大规模、不间断地从事侵犯涉案专利权的行为"。故一审法院依据专利法第六十五条的规定酌定童霸公司赔偿隆成公司经济损失 14 万元，符合本案实际。隆成公司要求直接按照调解书的约定确定赔偿数额，其事实和法律依据不足，法院不予支持。

关于一审案件受理费的负担问题。《诉讼费用交纳办法》第二十九条规定，诉讼费用由败诉方负担，胜诉方自愿承担的除外。部分胜诉、部分败诉的，人民法院根据案件的具体情况决定当事人各自负担的诉讼费用数额。一审法院根据本案的具体情况，在认定童霸公司侵权事实成立的情况下，决定由童霸公司负担本案全部案件受理费，具有事实和法律依据。童霸公司关于一审法院判决其承担全部案件受理费有失公平的上诉理由不能成立。

综上，隆成公司的上诉请求及理由均不能成立，依法予以驳回。童霸公司关于其未在调解协议签订后再生产被控侵权产品的理由成立，一审法院对此认定有误，依法予以纠正；童霸公司的其他上诉请求及理由不能成立，依法予以驳回。一审判决认定事实清楚，适用法律正确，实体处理并无不当，依法应予维持。二审法院判决：驳回上诉，维持原判。二审案件受理费13800元，由隆成公司负担11040元，童霸公司负担2760元。

隆成公司不服二审判决，向人民法院申请再审称：（一）二审法院认定事实错误。1. 童霸公司没有否认被控侵权产品系其生产的事实，二审法院对此认定错误。2. 童霸公司许诺销售被控侵权产品的事实清楚，二审法院对此认定错误。（二）二审法院适用法律错误。1. 二审法院未适用（2009）鄂民三终字第42号民事调解书约定的赔偿标准，属于适用法律错误。本案作为专利侵权纠纷，一审法院在认定民事赔偿责任的承担时，引用合同法第一百二十二条的规定，并认为按照（2009）鄂民三终字第42号民事调解书的约定来确定本案赔偿数额，与合同法的规定相冲突，因此不予支持。二审法院亦没有纠正一审法院的该项错误。专利法第六十五条规定的前三种赔偿数额确定方式，均依赖于诉讼中当事人单方提供的证据，而本案中的民事调解书是双方意思表示一致的司法确认。本案适用民事调解书确定赔偿责任，不会与专利法、合同法的规定发生冲突。2. 二审法院以本案被控侵权产品型号"TBT86"与调解书中所涉侵权产品型号"B858C－B"不同为由，否定调解书约定赔偿标准的适用，属于明显错误。相对于前案，只要有证据证明童霸公司再次实施了侵权行为，调解书约定赔偿的条件就已成就。隆成公司依据《中华人民共和国民事诉讼法》第二百条第二项、第六项的规定申请再审，请求本院依法撤销一审、二审判决，改判支持其一审提出的诉讼请求，并判决童霸公司承担本案诉讼费用。

童霸公司提交意见称：（一）二审法院认定事实清楚。1. 二审法院认定童霸公司没有实施生产被控侵权产品的行为，认定事实清楚。2. 二审法院认定童霸公司没有实施许诺销售被控侵权产品的行为，认定事实清楚。（二）二审法院适用法律正确。1. 人民法院有权依据合同法第一百二十二条规定的责任竞合的处理原则，判断本案应否采纳调解书确定的赔偿计算方法，二审法院适用法律正确。本案是隆成公司提起的侵权诉讼，应依侵权法规定的赔偿方式确定赔偿数额。当侵权责任与违约责任竞合时，隆成公司可选择侵权之诉或违约之诉进行维权，但其选择侵权之诉后，就不能再依据调解书提出违约赔偿请求。隆成公司要求按照调解书约定的赔偿数额计算方法确定本案赔偿责任，其实质就是在侵权诉讼中主张违约责任，违反了民事责任竞合的处理原则。2. 专利法没有就事先约定赔偿作出规定，一审、二审法院依据专利法第六十五条规定的法定赔偿方式确定赔偿数额，同时，在适用法定赔偿时考虑了童霸公司再次侵权的主观过错等因素，适当加重了对童霸公司的赔偿制裁力度，判决确定的赔偿数额合理适当，适用法律正确。3. 二审法院因本案被控侵权产品型号与调解书所涉侵权产品型号不同，进而认定调解书中约定的赔偿数额不能适用于本案，认定事实清楚，适用法律正确。

法院审理查明，原一审、二审法院查明的事实基本属实，予以确认。法院认为，二审判决认定童霸公司在调解协议签订后未实施许诺销售侵权行为，认定事实错误，应予纠正；二审判决酌定童霸公司赔偿隆成公司 14 万元，适用法律错误，应予纠正。依据《中华人民共和国专利法》第六十五条第一款、《中华人民共和国民事诉讼法》第二百零七条第一款、第一百七十条第一款第二项的规定，判决如下：

一、撤销湖北省高级人民法院（2012）鄂民三终字第 86 号民事判决和湖北省武汉市中级人民法院（2011）武知初字第 467 号民事判决；

二、湖北童霸儿童用品有限公司于本判决送达之日起十五日内赔偿中山市隆成日用制品有限公司经济损失 100 万元。

如果未按本判决指定的期间履行给付金钱义务，应当依照《中华人民共和国民事诉讼法》第二百五十三条之规定，加倍支付迟延履行期间的债务利息。

一审案件受理费 13800 元及财产保全费 5000 元，二审案件受理费 13800 元，均由湖北童霸儿童用品有限公司负担。本判决为终审判决。

另查明：在先案件与民事调解书的情况

2008 年 4 月，隆成公司以童霸公司生产、销售的婴儿车侵犯隆成公司的专利权为由，向武汉市中级人民法院提起三个诉讼。

隆成公司诉童霸公司侵犯"婴儿车收合关节"外观设计（专利号为 ZL 02322197.6）一案，涉案侵权产品为 D900 型号婴儿车，武汉市中级人民法院作出（2008）武知初字第 143 号民事判决，认定侵权成立，判决童霸公司停止侵权并承担赔偿责任。宣判后，双方当事人均未上诉。

隆成公司诉童霸公司侵犯"婴儿车可单手收合结构"实用新型专利（专利号为 ZL 00228933.4）一案，涉案侵权产品为 D900 型号婴儿车，武汉市中级人民法院作出（2008）武知初字第 142 号民事判决，认定侵权成立，判决童霸公司停止侵权并承担赔偿责任。童霸公司不服一审判决，向湖北省高级人民法院提起上诉。二审期间，当事人自愿达成调解协议，其主要内容为：1. 童霸公司于调解协议签字之日起立即停止制造、许诺销售、销售 D900 型号婴儿车产品，清除童霸公司网站上该型号婴儿车产品的图片及产品宣传册中对该型号产品的介绍，并保证不再侵犯隆成公司的专利权，如发现一起侵犯隆成公司外观设计专利权的行为，童霸公司自愿赔偿人民币 50 万元，如发现一起侵犯隆成公司实用新型专利权的行为，童霸公司自愿赔偿人民币 100 万元；2. 童霸公司于调解协议签字之日起十日内赔偿隆成公司经济损失 55 000 元，并支付隆成公司垫付的一审案件受理费 3300 元、证据保全费 30 元；3. 双方均放弃基于本案事实的其他诉讼请求。湖北省高级人民法院对该调解协议进行审查确认后，于 2009 年 9 月 2 日制作（2009）鄂民三终字第 41 号民事调解书。

隆成公司诉童霸公司侵犯"前轮定位装置"实用新型专利（专利号为 ZL01242571.0）一案，涉案侵权产品为 B858C–B 型号婴儿车，武汉市中级人民法院作出（2008）武知初字第 144 号民事判决，认定侵权成立，判决童霸公司停止侵权并承担赔偿责任。童霸公司不服一审判决，向湖北省高级人民法院提起上诉。二审期间，当事人自愿达成调解协议，除涉及的侵权婴儿车产品型号由 D900 变化为 B858C–B 外，其内容与（2009）鄂民三终字第 41 号民事调解书确认的调解协议的内容一致。湖北省高级人民法院对该调解协议进行审查确认后，于 2009 年 9 月 2 日制作（2009）鄂民三终字第 42 号民事调解书。

【相关法律条文】

一、《中华人民共和国合同法》第一百二十二条规定："因当事人一方的违约行为，侵害对方人身、财产权益的，受损害方有权选择依照合同法要求其承担违约责任或依照其他法律要求其承担侵权责任。"权利人与侵权人就侵权损害赔偿数额作出的事先约定，不构成权利人与侵权人之间的交易合同，故侵权人应承担的民事责任仅为侵权责任，不属于合同法第一百二十二条规定的侵权责任与违约责任竞合的情形。

二、权利人与侵权人就侵权损害赔偿数额作出的事先约定，是双方就未来发生侵权时权利人因被侵权所受到的损失或者侵权人因侵权所获得的利益所预先达成的一种计算方法。在无法律规定无效等情形下，人民法院可直接以权利人与侵权人的事先约定作为确定侵权损害赔偿数额的依据。

【案例评析】

在本案中，具有争议的焦点之一是童霸公司与隆成公司签订的调解协议是否有效；童霸公司是否在签订协议后实施了侵权行为。就调解协议"如发现一起侵犯隆成公司实用新型专利权的行为，童霸公司自愿赔偿人民币 100 万元"这一约定，隆成公司在本院庭审中主张，"一起侵犯隆成公司实用新型专利权的行为"是指侵犯隆成公司一项实用新型专利权的行为，既不限于前案中特定型号的侵权产品，也不限于前案中所涉及的实用新型专利权，若侵犯"几项"实用新型专利权，就构成"几起"侵权行为；童霸公司在提交给本院的书面答辩意见中主张，"一起侵犯隆成公司实用新型专利权的行为"，是针对前案特定型号侵权产品的有关侵权行为，后在本院庭审中主张，按调解协议的字面理解，有关侵权行为应不限于前案特定型号的侵权产品，案外其他产品如构成侵犯实用新型专利权，同样满足调解协议约定的条件。

法院认为，结合本案再审申请人的申请再审理由和被申请人的答辩意见，本案的争议焦点在于：童霸公司在调解协议签订后是否实施了制造、许诺销售被控侵权产品的行为；如何确定童霸公司的赔偿责任。

（一）童霸公司在调解协议签订后是否实施了制造被控侵权产品的行为

在一审程序中，隆成公司为证明童霸公司再次实施了制造被控侵权产品的行为，向法院提交了（2010）川证字第125号公证书、童霸公司出具的销售结算单以及公证封存的被控侵权产品。由于（2010）川证字第125号公证书与销售结算单仅能证明童霸公司销售被控侵权产品的时间为2010年3月9日，无法证明童霸公司制造被控侵权产品的时间，而一审庭审勘验结果亦不能证明童霸公司在调解协议签订之后实施了制造被控侵权产品的行为，故依据《中华人民共和国民事诉讼法》第六十四条第一款以及最高人民法院《关于民事诉讼证据的若干规定》第二条第一款、第二款的规定，二审法院关于无证据证明童霸公司在调解协议签订后实施制造被控侵权产品行为的认定，并无不当。隆成公司该项申请再审理由不能成立，本院不予支持。

（二）童霸公司在调解协议签订后是否实施了许诺销售被控侵权产品的行为

在一审程序中，隆成公司为证明童霸公司再次实施了许诺销售被控侵权产品的行为，向法院提交了（2009）中证内字第5846号公证书、（2010）中证内字第938号公证书、《中国进出口商品交易会参展商名录》以及童霸公司的《产品宣传册》。

由于（2009）中证内字第5846号公证书、（2010）中证内字第938号公证书所作网页截屏没有本案被控侵权产品TBT86婴儿车的相关内容，《中国进出口商品交易会参展商名录》上仅列有童霸公司的名称、地址与联系方式，并无产品信息，故上述证据不能证明童霸公司实施了许诺销售被控侵权产品的行为。

关于证据《产品宣传册》，童霸公司在一审质证程序中对该份证据的真实性、合法性、关联性均无异议。据此，一审法院在庭审中将公证封存的婴儿车实物与《产品宣传册》上的婴儿车图片进行比对，从而确定了本案被控侵权产品为TBT86；但另一方面，一审法院又认为，"《产品宣传册》上仅有若干童车照片及简要文字介绍，无法对童车的形状、构造及其结合方式等技术特征与涉案专利的权利要求进行比对"，进而对童霸公司的许诺销售侵权行为不予认定，前后说理存在自相矛盾之处。就此问题，二审法院认为，"《产品宣传册》来源不明、印刷时间不详"，故对童霸公司的许诺销售侵权行为不予认定。法院认为：第一，由于一审法院已在庭审中将公证封存的婴儿车实物与《产品宣传册》上的婴儿车图片进行比对，并据此确定本案被控侵权产品为 TBT86，故可以认定《产品宣传册》包含有被控侵权产品的销售推广信息；第二，童霸公司对《产品宣传册》的质证意见显示，其对《产品宣传册》的真实性、合法性、关联性均无异议，故"来源不明"的判理不能成立；第三，《产品宣传册》的印刷时间，对于本案认定童霸公司是否在调解协议签订后实施许诺销售被控侵权产品的行为，不具有法律意义，即使印刷时间在调解协议签订前，也不影响将调解协议签订后传播、散发《产品宣传册》的行为认定为许诺销售。因此，结合一审法院庭审中的勘验比对情况与童霸公司对《产品宣传册》的质证意见，可以认定童霸公司在调解协议签订后实施了许诺销售被控侵权产品的行为。隆成公司该项申请再审理由成立，应予支持。二审法院对此认定错误，予以纠正。

（三）如何确定童霸公司的赔偿责任

1. 关于双方在前案中达成的调解协议的效力

由于调解协议系双方自愿达成，其内容仅涉及私权处分，不涉及社会公共利益、第三方利益，也不存在法律规定的其他无效情形，且湖北省高级人民法院对调解协议进行审查确认后制作了民事调解书，故双方在前案中达成的调解协议合法有效。

2. 关于本案能否适用双方在调解协议中约定的赔偿数额确定方法

首先，法院认为，本案中童霸公司应承担的民事责任，不属于侵权责任与违约责任竞合之情形。合同法第一百二十二条所规定的侵权与违约责任的竞合，其法律要件是"因当事人一方的违约行为，侵害对方人身、财产权益"。就该规定来看，违约责任与侵权责任发生竞合的前提是当事人双方之间存在一种基础的交易合同关系。基于该交易合同关系，一方当事人违反合同约定的义务，该违约行为侵害了对方权益而产生侵权责任。因此，该规定中的违约行为应当是指对基础交易合同约定义务的违反，且该违约行为同时侵害了对方权益，而不是指对侵权行为发生之后当事人就如何承担赔偿责任所作约定的违反。合同法第一百二十二条中的违约行为与侵权行为是同一法律行为，而一方的侵权行为与侵权行为发生后双方对赔偿责任计算方式和数额的约定则是两个法律行为。就调解协议的内容来看，该协议并非隆成公司与童霸公司之间的基础交易合同，而是对侵权行为发生后如何承担侵权赔偿责任（包括计算方法和数额）的约定。因此，本案中童霸公司应承担的民事责任，不属于合同法第一百二十二条规定的侵权责任与违约责任竞合的情形。

其次，应当明确，本案中童霸公司应承担的民事责任系侵权责任。一方面，前已述及，隆成公司与童霸公司之间并不存在基础合同关系；另一方面，调解协议的法律意义与效果，不在于对童霸公司的合同交易义务作出约定，而在于对侵权责任如何承担作出约定。即使没有调解协议，童霸公司基于法律规定也同样负有不侵权的义务。当事人双方将童霸公司将来侵权行为发生后的具体赔偿方法和数额写进调解协议，只是为了便于进一步约定当童霸公司再次侵权时其侵权责任应如何承担。

最后，《中华人民共和国侵权责任法》《中华人民共和国专利法》等法律，并未禁止被侵权人与侵权人就侵权责任的方式、侵权赔偿数额等预先作出约定；这种约定的法律属性，可认定为双方就未来发生侵权时权利人因被侵权所受到的损失或者侵权人因侵权所获得的利益，预先达成的一种简便的计算和确定方法。本院认为，基于举证困难、诉讼耗时费力不经济等因素的考虑，双方当事人在私法自治的范畴内完全可以对侵权赔偿数额作出约定，这种约定既包括侵权行为发生后的事后约定，也包括侵权行为发生前的事先约定。因此，本案适用调解协议中双方约定的赔偿数额确定方法，与专利法第六十五条的有关规定并不冲突。值得注意的是，最高人民法院《关于审理著作权民事纠纷案件适用法律若干问题的解释》第二十五条第三款规定，双方当事人基于权利人的实际损失或者侵权人的违法所得，就赔偿数额达成协议的，法院应当准许。该规定即为法院对当事人就涉案侵权责任赔偿数额作出的"事后约定"的认可。

综上，本案可以适用隆成公司与童霸公司在调解协议中约定的赔偿数额确定方法。

3. 关于本案如何适用双方在调解协议中约定的赔偿数额确定方法

本案具体如何适用调解协议中约定的赔偿数额确定方法，取决于对调解协议中"如发现一起侵犯隆成公司实用新型专利权的行为，童霸公司自愿赔偿人民币100万元"这一约定内容的解释。根据本院查明的事实，（2009）鄂民三终字第41号民事调解书与（2009）鄂民三终字第42号民事调解书所涉案件均为侵害实用新型专利权案，但在调解协议中却同时包含童霸公司不得再侵害隆成公司外观设计与实用新型专利权的内容，结合隆成公司与童霸公司之间曾发生多起侵害专利权纠纷案件，以及本院庭审中双方当事人就这一问题发表的意见等相关情况，可以认定调解协议中关于童霸公司不得再实施侵权行为以及相应赔偿数额的约定为一揽子约定，即：第一，上述约定中的"一起侵权行为"，不限于前案中所涉特定型号的侵权婴儿车；第二，上述约定中的"一起侵权行为"，不限于前案中所涉的专利权；第三，上述约定中的"一起侵权行为"，是指侵害隆成公司一项专利权的行为。因此，童霸公司在本案中应当赔偿隆成公司100万元。隆成公司该项申请再审理由成立，应予支持。二审法院就童霸公司的赔偿责任如何确定这一问题适用法律错误，应予纠正。

【思考题】

权利人和侵权人就侵权损害事先签订赔偿协议，若真实发生了侵权行为，侵权人是否必须根据签订的协议确定赔偿责任？

案例五　思科诉华为侵权案

【案情简介】

2003年，美国当地时间1月23日，全球最大网络设备制造商巨头思科系统有限公司和思科技术公司（以下统称思科），在美国德州马歇尔的联邦地区法院向我国电信设备制造商华为技术有限公司及其在美国的两家子公司华为美国公司提起诉讼，指控华为的系统软件VRPl（主要用在华为名为Qudiway路由器和交换机平台上）抄袭思科的系统软件IOS2并侵犯其知识产权，要求法院签署禁止令，禁止华为销售包含据称剽窃思科软件的网络设备。

2003年2月7日，华为称其已经停止在美国出售被思科指控含有非法盗版软件的某些产品。华为已经将其Quidway路由器从其美国网站上撤除，并表示正在回收在美国售出的少量此类产品。

2003年3月，华为经调查后，全面反驳了思科的指控，并提出3项反诉：华为对思科的专利不构成侵权、判决思科专利无效以及思科不公平竞争。

2003年6月7日，美国地区法院作出裁决，禁止华为公司使用有争议的操作界面、在线帮助文件以及部分路由器源代码，但是，该法院驳回了思科公司要求的范围更加广泛的产品禁止令，称"并无明显证据支持思科的诉讼请求"，拒绝了思科提出的禁止华为使用与思科操作软件类似的命令行程序。法官认为，华为，作为一个公司，并没有有计划地抄袭思科的IOS系统软件，尽管确实在某部分的代码中，非预料性地使用了思科的 IOS 软件中相关的部分代码，但不认为思科有足够证据证明它的部分软件源码被抄袭或剽窃。

2003 年 10 月 1 日，双方达成初步协议，同意在独立专家完成审核的过程中中止诉讼，暂停 6 个月。

2004 年 4 月 6 日，思科向美国地方法院提交申请，请求法院继续延期审理公司同华为的专利纠纷 6 个月。

2004 年 7 月 28 日，华为、思科两公司向美国德州马歇尔的联邦地区法院提交了终止诉讼的申请，法院据此签署法令，终止思科公司对华为公司的诉讼，双方达成和解，各自支付自己的法院和律师费用，最终全部解决了该起知识产权案件的争议。各方有关终止诉讼的协议内容均属保密，各方不得披露。

【法院判决】

2004 年 7 月 28 日，华为公司、思科公司、3COM 公司向美国得克萨斯州东区法院马歇尔分院提交终止诉讼的申请，法院据此签发法令，终止思科公司对华为公司的诉讼，最终全部解决了该起知识产权案件的争议。同时意味思科今后不得再就此案提起诉讼或者就相同事由提起诉讼。

同日，思科在美国宣布，它对华为技术有限公司及其子公司 Huawei America 和 FutureWei Technologies 的法律诉讼已经完成。华为已经同意修改其命令行界面、用户手册、帮助界面和部分源代码，以消除思科公司的疑虑。在此诉讼案宣告完成之前，中立第三方已经审核了该诉讼所涉及的华为公司存有问题的产品，华为同意停止销售诉讼中所提及的产品；并且华为同意在全球范围内只销售经过修改后的新产品；并已经将其相关产品提交给一个中立的第三方专家进行审核。

诉讼近 18 个月的思科系统（Cisco Systems）告华为科技（Huawei Technologies）案，终于在 28 日终结。思科表示这是一场对知识产权保护战的胜利。据华为科技原代表律师张振伦表示，华为对此案的结果感到很满意，是一场双赢结果的高科技侵权案。

至于华为科技是否支付思科任何赔偿费用，思科公司发言人布鲁丝（Penelope Bruce）表示，对这个细节，将不公开任何相关信息。去年在海陆律师事务所代表华为的律师张振伦，目前已出任硅谷最大律师事务所 Wilson Sonsini Goodrich & Rosati 亚太部门主管与合伙人，他表示虽知道内情，也无法透露相关的信息。

【法律分析】

（一）华为对思科的专利不构成侵权

1. 本案所涉路由协议的性质

本案中，思科指控华为将其拥有的 5 项专利技术整合到华为名为"Quidway"的路由器和交换机中。思科在美国取得的这 5 项专利权，全部都是与其所拥有的路由协议有关。而思科的路由协议实际属于思科的私有协议。

思科的私有协议是企业自己制定的，属于企业标准，主要用途和目的是在其企业自己生产的设备之间使用，故协议实现细节和关键内容不对外公开与转让。而后，随着思科在国际互联网通信设备中建立起的垄断地位，其"私有协议"事实上已经成为行业标准和国际标准。

然而传统意义上的标准，是公共领域的技术与知识，多体现为对产品或服务的技术要求和质量要求，是对产品技术先进性与可靠性的规范，目的在于为人们提供平均的判断尺度，一般情况下，与知识产权没有联系。但随着现代科技的不断发展，技术成为企业发展的基础，有了知识产权的保护后，企业经营者便能够通过对技术的控制来占有市场。因此，本文中所说的标准，与传统意义上的标准不同，它是一种技术标准，是指一种或一系列具有一定强制性要求或指导性功能、内容含有细节性技术要求和有关技术方案的文件。其目的是让相关产品或服务达到一定的安全要求或进入市场的要求，它的本质是一种社会公共资源。

2. 私有协议如何与知识产权侵权相联系

华为在宣传自己的 Quidway 路由器产品时称"该产品可以在不影响安全和运行的前提下代替思科的产品"。思科却宣称华为所言的共用性是"基于对思科的知识产权全盘盗用的基础上"。这里的争论核心问题就是"私有协议"这一事实标准的使用是如何与知识产权侵权联系的。要解决这个问题，首先要明白法定技术标准与事实技术标准的重要区别。

法定技术标准和事实技术标准之间存在一定的共性：二者均给出了特定技术的水平线；二者中均含有一定的知识产权；二者均可以通过许可授权给其他企业进行使用；事实标准发展到一定程度有可能转化为法定标准。但二者制定主体的不同决定两者的巨大差异。相比事实技术标准，法定技术标准的制定要求公正、公平和协商一致，因为它要求各成员一起参与标准的制定过程，其基本原则就是要保证标准不被极少数的厂商控制，力求避免对其他厂商的不公正。而作为事实标准，由于是企业内部制定，私有协议便具有封闭性、排他性、个人营利性等特点，理论上讲，从法定技术标准的制定过程来看，它比私有协议更为合理和透明，因此，从社会和行业发展角度来考虑，应多采用透明性强、兼顾多方利益的法定标准。然而法定技术标准也有其缺陷——发展的滞后性。与 IT 产业迅速发展的实际情况相反，制定法定标准的过程往往非常缓慢及复杂，私有协议在这方面却有其快速、方便的优势，由于私有协议能迅速反映市场需求，所以在新的技术领域也较法定技术标准发展更快。因为法定技术标准的滞后性，所以才造成现今采用"私有协议"的网络还是占大多数。

思科公司在路由器、交换机通信设备上的迅速形成的统治地位，之后用户很难找到一个没有该公司设备的网络，因此用户就不会选择新进入厂商（如华为）的同类设备。这样就形成了一个死循环：如果华为想要生产路由器、交换机等设备，作为一个新进厂商，就不得不继续使用思科的部分路由协议以达到与之兼容的目的，这就给了思科一个绝好的机会——随时使用其"知识产权大棒政策"来打压华为；如果华为想要研制与思科的路由协议不兼容的路由器、交换机产品，就不得不付出高昂的科研、生产成本以重新建立通信网络，而且这高昂的成本最终还是会转移到用户身上，那么哪个用户会接受这样的产品呢？

3. 本案不构成侵权的理由

2003 年 3 月，在第一次法庭听证会上，华为律师的答辩就紧紧围绕思科的"私有协议"。华为的律师认为：作为全球电信网络设备制造企业的领先者，思科害怕与华为竞争，因此发动了一场"散播错误信息的运动"，华为公司也在其随后的声明中称"思科除了遏制竞争无他所图"。

开庭之前，华为将第三方专家——美国斯坦福大学教授数据通信专家丹尼斯请到华为在深圳和北京的公司，请他对思科 IOS 和华为的 VRP 新旧两个版本进行分析比对，结果是，华为的旧平台中只有 1.9% 与思科的私有协议有关。因此，华为公司一直坚持三点：第一，华为尊重知识产权；第二，华为只使用了思科的部分私有协议，且对其私有协议的使用也是在有限的范围内（私有协议的保护范围外），并且是在为满足用户需求不得已情况下使用。

虽然大部分国际标准组织都允许成员拥有标准中的专利权，但几乎都对专利权人的权利进行了限 N－或要求其免费许可，或要求其"合理、非歧视"许可使用其知识产权。思科虽然取得了有关其路由协议的 5 项专利权，但在一个知识产权成为技术标准的情况下，权利人得在公平合理的条件下向所有潜在的市场进入者开放其技术，否则，就有可能构成专利权滥用。思科在美国和澳洲申请了有关其几项私有协议的专利权，不接受其他厂商的付费授权使用，即，思科拒绝华为使用其路由协议（其私有协议），以不许可（不授权）的形式，阻止了不同厂商设备的互联互通，就意味着剥夺了华为对思科早已形成的路由器交换机等网络设备事实标准的使用权。而美国地方法院法官在本案初裁时，对于华为 Quidway 路由器和交换机中使用一些具争议性代码的行为，也只使用了"非预料性地加入了思科的部分代码"这样的语言进行描述，并不认为华为有侵权行为。

（二）思科的行为实属技术标准中的专利权滥用行为

从表面上看，技术标准与专利权是相排斥的。技术标准具有公开性、普遍适用性；而专利技术的实施首先需要获得许可，未经授权不得推广使用。所以，在互联网刚开始发展的一段时间内，相关的互联网技术标准是开放的、合作的。互联网工程任务组当时的观点也是："尽量采用那些非专利技术的优秀技术，因为该任务组的目的是使其制定的标准广为适用，如果涉及专利权的问题，标准的适用将涉及专利权的授权问题，从而影响人们采用该标准的兴趣。"但随着互联网技术的不断发展，由于软件技术、电信技术和互联网技术的紧密结合，企业为了保护自己的利益，专利申请量大大增加。而信息技术的飞速发展，更新速度很快，因此在这个领域内制定标准时就没有足够的公共技术予以采纳，那些制定技术标准的国际组织便无法再回避专利技术，显然此时要等专利技术转化为公知技术后再制定标准既不科学也不现实——即使能制定，如此落后的技术标准也会因为不符合市场规律的基本要求而很快被市场淘汰。由此，专利技术便成了技术标准中不可或缺的一部分。虽然专利权人合法对其专利权享有独占权，但同时，作为技术标准，事实标准可能被任何人使用，有时甚至作为基本要求，这样就导致了具有私权属性的专利权与具有公共属性的技术标准之间的冲突。思科公司的路由协议正是在这样的形势下取得了多项国家专利。像其他的事实技术标准一样，思科的路由协议一开始只是企业标准，但随着自身的发展，其标准的影响力不断增大，逐渐成为行业标准乃至国际标准。一旦取得专利权后，思科便可以利用这些技术标准在全球范围内实施专利权许可，这便意味着思科完成了其事实标准在全球范围内的垄断。由于事实技术标准属于企业的私有产品，它的专利技术在设立过程中往往不开放，有的事实技术标准中的核心技术甚至拒绝授权任何人使用，这无形中直接构成了像思科这样的产业巨头在全球范围内实施垄断的技术基础。思科的路由协议作为一种含有专利权的事实标准，其所形成的垄断导致它可能实施一系列的危害市场竞争、损害其他经营者以及消费者合法权益的行为。本案中，思科先是对华为提出了多达21 项的指控，然后向法院申请禁止令，请求华为在全球市场上撤出多项产品。笔者认为，在本案中，华为公司对思科提出的反诉中称"思科不正当竞争"的思路是正确的，但是最终没有抓住这一点给思科强有力的反击，只能和解了事。更严重的一点是，由于互联网技术的特殊性，思科所控制的事实技术标准对其产生的影响远远大于传统的行业技术。因为新进厂商不得不依照其所制定的技术路线行事，这又在不同程度上进一步巩固了思科公司的垄断地位。

【案例评析】

思科、华为一案说明，中国高科技企业开拓国外市场，需提前做好专利布局，尽量避免并准备好应对竞争对手的专利战。中国企业在向国外出口产品前，要进行有关的知识产权调查，如果发现存在侵权的可能，应及时对产品进行修改；企业要注意知识产权保护的地域性，如果企业认为一国的市场非常重要，就应该在该国申请专利，一旦遇到知识产权纠纷，可以采用"交叉许可"进行和解；中国企业还可以与国外进口商签订协议，由进口商对侵权行为承担责任，从而转嫁或分担可能存在的风险。

可以说，华为在这场官司中充分发挥了自己的实力。信息产业部电信研究院通信政策研究所教授周光斌认为，如果没有足够的实力，华为就无法面对这场突如其来的官司，无法用一种理性的态度去解决其中的种种纠纷。在对这场案件的回顾中我们可以看到，华为在思科提起诉讼的第一时间内就撤回了在美销售的产品，但是其进军国际市场的战略及决心并没有因此受到影响。此后，华为与3COM的联姻，无疑增加了华为在这场官司中的筹码。

【思考题】

1. 简述私有协议的含义及适用范围。

2. 什么叫知识产权的拒绝许可？

案例六　珠海金稻电器有限公司、北京丽康富雅商贸有限公司与松下电器产业株式会社侵害外观设计专利权纠纷上诉案

【案情简介】

松下电器产业株式会（以下简称松下株式会社）社于 2012 年 9 月 5 日获得

涉案名称为"美容器"的外观设计专利，授权公告号为 CN302065954S。松下株式会社认为珠海金稻电器有限公司（以下简称金稻公司）生产、销售、许诺销售及北京丽康富雅商贸有限公司（以下简称丽康公司）销售的"金稻离子蒸汽美容器 KD－2331"侵犯其外观设计专利权，请求判令：二被告停止侵权；销毁有关被诉侵权产品的全部宣传资料以及删除被诉侵权产品的宣传内容；金稻公司销毁涉案模具和专用的生产设备及被诉侵权产品全部库存，并从销售店回收未销售被诉侵权产品进行销毁；金稻公司赔偿经济损失人民币 300 万元，二被告共同赔偿合理支出人民币 20 万元。

　　北京知识产权法院一审认为，被诉侵权产品与涉案专利外观设计存在的差异对二者的整体视觉效果并不产生实质的影响，二者属于相似的外观设计。金稻公司在未经松下株式会社许可的情况下，实施了制造、销售及许诺销售被诉侵权产品的行为；丽康公司在未经松下株式会社许可的情况下，实施了销售及许诺销售被诉侵权产品的行为。现有证据可以证明金稻公司销售、许诺销售被诉侵权产品的获利，松下株式会社依据网上显示销量及平均价格主张 300 万元赔偿数额具有合理的理由。此外，松下株式会社为制止侵权行为所支付的合理开支，丽康公司作为销售方，在得知本案诉讼后，依然未停止，对诉讼中的支出部分应当共同承担。据此，一审判决：二被告停止侵权；金稻公司赔偿经济损失人民币 300 万元；金稻公司、丽康公司连带赔偿合理开支人民币 20 万元。金稻公司、丽康公司不服一审判决，提起上诉。二审北京市高级人民法院认为，被诉侵权产品落入涉案专利权的保护范围。关于赔偿数额，松下株式会社通过公证取证方式在部分电商平台上检索得到侵权产品同型号产品销售数量之和为 18411347 台，平均价格为 260 元，并以此作为赔偿请求的依据。按照上述被诉侵权产品销售数量总数与产品平均售价的乘积，即便从低考虑每件侵权产品的合理利润，得出的计算结果仍远远高于 300 万元。在上述证据的支持下，松下株式会社主张 300 万元的赔偿数额具有较高的合理性。一审法院全额支持松下株式会社关于经济损失的赔偿请求，具有事实和法律依据。判决驳回上诉，维持一审判决。

【法院判决】

　　一审法院认为：根据当事人的诉辩主张，本案主要涉及以下主要问题：

一、金稻公司、丽康公司是否未经许可实施了涉案专利

　　松下株式会社提交的外观设计专利证书可以证明，松下株式会社系涉案专利的专利权人，有权就他人未经许可以法律禁止的方式实施其专利的行为提起

诉讼。进行外观设计侵权判定，应当首先审查被诉侵权产品与涉案专利产品是否属于相同或者相近种类产品，然后根据授权外观设计、被诉侵权设计的设计特征，以外观设计的整体视觉效果进行综合判断是否相同或者近似。涉案专利的名称为"美容器"，用途为产生蒸汽、负离子来滋润肌肤和头发等，被诉侵权产品同样是离子蒸汽美容器，二者属于相同产品。经对比，被诉侵权产品与涉案专利机身形状相同，均为类似半椭圆形向斜上方呈 60 度角先形成缩紧的颈部再扩张成喇叭状喷嘴，颈部的弧度以及喇叭状的喷嘴形状相同，且二者机身上的控制键与盾形注水口的位置及形状相同。不可否认，被诉侵权产品与涉案专利存在提手、底座环形凹槽、插线口、底座底部支点及散热孔四点区别。但是，支点及散热孔出于底座的底面，不易为消费者注意。涉案专利的设计要点在形状，而插线口及环形凹槽在机身及底座部位所占比重很小，难以影响到外观设计的整体视觉效果。被诉侵权产品虽然加装了提手，但是机身的形状仍然构成整体视觉效果的主要部分，提手的增加并不会导致被诉侵权产品与涉案专利存在明显的差异。因此，被诉侵权产品与涉案专利外观设计存在的差异对二者的整体视觉效果并不产生实质的影响，二者属于相似的外观设计。金稻公司和丽康公司关于被诉侵权产品与涉案专利不构成相近似外观设计的抗辩缺乏事实依据，不予采信。

松下株式会社从丽康公司在京东网上经营的商铺公证购买到被诉侵权产品，购买的被诉侵权产品包装上显示生产厂商为被告金稻公司，地址为"珠海市金鼎镇上栅第二工业区 18 号"等信息，上述信息与金稻公司的信息相匹配，以此可以认定金稻公司实施了制造和销售行为，丽康公司实施了销售被诉侵权产品的行为。

松下株式会社虽然主张金稻公司还制造了不带提手的涉案产品，但未公证购买到相应的被诉侵权产品。但是，根据包装盒上的显示以及涉案公证书的记载，金稻公司、丽康公司网站上将带提手的被诉侵权产品以及不带提手的被诉侵权产品作为销售的商品进行了宣传，而且网站、包装上的图案能够反映出被诉侵权产品的具体形状和结构，故二被告对上述两种被诉侵权产品均实施了许诺销售的行为。

综上，金稻公司在未经松下株式会社许可的情况下，实施了制造、销售及许诺销售被诉侵权产品的行为；丽康公司在未经松下株式会社许可的情况下，实施了销售及许诺销售被诉侵权产品的行为。

二、金稻公司的其他抗辩理由是否成立

（一）金稻公司还提出被诉侵权产品系使用自有外观设计专利。金稻公司提交的其外观设计专利证书所载明的申请日为2013年8月30日，晚于涉案专利的申请日2011年6月1日，在被诉侵权产品的外观设计已被认定与松下株式会社涉案专利的外观设计相近似的情形下，可以认定金稻公司实施其外观设计专利的行为侵犯了松下株式会社在先的外观设计专利权。金稻公司的该项抗辩不能成立，不予支持。

（二）涉案专利权评价报告对近似性判断的影响。金稻公司主张其提交的专利权评价报告在认可涉案专利与在先设计虽然都包含极其相似的喷嘴和机身的基础上，作出了新增的提手部位设计的区别足以对整体视觉效果产生显著影响的结论。《中华人民共和国专利法》（简称专利法）第六十一条第二款规定：专利侵权纠纷涉及外观设计专利的，人民法院或者管理专利工作的部门可以要求专利权人或者利害关系人出具由国务院专利行政部门对相关外观设计专利进行检索、分析和评价后作出的专利权评价报告，作为审理、处理专利侵权纠纷的证据。该规定是为了克服实用新型专利和外观设计专利授权过程中不进行实质审查的弊端，确保专利权的稳定性而制定的。通过专利权评价报告对所主张依据的专利权的新颖性、创造性的初步审查，有助于法官对侵权案件的判断，便于被告能够有针对性地提起专利无效宣告请求，防止专利权人的权利滥用。但是，本案中，金稻公司据以抗辩的专利权评价报告并非针对松下株式会社的专利权，虽然该专利权评价报告得出结论是金稻公司专利所涉及产品在整体结构、新增提手部位以及喷嘴外圈等设计，导致整体有较大区别的结论。但是，该结论的得出，并未将涉案专利作为比对的对象涵盖其中，所以，专利权评价报告的结论不能作为本案的证据予以采信。

三、关于责任承担的认定

专利法第六十五条规定对赔偿数额的确定规则进行了详细而明确的规定。专利权受到侵害而遭受的损失属于可得利益的损失，与物权受到侵害不同，并不存在权利载体遭受损害的情形。因此，在主张实际损失方面具有难以举证的特点。但是，松下株式会社为自己的主张并未怠慢，而是积极进行举证。松下株式会社通过公证的方式不仅证明了二被告未经许可通过网络销售、许诺销售被诉侵权产品，还将淘宝网、京东网、阿里巴巴等主要电商平台上销售被诉侵权产品的销售数据进行了固定，证据显示至2015年1月7日显示的销售数量共计达到了18411347台。松下株式会社购买被诉侵权产品的发票以及网络商铺的标价亦可以初步证明被诉侵权产品平均价格260元左右的事实。现有证据可以证明金稻公司销售、许诺销售被诉侵权产品的获利，故松下株式会社依据网上显示销量及平均价格，按照上述数据主张人民币300万元赔偿数额具有合理的理由。此外，松下株式会社为制止侵权行为所支付的合理开支，丽康公司作为销售方，在得知本案诉讼后，依然未停止，对诉讼中的支出部分应当共同承担。松下株式会社提供的诉讼支出有一定的票据作为依据。但是，现实中的花费并非都有票据的出具。对此，根据日常生活经验，在合理的范围内进行酌定，给予全额支持。

松下株式会社主张责令金稻公司销毁被诉侵权产品的模具和专用生产设备。责令金稻公司销毁模具和生产设备需要符合两个要件，首先，松下株式会社应举证证明模具和生产设备的存在；其次，松下株式会社应举证证明该模具和生产设备专为生产被诉侵权产品而用。本案中，松下株式会社未举证证明金稻公司存在专为生产被诉侵权产品的模具和生产设备。因此，松下株式会社关于销毁模具和专用生产设备的主张，不予支持。

综上所述，一审法院判决：一、金稻公司立即停止制造、销售、许诺销售侵权产品；二、丽康公司立即停止销售、许诺销售侵权产品；三、金稻公司、丽康公司删除侵权产品的全部宣传资料及删除二被告网站中有关侵权产品的宣传内容；四、金稻公司自一审判决生效之日起十日内赔偿松下株式会社经济损失共计人民币 300 万元；五、金稻公司、丽康公司自一审判决生效之日起十日内连带赔偿松下株式会社为制止侵权行为所支付的合理开支共计人民币 20 万元；六、驳回松下株式会社的其他诉讼请求。

二审期间，松下株式会社提交了如下证据：

证据 1. 北京市国立公证处于 2016 年 7 月 28 日出具的（2016）京国立内证字第 11215 号公证书及封存的产品实物，用以证明金稻公司仍在生产、销售、许诺销售被诉侵权产品，丽康公司仍在销售、许诺销售被诉侵权产品。

证据 2 至证据 3. 北京市国立公证处于 2016 年 7 月 28 日出具的（2016）京国立内证字第 11216 号、第 11217 号公证书，均用以证明金稻公司仍在生产、销售、许诺销售被诉侵权产品。

证据 4. 北京市国立公证处开具的公证费发票 3 张及北京魏启学律师事务所于 2016 年 7 月 29 日开具的"知识产权法律服务费" 1 张，证明为办理上述公证取证支出调查取证费共计人民币 47103.2 元。

证据 5. "金稻官网"微博网页打印件，同样用以证明金稻公司仍在生产、销售被诉侵权产品。

金稻公司对于证据 1 至证据 4 的真实性未提出异议，但认为该公司生产的产品具有自己的外观设计专利权，并不构成侵权，也不认可松下株式会社购买的产品是金稻公司生产的产品。对于证据 5，以该证据系网页打印件为由对其真实性、合法性及关联性均不认可。丽康公司对于上述证据的真实性未提出异议，但认为多数证据与其无关，且其销售的产品具有合法来源。

二审诉讼中，金稻公司表示其仅认可京东商城和天猫商城上"金稻旗舰店"销售的产品系该公司生产，其他网站上销售的被诉侵权产品80%以上是假货，并非该公司生产，且网络上显示的销售数量存在刷单情况，多数为虚假的。一审法院依据网络销售数量支持松下株式会社的赔偿请求，缺乏合理依据。但金稻公司未就其上述主张提供相应证据。

丽康公司表示其销售的被诉侵权产品具有合法来源，系从金稻公司直接进货，并出示了部分进货手续的电子版。金稻公司对此不予认可，称丽康公司销售的产品并非该公司生产。丽康公司表示可以进一步提交从金稻公司进货的相关票据，但至今未向法院提交。

另查明，金稻公司在二审诉讼中仍坚持主张松下株式会社在一审提交的三件不带有提手的被诉侵权产品并非该公司生产，但就此未提供相反证据。

以上事实，有松下株式会社二审提交的证据及当事人陈述等在案做证。

北京市高级人民法院认为：本案二审的争议焦点在于：一、被诉侵权产品的外观设计是否落入涉案专利权的保护范围；二、一审判决关于赔偿数额的确定是否恰当。

关于争议焦点一，被诉侵权产品的外观设计是否落入涉案专利权的保护范围。

进行外观设计侵权判定，应当首先审查被诉侵权产品与外观设计专利产品是否属于相同或者相近种类产品。鉴于各方当事人在二审中对于一审判决关于涉案专利产品与被诉侵权产品属于相同种类产品的认定均未提出异议，北京市高级人民法院经审查予以确认。本案二审的核心在于外观设计是否相近似。

判断外观设计是否相同或相近似时，应当以整体观察、综合判断为原则，以外观设计产品的一般消费者为判断主体，以产品外观设计整体视觉效果的相同或者近似作为判断标准，即对授权外观设计、被诉侵权设计可视部分的全部设计特征进行观察、对能够影响产品外观设计整体视觉效果的所有因素进行综合考虑后作出判断。在具体比对时，一般应当将被诉侵权产品与授权外观设计专利文件中图片或者照片进行比对，在无法出示被诉侵权产品的情况下，也可以将被诉侵权产品的图片与授权外观设计专利中的图片或者照片进行比对。

本案中，被诉侵权产品包括有提手、不带提手两种类型。对于有提手的被诉侵权产品，松下株式会社提交了产品实物；对于不带提手的被诉侵权产品，松下株式会社提交了显示其照片的相关证据。将涉案专利设计图片分别与两款被诉侵权产品实物或照片相对比，其相同点均体现为：二者在机身整体形状设计上相同，均为类似半椭圆形向斜上方呈 60 度角先形成缩紧的颈部再扩张成喇叭状喷嘴，且二者在颈部的弧度以及喇叭状的喷嘴形状相同，机身上控制键的位置、外形以及盾形注水口的位置、形状均相同；其不同点体现为：二者在底座环形凹槽、插线口、底座底部支点及散热孔四点等方面有所区别。此外，有提手的被诉侵权产品还包含提手这一设计特征。但是，底座环形凹槽、插线口以及支点、散热孔位分别位于产品底部区域或产品底座的底面，属于一般消费者在正常使用产品时通常不会特别施加注意力或不容易直接观察到的部位，故对于外观设计的整体视觉效果影响较小。而产品的机身外形及其具体设计既是产品正常使用时容易直接观察到的部位，也是涉案专利区别于现有设计的设计特征，对于整体视觉效果具有显著的影响。综合考虑涉案专利与被诉侵权产品的全部设计特征及其对整体视觉效果的影响，可以认定二者的整体视觉效果相近似。因此，被诉侵权产品落入涉案专利权的保护范围。对于有提手的被诉侵权产品，虽然涉案专利不包括提手，仅包含产品机身的形状设计，但形状和提手在外观设计上属于相互独立的设计要素，在机身形状设计的基础之上增加提手的设计并未对产品形状本身产生显著的视觉影响，也未使二者的整体视觉效果产生明显差异。在二者的形状设计相近似的情况下，仍然应认定有提手的被诉侵权产品落入涉案专利权的保护范围。因此，对于金稻公司关于被诉侵权产品的设计与涉案专利不相近似的上诉主张，北京市高级人民法院不予支持。

对于金稻公司提出其仅生产、销售有提手的被诉侵权产品，并未销售不带提手的被诉侵权产品的上诉主张，本案中，对于松下株式会社从丽康公司经营的网络商铺公证购买到有提手的侵权产品，一审法院根据产品上显示的生产者信息，认定金稻公司实施了制造和销售行为，丽康公司实施了销售行为；对于松下株式会社未实际公证购买到的不带提手的侵权产品，一审法院根据包装盒上的显示以及涉案公证书的记载，认定二被告实施了许诺销售的行为。一审判决的上述认定并无不当，且与金稻公司的该项上诉主张亦不相冲突，故北京市高级人民法院予以确认，对于金稻公司的该项上诉主张不予支持。

关于争议焦点二，一审判决关于赔偿数额的确定是否恰当。

本案中，松下株式会社将其通过公证取证方式固定的在部分电商平台上检索得到的侵权产品同型号产品销售数量之和为 18411347 台以及该产品的平均价格 260 元作为 300 万元赔偿请求的依据。按照松下株式会社主张的被诉侵权产品销售数量总数与产品平均售价的乘积，即便从低考虑每件侵权产品的合理利润，得出的计算结果仍远远高于 300 万元。因此，在上述证据的支持下，松下株式会社主张 300 万元的赔偿数额具有较高的合理性。原审法院全额支持松下株式会社关于经济损失的赔偿请求，具有事实和法律依据，本院予以确认。

虽然金稻公司在二审中主张一审法院确定的赔偿数额不合理，主张除其仅开办的"金稻旗舰店"外，其他网站上销售的被诉侵权产品绝大多数为假货，以及网络上显示的销售数量不真实，但其就此未能提供相应证据予以证明，故北京市高级人民法院不予采信。

本案中，松下株式会社为证明其维权开支提供了多种类型的票据，但仍不足以涵盖其全部请求，在松下株式会社未能就其票据无法涵盖的部分合理说明理由的情况下，一审法院仅以现实中的花费并非均有票据出具为由给予全额支持，依据不足，北京市高级人民法院对此予以指出。考虑到被诉侵权行为在诉讼期间仍在持续，松下株式会社在二审诉讼期间补充提交了为调查取证增加的相关费用票据，增加的费用开支高于其一审证据未涵盖的部分，为实现争议的实质性解决，本院在考虑该证据的基础上，对一审判决的处理结果仍予以维持，但松下株式会社无权就上述费用开支另行主张权利。

关于丽康公司承担的赔偿责任。丽康公司作为销售者，其在得知本案诉讼后未停止销售、许诺销售涉案侵权产品的行为，且上述行为在二审期间仍在持续，故原审法院判令其与金稻公司共同承担松下株式会社为制止侵权行为所支付的合理开支，并无不当。丽康公司的上诉主张，缺乏事实和法律依据，北京市高级人民法院不予支持。

综上所述，金稻公司、丽康公司的上诉请求均不能成立，应予驳回；一审判决认定事实清楚，适用法律正确，应予维持。依照《中华人民共和国民事诉讼法》第一百七十条第一款第（一）项之规定，判决如下：

驳回上诉，维持原判。

一审案件受理费人民币 32400 百元，分别由珠海金稻电器有限公司、北京丽康富雅商贸有限公司负担人民币 30000 元和人民币 2400 元（于本判决生效后七日内交纳）；二审案件受理费人民币 32400 元，分别由珠海金稻电器有限公司、北京丽康富雅商贸有限公司负担人民币 30000 元和人民币 24000 元负担（已交纳）。

【相关法律条文】

《中华人民共和国专利法》第十一条第二款、第五十九条第二款、第六十一条、第六十五条、第七十条，《最高人民法院关于当前经济形势下知识产权审判服务大局若干问题的意见》第十六条，《最高人民法院关于审理专利纠纷案件适用法律问题的若干规定》第二十条、第二十二条，《中华人民共和国民事诉讼法》第一百七十条。

【案例评析】

涉案专利为一款"美容器"外观设计专利，具有极高的市场价值，本案的高赔额充分体现了实现知识产权市场价值的司法保护理念。二审判决进一步明确了专利民事侵权案件中侵权获利证据的审查认定规则，对于类似案件具有一定示范意义。二审判决认为，考虑到专利权损害举证较难，与专利侵权行为相关的账簿、资料主要由侵权人掌握，如果权利人在其举证能力范围内就侵权人的获利情况进行了充分举证，且对其所请求经济损失数额的合理性进行了充分说明的情况下，侵权人不能提供相反证据推翻权利人赔偿主张的，人民法院可以根据权利人的主张和提供的证据认定侵权人因侵权所获得的利益。

【思考题】

1. 如何看待专利权评价报告对近似性判断的影响？
2. 赔偿数额的确定有哪些法律条文予以规定？

案例七　高通诉苹果侵权案

【案件背景】

高通公司是世界上最大的移动芯片供应商，它研发出将手机与蜂窝网络连接必不可少的技术。通过将这些技术授权给数以百计的设备制造商，高通获得了很大一部分收入。高通收取的费用是以手机的总体价值为基础的，而非按照零部件的价值计算。由于高通拥有与 3G 和 4G 手机相关的专利，还有其他诸如软件等功能，任何手机制造商要想制造联网设备，即使他们不使用高通的芯片，也要向其支付许可费。

这也包括总部位于美国加州库比蒂诺市的苹果公司。虽然这家科技巨头使用自己的应用处理器，但它依然依赖于第三方的网络连接芯片。自 2011 年推出 iPhone 4S 以来，这些芯片的供应商始终是高通公司。因为只有高通公司设计出高端调制解调器，它在处理数据时才拥有更强大的动力。

苹果认为自己只应该支付使用高通连网芯片的费用，而不是按照整个设备价值付费。苹果谴责高通公司"实际上是在对苹果的创新征税"，苹果公司不应该为与高通无关的技术突破付费。但高通公司反驳说，其技术不仅仅涉及连通性，还与生产智能手机所需要的多媒体、成像、全球定位系统以及无数其他发明息息相关。

【案件前情】

2017 年 1 月，苹果公司起诉高通公司称，因为苹果帮助韩国监管机构调查高通，于是高通扣留了原本承诺返还给苹果的 10 亿美元专利授权费。美国联邦贸易委员会也提起诉讼，指控高通迫使苹果使用其独家使用芯片以换取更低的许可费，以此排除竞争对手，损害竞争。三星和英特尔都提交了"法庭之友"文件，支持联邦贸易委员会起诉高通。

2017 年 4 月，高通进行反击，否认苹果的所有指控，并反诉苹果违反合同，违反高通与苹果供应商之间签署的协议。

2017 年 5 月，高通起诉四名生产苹果手机和苹果平板电脑的台湾合约商未支付专利费，称是苹果指示这些合约生产商拒绝支付，并同意保护他们不承担高通主张的任何索赔。

2017 年 6 月，苹果公司再向美国联邦法院指控高通公司的智能手机芯片授权协议无效。

2017 年 7 月，高通向美国国际贸易委员会（ITC）提出请求，要求禁止向美国进口不含高通芯片的苹果手机和苹果平板电脑，因为苹果侵犯了高通 6 项专利。此外，高通还在加州南区法院起诉苹果。

2017 年 9 月，高通在北京知识产权法院对苹果公司提起诉讼，称苹果侵犯高通的三件与电源管理和 Force Touch 触屏技术相关的专利，并要求禁售相关的 iPhone 产品。

【案情简介】

2017 年 11 月 15 日，高通公司向福建省福州市中级人民法院提起诉讼称，苹果公司、苹果电子产品商贸（北京）有限公司、苹果贸易（上海）有限公司（以下统称苹果公司）侵犯其涉案专利权，其中关于 APP 管理的专利公开号为 CN 103558965B，专利名称为"计算装置中的活动的卡隐喻"，主要内容涉及采用卡片式切换操作手机的 APP 程序，可以同时开启和运转多个 APP，突破手机屏幕大小的限制。请求法院判令苹果公司停止进口、销售 iPhone7、iPhone7 Plus

等多款产品。2018 年 11 月 30 日，福州市中级人民法院裁定，要求苹果公司在中国的四家子公司立即停止销售多款 iPhone 产品，包括 iPhone 6S、iPhone 6S Plus、iPhone 7、iPhone 7 Plus、iPhone 8、iPhone 8 Plus 和 iPhone X。

【法院判决】

高通公司向福州市中级人民法院提供了如下证据：

一、涉案发明专利"计算装置中的活动的卡隐喻"（专利号：ZL 201310491586.1）的专利登记簿副本，证实了高通公司目前为涉案专利的专利权人的事实。上述证据同时可以证明涉案专利处于有效状态。

二、（2018）闽证经字第 270 号等一系列公证书，证明北京苹果公司、上海苹果公司、北京苹果福州公司实施了许诺销售、销售涉嫌侵权产品 iPhone 6S、iPhone 6S Plus、iPhone 7、iPhone 7 Plus、iPhone 8、iPhone 8 Plus 和 iPhone X 的行为，上海苹果电脑公司实施了进口、销售上述侵权产品的行为。

三、国工信安司鉴所〔2018〕知鉴字第 25、52、116、118、120、122、124 号《司法鉴定意见书》，证明 iPhone 6S、iPhone 6S Plus、iPhone 7、iPhone 7 Plus、iPhone 8、iPhone 8 Plus 和 iPhone X 采用的技术方案中的相应技术特征与高通公司的 ZL 201310491586.1 的专利权利要求 1、17 的技术特征相同。

四、中国银行股份有限公司福建省分行出具《担保函》，承诺为高通公司的上述申请提供人民币 300 万元的担保。

高通公司持有的"计算装置中的活动的卡隐喻"发明专利权利要求 1 为：

1A. 一种计算机系统；

1B. 上述计算机系统包括：处理器；

1C. 上述计算机系统包括：触敏显示屏幕，其耦合到所述处理器，所述处理器接收所述触敏显示屏幕上的手势输入并且在至少两个显示模式中的任何一个显示模式下操作所述计算机系统；

1D. 其中：在给定的持续时间期间，所述处理器同时地操作至少第一应用程序和第二应用程序；

1E. 在全屏模式下，所述处理器在所述触敏显示屏幕上提供针对所述至少第一程序或第二应用程序中的仅一个应用程序的用户界面；

1F. 在窗口模式下，所述处理器：在所述触敏显示屏幕上提供对应于所述第一应用程序的第一卡以及提供第二卡的第一部分，使得所述第二卡的第二部分在所述触敏屏幕上不可见，所述第二卡对应于所述第二应用程序，其中至少所述第一卡显示来自所述第一应用程序的操作的内容，所述内容对应于：（i）来自应用程序的输出、（ii）任务、（iii）消息、（iv）文档或（v）网页；

1G. 在窗口模式下，通过改变所述第一卡在第一方向上对应于所述触敏显示屏幕的位置来对在所述触敏显示屏幕上沿着所述第一方向的定向接触进行响应；以及对在所述触敏屏幕上沿着与所述第一方向不同的第二方向移动所述第一卡或所述第二卡的定向接触进行响应，这通过如下来进行：（i）基于沿着所述第二方向的定向接触来将所述第一卡或第二卡中之一标识为被选择；

1H. 以及在窗口模式下，（ii）在所述第二方向上将所选择的第一卡或第二卡从所述触敏显示屏幕上解散，使得相对应的第一应用程序或第二应用程序被关闭；

1I. 其中，响应于接收用户输入，所述处理器将所述计算机系统进行如下转换：（i）从所述全屏模式转换到所述窗口模式；或（ii）从所述窗口模式转换到所述全屏模式。

权利要求 17 为：

17A. 一种用于操作计算装置的系统；

17B. 所述一种用于操作计算装置的系统包括：用于在全屏模式下操作所述计算装置的模块，其中在所述全屏模式下，针对第一应用程序或第二应用程序中的仅一个应用程序，用户界面被显示在触敏显示屏幕上；

17C. 用于当在所述全屏模式下操作所述计算装置时接收用户输入的模块；

17D. 用于响应于接收所述用户输入从在所述全屏模式下操作所述计算装置转换到在窗口模式下操作所述计算装置的模块，其中在所述窗口模式下，（i）至少第一卡被显示在所述触敏显示屏幕上，所述第一卡对应于所述第一应用程序，以及（ii）第二卡的第一部分被显示在所述触敏显示屏幕上，使得所述第二卡的第二部分在所述触敏显示屏幕上不可见，所述第二卡对应于所述第二应用程序；

17E. 用于当在所述窗口模式下操作所述计算装置时通过改变所述第一卡在第一方向上相对于所述触敏显示屏幕的位置来对在所述触敏显示屏幕上沿着所述第一方向的定向接触进行响应的模块；

17F. 以及用于当在所述窗口模式下操作所述计算装置时对在所述触敏显示屏幕上沿着与所述第一方向不同的第二方向移动所述第一卡或所述第二卡的定向接触进行响应的模块，所述响应通过如下操作来进行：（i）基于沿着所述第二方向的定向接触来将所述第一卡或第二卡中之一标识为被选择，以及（ii）在所述第二方向上将所选择的第一卡或第二卡从所述触敏显示屏幕上解散，使得相对应的第一应用程序或第二应用程序被退出。

通过对比权利要求 1，并操作 iPhone 6S、iPhone 6S Plus、iPhone 7、iPhone 7 Plus、iPhone 8、iPhone 8 Plus 和 iPhone X 手机，可明确上述涉嫌侵权产品存在的技术特征包括：1A、1B、1C、1D、1E、1F、1G、1H、1I。

通过对比权利要求 17，并操作 iPhone 6S、iPhone 6S Plus、iPhone 7、iPhone 7 Plus、iPhone 8、iPhone 8 Plus 和 iPhone X 手机，可明确上述涉嫌侵权产品存在的技术特征包括：17A、17B、17C、17D、17E、17F。

基于上述审查的事实，福州市中级人民法院认为，高通公司提交的证据能够证明四家苹果公司涉嫌未经专利权人许可，为生产经营目的实施涉案专利。该四家公司具有侵害专利权或帮助侵权的可能性。高通公司在书面申请中声明了上述行为如不被及时制止可能给专利权人的合法权益造成难以弥补的损害，具体表现在：1. 后续侵权赔偿数额难以计算。2. 如不在现阶段通过行为保全使侵权行为停止，则高通公司的损害将会因新型号手机的上市不可避免地进一步扩大。3. 侵权行为将对中国市场上已经与高通公司建立许可关系的其他手机生产商造成难以弥补的产品竞争力损害，进而对高通公司与这些合作伙伴之间的商业合作关系造成难以弥补的损害。法院认为，由于被诉侵权行为正在现实、持续地发生，而案件的审理直至最终做出生效判决需要一定的周期，在此期间高通公司确有可能因四家苹果公司的被诉侵权行为而遭受难以弥补的损失，且高通公司已就其申请提供了符合法律规定的担保。

福州市中级人民法院做出如下裁定：上海苹果电脑公司立即停止进口、销售 iPhone 6S、iPhone 6S Plus、iPhone 7、iPhone 7 Plus、iPhone 8、iPhone 8 Plus 和 iPhone X 手机；北京苹果公司、上海苹果公司、北京苹果福州公司立即停止销售、许诺销售 iPhone 6S、iPhone 6S Plus、iPhone 7、iPhone 7 Plus、iPhone 8、iPhone 8 Plus 和 iPhone X 手机。案件申请费 5000 元，由高通公司负担。

【相关法律条文】

《中华人民共和国民事诉讼法》第一百条、第一百零二条，《最高人民法院关于对诉前停止侵犯专利权行为适用法律问题的若干规定》第十四条、第十七条。

【案件后续】

2018 年 12 月 13 日，高通再向法院提出禁售苹果公司的 iPhone XS 和 iPhone XR 的请求，苹果公司对外发声明称尊重裁定。

2018 年 12 月 18 日，针对禁售令，苹果通过将系统升级至 iOS 12.1.2 版本，规避相关专利问题。高通表示，苹果仍在违反禁令，并将进一步要求中国法院，禁止苹果销售 iPhone XS 和 iPhone XR。苹果公司则表示，禁令将会使这场诉讼时间拉长，最终会损害消费者的利益。

【案例评析】

从 2017 年至今，这两家同样来自加州的公司围绕着专利纷争在全球各地进行了旷日持久的诉讼与反诉，苹果指责高通向手机厂商收取不公平的高额专利授权费用，而高通则称苹果窃取了它的专利财产。福州中院的这场判决仅仅是其中的一例，此次诉讼涉及的专利其一是与在手机上调整照片的大小与外观有关，其二与 iPhone 中的 Force Touch 功能相关。

从专利侵权争端的发展来看，针对销售禁令做出的回应中，苹果公司特别声明了两点：其一，我们有充分理由相信我们的产品的合规性，"但为解决任何可能的出于我们合规性的担忧"，下周初将会为中国地区用户推送一个软件更新，"以解决本案中涉及的两项专利的次要功能"；其二，苹果公司已向福州中级人民法院申请复议。

在回应中苹果公司尽显其诚恳态度，但却只字未提下架产品的事情。足见其断不会因为专利费而放弃整个手机市场的利润，更不会放弃在其营收占比中高达 20% 的中国市场。

在基带芯片上采用高通专利多年后，只愿付出专利费的苹果，不满于高通要求的"以手机总价值为基数的比例付费"的"霸王条款"，"倔强"地选择放弃高通，"另谋出路"投奔了英特尔。苹果将 2018 年所有的 iPhone 基带订单全部给了英特尔。英特尔作为高通的首要竞争对手，在苹果的帮助下，进一步提升了自身的基带制造能力。"去高通化"的苹果彻底激怒了高通，这让后者在今年 10 月一纸诉状递交美高级法院，指控苹果拖欠其专利费用达 70 亿美元。

虽然高通与苹果的诉讼战打得你死我活，但实际上两家公司的意图都并非想要置对方于死地。多方分析认为，双方的目的很大程度上是为了迫使对方重新回到谈判桌上，并为此争夺谈判的筹码。此前，苹果一直是高通最大的客户来源。失去苹果之后，高通近年的财报数据下滑明显。相关人士认为，这场大战最后大概率会以和解收场，强硬的诉讼也只是双方博弈的一种手段，高通并不真的希望苹果禁售，这无异于同归于尽。高通需要的是苹果"回心转意"，重新选择自己的基带，继续交专利费。

【思考题】

1. 什么叫诉中禁令？
2. 此案选择在福州中院审理的原因是什么？

案例八　ESCOCorporation 与宁波市路坤国际
贸易有限公司侵害发明专利权纠纷案

2016 年 5 月 25 日法院对 ESCOCorporation（埃斯科公司）与宁波市路坤国际贸易有限公司侵害发明专利权纠纷案进行了裁决。宁波市路坤国际贸易有限公司立即停止侵害原告 ESCOCorporation 享有的专利号为 ZL 02813657.8、名称为"耐磨组件及耐磨构件"的发明专利权，即立即停止制造、销售落入该发明专利权保护范围的产品，宁波市路坤国际贸易有限公司赔偿原告 ESCOCorporation 经济损失人民币 30 万元。

【案情简介】

2002 年 7 月 3 日，原告 ESCOCorporation 向中国国家知识产权局提交了名为"耐磨组件及耐磨构件"的发明专利申请。2006 年 9 月 13 日获得专利授权，中国发明专利号为 ZL0281.8。该专利年费已经缴纳至 2015 年 7 月 2 日，目前属于受法律保护的有效状态。ZL0281.8 号发明专利共有 34 项权利要求，其中权利要求 1 和权利要求 20 为独立权利要求。被告路坤公司的行为侵犯了原告 ESCOCorporation ZL0281.8 号专利发明专利，被告未经原告 ESCOCorporation 的许可，为生产经营目的，制造、销售、许诺销售原告的专利产品，违反专利法的规定，侵犯了原告的专利权，应承担相应的侵权责任，赔偿原告的经济损失。

【法院判决】

依照《中华人民共和国民法通则》第一百一十八条，《中华人民共和国专利法》第十一条第一款、第五十九条第一款、第六十五条，《最高人民法院关于审理侵犯专利权纠纷案件应用法律若干问题的解释（二）》第四条，《最高人民法院关于审理专利纠纷案件适用法律问题的若干规定》第二十二条，《中华人民共和国民事诉讼法》第六十四条第一款、第一百四十四条之规定，判决如下：

一、被告宁波市路坤国际贸易有限公司立即停止侵害原告 ESCOCorporation 享有的专利号为 ZL 02813657.8、名称为"耐磨组件及耐磨构件"的发明专利权，即立即停止制造、销售落入该发明专利权保护范围的产品；

二、被告宁波市路坤国际贸易有限公司于本判决生效后十五日内销毁侵害原告 ESCOCorporation 享有的专利号为 ZL 02813657.8、名称为"耐磨组件及耐磨构件"的发明专利权的侵权产品（包括成品、半成品）；

三、被告宁波市路坤国际贸易有限公司赔偿原告 ESCOCorporation 经济损失人民币 30 万元（包括原告埃斯科公司为制止被告的侵权行为而支出的合理费用），该款于本判决生效后十五日内付清；

四、驳回原告 ESCOCorporation 的其他诉讼请求。

如果未按本判决指定的期间履行给付金钱义务，应当依照《中华人民共和国民事诉讼法》第二百五十三条及相关司法解释之规定，加倍支付迟延履行期间的债务利息（加倍部分债务利息 = 债务人尚未清偿的生效法律文书确定的除一般债务利息之外的金钱债务日万分之一点七五迟延履行期间）。

案件受理费人民币 8800 元，由原告 ESCOCorporation 负担人民币 3080 元，由被告宁波市路坤国际贸易有限公司负担人民币 5720 元。

【相关法律条文】

《中华人民共和国民法通则》

第一百一十八条 侵害知识产权的民事责任

公民、法人的著作权（版权）、专利权、商标专用权、发现权、发明权和其他科技成果权受到剽窃、篡改、假冒等侵害的，有权要求停止侵害，消除影响，赔偿损失。

《中华人民共和国专利法》

第十一条第一款 发明和实用新型专利权被授予后，除本法另有规定的以外，任何单位或者个人未经专利权人许可，都不得实施其专利，即不得为生产经营目的制造、使用、许诺销售、销售、进口其专利产品，或者使用其专利方法以及使用、许诺销售、销售、进口依照该专利方法直接获得的产品。

第五十九条第一款 发明或者实用新型专利权的保护范围以其权利要求的内容为准，说明书及附图可以用于解释权利要求。

第六十五条 侵犯专利权的赔偿数额按照权利人因被侵权所受到的实际损失确定；实际损失难以确定的，可以按照侵权人因侵权所获得的利益确定。权利人的损失或者侵权人获得的利益难以确定的，参照该专利许可使用费的倍数合理确定。赔偿数额还应当包括权利人为制止侵权行为所支付的合理开支。权利人的损失、侵权人获得的利益和专利许可使用费均难以确定的，人民法院可以根据专利权的类型、侵权行为的性质和情节等因素，确定给予一万元以上一百万元以下的赔偿。

《最高人民法院关于审理侵犯专利权纠纷案件应用法律若干问题的解释（二）》

第四条　权利要求书、说明书及附图中的语法、文字、标点、图形、符号等存有歧义，但本领域普通技术人员通过阅读权利要求书、说明书及附图可以得出唯一理解的，人民法院应当根据该唯一理解予以认定。

《最高人民法院关于审理专利纠纷案件适用法律问题的若干规定》

第二十二条　权利人主张其为制止侵权行为所支付合理开支的，人民法院可以在专利法第六十五条确定的赔偿数额之外另行计算。

《中华人民共和国民事诉讼法》

第六十四条第一款　当事人对自己提出的主张，有责任提供证据。

第一百四十四条　被告经传票传唤，无正当理由拒不到庭的，或者未经法庭许可中途退庭的，可以缺席判决。

【案例评析】

1. 本案的争议焦点之一是被诉侵权技术方案是否落入了涉案专利权的保护范围

根据法律规定，发明专利权的保护范围以其权利要求的内容为准，说明书及附图可以用于解释权利要求。判断发明专利侵权的原则及标准是：审查被诉侵权技术方案是否包含与权利人主张的权利要求记载的全部技术特征相同或者等同的技术特征，如包含则应当认定其落入专利权的保护范围；被诉侵权技术方案的技术特征与权利要求记载的全部技术特征相比，如缺少权利要求记载的一个以上的技术特征，或者有一个以上技术特征不相同也不等同的，则应当认定其没有落入专利权的保护范围。

专利权侵权纠纷案件中，如何确定专利权保护范围是给予专利权人恰如其分司法保护的首要问题。发明或者实用新型专利权保护范围应当以权利要求书记载的技术特征所确定的内容为准，也包括与所记载的技术特征相等同的技术特征所确定的内容。在确定专利权保护范围时，法院应当对专利权人作为权利依据所主张的相关权利要求进行解释。法院通过正确解释专利权利，合理界定专利权保护范围，以达到厘清专利权的保护边界，既保护创新，又安定争议的作用。

依据，《最高人民法院关于审理侵犯专利权纠纷案件应用法律若干问题的解释（二）》第四条的规定，权利要求书、说明书及附图中的语法、文字、标点、图形、符号等存有歧义，但本领域普通技术人员通过阅读权利要求书、说明书及附图可以得出唯一理解的，人民法院应当根据该唯一理解予以认定。本案中，本领域普通技术人员通过阅读专利权利要求书、说明书及附图，以及参考涉案专利 PCT 国际申请时提交的原始说明书（英文及译文），能够对实现要求保护的技术方案得出具体、确定、唯一的解释的，应当根据该解释来澄清或者修正权利要求中的错误表述。

具体分析如下：

从涉案专利权利要求书的上下文来看，专利权利要求 21 包括如下技术特征："每一个侧面（59，61）上包括所述凹槽（65）以接收在所述突出部（18）上的凸轨"。该技术特征表明凸轨形成于突出部之上，而耐磨构件的插口包括凹槽，用于接收突出部上的凸轨。由于权利要求 21 引用权利要求 20，权利要求 20 也应进行相同的解释，以与权利要求 21 的附加技术特征相符。另外涉案专利说明书第 16 页第 3 段明确记载："突出部 18 的侧壁 28、30 各形成有一侧翼 34 和一具有一外表面 36 和一侧面 37 的凸轨 35（图 2、3、4、9）"。从说明书附图 2、3、4、9 中也可看出，"凸轨 35 形成于突出部上，而插口 53（涉案专利说明书第 17 页第 3 段）""各侧面 59、61 均形成有一凹槽 65……凹槽 65 具有容纳接头突出部上的凸轨 35 的形状"。可见，说明书及其记载的实施例也明确记载，凸轨形成于突出部之上，而凹槽形成于插口，用于接收突出部上的凸轨。从 PCT 申请原国际公开文本 WO03/004783A2 来看，上述需解释的技术特征对应地限定于权利要求 100。从该权利要求 100 来看，凸轨也是形成于突出部上，而插口的侧面上的凹槽用于接收该突出部上的凸轨。因此，本领域普通技术人员通过阅读专利权利要求书、说明书及附图，以及参考涉案专利 PCT 国际申请时提交的原始说明书，均能得出唯一理解，即"凸轨形成于突出部上，而插口包含凹槽用于接收凸轨"的技术特征，权利要求 20 中的上述错误应当修正为"所述插口（53）包括一个用于接收一形成在所述突出部（18）上的凸轨的凹槽（65）"。经比对，被诉侵权技术方案的亦包含与权利要求 20 经解释修正的技术特征。

综上，被诉侵权技术方案已完全具备涉案专利权利要求记载的全部必要技术特征，落入了涉案专利权的保护范围。

2. 争议焦点之二是专利侵权责任如何承担

承上所述，涉案侵权产品系原告向被告公证购买取得，被告销售落入涉案专利保护范围的产品的行为已构成对原告涉案专利权的侵权，依法应承担停止侵权、赔偿损失的民事责任。至于该产品是否由被告所制造，原告提供的被告公司网页证据显示被告公司简介宣称"公司是一家综合性的制造、贸易公司，主要产品是挖掘机部件，尤其是挖掘机斗齿、齿座和边齿，公司具有挖掘机斗齿、齿座和边齿的工厂"，故在原告已提交的被告公司网页证据已初步证明被告具有制造侵权产品的行为的情况下，依据有关民事诉讼证据规则，被告应负担相应不存在制造行为的举证责任，在被告缺席本案审理，未提供反驳证据及理由的情况下，虽然被告工商注册经营范围并不包含涉案产品的制造，依据上述被告公司网页证据上被告的宣称认定被告具有制造侵权产品的行为，被告依法应承担停止侵权、赔偿损失的民事责任。

关于侵权赔偿数额，本案原告在庭审中明确要求以法定赔偿方式计算被告应承担的侵权赔偿责任，因原告未提供其因被告侵权所受到的损失或被告因侵权所获得的利益的确切依据，法院综合考虑本案专利权的类别、被告侵权的性质和情节等因素酌定赔偿金额。法院主要考虑到以下因素：1. 本案专利系发明专利，有较高的技术含量；2. 侵权产品销售数量规模及价格利润；3. 被告注册资本为人民币 150 万元；原告为制止被告侵权行为支付了一定的费用。法院酌定赔偿额为人民币 30 万元。

【思考题】

判断发明专利侵权的原则及标准是什么？

第三章

商标法案例

案例一　美盛农资（北京）有限公司与辽宁美盛国际化肥有限公司侵害商标权及不正当竞争纠纷案

2015 年 5 月 31 日，经由辽宁省沈阳市中级人民法院和辽宁省高级人民法院两级法院审理的美盛公司中国地区总部美盛农资（北京）有限公司诉辽宁美盛国际化肥有限公司商标侵权及不正当竞争一案，最终尘埃落定。

【案情简介】

美国美盛公司在北京、烟台、秦皇岛、香港分别设立独资公司和合资公司，美盛农资（北京）有限公司（以下简称"美盛公司"）是美国美盛公司在中国地区总部。注册商标"美盛"在中国市场具有很高市场知名度和美誉度，经过多年经营，产品销售区域遍及全国二十余省市，每年投入大量广告进行市场宣传。

辽宁美盛国际化肥有限公司（以下简称"辽宁美盛"）成立于 2008 年，是位于辽宁省沈阳市的一家民营企业，其销售产品多采用"美盛"的品牌，并且利用美国美盛公司的名义在其国内商品经销地大肆虚假宣传，因此辽宁美盛也赢得了一些市场占有度和口碑。

2014 年被美盛公司一纸诉状告上法庭，认为辽宁美盛侵犯美国美盛公司及其在华四个关联企业的企业名称权和美国美盛公司的第 N-1、第 N-2 号注册商标专用权，侵权地点遍及辽宁、湖北、河北、河南、山东、内蒙古等地，给美国美盛公司的品牌声誉造成恶劣影响，给美国美盛公司的生产经营造成巨额经济损失。被告公司及其分、经销商虽多次被行政处罚，但其侵权行为仍在继续。原告请求法院判令被告：1. 立即停止侵权行为；2. 立即停止不正当使用侵权字号的企业名称，且变更后的企业名称中不得含有或者变相含有与侵权字号字样相同或者近似的文字；3. 赔偿原告经济损失；4. 赔偿原告为调查、制止侵权行为而支出的公证费、差旅费、查询费、律师代理费等。

被告辽宁美盛辩称：一、原告不具有本案诉讼主体资格。二、本案不存在不正当竞争行为。三、原告要求被告承担各项费用缺少事实和法律依据，被告不构成侵权，原告没有任何损失。四、原告的主张已超过诉讼时效期间，请求法院驳回原告全部诉讼请求。

经审理查明，美国美盛公司是注册于美国的公司，于 2007 年 8 月 14 日经中华人民共和国国家工商行政管理总局商标局核准注册第 N－1 文字商标，于 2007 年 10 月 14 日经核准注册第 N－2 号商标，上述两商标均被核准使用在肥料等商品上，现均在有效期内。

美国美盛公司于 2000 年至 2004 年分别出资设立三家公司，经营范围均为化肥等农资产品的生产和销售，并获得美国美盛公司的许可使用上述注册商标。三家公司在生产的化肥产品上使用上述注册商标，产品销往全国多地，在广告宣传活动中使用 N－2 号注册商标，生产的化肥产品 2005—2008 年在辽宁省各地广泛、大量销售。

被告辽宁美盛成立于 2008 年 8 月 29 日，经营范围为：化肥销售、化肥生产，注册资本 100 万元。2011 年，工商行政管理机关在辽宁省清原县、河北省唐山市多个农资商店查处了产品包装袋标注生产者为被告公司的化肥产品。2011 年 7 月 6 日，辽宁省工商行政管理局发布辽工商处字（2011）N 号《关于辽宁美盛国际化肥有限公司利用网络虚假宣传行为的处罚决定》，认定："辽宁美盛国际化肥有限公司从 2009 年 7 月起，在互联网上利用其注册的网站宣传美国美盛公司与其建立了长期战略合作关系自 2010 年至 2011 年 7 月，其生产肥料 2400 吨，销售 2200 吨，销售额 480 万元。"其网站上的宣传与实际不符违反《中华人民共和国反不正当竞争法》第九条第一款规定，构成虚假宣传行为，宣传时间长，宣传面广，决定对辽宁美盛罚款 18 万元，上缴国库。

2012 年 3 月 30 日，依原告公司代理人申请，北京市某公证处的公证员在该处计算机上进行操作，并对操作过程出具了公证书。根据公证书记载，在 Google 搜索引擎上以"MS 公司"等作为关键词进行搜索，显示若干相关网页快照。分别进入"火爆农资招商网""百度百科""中国化肥网""中国农化招商网""中国农资招商网"的搜索词条，均显示"MS 公司成立于 2008 年 8 月，位于沈阳市。公司与美国美盛公司及国内大型化肥企业建立了长期战略合作关系。

公司年销售量 40 多万吨。公司主要产品为 MEI 系列磷酸二铵、MS 公司牌复合肥"等内容；在产品展示栏中配有多个产品包装图片，包装图片上部突出使用"美盛"标识，下部标注被告公司企业全称，展示栏下部标注"美盛"字样。

【法院判决】

一审法院经审理认为，原告经美国美盛公司的商标使用许可及明确授权，有权就侵害美国美盛公司商标权和不正当竞争的行为以自己的名义向法院提起诉讼。关于被告对原告提起商标侵权诉讼主体资格的异议，法院认为，根据《中华人民共和国商标法》《最高人民法院关于审理商标民事纠纷案件适用法律若干问题的解释》规定，原告作为注册商标被许可人经商标注册人明确授权，有权以自己名义提起商标侵权诉讼，故对被告该项主张不予支持。法院判决认定被告辽宁美盛国际化肥有限公司商标侵权及不正当竞争行为成立，原告美盛农资（北京）有限公司胜诉；同时判令被告辽宁美盛国际化肥有限公司立即停止对"美盛"商标的侵权行为，立即停止使用带有"美盛"字号的企业名称，向原告美盛农资（北京）有限公司赔偿经济损失 20 万元。

一审判决后，被告不服，向辽宁省高级人民法院提起上诉，辽宁省高级人民法院经审理，原审查明的事实属实。另查明，北京美盛二审提交的经过公证认证的 2015 年 2 月 17 日美盛公司出具的证明显示，2011 年 5 月 25 日，美盛公司原控股股东嘉吉公司退出股份，原美盛旗下控股子公司 GNS II（US）CORP 更名为美盛公司，原美盛公司更名为"MOS 控股公司"，原美盛公司在海外商标权由现美盛公司行使。再查明，根据北京美盛提交的经公证认证的明尼苏达州务卿、特拉华州务卿证明，美盛公司注册管辖地为特拉华州，营业地为明尼苏达州。根据北京美盛提交的经公证认证的 2014 年 2 月 20 日美盛公司出具的《任职证明》，理查德·曼克自 2004 年 10 月担任美盛公司高级副总裁兼总法律顾问和公司秘书，美盛公司对其此前代表公司所签署的所有文件的真实合法有效性全部予以确认。根据北京美盛提交的经公证认证的理查德·曼克的证明，美盛公司自"美盛"文字商标及其组合商标 2004 年提交申请注册之日起，已允许烟台美盛、秦皇岛美盛、北京美盛在其各自设立过程中和设立之后使用上述美盛公司商标。以上事实，有经公证认证的证明文件做证，法院均予以确认。

辽宁省高级人民法院认为，美盛公司注册地与经营地不一致，但公司名称没有发生变化。2011 年 5 月 25 日的公司重组文件进一步证明海外商标权由美盛公司行使。因此依据以上事实并不能得出辽宁美盛所说的授权主体与商标权主体不同的结论。理查德·曼克的任职证明有经公证认证的文件为依据，足以证明其签字合法有效。故辽宁美盛关于北京美盛诉讼主体不适格的理由没有事实和法律依据，不予支持。关于互联网广告，虽然辽宁美盛认为其不是发布相关广告的广告主，但是该广告显示的企业信息与辽宁美盛相同，辽宁美盛既没有提供证据证明网页内容系他人发布，又没有采取措施屏蔽或阻止侵权广告的发布，故应推定辽宁美盛系案涉广告主。由于"美盛"系辽宁美盛的核心词、字号，该广告使用"美盛"，并宣传美国美盛公司与其建立了长期战略合作关系，极易造成相关消费者的联想与误认，根据《中华人民共和国商标法实施条例》第三条及最高人民法院《关于审理商标民事纠纷案件适用法律若干问题的解释》第一条的规定，构成对北京美盛的"美盛"文字商标权的侵害。

辽宁美盛企业名称为"辽宁美盛国际化肥有限公司"，其中的核心词"美盛"与美盛公司及其国内关联公司企业名称中的核心词"美盛"一致。虽然辽宁美盛的注册时间为 2008 年，早于北京美盛，但是均晚于 2000 年设立的烟台美盛、2001 年设立的云南美盛、2004 年设立的秦皇岛美盛，辽宁美盛使用"美盛"作为企业名称，具有明显的搭便车、傍名牌的主观意图，根据《中华人民共和国反不正当竞争法》第二条、第五条第（三）项的规定，构成对北京美盛所主张的企业名称的不正当竞争。

关于赔偿数额，北京美盛出具的证明显示其关联企业烟台美盛和秦皇岛美盛 2005—2008 年在辽宁省各地大量销售化肥产品，而辽宁美盛自 2008 年成立以来，一直利用"美盛"作为企业名称及包装标识进行宣传、销售侵权产品，持续时间长，主观恶意明显，由于双方没有提供受到损失及获得利益的证据，一审法院根据侵权情节及合理费用，酌情确定赔偿数额人民币 20 万元，并无不当。

关于诉讼时效，辽宁美盛的侵权行为在诉讼过程中仍然处于持续状态，故一审法院根据最高人民法院《关于审理商标民事纠纷案件适用法律若干问题的解释》第十八条的规定，作出自起诉之日向前推算二年的认定符合法律规定。

综上，2015 年 5 月 31 日，该案经辽宁省高级人民法院作出终审判决，驳回上诉，维持原判。二审案件受理费由上诉人辽宁美盛国际化肥有限公司自行承担。

【相关法律条文】

《中华人民共和国商标法》（2001 年修订）第五十二条、第五十三条、第五十六条，《中华人民共和国反不正当竞争法》第二条、第五条第（三）项、第九条第一款，最高人民法院《关于审理商标民事纠纷案件适用法律若干问题的

解释》第一条、第三条、第四条、第十八条，最高人民法院《关于审理不正当
竞争民事案件应用法律若干问题的解释》第六条。

【案例评析】

争议焦点一：被告是否实施了商标侵权行为。第 N－1 号文字商标及第 N－
2 号组合商标是经中华人民共和国国家工商行政管理总局商标局核准的注册商
标，美国美盛公司作为商标的权利人，其对该注册商标的专用权依法受我国法
律保护。现美国美盛公司已许可原告使用该注册商标，并授权原告对侵害其注
册商标的行为提起诉讼，故原告对注册商标的使用权依法受到保护。

首先，被告在互联网相关农资网站上发布的广告中突出使用了商标标识，
现有证据显示网页上的企业名称、成立时间、住所地及产品包装等均与被告公
司相同，被告虽辩称上述网站不是其公司网站，但未提交任何证据证明网页内
容系他人未经其授权发布，故应认定被告是广告主。根据《中华人民共和国商
标法实施条例》之规定，商标法所称商标的使用，包括将商标用于商品、商品
包装或者容器以及商品交易文书上或者将商标用于广告宣传、展览以及其他商
业活动中。根据最高人民法院《关于审理商标民事纠纷案件适用法律若干问题
的解释》规定，将与他人注册商标相同或者相近的文字作为企业的字号在相同
或者类似商品上突出使用，容易使相关公众产生误认的，构成商标侵权。因此，
被告上述行为构成对美国美盛公司第 N－1 文字商标的侵害。

争议焦点二：原告的起诉是否超过诉讼时效期间。根据最高人民法院《关
于审理商标民事纠纷案件适用法律若干问题的解释》，侵犯注册商标专用权的诉
讼时效为二年，自商标注册人或者利害权利人知道或者应当知道侵权行为之日
起计算。商标注册人或者利害关系人超过二年起诉的，如果侵权行为在起诉时
仍在持续，在该注册商标专用权有效期限内，人民法院应当判决被告停止侵权
行为，侵权损害赔偿数额应当自权利人向人民法院起诉之日起向前推算二年计
算。本案中，被告的侵权行为在起诉时仍在持续状态，故原告的起诉并未超过
诉讼时效期间。但依法仅支持自原告起诉之日起向前推算二年的侵权损害赔偿
数额。

商标侵权主要是未经商标注册人的许可，在同一种商品或者类似商品上使
用与其注册商标相同或者近似商标的行为。通常在判断商标相似的时候不仅要
从商标外在的形象或造型等视觉要素进行判断，还要考虑包括商标的读音、含
义、使用方式等其他因素。同时在判断是否属于同一或者类似商品时还要根据
两种商品在功能、用途、原料、生产企业、消费对象、销售渠道等方面是否类

似，且这种类似是否易使消费者对商品的来源产生误解等方面来进行判断。

综上所述，依照《中华人民共和国商标法》（2001年修订）第五十二条、第五十三条、第五十六条，最高人民法院《关于审理商标民事纠纷案件适用法律若干问题的解释》第一条、第三条、第四条、第十八条之规定，沈阳市中级人民法院审理认为，辽宁美盛将"美盛"注册为企业字号，在产品包装和广告宣传上使用带有"美盛"字号的企业名称，明显具有攀附美盛公司声誉的主观故意，客观上必然造成相关公众的混淆，侵害了原告商标权，构成不正当竞争，被告应立即停止使用含有"美盛"字样的企业名称，并赔偿美盛公司的经济损失，一审判决后，被告不服，向辽宁省高级人民法院提起上诉。该案经辽宁省高级人民法院作出终审判决，驳回上诉，维持原判。

【思考题】

使用类似商标构成侵权如何认定？

案例二　江苏省广播电视总台、深圳市珍爱网信息技术有限公司与金某某侵害商标权纠纷再审案

2016年广受社会各界关注的"非诚勿扰"侵犯商标权一案，在经过再审推翻原审判决后，终于落下了帷幕。

【案情简介】

2009年2月16日，金某某向商标局申请注册"非诚勿扰"商标，并于2010年9月7日获得核准，核定服务项目为第45类，包括"交友服务、婚姻介绍所"等。江苏省广播电视总台旗下的江苏卫视于2010年开办了以婚恋交友为主题、名称为"非诚勿扰"的电视节目，并受到了极大的关注。深圳市珍爱网信息技术有限公司（以下简称珍爱网）为《非诚勿扰》节目推选相亲对象，提供广告推销服务，并曾在深圳招募嘉宾，报名地点设在深圳市南山区。金某某认为很多人把他的公司和江苏卫视的《非诚勿扰》这一栏目当成一体，并造成自己建立的婚姻介绍所受到了很大的影响。因此金某某以江苏电视台和合作方珍爱网侵害其注册商标专用权为由，向深圳市南山区法院提起诉讼，请求法院判令江苏卫视频道立即停止使用"非诚勿扰"栏目名称等商标侵权行为。

本案先后历经深圳市南山区法院一审和深圳市中院二审。一审法院认为，江苏卫视《非诚勿扰》电视节目虽然与婚恋交友有关，但终究是电视节目，相关公众一般认为两者不存在特定联系，不容易造成公众混淆，不构成商标侵权。深圳市中级人民法院二审认为，江苏卫视《非诚勿扰》电视节目从服务对象、服务内容，以及广电总局的发文、媒体评论上看，属于"交友、婚姻介绍"等征婚交友的服务，与金某某核定注册的"《非诚勿扰》商标权的服务项目是相同的。最终判决江苏省广播电视总台构成侵权，其所属的江苏卫视频道于判决生效后立即停止使用"非诚勿扰"栏目名称；深圳市珍爱网信息技术有限公司被判停止侵害上诉人金某某"非诚勿扰"注册商标行为，即于判决生效后立即停止使用"非诚勿扰"名称进行广告推销、报名筛选、后续服务。

二审结果宣布后，江苏电视台后续播出的"《非诚勿扰》节目并未改名，2016年1月15日，江苏卫视暂时将"非诚勿扰"更名为"缘来非诚勿扰"。江苏省广播电视总台发表声明称对判决结果不服，已通过司法途径向上级法院提请再审。2016年12月30日上午9时30分，金某某状告江苏电视台《非诚勿扰》栏目商标权纠纷再审案在广东省高级人民法院公开宣判，再审法院认为，《非诚勿扰》电视节目与金某某注册商标所核准使用的"交友服务、婚姻介绍"在服务目的、内容、方式和对象上均区别明显，以相关公众的一般认知，能够清晰区分电视文娱节目的内容与现实中的婚介服务活动，故两者不构成类似服务。江苏电视台对"非诚勿扰"标识的使用，不构成对金某某注册商标权的侵犯，从而撤销二审判决，维持一审判决。

【法院判决】

2004年，深圳市南山区法院一审判决结果，法院认定江苏电视台使用"非诚勿扰"是商标性使用。"非诚勿扰"既是江苏电视台电视节目的名称，也是一种服务商标。如果仅仅将"非诚勿扰"定性为节目名称，而不承认其具有标识服务来源的功能，与大量节目名称注册为商标（包括江苏电视台也将电视节目名称注册为商标）的客观事实不相符，也与江苏电视台在该电视节目中反复突出使用"非诚勿扰"并且进行广告招商等客观事实不相符。其次，金某某的文字商标"非诚勿扰"与江苏电视台电视节目的名称《非诚勿扰》是相同的。因此，两者的商标是相同的。关键在于两者对应的商品是否属于同类商品。金某某涉案注册商标"非诚勿扰"所对应的商品/服务系"交友服务、婚姻介绍"，即第45类；而江苏电视台的商标"非诚勿扰"所对应的商品/服务系"电视节目"，即第41类；而且，从服务的目的、内容、方式、对象等方面综合考察，江苏电视台的《非诚勿扰》电视节目虽然与婚恋交友有关，但终究是电视节目，相关公众一般认为两者不存在特定联系，不容易造成公众混淆，两者属于不同类商品/服务，不构成侵权。综上，一审法院依照《中华人民共和国商标法》第五十六条、五十七条之规定，并经该院审判委员会讨论决定，于2014年9月29日作出（2013）深南法知民初字第208号民事判决：驳回金某某的诉讼请求。

深圳市中级人民法院进行二审，二审法院认为，本案的关键问题在于关于江苏电视台使用"非诚勿扰"作为节目名称与金某某第7199523号"非诚勿扰,,注册商标核定服务类别是否相同或者类似江苏电视台与珍爱网公司是否构成共同侵权。金某某经国家商标行政管理部门核准'依法取得第7199523号"非诚勿扰"注册商标专用权，该商标处于法律规定的保护期之内，依法应受到法律的保护。第7199523号"非诚勿扰"注册商标核定服务项目为第45类，包括"交友服务、婚姻介绍所"等。江苏电视台的《非诚勿扰》节目，从服务的目的、内容、方式、对象等判定，均是提供征婚、相亲、交友的服务，与金某某第7199523号"非诚勿扰"商标注册时核定的服务项目"交友、婚姻介绍"相同。金某某指控江苏电视台在《非诚勿扰》节目中使用"非诚勿扰"商标的行为侵害了其商标权，证据充分，二审法院予以支持。珍爱网公司参与了节目嘉宾的招募，以及举办"非常有爱，非诚勿扰——珍爱网单身男女寻缘派对"活动，也在其网站上进行宣传，因此实际参与了侵权行为的实施。

综上，二审法院依照《中华人民共和国商标法》第四条第二款、第五十七条第一项，《中华人民共和国民事诉讼法》第一百七十条第一款第二项、第三项，《最高人民法院关于民事诉讼证据的若干规定》第二条的规定，于2015年12月11日作出（2015）深中法知民终字第927号民事判决：一、撤销广东省深圳市南山区人民法院（2013）深南法知民初字第208号民事判决；二、江苏省广播电视总台立即停止侵害金某某第7199523号"非诚勿扰"注册商标行为，即其所属的江苏卫视频道于判决生效后立即停止使用"非诚勿扰"栏目名称；三、深圳市珍爱网信息技术有限公司立即停止侵害金某某第7199523号"非诚勿扰"注册商标行为，即于判决生效后立即停止使用"非诚勿扰"名称进行广告推销、报名筛选、后续服务等行为。

广州市高级人民法院对此案进行了终审判决，认为本案的争议焦点有3点：1. 江苏电况台对被诉标识的使用是否属于商标性使用，2. 江苏电视台是否侵害了金某某涉案注册商标权，3. 珍爱网公司是否与江苏电视台构成共同侵权。

本案中，《非诚勿扰》原是江苏电视台为了区分其台下多个电视栏目而命名的节目名称，但从本案的情况来看，江苏电视台对被诉"非诚勿扰"标识的使用，并非仅仅为概括具体电视节目内容而进行的描述性使用，而是反复多次、大量地在其电视、官网、招商广告、现场宣传等商业活动中单独使用或突出使用，使用方式上具有持续性与连贯性，其中标识更在整体呈现方式上具有一定独特性，这显然超出对节目或者作品内容进行描述性使用所必需的范围和通常认知，具备了区分商品/服务的功能。被诉《非诚勿扰》节目系一档以相亲、交友为题材的电视文娱节目，其借助相亲、交友场景中现代未婚男女的言行举止，结合现场点评嘉宾及主持人的评论及引导，通过剪辑编排成电视节目予以播放，使社会公众在娱乐、放松、休闲的同时，了解当今社会交友现象及相关价值观念引导树立健康向上的婚恋观与人生观。其服务目的在于向社会公众提供旨在娱乐、消遣的文化娱乐节目，凭节目的收视率与关注度获取广告赞助等经济收入；服务的内容和方式为通过电视广播这一特定渠道和大众传媒方式向社会提供和传播文娱节目；服务对象是不特定的广大电视观众等。江苏电视白在电视文娱节目上使用被诉"非诚勿扰"标识，并不构成对金某某涉案第 7199523 号注册商标的侵权。因此，珍爱网公司协助江苏电视台就《非诚勿扰》节目开展广告推销、报名筛选、后续服务，构成共同侵权的主张不能成立。

综上，2016 年 12 月 26 日，广州市高级人民法院依照《中华人民共和国商标法》第五十七条第一、二项，《最高人民法院关于审理商标民事纠纷案件适用法律若干问题的解释》第九、十、十一、十二条，《中华人民共和国民事诉讼法》第二百零七条第一款、第一百七十条第一款第二项之规定，认定江苏电视台与珍爱网公司不构成商标侵权，二审法院认定事实与适用法律均有错误，并作出终审判决如下：一、撤销广东省深圳市中级人民法院（2015）深中法知民终字第 927 号民事判决。二、维持广东省深圳市南山区人民法院（2013）深南法知民初字第 208 号民事判决。

【案例评析】

争议焦点一：江苏电视台对"非诚勿扰"标识的使用，是否属于商标性使用。"非诚勿扰"商标权纠纷案是中国众多商标纠纷中的一起具有典型意义的知识产权保护案件。在判断电视节目名称是否属于商标性使用时，不能简单地将电视节目的某种表现形式或某一题材内容从整体节目中割裂开来，而应当综合考察节目的整体和主要特征，把握其行为本质，再作出合理认定。首先"非诚勿扰"节目是一档以相亲、交友为题材的电视文娱节目，其服务目的在于向社会公众提供旨在娱乐、消遣的文化娱乐节目。其次，该节目凭借收视率与关注度获取广告赞助等经济收入，江苏电视台在不少广告中，将被诉"非诚勿扰"

标识与"江苏卫视"台标、各广告赞助商品牌标识并列进行宣传。因此江苏电视台对被诉"非诚勿扰"标识的使用，从客观使用情况和主观意图来看，属于商标性使用。

争议焦点二：江苏电视台是否侵害了金某某涉案注册商标。根据我国商标法规定，注册商标的专用权，以核准注册的商标和核定使用的商品或服务为限。据此，在商标侵权裁判中，必须对被诉标识与注册商标是否相同或近似、两者服务是否相同或类似，以及是否容易引起相关公众的混淆作出判断。本案中，将被诉"非诚勿扰"文字标识及图文标识分别与金某某涉案注册商标相比对，文字形态上均存在繁体字与简体字的区别，在字体及文字排列上亦有差异。在服务方面，江苏电视台通过对"非诚勿扰"节目及标识的宣传和使用，已使社会公众将该标识与被诉节目、江苏电视台下属频道江苏卫视相联系，江苏电视台通过电视广播这一特定渠道和大众传媒方式向社会提供和传播文娱节目，服务对象是广大电视观众。"非诚勿扰"节目借助相亲、交友场景使社会公众在娱乐、消遣的同时，了解当今社会交友现象及相关价值观念，引导树立健康向上的婚恋观与人生观。而金某某注册商标的服务类别为"交友服务、婚姻介绍"，是通过提供促成婚恋配对的服务来获取经济收入，服务对象为有特定需求的未婚男女，服务内容包括征集相关需求信息、中介服务等。因此，节目与涉案商标在服务对象、服务方式上均有明显区别，不会造成公众的混淆，两者不构成相同服务或类似服务，江苏电视台在电视文娱节目上使用被诉"非诚勿扰"标识，并不构成对金某某涉案注册商标的侵权。

争议焦点三：珍爱网是否与江苏电视台构成共同侵权。由于江苏电视台《非诚勿扰》节目不构成商标侵权，因此珍爱网公司协助江苏电视台就《非诚勿扰》节目开展广告推销、报名筛选、后续服务，也不能构成共同侵权行为。但是，珍爱网公司如果在节目之外，还单独使用"非诚勿扰"标识进行婚姻介绍、交友服务的问题，就构成侵害商标权的行为了。

这一案件的不断反转吸引了广泛的关注，也使"商标反向混淆"这一新型理论进入了公众的视野。而我国现行的商标法及司法解释中并未用到"反向混淆"一词，而是采用"'相同或近似'使'公众产生误认'"等概念确立了侵犯商标权的标准，随着小企业品牌保护意识的逐渐增强，此类案件也越来越多。不同于正向混淆对侵权人"欺诈性"的要求，反向混淆的判定考虑更多的是后用者是否有"恶意"。《商标法》第七条规定："申请注册和使用商标，应当遵循诚实信用原则。"具体到本案，江苏卫视不存在明知金某某的注册商标的情况下，仍然恶意使用该注册商标，并且金某某和江苏卫视节目服务市场和服务内容均不相同，不会影响到金某某的商业信誉。

金阿欢的注册商标　　　　　　　"非诚勿扰"节目标识

【思考题】

1. 商标相似或相同如何进行判定？

2. 商标反向混淆的内涵如何准确把握？

案例三　"祁门红茶"商标纠纷再审案

北京市高级人民法院就一直备受关注的"祁门红茶"商标案作出终审判决，判决将使用的地域范围仅限于祁门县的"祁门红茶"地理标志证明商标宣告无效。至此，长达13年的关于"祁门红茶"地理标志证明商标的争议纠纷落下帷幕。

【案情简介】

享有盛誉的祁门红茶，30多年来一直是祁门人的产业支柱和金字招牌。2004年9月28日，祁门县祁门红茶协会向国家工商行政管理总局商标局提出"祁门红茶"证明商标申请，且将"祁门红茶"的产地限定在祁门县境内。申请依据的文件是2004年安徽省农业委员会出具的《关于祁门红茶协会申请办理"祁门红茶"证明商标的证明》，该证明的意见是将祁门红茶的产地划定在祁门县。2008年11月，该商标初审公告后，位于池州市的安徽国润茶业有限公司向商标局提出异议申请，认为"祁门红茶"的产区覆盖范围并不仅仅是"祁门县所辖行政区域内",还应包括"池州石台、东至以及黄山黟县等地"。为了使该证明商标尽快注册下来,双方在安徽省工商局的主持下达成协调意见,国润公司撤回异议申请,祁门红茶协会向商标局申请变更争议商标使用的地域范围。然而,在国润公司遵照协调意见撤回异议申请后,祁门红茶协会并没有提交增加祁门红茶产地范围的申请,"祁门红茶"商标被核准注册。

国润公司提起无效宣告申请,主要理由是争议商标使用的地域不应仅限于祁门县内,安徽省农业委员会对产区范围已经进行了调整,祁门红茶协会的做法违背了客观历史,有违诚实信用原则。国家工商总局商标评审委员会经审理认为:祁门红茶协会将"祁门红茶"作为地理标志证明商标向商标行政机关申请注册时,将地理标志所标示地区仅限在祁门县的做法违背了客观历史,违反了申请商标注册应当遵守的诚实信用原则,构成2001年商标法第四十一条第一款所指以欺骗手段取得注册之情形。裁定争议商标予以无效宣告。

祁门红茶协会不服,诉至北京知识产权法院,一审法院经审理认为:本案并无证据显示被上诉人在申请争议商标时实施了伪造申请材料等欺骗行为,且被告亦未举证证明被上诉人申请注册争议商标时所标示地区违背了客观历史的行为系出于欺瞒商标行政机关的故意。因此,一审法院认为争议商标的申请不构成以欺骗手段或其他不正当手段取得注册的情形,判决撤销被诉裁定。国润公司随后上诉到北京市高级人民法院,主要的上诉理由为:国润公司提供的证据能够证明无论在历史上还是现在,祁门红茶的产区都包括石台、东至、贵池等地,即便是祁门红茶协会的证据也不能证明产区仅限于祁门县,争议商标的注册违背了客观历史和现实,损害了其他产区茶农的合法权益,应宣告无效。另外,商标申请应当包括提交注册申请书至商标核准注册的整个申请过程,祁门红茶协会刻意隐瞒产区有争议的事实,不遵守协调意见的行为,违背了商标申请应当遵守的诚实信用原则,属于"其他不正当手段取得注册的"情形。国润公司在二审期间还补充了部分证据,包括:关于祁门红茶产区介绍的历史文献、目前社会公众对祁门红茶产区范围认识的资料、国润公司从20世纪60年代至今一直持续生产祁门红茶的资料、安徽省农业委员会再次重申了对祁门红茶产区进行重新划定范围的意见,该最终意见在尊重历史和现实的基础上,进一步明确祁门红茶的产区范围限定在祁门、石台、东至、贵池等地。

2017年北京市高级人民法院对此案进行了审理,审理采纳了国润公司的上诉意见,认为祁门红茶协会将争议商标地域范围限定在祁门县内,明显与社会上普遍存在的大产区范围不一致,人为地改变了历史上已经客观形成的"祁门红茶"存在产区范围。祁门红茶协会明知存在地域范围的争议,未全面准确地向商标注册主管机关报告该商标注册过程中存在的争议，尤其是在国润公司撤回异议后，仍以不作为的方式等待争议商标被核准注册，这种行为明显违反了地理标志商标注册申请人所负有的诚实信用义务，构成了 2001 年商标法第四十一条第一款规定的"其他不正当手段取得注册的"情形，裁定将使用的地域范围仅限于祁门县的"祁门红茶"地理标志证明商标予以无效宣告。

至此，争议了 13 年之久的"祁门红茶"地理证明商标案终结。

【法院判决】

北京市高级人民法院根据《最高人民法院关于商标法修改决定施行后商标案件管辖和法律适用问题的解释》第七条规定："对于在商标法修改决定施行前已经核准注册的商标，商标评审委员会于决定施行前受理、在决定施行后作出复审决定或者裁定，当事人提起行政诉讼的，人民法院审查相关程序问题适用修改后的商标法，审查实体问题适用修改前的商标法。"本案中，争议商标系 2013 年商标法施行前已经核准注册的商标，商标评审委员会于商标法修改决定施行前受理了国润公司的争议申请并于商标法修改决定施行后作出了被诉裁定，因此，本案程序问题适用 2013 年修改的商标法，实体问题适用 2001 年的商标法。

2001 年商标法第四十一条第一款规定："已经注册的商标，违反本法第十条、第十一条、第十二条规定的，或者是以欺骗手段或者其他不正当手段取得注册的，由商标局撤销该注册商标；其他单位或者个人可以请求商标评审委员会裁定撤销该注册商标。"

本案争议商标是地理标志证明商标，而根据 2001 年商标法第十六条第二款的规定，地理标志是指示某商品来源于某地区，该商品的特定质量、信誉或者其他特征，主要由该地区的自然因素或者人文因素所决定的标志。如果申请注册的地理标志证明商标所确定的使用该商标的商品的产地与该地理标志的实际地域范围不符，无论是不适当地扩大了其地域范围，还是不适当地缩小了其地域范围，都将误导公众并难以起到证明使用该商标的商品来自于特定产区、具有特定品质的证明作用。因此，对于这种地域范围限定不准确的地理标志证明商标，依法不应予以注册。

商标注册是建立在申请人的申请基础之上的。对于地理标志商标而言，无论是地理标志证明商标，还是地理标志集体商标，由于其所涉及的地理标志地域范围的确定具有较强的专业性，商标注册主管机关自身难以核实，因此，在地理标志商标的审查过程中，商标注册主管机关通常只能进行形式上的审查。

相应地，地理标志商标注册申请人在提交商标注册申请文件方面，就应当负有较之于普通的商品商标、服务商标注册申请人更多的诚实信用义务。地理标志商标注册申请人所负有的诚实信用义务，不仅仅限于消极方面，即不仅不能提供虚假的商标注册申请文件的消极不作为义务，而且也应当包括向商标注册主管机关全面准确说明客观情况的积极作为义务。违反上述诚实信用义务，无论是违反消极不作为义务，还是没有尽到积极作为义务，都将使其商标注册申请行为丧失正当性基础。提交虚假文件或者以其他方式弄虚作假而取得商标注册的，即属于2001年商标法第四十一条第一款规定的"以欺骗手段"取得注册的情形；而未尽到积极作为义务，未向商标注册主管机关全面准确报告客观情况而取得商标注册的，即属于2001年商标法第四十一条第一款规定的以"其他不正当手段取得注册的"的情形。

本案中，虽然祁门红茶协会在提出争议商标注册申请时，并不存在提交虚假文件骗取商标注册的行为，其申请注册争议商标也不属于无实际使用意图而抢注商标的情形，但是，有关"祁门红茶"产区地域范围的不同认识是客观存在的，国润公司在争议商标尚未核准注册前已提出异议，安徽省工商行政管理局就此还召集包括祁门红茶协会、国润公司在内的相关单位进行了协调并形成了会议纪要，即使祁门红茶协会事后不同意该会议纪要的内容，但其对"祁门红茶"产区地域范围存在争议这一事实是明确知悉的。而且根据祁门红茶协会、国润公司在商标评审阶段提交的证据材料，"祁门红茶"产区范围历来存在不同认识，即存在大、小"祁门红茶"产区的不同认识。争议商标仅仅将该地理标志证明商标的地域范围划定在安徽省祁门县行政区域内，虽然符合小"祁门红茶"产区的地域范围，且有2004年安徽省农业委员会《关于祁门红茶协会申请办理"祁门红茶"证明商标的证明》等文件予以做证，但是，却明显与社会上普遍存在的大"祁门红茶"产区地域范围不一致。因此，在缺乏充分证据和论证的情况下，如果仅仅按照存在争议的两种观点中的一种观点来确定使用"祁门红茶"地理标志证明商标的商品产区范围，则是人为地改变历史上已经客观形成了的"祁门红茶"存在产区范围不同认识的市场实际，是缺乏合理性的。祁门红茶协会在明知存在上述争议的情况下，未全面准确地向商标注册主管机关报告该商标注册过程中存在的争议，尤其是在国润公司按照安徽省工商行政管理局会议纪要的要求撤回商标异议申请的情况下，其仍以不作为的方式等待商标注册主管机关核准争议商标的注册，这种行为明显违反了地理标志商标注册申请人所负有的诚实信用义务，构成了2001年商标法第四十一条第一款规定的以"其他不正当手段取得注册的"的情形，争议商标依法应予无效宣告。国润公司的部分上诉理由成立，北京高级人民法院予以支持。

综上，北京高级人民法院认定原审判决法律适用错误，予以纠正。国润公司的部分上诉理由成立，对其上诉请求予以支持。依照《中华人民共和国行政诉讼法》第六十九条、第八十九条第一款第（二）项、第三款之规定，判决如下：一、撤销北京知识产权法院（2015）京知行初字第 6629 号行政判决；二、驳回祁门县祁门红茶协会的诉讼请求。

【案例评析】

"祁门红茶"证明商标注册波折不断，其核心争议在于"祁门红茶"证明商标所涵盖的产区范围。北京市高级人民法院在审理时，提出地理标志证明商标的限定产区范围如出现与实际不一致的情况，无论是不适当地扩大了地域范围，还是不适当地缩小了地域范围，都将误导公众并难以起到证明使用该商标的商品来自特定产区、具有特定品质的证明作用，对于这种地域范围限定不准确的地理标志证明商标，依法不应予以注册。就本案而言，祁门红茶协会将申请注册商标的地域范围限定在祁门县内，虽然符合小产区范围，但却明显与社会上普遍存在的大产区范围不一致，人为地改变了历史上已经客观形成的"祁门红茶"存在产区范围不同认识的市场实际，缺乏合理性。

中国现行商标法第十六条规定："商标中有商品的地理标志，而该商品并非来源于该标志所标示的地区，误导公众的，不予注册并禁止使用；但是，已经善意取得注册的继续有效。前款所称地理标志，是指标示某商品来源于某地区，该商品的特定质量、信誉或者其他特征，主要由该地区的自然因素或者人文因素所决定的标志。"本案的裁判，是法院在商标授权确权行政案件中对特定地理标志的地域范围进行司法认定的实践，而地域范围正是地理标志保护核心的问题。地理标志不仅代表着特定地区的特定产品的质量或声誉，也是对特定地区多年文化的继承和发扬，同时地理标志商品产业也多是当地经济的支柱产业，正因为地理标志蕴藏的巨大经济价值，导致市场上出现大量的地理标志侵权行为。但是，地理标志滥用会严重扰乱市场认知，损害原产地经济，动摇市场对地理标志产品的信心。地理标志商标立法的本意是维护公平有序的市场竞争秩序，而不是纵容一方拥有垄断相应资源的权利，这与保护知识产权、有序竞争秩序的司法导向是相悖的。

在该案的二审判决中，北京市高级人民法院明确了两个问题：其一，对于这种地域范围限定不准确的地理标志证明商标，依法不应予以注册；其二，地理标志商标注册申请人在提交商标注册申请文件方面，应当负有较之于普通的商品商标、服务商标注册申请人更多的诚实信用义务，违反该义务，则将使其商标注册申请行为丧失正当性基础，属于"以欺骗手段"取得注册或者"其他不正当手段取得注册"的情形。

【思考题】

如何合理使用地理标志证明商标？

案例四　"乔丹"系列商标行政案

2016 年 12 月 8 日上午，最高人民法院对"乔丹"商标争议行政纠纷系列案进行公开宣判。在经历了 4 年"拉锯战"后，美国篮球明星迈克尔·杰弗里·乔丹与乔丹体育股份有限公司（以下简称乔丹公司）之间的商标争议行政纠纷系列案终于有了结果。

【案情简介】

晋江是中国重要的体育用品制造基地，乔丹体育股份有限公司成立于 2000 年，主要从事运动鞋、运动服装及运动配饰的设计、研发、生产和销售。乔丹体育主要使用的"乔丹"商标在 2003 年前注册完成，并在国际分类第 25 类、第 28 类等商品或者服务上拥有"乔丹""QIAODAN"等注册商标。目前，乔丹体育已建立了覆盖中国 31 个省、直辖市和自治区的市场营销网络，成为中国领先的体育用品品牌企业，拥有较高的社会知名度。

迈克尔·杰弗里·乔丹，美国前职业篮球运动员，20 世纪 90 年代活跃于 NBA 球场，并于 2003 年正式退役。1985 年，乔丹就与体育用品生产商耐克签约，代言"Air Jordan"篮球运动品牌，耐克公司在全球范围内建立了"Air Jordan"高端子品牌的运动鞋和服装的特许经营权。"Air Jordan"品牌进入了中国市场后，文字商标"Michael Jordan"和两个图形商标在中国获得注册，多个"JORDAN"字样在内的商标均被驳回复审。

2012 年 2 月，乔丹向中国法院提起诉讼，指控中国乔丹体育有限公司侵权。主要理由为：乔丹体育有限公司未经许可，擅自将中文译名相同或近似的标志"乔丹""QIAODAN"申请注册为商标，损害了在先姓名权；乔丹在我国具有极高的知名度，争议商标容易导致相关公众将之与本人相关联，请求撤销乔丹体育股份有限公司在多个商品类别上注册的"乔丹""QIAODAN"等多项商标。面对侵权指控，乔丹体育有限公司在其网站上发布公开声明，强调中文"乔丹"是该公司依照中国法律申请注册并享有专用权的注册商标，对注册商标的合法使用行为受中国法律保护。声明还指出，乔丹体育股份有限公司未曾利用其形象进行企业和产品宣传。

2014年10月，北京市第一中级人民法院对此案进行了审理，裁定"乔丹"只是常见的美国人姓氏，现有证据也不足以证明争议商标的注册与使用利用了迈克尔·杰弗里·乔丹的知名度，乔丹体育公司注册和使用"乔丹"系列商标的行为不侵犯原告的姓名权或肖像权。

2015年，迈克尔·杰弗里·乔丹方不服一审判决结果，向北京高级人民法院申请二审，主要上诉理由是争议商标的注册和使用违反了商标法（2001年）第十条第一款第（八）项、第四十一条第一款及三十一条的相关规定。北京高级人民法院认为乔丹要求撤销乔丹体育有限公司的争议商标的上诉理由依据不足，法院不予支持，乔丹体育有限公司的注册商标不会被撤销，维持原判。

迈克尔·杰弗里·乔丹方不服二审判决，认为二审判决没有对其所提出的商标法第31条"在先权利"的上诉理由进行解释，认定事实和适用法律均有错误，向最高人民法院申请再审。再审过程中，各方围绕迈克尔·杰弗里·乔丹主张的姓名权保护的具体内容、争议商标注册是否存在明显主观恶意等具体问题进行了陈述和举证质证。2016年12月8日，最高人民法院对"乔丹"商标系列案件进行了公开宣判。法院认为，关于涉及"乔丹"商标三件案件，因争议商标的注册损害了迈克尔·杰弗里·乔丹对"乔丹"享有的在先姓名权，违反商标法规定，应予撤销，故判决撤销商标评审委员会作出的被诉裁定及一审、二审判决，判令商标评审委员会针对争议商标重新作出裁定。关于涉及拼音"QIAODAN"的四件案件，以及涉及拼音"qiaodan"与相关图形组合商标的三件案件，因迈克尔·杰弗里·乔丹对拼音"QIAODAN""qiaodan"不享有姓名权，争议商标的注册未损害原告的在先姓名权，争议商标也不属于商标法规定的"有害于社会主义道德风尚或者有其他不良影响""以欺骗手段或者其他不正当手段取得注册"的情形，故判决维持二审判决，驳回迈克尔·杰弗里·乔丹的再审申请。对此判决结果，乔丹本人通过媒体发表声明说："我很高兴看到最高人民法院在乔丹体育商标争议案的判决中，认可了我保护自己名字的权利。"乔丹体育有限公司也在第一时间发表声明，接受判决结果。

【法院判决】

最高人民法院结合当事人提交的有关证据，对有争议的证据和事实查明并认定如下：一、在我国有关报纸、期刊、网站上发表的有关"乔丹"的文章中，以及有关"乔丹"的书籍、专刊中，其标题或名称均主要以"乔丹"指代再审申请人。一审判决认定"其多被称为'迈克尔·乔丹'"与事实不符，最高人民法院予以纠正。二、一审判决中有关331号"乔丹"商标曾获得驰名商标保护的认定与事实不符，最高人民法院予以纠正。

最高人民法院再审认为，本案争议焦点为：

（一）争议商标的注册是否损害了再审申请人就"QIAODAN"主张的姓名权，违反商标法第三十一条关于"申请商标注册不得损害他人现有的在先权利"的规定。针对反不正当竞争法第五条第（三）项中规定的"姓名"，《最高人民法院关于审理不正当竞争民事案件应用法律若干问题的解释》第六条第二款规定："具有一定的市场知名度、为相关公众所知悉的自然人的笔名、艺名等，可以认定为反不正当竞争法第五条第（三）项规定的'姓名'。"虽然上述规定是针对"擅自使用他人的姓名，引人误认为是他人的商品"的不正当竞争行为的认定而作出的司法解释，但该不正当竞争行为本质上也是损害他人姓名权的侵权行为。认定该行为时所涉及的"引人误认为是他人的商品"，与本案中认定争议商标的注册是否容易导致相关公众误认是密切相关的。根据民法通则第九十九条第一款的规定，自然人享有姓名权，有权决定、改变自己的姓名，但姓名权人并不能禁止他人善意、合法地"决定"起同样的名字。由于重名的原因，姓名与自然人之间难以形成唯一对应关系。而且，除本名外，自然人还可以有艺名、笔名、译名等其他名称。如果以商标评审委员会主张的"唯一"对应作为主张姓名权的前提条件，将使得与他人重名的人，或者除本名之外还有其他名称的人，不论其知名度或者相关公众认知情况如何，均无法获得姓名权的保护。因此，再审申请人对"QIAODAN"不享有姓名权，争议商标的注册未损害其在先姓名权，未违反商标法第三十一条的规定。

（二）争议商标的注册是否属于商标法第十条第一款第（八）项规定的"有害于社会主义道德风尚或者有其他不良影响"的情形。争议商标标志不存在可能对我国政治、经济、文化、宗教、民族等社会公共利益和公共秩序产生消极、负面影响的情形。再审申请人主张争议商标标志是否已经与再审申请人建立了更强的对应关系，是否会容易导致相关公众的混淆，与本案争议商标的注册是否符合商标法第十条第一款第（八）项的规定不具有直接关系。即使争议商标的注册损害了再审申请人的特定民事权益，也应通过商标法的其他规定获得救济，不宜纳入商标法第十条第一款第（八）项调整的范畴。因此，一审、二审法院关于该条法律不适用于本案的认定正确，应予维持。

（三）争议商标的注册是否属于商标法第四十一条第一款规定的"其他不正当手段取得注册"的情形。本案中，争议商标的注册并不属于扰乱商标注册秩序、损害公共利益、不正当占用公共资源或者以其他方式谋取不正当利益的行为，不属于商标法第四十一条第一款所规定的"其他不正当手段"。再审申请人亦未提供证据证明争议商标的注册系以欺骗手段或者其他不正当手段取得注册。如前所述，即使争议商标的注册损害了特定民事权益，也应当通过商标法的其他相应规定进行审查判断，而不应纳入商标法第四十一条第一款调整的范围，一审、二审法院适用法律并无不当。

综上，最高人民法院判决如下：一、维持北京市高级人民（2015）高行（知）终字第 1896 号行政判决；二、驳回迈克尔·杰弗里·乔丹的再审申请。

【相关法律条文】

《中华人民共和国民法通则》第九十九条，《中华人民共和国侵权责任法》第二条，2001 年修正的《中华人民共和国商标法》第十条第一款第（八）项、第三十一条、第四十一条，《中华人民共和国行政诉讼法》第八十九条第一款第（一）项、第一百零一条，《最高人民法院关于执行〈中华人民共和国行政诉讼法〉若干问题的解释》第七十六条第一款，并参照《中华人民共和国民事诉讼法》第一百七十条第一款第（一）项。

【案例评析】

姓名权与商标权的冲突在当前的商业活动中较为常见，因为名人姓名相比于普通人姓名具有更高的影响力，依傍名人效应可以实现一定的经济利益。我国现行商标法中并没有对自然人姓名注册为商标的行为进行特别的规定，但是将姓名进行商业化利用的行为已经十分普遍，许多名人的姓名在中国被大量抢注商标。和商标的功能属性相似，姓名是自然人用以标明个人身份的符号，也是与本人的名誉、人格密切相关的，擅自注册他人姓名为商标的行为也会损害姓名权人的相关利益。利用公众人物姓名作为商标，会造成消费者混淆商品服务与该公众人物的关联关系，并且基于对公众人物的信任及喜爱而购买该商标标注的商品或服务，从而损害消费者的合法知情权。更有甚者误导消费者抢占市场份额，牟取暴利。

　　本案争议焦点为争议商标的注册是否损害了迈克尔·杰弗里·乔丹的姓名权，是否违反《商标法》（2001）第三十一条关于"申请商标注册不得损害他人现有的在先权利"的规定。2001 年修正的《商标法》第三十一条规定："申请商标注册不得损害他人现有的在先权利，也不得以不正当手段抢先注册他人已经使用并有一定影响的商标。"2013 年，我国对《商标法》作出了第三次修正，修正后的《商标法》第三十二条中作出了完全相同的规定。审查判断诉争商标是否损害他人现有的在先权利，一般以诉争商标申请日为准。未经许可擅自将他人享有在先姓名权的特定姓名注册为商标，容易导致相关公众误认为标记有该商标的商品或者服务与该自然人存在代言、许可等特定联系的，应当认定该商标的注册损害他人的在先姓名权。该特定名称应当符合以下三项条件：一、该特定名称在我国具有一定的知名度；二、相关公众使用该特定名称称呼该自然人；三、该特定名称已经与该自然人之间建立了稳定的对应关系。本案中，迈克尔·杰弗里·乔丹在我国具有较高的知名度，我国公众通常使用"乔丹"指代篮球明星迈克尔·杰弗里·乔丹，"乔丹"已经与迈克尔·杰弗里·乔丹之间形成了稳定的对应关系，因此乔丹体育有限公司以"乔丹"申请注册商标，相关公众看到争议商标后容易关联到乔丹本人，混淆商品与乔丹本人之间的代言关系，应当认定损害迈克尔·杰弗里·乔丹的在先姓名权。

　　乔丹体育有限公司在申请注册"乔丹"商标时，迈克尔·杰弗里·乔丹在业内已有较高的知名度，仍然注册了包括争议商标在内的大量与乔丹本人密切相关的商标，违反了诚实信用原则，不能排除有恶意注册的嫌疑。

　　《商标法》第十条第一款第（八）项规定："有害于社会主义道德风尚或者有其他不良影响的标志不得作为商标使用。"申请注册的商标是否属于"有害于社会主义道德风尚或者有其他不良影响的标志"，通常是指申请注册的商标标志本身是否可能对我国政治、经济、文化、宗教、民族等社会公共利益和公共秩序产生消极、负面影响，而不包括该标志作为商标使用时可能导致的混淆误认。本案的重点在于争议商标的使用是否会造成相关公众的混淆误认，因此不适用于此条款。

　　《商标法》（2001）第四十一条第一款规定："已经注册的商标，违反本法第十条、第十一条、第十二条规定的，或者是以欺骗手段或者其他不正当手段取得注册的，由商标局撤销该注册商标；其他单位或者个人可以请求商标评审委员会裁定撤销该注册商标。"2013 年对此条款进行了修订，更新为第四十四条第一款，将"由商标局撤销该注册商标"修订为"由商标局宣告该注册商标无效"。其中"以欺骗手段或者其他不正当手段取得注册"主要是指申请注册手段的不正当，而不是注册目的的不正当性，同样本案争议商标的实际使用是否会造成相关公众的混淆误认不属于"以欺骗手段或者其他不正当手段取得注册"的情形，也不适用于此条款。

本案中涉及拼音"QIAODAN""qiaodan"的系列商标没有损害迈克尔·杰弗里·乔丹的姓名权，一方面是因为中文"乔丹"是常用的概念，而拼音"QIAODAN"排列可以有很多使用方法和组合方法，不具有很强的特定性。而且，由于语言的差异，我国习惯于以外国人外文姓名的部分中文译名来指代该外国人，而不会使用其完整姓名的中文译名，有时甚至对其完整姓名的中文译名并不熟悉。另一个方面是时间的原因，根据《商标法》规定，自商标注册之日起五年内，在先权利人或者利害关系人可以请求商标评审委员会宣告该注册商标无效，然而"乔丹"系列商标案中有很大部分商标注册已经超过五年。

此系列商标权纠纷案结案后，最高人民法院充分吸收本案判决中的有关认定，于 2017 年 1 月 11 日发布了《最高人民法院关于审理商标授权确权行政案件若干问题的规定》，对"申请商标注册不得损害他人现有的在先权利"的适用进行了司法解释，明确了判断损害在先姓名权的认定标准，即"相关公众容易认为标记有该商标的商品系经过该自然人许可或者与该自然人存在特定联系的"。同时也明确了姓名保护的范围不限于本名，规定了自然人就特定名称主张姓名权保护时应当符合的条件，即"特定名称具有一定的知名度，与该自然人建立了稳定的对应关系，相关公众以其指代该自然人"。

【思考题】

1. 姓名权与商标权冲突的界定。
2. 如何判断是否侵犯了姓名权。

案例五　北京稻香村与苏州稻香村商标异议复审行政纠纷案

稻香村作为中国的老字号，也是行业的代表，不管是品质还是服务都是受到大众认可的。但是近些年来，稻香村老字号对于商标等知识领域范畴的侵权事件频频发生，这也让老字号官司成为人们关注的焦点问题。

【案情简介】

2018 年 10 月 12 日，苏州工业园区法院判决裁定，北京稻香村（以下简称"北稻"）停止在糕点包装上使用"稻香村"字样，并赔偿苏州稻香村（以下简称"苏稻"）经济损失 115 万元。而此一个月前，北京知识产权法院做出一审判决，要求苏稻停止在其生产销售的糕点、粽子、月饼等商品上使用"稻香村"文字标识，并赔偿北稻 3000 万元。截然不同的两份判决让"稻香村"这个老字号再次引发关注。

据公开资料记载，苏稻始创于公元 1773 年（清乾隆三十八年）的苏州，并于民国时期注册了"禾"商标。2013 年，苏稻的糕点类"稻香村"商标被认定为中国驰名商标。北稻始于清末民初时期，当时"南店北开"之风日盛，公元 1895 年，金陵人郭玉生在北京前门观音寺打出"稻香村南货店"的字号，被北京稻香村认定为其前身。1984 年，刘振英重建北京稻香村，1994 年组建北京稻香村食品集团，2005 年 10 月改制后成立北京稻香村公司。北京稻香村公司成立后，一直将胡厥文题写的"稻香村"作为其字号及商标进行宣传使用，也被授予"中华老字号"。从"稻香村"的文字商标来看，最早由保定稻香村新亚食品有限公司注册，2014 年转让给苏稻，北稻目前合法注册的有"三禾""北京稻香村""稻香村"等商标。

在 2005 年之前，两家稻香村彼此的市场之间并无太多交叉，苏州稻香村主要在南方市场，而北京稻香村则深耕北京，两家相安无事。2006 年 7 月 18 日，苏稻申请注册扇形"稻香村"商标，其图案和北稻长期使用图案太过近似，北稻提出异议，使其未能注册成功。2010 年起，北稻申请注册"北京稻香村"商标，2015 年注册成功。随后，北稻向苏稻提起诉讼，以拥有"北京稻香村"商标为由，要求苏稻不得使用手写体"稻香村"，如要使用则需加上"苏州"以示区别。苏稻也起诉北稻侵犯了其商标专用权。

自 2006 年起两家"稻香村"就互不相让，且官司一打就是十几年。究其争议的焦点就是两家"稻香村"老字号商标历史因素，一是"稻香村"老字号的历史传承，二是"稻香村"相关商标注册和使用的历史事实与背景。北稻认为苏稻广泛使用的扇形"稻香村"、无边框"稻香村"标识及"稻香村"牌匾，与北稻1997 年注册并使用的商标高度近似，导致消费者在购买北稻产品时"错买"事件频发。苏稻强调使用的稻香村早在 1983 年即被国家商标局批准注册，从法律上讲，苏稻是糕点食品类"稻香村"商标的唯一持有者。并认为北稻申请注册"北京稻香村"商标，明显侵犯了苏稻的在先注册商标权。对于北稻所提出的手写体"稻香村"商标问题，苏稻回应称："苏稻用手写体的招牌已经200多年。以前想不手写体也不行啊，这方面有历史图片为证。"

根据北京法院的判决，原告北稻的注册商标为"稻香村"文字商标，核定使用的商品是第3007类似群组，被告苏稻在粽子、糕点、月饼等同类商品上使用了"稻香村DAOXIANGCUN SINCE1773"标识、"稻香村集团荣誉出品"字样，另在网上销售时也在相关商品宣传和网页上使用了相关标识。北京法院认为，苏稻使用的相关标识和原告北稻的第1011610号"稻香村"注册商标构成近似标识，苏稻生产销售的"芝麻瓦片、糕点、月饼、面包"等商品与北稻的第1011610号"稻香村"注册商标核定使用的"馅饼、饺子、粽子、元宵、豆包"等商品在功能、用途、销售渠道、消费对象等方面基本相同，构成类似商品。同时，综合考虑糕点等食品的相关公众的注意程度、稻香村字号的知名度和显著性、涉案被诉侵权标识与注册商标标识的近似程度等因素，苏稻使用的涉案标识容易导致相关公众产生混淆。因此，苏稻侵犯了北稻的第1011610号"稻香村"注册商标的注册商标专用权。

根据苏州法院的判决，原告苏稻的注册商标为"稻香村DXC及图"，核定使用的商品分别为第30类的果子面包、糕点。北稻在其生产销售的糕点商品上的拎袋及包装盒上使用"稻香村"文字。苏州法院认定，被告北稻使用的"稻香村"文字和原告苏稻注册商标"稻香村DXC及图"外观上的确存在一定差异，但二者仍应认定为近似标识；"稻香村"文字标识实际发挥了商品来源的识别功能，此行为属于北稻对"稻香村"文字标识的商标性使用；鉴于糕点商品较低的价值，根据普通消费者的消费习惯，其在选购此类商品时更多关注的还是外层包装，被告在糕点商品包装上的上述使用行为容易使相关公众对商品来源产生混淆。因此，北稻在糕点商品上使用"稻香村"文字标识的行为侵犯了原告苏稻第352997号注册商标的专用权。

【法院判决】

十几年来，二者的"稻香村"商标之争已经进行了多个回合。2013年国家商评委裁定苏稻公司的扇形"稻香村"商标不予核准注册，而苏稻不服裁定，向最高人民法院起诉。法院考虑实际情况，为了避免消费者混淆，决定维持原判。并在法院判决书上表明态度：在市场经济条件下，苏州稻香村公司和北京稻香村公司只有诚信经营，彼此互相尊重，才能增强和提升各自企业的核心竞争力，焕发稻香村老字号的生命和活力，才能得到广大消费者的认同和赞誉，使稻香村老字号基业长青。而任何投机取巧，希望通过不诚信经营而获取他人商誉的行为都是短视的商业行为，同时，也不为法律所支持和保护，最终也会损害稻香村老字号的利益。

2015 年，北稻向北京知识产权法院等多家法院对苏稻提起诉讼，要求其停止使用扇形"稻香村"商标及字号的商标侵权及不正当竞争行为。第二年，苏稻也向北京知识产权法院提起诉讼，诉称北稻使用"稻香村"商标及字号对其构成不正当竞争。

2018 年 9 月 10 日北京知识产权法院判决：北京苏稻食品工业有限公司、苏州稻香村食品有限公司于本判决生效之日起停止在其生产销售的粽子商品上使用包含"稻香村"的文字标识、包含"稻香村集团"的文字标识，停止在月饼、糕点等商品上使用包含"稻香村"的文字标识"稻香村 DAOXIANGCUN SINCE1773 及图"标识；停止在天猫商城、1 号店、苏宁易购、京东商城和我买网等电商平台点击相关页面后关于粽子商品的详细介绍中使用包含"稻香村"判决结果的文字标识、含"稻香村集团"的文字标识，停止在销售月饼、糕点等商品的图标上使用包含"稻香村"的文字标识，点击相关页面后关于商品的详细介绍中使用包含"稻香村"的文字标识和相关"稻香村"扇形标识等涉案侵犯北京稻香村食品有限责任公司第 1011610 号"稻香村"注册商标专用权的行为。

一个月后，苏州工业园区法院判决：北京稻香村食品责任有限公司于本判决生效之日起停止侵犯原告苏州稻香村食品有限公司第 352997 号注册商标专用权的行为，即停止在其生产销售的糕点商品包装上使用"稻香村"文字标识。

上述两判决均为一审判决。

【案例评析】

这两件"稻香村"商标权案不仅是已持续十余年的系列商标权纠纷案的继续，也反映着老字号商标纠纷中特有的法律问题。当两家老字号之间发生商标权纠纷，老字号商标纠纷的根源是什么？法律该如何评判呢？

从商标法的原理来看，商标之间冲突的根本标准是混淆可能性。尽管两家老字号涉及商品的具体类别略有差异，商标的标志也有所区别，但是由于双方注册商标的主体部分均为"稻香村"，核准使用的商品类别也均为 30 类商品中的第 3006 和 3007 类，这类商品大部分互为类似商品，商品的单价也不高，就一般消费者而言，在其心目中提示区分商品来源信息的主要还是"稻香村"文字，容易造成将其混淆起来的后果。也是这个原因，两案中的原告和被告互相指控对方的行为损害了己方的商标专用权。

目前在商标使用上，众多知名品牌均存在着与此类似的历史遗留问题。我国第一部商标法颁布于1982年，在此之前，商标法的目的不是像现在一样保护商标权，而是对商品质量进行监管，直至1982年确立的《商标法》，才把"保护商标专用权"确认为商标法的立法目的。事实上，对于类似"稻香村"案的中华老字号招牌的商标权之争，在法律界一直以来就备受关注。苏稻与北稻围绕"稻香村"文字标识的商标大战，归根到底是企业之间在传统老字号商标保护上的核心利益之争，不仅涉及企业核心知识产权价值的实现，还要考虑到企业品牌的发展。按照我国法律规定，商标和字号属于两种不同的民事权利。两者从表现形式看，商标是由文字、图形、字母、数字、三维标志、颜色组合和声音等，以及上述要素的组合构成的。字号是商店的名称或招牌，一般由2个以上汉字组成。在功能上区分，商标是用来区别商品和服务的，字号是企业名称的核心成分。商标采用自愿注册原则，由工商行政管理部门统一管理，核准注册的商标在全国范围内享有专用权。企业名称必须经国家指定主管机关核准登记、注册，才能使用，且仅在规定的区域内有专用权。

从历史变迁角度看"稻香村"，北稻和苏稻均与"稻香村"这一传统老字号有着确定性的历史传承，经营领域多有重叠，并且都形成了各自的商标权利。北稻因为历史原因成立较晚，注册"稻香村"商标也较苏稻晚。传统老字号因为历史原因，由多个传承分支共同经营的情况并不少见，多个商标共同存在也就理所当然。在这种背景下，各个分支经营主体的初衷都不具有恶意，它们在经营行为中形成的商标权也应该是正当的权利主张。

从现实发展的角度看，"稻香村"品牌在市场上已经形成了很高的知名度，无论是北稻还是苏稻，它们注册使用的商标都已成为业内认可的驰名商标。只是一般公众的认知，可能不能很好地分清两家产品的不同，往往只认可"稻香村"的品质。此时需要司法机构按照商标法等相关法律的规定，厘清相关权利主体的权利边界，从而能够促进形成多赢共赢的局面。

【思考题】

如何看待老字号之间的商标权冲突问题。

苏稻352997号注册商标　　　　　北稻1011610号注册商标

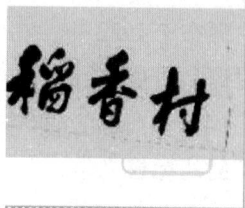

案例六　嘉实基金管理有限公司诉国家工商行政管理总局商标评审委员会商标申请驳回复审行政案

新《商标法》第十条第一款第（七）项在原有规定的基础上，去除了旧《商标法》"夸大宣传"字样，保留了"带有欺骗性"字样，同时对"带有欺骗性"作出了立法释义。对消除商标审查机关与司法机关在"误认"问题上的纷争、保持商标注册管理秩序的正常发挥了重要作用。

【案情简介】

嘉实基金管理有限公司（以下简称嘉实基金）于 2014 年 6 月 23 日申请注册"理财嘉"商标，并限定使用在第 36 类"保险、金融事务、货币事务、不动产事务"等商品上。该注册申请被国家工商总局商标局（以下简称商标局）驳回，理由是商标局认为该商标文字会让相关公众对服务品质等特点产生误认。嘉实基金不服商标局的驳回决定，于 2015 年 5 月 11 日向国家工商总局商标评审委员会（以下简称商评委）提出商标申请驳回复审请求，理由为"理财嘉"商标经过大量使用，在服务过程中未使得公众产生误认，并不带有欺骗性。

2015 年 12 月 3 日，商评委对嘉实基金商标申请驳回复审请求作出决定，该决定认定：诉争商标指定使用在货币事物、金融管理等服务上，易使相关公众对服务品质等特点产生误认，依照《商标法》第十条第一款第（七）项、第三十条和第三十四条的规定，对诉争商标在复审服务上的注册申请予以驳回。

嘉实基金仍然不服商评委的上述决定，随后向北京知识产权法院提起行政诉讼。诉讼理由为：一、《商标法》第十条第一款第（七）项所称的带有欺骗性，应当从社会公众的普遍认知水平及认知能力出发，对标志的具体内容进行界定。诉争商标由服务内容"理财"和指向原告字号"嘉实"的"嘉"字组成，社会公众根据生活经验和通常认知水平能够对该标志进行主观上的区别，诉争商标不致引人误解。第二，诉争商标经过大量使用，并未发生误导欺骗公众的情形。在诉争商标文字整体不具有固定含义，不适用"推定欺骗性"原则的情况下，更应当充分尊重客观事实，采纳普通公众对"理财嘉"文字的普遍理解，作为其首要含义。综上，嘉实基金请求撤销被驳回决定，判令商评委重新作出决定。被告商评委称：被诉决定认定事实清楚，适用法律正确，驳回程序合法，请求法院判决驳回原告诉讼请求。

一审法院经对此案的审理，裁决被告商评委作出的驳回决定适用法律错误，原告嘉实基金管理有限公司的起诉理由能够成立，诉争商标中争议最大的"嘉"字仅属于对指定服务内容的正面宣传，不会给相关公众带来误导，予以支持。一审判决作出后，双方当事人均未提起上诉。嘉实基金"理财嘉"商标于2016年10月7日注册完成。

【法院判决】

根据《商标法》第十条第一款第（七）项的规定，带有欺骗性，容易使公众对商品的质量等特点或者产地产生误认的标志不得作为商标使用。其中带有欺骗性是指所使用文字、图形等掩盖了申请注册的商标所使用的商品在质量、主要原料、功能、用途或产地等方面的真相，使得公众对商品的真相产生错误的认识。

商标申请人在设计商标时，一般会通过商标传达企业经营理念，展示商品或服务的性能用途及特色，因此，其往往倾向于选择寓意美好，标榜自己商品或服务质量上乘的标识。此时，如果不加区分，一概认定该类商标具有欺骗性，不仅不符合《商标法》第十条第一款第（七）项仅限制带有欺骗性的商标核准注册的立法目的，也与正常商标注册的情理不符，亦会导致商标申请人难以传达积极、正面、向上的商标理念的不良后果。因此，在判断上述标识是否具有欺骗性时，应根据该标志及其构成要素的具体表达方式、夸大描述程度等因素判断其是否超出了合理的界限。而如何划定合理的界限，则应当从社会公众的普遍认知水平及知识能力出发进行考虑，如果标志或者其构成要素虽有夸大成分，但根据日常生活经验或者相关公众的通常认知并不足以引人误解的，则应该尊重经济生活的多元性和商标权人的创意空间，不应认定为带有欺骗性。

具体到本案，诉争商标为"理财嘉"，其中"嘉"确有嘉奖、赞许之意，但是"嘉"字仅属于原告对诉争商标指定使用的服务的普通程度的正面宣传。相关公众根据日常生活经验，在看到诉争商标时，不会因为其带有"嘉"字就会认为该服务品牌一定质量上乘，广受嘉奖，从而被欺骗误导，因此，诉争商标不致使得相关公众对服务品质等特点产生误认，未违反《商标法》第十条第一款第（七）项规定。

关于判断商标标识是否带有欺骗性的问题，曾有其他法院的在先生效判决作出过认定。北京市第一中级人民法院于 2004 年 3 月 16 日作出了（2003）一中行初字第 559 号林某某诉被告国家工商行政管理总局商标评审委员会、第三人上海永和大王餐饮有限公司、世纪投资有限公司案（简称第 559 号案件）行政判决，该案诉争商标为第 1115146 号"永和大王及图"商标。该判决认定，"永和大王及图"商标注册人在其注册商标中加入"大王"二字确有表示其所提供的商品或服务质量好的意图，但是仅此并不足以构成 2001 年 10 月 27 日修改的《商标法》所规定的"夸大宣传并带有欺骗性"，林某某亦无证据证明该商标的注册和在市场中的使用产生了上述后果或其他不良影响。由此可见，北京市第一中级人民法院已在先认定"大王"使用在"永和大王及图"商标中并不会造成欺骗公众的后果。

与上述第 559 号案件相比较，本案诉争商标标识由文字"理财"和"嘉"组成，"嘉"字亦有表明原告提供的服务质量好的意图，与"大王"相类似。"大王"是古代对国君、诸侯的尊称，现常指在某领域取得巨大成就的王牌人物。第 559 号案件中，诉争商标使用"大王"一词，意在表明其所核定使用的商品或服务具有超越同行业其他竞争者的卓越品质。对比本案，"嘉"字虽有嘉奖、赞许之意，但属于原告对诉争商标指定使用服务的一般性宣传，对服务品质的标榜程度低于"大王"。在第 559 号案件中已经认定"永和大王及图"商标并未"夸大宣传并带有欺骗性"的情况下，本案诉争商标更不宜认定为带有欺骗性。据此，北京知识产权法院对于本案"欺骗性"的原则认定，亦应当与北京市第一中级人民法院在先作出的第 559 号案件生效判决中的相关认定标准保持一致，认定本案诉争商标不具有欺骗性，不会使公众对服务的质量产生误认，不属于《商标法》第十条第一款第（七）项规定的情形。

综上，北京知识产权法院认为被告国家工商行政管理总局商标评审委员会作出的被诉决定适用法律错误。原告的起诉理由能够成立，予以支持。据此，依照《中华人民共和国行政诉讼法》第七十条第一款第（二）项之规定，北京知识产权法院判决如下：

一、撤销国家工商行政管理总局商标评审委员会作出的商评字（2015）第

96038 号关于第 14623873 号"理财嘉"商标驳回复审决定；

二、国家工商行政管理总局商标评审委员会针对嘉实基金管理有限公司就第 14623873 号"理财嘉"商标所提驳回复审申请重新作出决定。

【案例评析】

案例的典型意义在于对商标文字"带有欺骗性"的认定。《商标法》第十条第一款第（七）项属于商标的绝对禁止、禁注的条款，本条款的解释已由最高人民法院进行了统一的司法认定，在其颁布的《关于审理商标授权确权行政案件若干问题的意见》第二条中明确规定："实践中，有些标志或者构成要素虽有夸大成分，但根据日常生活经验或者相关公众的通常认识等并不足以引人误解。对于这种情形，人民法院不宜将其认定为扩大宣传并带有欺骗性的标志。"因此，按照上述规定的理解，具有"带有欺骗性"要素的标志，必须能够使公众产生错误的认知，公众因为"夸大宣传"而构成了被"欺骗"行为。如果说相关公众根据日常生活经验或者常识，能够区分是宣传还是事实，并不会造成误解，那么就不具备对商标文字"带有欺骗性"的认定的条件。

商标申请人在设计申请商标时，一般都会通过商标向消费者传达企业的品牌文化、服务理念或者产品或服务的特色，因此商标的设计一定会赋予传达褒扬含义的词汇，用以向消费者展示商品或服务的品质上乘。这也是商标本身的功能所决定的现象，商标就是一种无形资产，代表着商品的生产者或经营者的产品质量或者企业信誉，商标所有人通过商标的设计、广告的宣传，使商标有了价值，也增加了商品的附加值，是企业参与市场竞争的工具。我国《商标法》第十条第一款第（七）项中规定："带有欺骗性，容易使公众对商品的质量等特点或者产地产生误认的标志不得作为商标使用。"《商标法》作此规定，是为了保护社会公众利益，禁止欺骗性商标予以核准注册。然而，如何合理把握"带有欺骗性"商标的判断标准，是司法实践中需要谨慎判断的问题。如果将标榜自己商品或服务质量上乘的标识一概都认定为具有欺骗性，从而不予核准注册，会造成与正常商标注册情理不符的后果。

通过此案，也参考了部分市场上因"带有欺骗性"而不予注册的案例，这些案例中不乏通过申诉成功注册的商标，我们对《商标法》第十条第一款第（七）项的判断标准进行具体分析。从文字的含义上看，其中"欺骗"是指用虚假的言语或行动来掩盖事实真相，使人上当；"误认"是指错误的认识。总体可以理解为：商标标志故意曲解商品或服务在质量、主要原料、功能、用途等方面的真相，商品或服务本身不具有商标标志描述的质量特点，使公众对商品或服务的质量等特点或产地产生错误的认识。"欺骗性"是对商标符合该项不予注册条款的概括归纳，"容易使公众对商品的质量等特点或者产地产生误认"是用不完全列举的方式来解释"欺骗性"的具体情况。条文中除明确商品质量与产地两种具体的误认情形外，还用一个"等"字来概括与商品质量特点相类似的误认情形。比如在不予注册的案例中，包含有以下情形：商品的原料、商品的功能和用途、商品或服务的种类、商品或服务的来源、服务的内容、商品的型号、商品的重量、商品的数量、商品的价格、商品的生产时间、商品的技术特点等。

因此，如何认定"带有欺骗性"，还是应当从相关公众的日常生活经验或者普遍认知水平出发进行考虑。如果标志或者其构成要素虽有夸大成分或者欺骗成分，但相关公众并不足以造成误认，则应该尊重商标权人的创意空间，保持市场各方利益的共荣性，不应简单地认定申请注册商标带有欺骗性。

具体到本案，诉争商标"理财嘉"中的"理财"是代表嘉实基金的服务，"嘉"字的含义有美好、赞许之意，相关公众根据日常生活经验和常识，在看到诉争商标时，不会认为该商标因为其带有"嘉"字，这项理财服务的质量一定是广受嘉奖，从而被欺骗误导，仅仅是对本公司理财服务的一项正面宣传。综上，不适用于《商标法》第十条第一款第（七）项中所规定的情形。

【思考题】

如何认定商标带有欺骗性易使公众误认？

案例七　捷豹路虎有限公司与广州市奋力食品有限公司、万明政侵害商标权纠纷案

【案情简介】

路虎公司的关联公司先后于1996年、2004年和2005年在中国境内申请注册了第808460号"LAND ROVER"商标、第3514202号"路虎"商标、第4309460号"LANDROVER"商标，以上商标均核定使用在第12类"陆地机动车辆"等商品上，具有较高知名度，后转让到路虎公司名下。广州市奋力食品有限公司（以下简称奋力公司）在网站、实体店中宣传销售其"路虎维生素饮

料"，相关产品、包装盒及网页宣传上使用的被诉标识包括"路虎""LAND-ROVER""Landrover 路虎"及上下排列的"路虎 LandRover"等。奋力公司曾于2010 年在第 30 类"非医用营养液"和第 32 类"不含酒精的饮料"等商品上申请注册"路虎 LANDROVER"商标，但均未被核准注册。路虎公司提起诉讼，请求法院判令：奋力公司立即停止其商标侵权行为，向路虎公司赔偿侵权损失共计人民币 200 万元，以及路虎公司为制止侵权行为而支付的合理费用人民币411494 元；判令奋力公司在媒体上公开发布公告，消除影响等。一审广州市中级人民法院判令奋力公司停止侵权并向路虎公司赔偿经济损失与合理维权开支人民币 120 万元。奋力公司对判决不服，提出上诉。二审广东省高级人民法院认为，路虎公司提交的证据已经足以证明，涉案商标已在中国境内社会被公众广为知晓，达到驰名程度。被诉侵权行为削弱了路虎公司涉案驰名商标所具有的显著性和良好商誉，损害路虎公司的利益，应予制止。遂判决驳回上诉、维持原判。

【法院判决】

一审法院认定事实：

一、涉案商标在中国注册、转让的事实。

1996 年 1 月 21 日，罗佛集团有限公司（ROVER GROUP LIMITED）经中华人民共和国国家工商行政管理局商标局（以下简称国家商标局）核准注册"LAND ROVER"图形商标，注册号为第 808460 号，核定使用在第 12 类商品中的陆地机动车辆及其部件和配件上，注册有效期续展至 2026 年 1 月 20 日。经国家商标局核准，该注册商标于 2003 年 2 月 28 日，转让给宝马汽车（英国）控股有限公司，于 2003 年 5 月 7 日转让给路华集团有限公司（LAND ROVER GROUP LIMITED），于 2003 年 5 月 21 日转让给路华公司（LAND ROVER），于2013 年 11 月 27 日转让给路虎公司。

2004 年 10 月 14 日，路华公司（LAND ROVER）经国家商标局核准注册"路虎"文字商标，注册号为第 3514202 号，核定使用在第 12 类商品中的陆地机动车辆等商品上，注册有效期续展至 2024 年 10 月 13 日。经国家商标局核准，该注册商标于 2013 年 11 月 27 日转让给路虎公司。

2007 年 5 月 28 日，路华公司（LAND ROVER）经国家商标局核准注册"LAND ROVER"文字商标，注册号为第 4309460 号，核定使用在第 12 类商品中的陆地机动车辆等商品上，注册有效期至 2017 年 5 月 27 日。经国家商标局核准，该注册商标于 2013 年 10 月 21 日转让给路虎公司。

2013 年 1 月 7 日，路华公司（LAND ROVER）与路虎公司签订《知识产权转让协议》，将上述三个注册商标（以下称涉案商标）转让给路虎公司，并约定路虎公司有权就上述三个注册商标所产生的任何侵权提起诉讼及获得赔偿，无论该侵权是在该转让协议签订之前、之日还是之后发生。

二、关于奋力公司、万明政被诉侵犯路虎公司涉案商标的事实。

2013 年 7 月 30 日、10 月 15 日、11 月 15 日，路虎公司的委托代理人作出了如下举证：

1. 在上海市静安公证处的公证员和某工作人员的监督下，使用该公证处已连接互联网的计算机，登录广州市奋力有限公司网站和杭州阿里巴巴广告有限公司主办的名称为"阿里 1688"的网站，对奋力公司在两网站展示的企业介绍、产品图片及介绍等情况的网页内容进行下载及打印。

2. 来到深圳市龙华××民治街道××区××楼商户标牌为"5＋1"24 小时连锁便利店的商店，以 270 元购买了三箱名称为"路虎维生素饮料"的商品（15 瓶/箱，6 元/瓶），并取得该商店名片、该商店出具的电脑小票及收据，还对该商店外观和所购物品进行拍照。

3. 在上海市东方公证处使用该公证处的电子数据提取与存储平台上网，浏览了相关网页并存储了相应的电子视频数据。

结果显示，"广州市奋力食品有限公司"网站网页展示的罐装营养素饮品饮料的罐面及瓶装维生素运动饮料的瓶面均印有"路虎"和"Land Rover"文字上下排列的标识，瓶装维生素咖啡饮料的瓶面印有"LAND ROVER"文字标识及"路虎"和"Land Rover"文字上下排列的标识；"阿里 1688"网站中奋力公司的页面记载了其法定代表人姓名、经营模式、厂址及企业身份认证的内容，并介绍其产品有"Land Rover 路虎功能饮料""维生素功能饮料路虎 LAND ROVER"，展示的瓶装维生素功能饮料的瓶面印有"LAND ROVER"文字标识及"路虎"和"Land Rover"文字上下排列的标识。上述所购物品的外包装箱面印有"路虎维生素饮料"的商品名称、"Land Rover 路虎"和"Land Rover 路虎"文字标识、奋力公司的名称和地址及其他商品情况的内容；箱内有 15 瓶名称为"维生素饮料"的商品，瓶面印有"Land Rover 路虎"文字标识及"路虎"和"Land Rover"文字上下排列的标识。在"www.google.com.hk""www.baidu.com""www.taobao.com""www.alibaba.com"网页搜索框内分别输入"路虎饮料奋力""Land Rover energy drink"后出现的搜索结果，在搜索结果中弹出的页面内容及链接，最终弹出的是上述"广州市奋力食品有限公司"网站及微博页面。

三、路虎公司主张涉案商标在中国已属驰名的事实。

路虎公司提供使用涉案商标的路虎（Land Rover）汽车 2004 年 5 月至 2013 年 6 月参加中国各地车展、进入各地市场、销售情况等的报道，参加各项慈善事业的报道及票据、各种得奖情况的报告，用以证明相关公众对涉案商标的知晓程度及市场声誉的事实。

路虎公司提供《路虎汽车销售代理商列表》《临时销售协议》《经销商协议》、2008 年至 2012 年的财务状况作出的审计报告、2011 年 7 月至 2012 年 12 月进口路虎揽胜、路虎发现、路虎神行者、路虎揽胜极光等各型路虎（Land Rover）汽车的《中华人民共和国海关进口货物报关单》、路虎汽车在中国的销售量、增长率、利润率、占有率等情况的公证书、2009 年至 2012 年各财年各型路虎（Land Rover）汽车在中国的销售数量统计表、2011 年至 2013 年企业税收信息、路虎公司参加英国首相卡梅伦的访华代表团并在此期间签署了在中国销售 45 亿英镑路虎（Land Rover）汽车的合同的公证书、2011 年至 2013 年路虎（Land Rover）汽车进口关税统计表，用以证明使用涉案商标的路虎（Land Rover）汽车的市场份额、销售区域、利税等的事实。

路虎公司提供捷豹路虎汽车贸易（上海）有限公司制作的使用涉案商标的路虎（Land Rover）汽车从 1948 年开始的发展历史资料及 2010 年 5 月旅游教育出版社公开出版的《路虎珍藏》一书第一章和第二章关于使用涉案商标的路虎（Land Rover）汽车从 1948 年开始的发展历史的介绍、上述涉案商标在中国注册、使用涉案商标的路虎（Land Rover）汽车在中国销售情况的证据，用以证明涉案商标的持续使用时间的事实。

路虎公司提供多份《广告定位排期表》、2013 年 11 月以"Land Rover""路虎"为关键词在 Google、百度、搜狗等网络搜索引擎上搜索所得相关网页（关键词广告页）的截图、2010 年至 2013 年路虎（Land Rover）汽车宣传费用表、刊登使用涉案商标的路虎（Land Rover）汽车广告的各种杂志和报纸、各网站和网络媒体展示使用涉案商标的路虎（Land Rover）汽车的数字广告或媒体宣传介绍监控报告、2009 年 4 月至 2013 年 5 月使用涉案商标的路虎（Land Rover）汽车在各网站投放广告而签订的网络广告发布合同和向广告公司支付广告费增值税专用发票、2010 年 4 月至 2013 年 11 月使用涉案商标的路虎（Land Rover）汽车在各地投放广告的广告制作及发布合同、广告发布照片及广告发布监测报告、使用涉案商标的路虎（Land Rover）汽车在电台和电视台播放广告的音频和视频光盘，用以证明涉案商标的宣传或者促销活动的方式、持续时间、程度、资金投入和地域范围的事实。

四、奋力公司、万明政辩称被诉侵权标识是奋力公司注册商标的事实。

奋力公司提供一份从中国商标网下载打印的《商标的详细信息》，显示奋力公司于 2010 年 6 月 28 日向国家商标局申请注册"路虎"和"Land Rover"文字上下排列的商标，注册号/申请号为 8429937，国际分类号为 30，商品/服务列表为非医用营养液、冰淇淋、非医用营养胶囊、非医用蜂王浆、加奶咖啡饮料、茶饮料、茶、螺旋藻（非医用营养品）、食用蜂王浆（非医用）、天然增甜剂等，初审公告日期为 2011 年 4 月 13 日，注册公告日期为 2011 年 7 月 14 日，专用权期限为 2011 年 7 月 14 日至 2021 年 7 月 13 日等内容。奋力公司、万明政主张该第 8429937 号商标即为被诉侵权标识。路虎公司则提供国家商标局于 2012 年 9 月 25 日作出的（2012）商标异字第 55190 号《"路虎 LAND ROVER"商标异议裁定书》，裁定异议人路华公司所提异议理由成立，奋力公司申请注册的第 8429937 号"路虎 LAND ROVER"商标不予核准注册。路虎公司同时还提供从中国商标网下载打印的奋力公司于 2010 年 6 月 28 日向国家商标局申请注册"路虎"和"Land Rover"文字上下排列的商标的详细信息，显示该商标的注册号/申请号为 10561102，国际分类号为 32，商品/服务列表为果汁、水（饮料）、蔬菜汁（饮料）、无酒精饮料、汽水、纯净水（饮料）、植物饮料、饮料制作配料、无酒精果汁饮料、果汁冰水（饮料）等，商标流程为驳回复审、转让，初审公告期号和日期、注册公告期号和日期、专用权期限等栏均为空白。路虎公司主张该商标详细信息反映奋力公司申请注册的第 10561102 号商标已经被驳回。

五、路虎公司主张侵权赔偿数额的事实。

路虎公司主张奋力公司赔偿数额包括损失 200 万元和为制止侵权行为所支付的合理开支 411494 元，万明政赔偿数额为损失 1 万元。路虎公司主张合理开支包括购买侵权产品的费用、调查费、公证费、翻译费、律师费，为此提供金额共 294 元的购买使用被诉侵权标识的商品的电脑小票及收据、金额共 7000 元的公证费发票、金额 150 元的翻译费发票、深圳市盈正信息咨询有限公司出具的调查取证费用共 8470 元的账单（含前述部分公证费及购买商品费用）、北京市金杜律师事务所上海分所出具的非诉法律事务费用 282633 元的发票及金额共 282633 元的账单（含上述购买使用被诉侵权标识的商品的费用、公证费、翻译费、调查取证费用）。庭审中，路虎公司认为涉案商标是驰名商标，侵犯驰名商标对商标持有人或注册人的损害更大，请求一审法院酌情确定本案赔偿数额。

六、奋力公司、万明政的注册登记事实。

奋力公司系 2008 年 11 月 26 日成立的有限责任公司（自然人投资或控股），

注册资本5万元，经营范围为批发：预包装食品（不含酒精饮料，不含乳制品）（在《食品流通许可证》许可范围及有效期限内从事经营）。万明政经营的深圳市龙华新区民治盛世"5＋1"百货商店系2012年11月22日成立的个体工商户，资金数额1.8万元，经营范围为小百货销售（不含法律、行政法规、国务院决定禁止项目和需前置审批的项目）。

一审法院判决：一、广州市奋力食品有限公司自判决发生法律效力之日起立即停止在其生产、销售的商品上及在互联网上的广告宣传中使用侵犯捷豹路虎有限公司第808460号"LAND ROVER"注册商标、第3514202号"路虎"注册商标、第4309460号"LAND ROVER"注册商标专用权的商标标识的行为，并销毁侵犯该三个注册商标专用权的商标标识、带有侵犯该三个注册商标专用权的商标标识的包装物及制造侵犯该三个注册商标专用权的商标标识的专用模具；二、万明政自判决发生法律效力之日起立即停止销售侵犯原告捷豹路虎有限公司第808460号"LAND ROVER"注册商标、第3514202号"路虎"注册商标、第4309460号"LAND ROVER"注册商标专用权的商品，并销毁侵犯该三个注册商标专用权的商标标识、带有侵犯该三个注册商标专用权的商标标识的包装物；三、市奋力食品有限公司自判决发生法律效力之日起十日内赔偿捷豹路虎有限公司人民币120万元；四、驳回捷豹路虎有限公司的其他诉讼请求。如未按判决指定的期间履行给付金钱义务的，应当依照《中华人民共和国民事诉讼法》第二百五十三条的规定，加倍支付迟延履行期间的债务利息。一审案件受理费26172元，由捷豹路虎有限公司负担13208元，广州市奋力食品有限公司负担12964元。

二审法院认为，本案系侵害商标权纠纷。根据上诉人的上诉请求与理由，本案的争议焦点为：

1. 被诉行为发生时，路虎公司涉案三个注册商标是否已经处于驰名状态。

二审法院在全面审核双方当事人提交的证据、并从各证据与案件事实的关联程度、各证据之间的联系等前提下，作出认定路虎公司在本案中所提交的证据已足以证明其涉案三个注册商标在被诉行为发生前已达到驰名程度。

2. 被诉行为是否构成侵权。

奋力公司被诉标识所使用的商品虽然与路虎公司涉案注册商标核定使用的商品类别不同，但基于路虎公司涉案注册商标的显知性和长期大量使用，相关公众已将涉案注册商标与路虎公司建立起紧密联系。相关公众看到被诉产品及被诉标识，容易误以为被诉行为获得了路虎公司的许可，或者误以为奋力公司与路虎公司之间具有控股、投资、合作等相当程度的联系，削弱了路虎公司涉案注册商标作为驰名商标所具有的显著性和良好商誉，损害路虎公司的利益。因此，法院认定奋力公司被诉行为误导公众、致使路虎公司的利益可能受到损害，从而构成商标侵权。

3. 一审判赔数额是否合理。

一审法院综合本案路虎公司涉案商标的数量、知名度，奋力公司被诉侵权行为的性质、情节、持续时间、后果、经营范围，以及路虎公司的合理维权开支情况等，酌情判定奋力公司赔偿路虎公司经济损失共计 120 万元，并无不当，二审法院予以维持。

二审驳回上诉，维持原判。二审案件受理费人民币 15600 元，由上诉人广州市奋力食品有限公司负担。

【相关法律条文】

《中华人民共和国民法通则》第一百三十四条第一款第（一）项、第（七）项第二款，《中华人民共和国商标法》（2001 年修正）第五十二条第（二）项、第（五）项、第五十六条，《最高人民法院关于审理商标民事纠纷案件适用法律若干问题的解释》第一条第（二）项、第十六条第一款、第二款、第十七条。

【案例评析】

本案是驰名商标跨类保护、加大知识产权保护力度的典型案例。本案裁判除体现了在驰名商标保护案件中应秉持的"按需认定""个案认定"等基本原则外，其特殊之处在于，除本案被诉侵权标识外，奋力公司还实施了大量涉知名企业与知名人物的商标抢注行为，侵权行为的主观恶意明显。本案裁判在关于赔偿数额确定一节中，全面、详尽论述了确定 120 万元赔偿数额的事实与法律依据，彰显了制止恶意囤积商标行为的司法态度。本案在加大驰名商标保护力度、规制商标恶意抢注行为、引导社会公众尊重知识产权等方面，具有良好的裁判导向与示范效果。

【思考题】

1. 商标跨类侵权的认定原则是什么？
2. 驰名商标的认定途径有哪些？

案例八 东阿阿胶商标权纠纷案

地理标志作为产品品牌的代表，不仅能给商家带来利润，同时因能表明商品来源，体现商品特性，可以用来制止不正当竞争，防止假冒伪劣特产的出现，保护消费者的利益。"东阿阿胶案"是涉及不同企业之间的地理标志的冲突，以及二者与"东阿"地名商标的冲突。

【案情简介】

位于山东省东阿县的山东东阿阿胶股份有限公司（以下简称东阿阿胶公司）和位于山东省平阴县东阿镇的山东福胶集团（以下简称福胶集团）是两家阿胶生产企业，东阿阿胶公司拥有"东阿"和"东阿阿胶"商标，福胶集团拥有"东阿镇"商标。后来东阿阿胶被国家质检总局认定为地理标志产品，按照原产地保护的方式予以保护，同时"东阿镇"等商标也被国家质检总局批准收入东阿阿胶原产地保护范围之中。东阿阿胶公司认为，将"东阿阿胶"认定为原产地标识的同时，又将"东阿镇"等别的企业商标也归为东阿阿胶原产地标识，会使消费者混淆"东阿阿胶"的地名商标权权利人与"东阿阿胶"的原产地标识权权利人，两个权利人之间也会由此产生冲突，东阿阿胶公司认为国家质检总局的认定侵犯了自己对"东阿阿胶"地名商标专用权。

国家质检总局为解决这一纠纷，做了折中处理，在 2003 年 3 月 18 日对福胶集团授予"东阿镇阿胶"原产地标记，对东阿阿胶公司授予"东阿县阿胶"原产地标记。允许"东阿县阿胶"和"东阿镇阿胶"及其近似的原产地标记并存的处理办法，解决了当时的实际冲突，平衡了双方当事人利益。

【案例评析】

本案焦点一：商标权与地理标志概念界定。商标权和地理标志是并列的两种独立的知识产权，商标是用来进行商品和服务区别的标识，生产者或经营者用来将自己的产品或服务与其他人提供的产品或服务区分开来。地理标志的概念是世界贸易组织在订立的《TRIPS》协议中做出的界定："地理标志是为了能够对产品的产地进行鉴别的标识，不过，其标识的产品质量、声誉或其他确定的特性应主要决定于其原产地。"商标权与地理标志都是知识产权的共同保护对象，我国2001年修订的《商标法》第十六条中第一次对"地理标志"的概念做出规定："商标中有商品的地理标志，而该商品并非来源于该标志所标示的地区，误导公众的，不予注册并禁止使用；但是，已经善意取得注册的继续有效。前款所称地理标志，是指标示某商品来源于某地区，该商品的特定质量、信誉或者其他特征，主要由该地区的自然因素或者人文因素所决定的标志。"2013年的《商标法》延续了这一概念。我国对于地理标志的保护采用了双轨制保护模式，不仅有专门法进行保护，同时也允许权利人通过证明商标和集体商标来实现保护地理标志。在我国地理标志可以通过注册集体商标、证明商标来进行保护。

国家质检总局为了能够使得地理标志产品的名称和标志更规范地使用，并能够确保其真正的标志产品特色，因此，在原来的相关规定中，制定并落实了《地理标志产品保护规定》。在规定中，将"原产地域产品"改为"地理标志"并对其做出界定："在这里所表示的地理标志产品，就是产品的质量、特色等方面的特征，是来自于这一特定地域的人文或自然因素，并以地理名称命名得到审批认可的产品。"所以，《地理标志产品保护规定》在概念上去掉了"利用自身特定地域的原材料，按照传统工艺"限定性词语，更接近《TRIPS》所定义的地理标志的概念。

本案焦点二：在先地名商标与在后地理标志产品的冲突。地名是一种公共资源，当地名被注册为商标时，在特定商品上使用地名作为标志的权利就被商标权利人垄断了。但是地理标志具有权利的共享性，在市场中，很多的地名商标符合申报地理标志的条件，如"东阿"或者"东阿阿胶"这个地名商标既是注册商标，又符合地理标志产品申请条件，此时就出现了地名注册商标的这种垄断权和具有共享性的地理标志集体性权利存在于同一个客体上，由此引发了本案中不同阿胶商品权利主体之间的冲突。

另外，根据我国现有立法，证明商标和集体商标，其作为一种私权是属于商标所有人的资产，可以依法进行转让。但在专门法立法模式下，地理标志应当属于当地的所有生产经营者，是当地居民的共同财产，因为地理标志产品与当地的地理环境有密切联系，能表明产品的地理来源和体现产品背后所蕴含的人文背景。若允许随意转让地理标志，会使得消费者和经营者混淆地理标志产品的来源，对其权益造成损害。

我国1993年以前对于地名作为商标注册没有限制，现行《商标法》也为地名商标的存在提供了法律保护，《商标法》第十条第8款规定："县级以上行政区划的地名或者公众知晓的外国地名，不得作为商标。但是，地名具有其他含义或者作为集体商标、证明商标组成部分的除外；已经注册的使用地名的商标继续有效。"在此情况下，地名作为商标的情况依然存在。注册为地名商标的地理标志如果同时根据《地理标志产品保护规定》获得了地理标志产品保护，就会在同一地理标志上出现地名商标和地理标志产品保护并存的现象。对于地名商标和地理标志产品冲突的现象，根据当前已审的知识产权案例，人民法院多采用保护在先权利的原则，也有观点认为只要予以合理使用，就应当允许地名商标和地理标志并存。我国在悠久的历史中产生了丰富的地理标志资源，这些地理标志产品存在着较高的知名度，如果得到了较为有效的保护，对于提升我国经济综合实力，提高国际市场竞争力有着巨大的作用。《TRIPS》规定，地理标志只有在得到国家保护的前提下，才能在国际市场上得到保护。地理标志的产生需要长时间的沉淀，合理使用的主体应当是在该地名所辖行政区域范围内的企事业单位和个人，不得故意混淆地名商标和地理标志，造成消费者的误解。

【思考题】

1. 地名商标权与地理标志概念的界定有哪些不同。

2. 国内外对于地名商标权与地理标志产品发生冲突时分别有什么解决措施。

案例九　北京庆丰包子铺与山东庆丰餐饮管理有限公司侵害商标权与不正当竞争纠纷案

再审申请人（一审原告、二审上诉人）北京庆丰包子铺（以下简称庆丰包子铺）因与被申请人（一审被告、二审被上诉人）山东庆丰餐饮管理有限公司（以下简称庆丰餐饮公司）侵害商标权与不正当竞争纠纷一案，不服山东省高级人民法院（2014）鲁民三终字第43号民事判决，向最高人民法院申请再审。最高人民法院于2015年12月28日作出（2015）民申字第205号民事裁定，提审本案。最高人民法院依法组成合议庭，开庭审理了本案。本案现已审理终结。

【案情简介】

1986年6月3日，北京市工商行政管理局颁发给北京市西城区饮食公司庆丰包子铺的营业执照载明，经营地址西长安街122号，经济性质全民，核算形式独立核算，开业日期1956年，经营方式零售，经营范围面食。

2000 年 5 月 15 日，北京市工商行政管理局西城分局颁发给北京市西城区庆丰包子铺的企业法人营业执照载明，经营地址西安门大街 85 号，经济性质全民所有制，成立时间 1982 年 1 月 5 日，经营范围面食（含流质食品、冷荤、凉菜），零售酒，饮料。2007 年 7 月 24 日，北京市西城区庆丰包子铺经核准变更名称为庆丰包子铺。北京华天饮食集团公司为庆丰包子铺的企业管理部门。

1998 年 1 月 28 日，北京华天饮食集团公司经核准注册取得"慶豐"商标，商标注册证第 1171838 号，核定服务项目第 42 类（现为第 43 类）：餐馆，临时餐室，自助餐室，快餐馆和咖啡馆。2008 年 8 月 14 日，上述商标经核准变更注册人名义为庆丰包子铺，经续展注册有效期自 2008 年 4 月 28 日至 2018 年 4 月 27 日。

2003 年 7 月 21 日，北京市西城区庆丰包子铺经核准注册取得"老庆丰 + laoqingfeng"商标，商标注册证第 3201612 号，核定使用商品第 30 类：方便面，糕点，面包，饺子，大饼，馒头，元宵，豆沙，包子，肉泡馍。2008 年 11 月 13 日，上述商标经核准变更注册人名义为庆丰包子铺，经续展注册有效期自 2013 年 7 月 21 日至 2023 年 7 月 20 日。

庆丰包子铺月坛店于 2007 年被北京市商务局认定为"中国风味特色餐厅"。2007 年，庆丰包子铺在北京广播电台、北京电视台投入广告费用 1316604 元。2008 年至 2009 年 6 月 20 日，庆丰包子铺在上述媒体投入广告费用 3222500 元。2006 年 7 月 7 日，《新京报》欢娱·饭局版曾对庆丰包子铺做过介绍。2009 年 2 月 4 日，庆丰包子铺与王娜签订特许经营合同，经营地点北京市朝阳区管庄西里 1 楼 1 层，经营店铺名称北京管庄庆丰包子铺，一次性加盟费 10 万元，庆丰品牌使用费每年 6 万元。2009 年 12 月 22 日，庆丰包子铺与杨军签订特许经营合同，经营地点北京市海淀区车道沟甲 8 号 1 层，经营店铺名称北京军乐庆丰包子铺，一次性加盟费 10 万元，庆丰品牌使用费每年 6 万元。

2009 年 6 月 24 日，庆丰餐饮公司经核准登记成立，法定代表人徐庆丰，注册资本 50 万元，公司类型为有限责任公司（自然人投资或控股），经营范围为餐饮管理及咨询，公司股东为三自然人，其中徐庆丰出资 35 万元，占 70%。2013 年 7 月 23 日，北京市中信公证处应庆丰包子铺申请，登录庆丰餐饮公司的网站 www. qing - fengcanyin. com 进行证据保全，出具了（2013）京中信内经证字 18419 号公证书。上述公证书记载，庆丰餐饮公司网站设有"走进庆丰""庆丰文化""庆丰精彩""庆丰新闻"等栏目，自 2009 年 7 月 15 日至 2012 年 8 月 26 日，庆丰餐饮公司开办了吉利餐厅等八家企业内设餐厅。2010 年 6 月 4 日，济南吉利汽车有限公司餐厅开业，庆丰餐饮公司打出"庆丰餐饮全体员工欢迎您"横幅。

庆丰包子铺向山东省济南市中级人民法院（简称一审法院）起诉请求判令庆丰餐饮公司：1. 立即停止侵害商标权的行为，包括拆除销毁含有"庆丰"标识的牌匾、招牌、价格单、名片等材料及删除网上"庆丰"标识的宣传；2. 立即停止使用含有"庆丰"字号的企业名称；3. 在《济南日报》上发表声明，消除影响；4. 赔偿庆丰包子铺经济损失 50 万元及律师费、公证费及调查取证费 9 万元。

【法院判决】

一审法院认为：在中国传统商业文化中，商家喜欢选择使用带有喜庆祥和含义的词汇作为企业的字号或者商标。而从字号或商标的商业标识性权利属性来看，这类字号或者商标的自有显著性并不明显，有赖于商家后天的使用和维护，以赋予其特定的含义，并与商家建立特定的联系。

本案庆丰包子铺起诉庆丰餐饮公司的侵权行为包括两类：1. 庆丰餐饮公司注册并使用"济南庆丰餐饮管理有限公司"企业名称侵害庆丰包子铺的注册商标专用权；2. 庆丰餐饮公司在其网站设立"走进庆丰"等栏目，在经营场所打出"庆丰餐饮全体员工欢迎您"横幅侵害庆丰包子铺的注册商标专用权。

对于庆丰包子铺起诉的第二类侵权行为，因庆丰餐饮公司使用"庆丰"二字时与其使用环境一致，并未从字体、大小和颜色等方面突出使用，是对企业名称简称或字号的合理使用。故本案的焦点在于庆丰包子铺起诉的第一类侵权行为是否成立，即庆丰餐饮公司注册并使用"济南庆丰餐饮管理有限公司"企业名称是否侵害庆丰包子铺的注册商标专用权。商标是区分商品或服务来源的商业标识，由文字、图形等组成要素构成，注册商标由国家工商行政管理总局商标局核准，注册商标专用权的效力及于全国。

企业名称是区别市场主体的标志，依次由企业所在地的行政区划、字号、行业或者经营特点、组织形式等四部分组成。其中字号是区别不同企业的主要标志。企业对其企业名称和字号的专用权受限于其企业名称核准的行政区划和行业或者经营特点。基于注册商标与企业名称核准主体和核准程序的不同，注册商标中的文字与企业名称中的字号产生冲突在所难免，这种冲突是否合法，须依法具体判断。

就本案而言，庆丰餐饮公司注册并使用"济南庆丰餐饮管理有限公司"企业名称始于 2009 年 6 月 24 日，其经营地域为济南。两涉案商标分别核准于 1998 年 1 月 28 日和 2003 年 7 月 21 日，庆丰包子铺受让两涉案商标的时间分别为 2008 年 8 月 14 日和 2008 年 11 月 13 日，庆丰包子铺无证据证明在庆丰餐饮公司注册并使用被诉企业名称时，其经营地域和商誉已经涉及或影响到济南和山东，亦无证据证明庆丰餐饮公司注册并使用被诉企业名称有假借庆丰包子铺商标商誉的可能。同时，庆丰包子铺提供的现有证据也不能证明相关公众有将庆丰包子铺与庆丰餐饮公司误认或存在误认的可能，故庆丰餐饮公司注册并使用"济南庆丰餐饮管理有限公司"企业名称具有合理性，并未侵害庆丰包子铺的注册商标专用权。

一审法院判决：依照《中华人民共和国商标法》第五十一条，《最高人民法院关于民事诉讼证据的若干规定》第二条，《企业名称登记管理规定》第三条的规定，判决如下：驳回庆丰包子铺的诉讼请求。

一审案件受理费 9700 元，由庆丰包子铺负担。

庆丰包子铺不服一审判决，向二审法院提起上诉。

二审中，庆丰包子铺为证明涉案商标在山东及全国具有较高知名度，提交如下证据：

1. 北京烹饪协会证；2. 2009—2013 年庆丰包子铺审计报告；3. 庆丰包子铺连锁店历年网点开发情况附图；4. 庆丰包子铺与加盟商签订的特许经营合同；5. 外省市预加盟庆丰意向表；6. 申请者资料表；7. 加盟咨询记录；8.《济南时报》《齐鲁晚报》《生活日报》等对庆丰包子铺的报道情况；9. 庆丰商标被侵权信息记录；10. 工商部门主动执法案例。庆丰餐饮公司质证称，对证据 1、3、5、6、7、10 的真实性有异议，对证据 2 的真实性无异议，但认为与本案无关，对证据 4 的真实性无异议，但仅能证明在北京地区的加盟情况，无法证明山东的情况，对证据 8 的真实性无异议，但报道时间为 2013 年之后，与本案无关，对证据 9 中被诉侵权照片的真实性无异议，但与本案无关。二审法院认为，证据 1、4 仅能证明庆丰包子铺在北京地区的知名度，未能证明涉案商标在山东及全国的知名度；证据 2 与涉案商标的知名度无关；证据 3、5、6、7、10 均系庆丰包子铺自行制作，对其真实性无法确认；证据 8 形成时间均为被诉侵权行为发生之后，无法证明被诉侵权行为发生时涉案商标的知名度情况；证据 9 仅表明案外人使用庆丰作为字号的情况，与本案无关。综上，庆丰包子铺提交的上述证据对其证明对象均缺乏证明力，二审法院不予采信。

二审法院认定事实：二审法院查明的事实与一审法院查明的一致。

二审法院认为，本案当事人争议的焦点问题为：

庆丰餐饮公司的被诉侵权行为是否侵害庆丰包子铺涉案商标权；庆丰餐饮公司的被诉侵权行为是否构成不正当竞争。

关于庆丰餐饮公司的被诉侵权行为是否侵害庆丰包子铺涉案商标权的问题。

庆丰包子铺主张庆丰餐饮公司的被诉侵权行为是：在网站宣传上使用"庆丰餐饮""走进庆丰""庆丰文化"等字样、在经营场所使用"庆丰餐饮全体员工欢迎您"字样、在员工服装及名片上使用"庆丰餐饮"字样等行为，庆丰包子铺认为庆丰餐饮公司的上述行为侵害其涉案商标权。《中华人民共和国商标法》第五十二条第（一）项规定，未经商标注册人的许可，在同一种商品或者类似商品上使用与其注册商标相同或者近似的商标的，属于侵犯注册商标专用权的行为。

《最高人民法院关于审理商标民事纠纷案件适用法律若干问题的解释》第九条第二款规定，商标近似，是指被控侵权的商标与原告的注册商标相比较，其文字的字形、读音、含义或者图形的构图及颜色，或者其各要素组合后的整体结构等相似，易使相关公众对商品的来源产生误认或者认为其来源与原告注册商标的商品有特定的联系。该解释第十条规定，判断商标是否近似应当考虑请求保护注册商标的显著性和知名度。

本案中，庆丰包子铺主张保护的商标有两个，即繁体庆丰文字商标和简体老庆丰文字拼音商标。二审法院认为，首先，庆丰餐饮公司使用"庆丰"二字时并未从字体、大小和颜色等方面突出使用，是对企业名称简称或字号的合理使用。其次，将被诉侵权标识"庆丰"与繁体庆丰文字商标比对来看，二者差别较大，不构成相同商标；将被诉侵权标识"庆丰"与简体老庆丰文字拼音商标比对来看，被诉侵权标识仅与涉案商标文字部分的"庆丰"二字相同，与其他的文字拼音部分也不相同。最后，从庆丰包子铺提交的证据来看，涉案商标知名度主要限于北京地区，其未能证明涉案商标在被诉侵权行为发生时在山东及济南地区具有较高的知名度。

综上，被诉侵权标识与涉案商标不构成相同或近似，不会使相关公众对商品的来源产生误认或者认为其来源与涉案注册商标的商品有特定的联系，庆丰餐饮公司的被诉侵权行为不侵害庆丰包子铺的涉案商标权。

关于庆丰餐饮公司的被诉侵权行为是否构成不正当竞争的问题。《中华人民共和国反不正当竞争法》第二条第一款规定，经营者在市场交易中，应当遵循自愿、平等、公平、诚实信用的原则，遵守公认的商业道德。

二审法院认为，首先，涉案商标为繁体庆丰文字商标及简体老庆丰文字拼音商标，庆丰餐饮公司的企业字号"庆丰"与涉案商标并不相同。其次，庆丰包子铺未能提供证据证明其涉案商标在庆丰餐饮公司使用庆丰作为企业字号时在山东及济南具有较高的知名度。所以，庆丰餐饮公司在主观上没有攀附庆丰包子铺商标商誉的意图，客观上不会造成相关公众的混淆误认，不违反诚实信用等原则，不构成不正当竞争。另外，一审法院在判决中未适用《中华人民共和国反不正当竞争法》欠妥，二审法院予以纠正。

二审法院判决：驳回上诉，维持原判。二审案件受理费9700元，由庆丰包子铺负担。

庆丰包子铺不服二审判决，申请再审称：1."庆丰"系庆丰包子铺在先的企业字号及注册商标，具有较强的显著性，应受法律保护。北京市西城区饮食公司宣内饮食基层店庆丰包子铺于1956年创立于北京西长安街122号，名称先后变更为"北京市西城区饮食公司庆丰包子铺""北京市西城区庆丰包子铺"，于2007年7月24日变更为现名，地址变更为北京市西城区新街口南大街178号，企业性质始终为国有全民所有制，主要经营面食、包子、炒肝等北京传统小吃。庆丰包子铺的第1171838号"慶豐"商标于1998年1月28日核准注册，指定使用在第42类（现为第43类）服务项目上；其第3201612号"老庆丰＋laoqingfeng"商标于2003年7月21日核准注册，指定使用在第30类商品上。庆丰餐饮公司2009年6月24日成立，经营范围为餐饮管理及咨询。"庆丰"作为庆丰包子铺的企业字号及注册商标具有较强显著性，其登记及注册远早于庆丰餐饮公司成立日，在先权应受法律保护。2.庆丰包子铺系北京传统小吃的代表、全国热门旅游景点，"庆丰"已经成为我国驰名老字号，具有较高知名度和美誉度，相关公众广为知晓。"庆丰"从开业始就在门头上使用至今已有58年，2014年5月被北京老字号协会认定为"北京老字号"。庆丰包子铺始终经营北京传统小吃，积极探索"传统小吃"的发展，投巨资最早建立北京小吃工厂，设立科技研发中心，实现了北京小吃标准化、规范化、工厂化，成为最早通过ISO9001质量管理体系和ISO22000食品安全管理体系认证的北京小吃餐饮企业。庆丰包子铺还积极通过连锁及加盟方式，在北京及北京以外地区开设庆丰包子铺，截至2009年6月24日庆丰餐饮公司成立时，已开设超过100家，目前已达267家分店。地域包括北京、河北、内蒙古、黑龙江、吉林、辽宁、山东、天津等省、自治区、直辖市。2007—2009年，庆丰包子铺营业额8亿元，2007年至2013年营业额30亿元，2009年至2013年年均营业额、市场占有率位居全国第二名，成为我国规模最大的传统小吃企业之一。庆丰包子铺先后荣获"中国十佳连锁餐饮企业""中国风味特色餐厅""北京餐饮企业50强""北京诚信经营企业""早餐工程示范店""最受吃货喜爱的十大餐厅"等荣誉。庆丰包子铺、庆丰包子以其悠久的历史，良好的品质，北京特色，分布广泛密集，成为首都北京小吃的代表、外地游客北京旅行的特色小吃及"全国热门的旅游景点"。庆丰包子铺还注重品牌宣传，每年投入大量广告费，在庆丰餐饮公司成立前已经具有较高的知名度。2007年至2009年，北京市工商行政管理局认定"庆丰"为著名商标；2011年"庆丰"被评为"北京餐饮十大品牌"；2012年、2014年"庆丰"被评为"中国包子文化节最受消费者欢迎品牌"；2010年、2013年"庆丰"两次被认定为"北京市著名商标"。北京交通发达，其辐射范围遍及全国，尤其在互联网时代，信息传播已没有地域限制，山东的相关公众可以通过各种途径知晓"庆丰"字号及商标，山东每年有大量在庆丰包子铺用餐的消费者。山东媒体对"庆丰"也进行了宣传报道，庆丰包子铺的服务地域早已不限于北京，"庆丰"已被消费者广为知晓，其影响已经及于庆丰餐饮公司注册地山东。二审法院以注册商标核定服务具有地域性限定商标权的保护范围，违反商标法对注册商标在全国范围保护的原则。3. 庆丰餐饮公司成立前，其法定代表人徐庆丰长期在北京从事餐饮服务，经营北京工业大学餐厅。北京工业大学附近开设有三家庆丰包子铺，分别为2008年6月13日开业的武圣店、2008年11月23日开业的大望路店、2009年1月1日开业的堡头店。庆丰包子铺在行业中具有较强影响力，徐庆丰不可能不知晓庆丰包子铺的商标及字号的知名度情况，却使用"庆丰"字号成立餐饮公司，并摹仿庆丰包子铺商标，在其官方网站、店面门头、菜单、广告宣传上突出使用，主观上具有搭便车的恶意，其使用"庆丰"或"庆丰餐饮"标识的行为属于商标性使用，二审法院认定其属于对企业名称简称或字号的非突出使用错误。庆丰餐饮公司突出使用"庆丰"商标及字号的行为容易造成相关公众的混淆和误认，构成商标侵权；其将"庆丰"作为企业字号登记使用，经营相同或类似的服务，构成不正当竞争。请求法院判令撤销一审、二审判决；2. 庆丰餐饮公司立即停止侵权行为，包括且不限于销毁任何带有"庆丰"标识的门头招牌、牌匾、价格单、名片、海报等广告，删除网页上"庆丰"标识等；3. 庆丰餐饮公司立即停止使用含有"庆丰"文字的企业名称，并责令限期变更企业名称；4. 庆丰餐饮公司在《济南日报》上刊登声明，消除影响；5. 庆丰餐饮公司赔偿庆丰包子铺经济损失及合理开支50万元；6. 庆丰餐饮公司负担一审、二审诉讼费。

庆丰餐饮公司未提交书面答辩意见。

最高人民法院再审认为，本案再审期间双方当事人的主要争议焦点为：

（一）庆丰餐饮公司在其网站、经营场所使用"庆丰"文字的行为是否侵害庆丰包子铺的涉案注册商标专用权；

（二）庆丰餐饮公司将"庆丰"文字作为其企业字号注册并使用的行为，是否构成不正当竞争；

（三）庆丰餐饮公司应如何承担民事责任的问题。

一、关于庆丰餐饮公司在其网站、经营场所使用"庆丰"文字的行为是否侵害庆丰包子铺涉案注册商标专用权的问题

《商标法》第五十二条第（一）项规定："未经商标注册人许可，在同一种商品或者类似商品上使用与其注册商标相同或者近似的商标，属于侵犯注册商标专用权的行为。"《最高人民法院关于审理商标民事纠纷案件适用法律若干问题的解释》第一条第一款规定："将与他人注册商标相同或者相近似的文字作为企业的字号在相同或者类似商品上突出使用，容易使相关公众产生误认的，属于商标法第五十二条第（五）项规定的给他人注册商标专用权造成其他损害的行为。"

首先，关于庆丰餐饮公司对"庆丰"文字的使用状况。庆丰餐饮公司在其公司网站上开设"走进庆丰""庆丰文化""庆丰精彩""庆丰新闻"等栏目，在经营场所挂出"庆丰餐饮全体员工欢迎您"的横幅，相关公众会将"庆丰"文字作为区别商品或者服务来源的标识，庆丰餐饮公司的使用行为属于对"庆丰"商标标识的突出使用，其行为构成商标性使用。

其次，关于庆丰包子铺涉案注册商标的知名度情况。根据一审、二审法院查明的事实，庆丰包子铺的"慶豐"商标自1998年1月28日核准注册至庆丰餐饮公司2009年6月24日成立，已经十多年的时间；庆丰包子铺的"老庆丰＋laoqingfeng"商标的核准注册时间也比庆丰餐饮公司成立时间早近六年。庆丰包子铺的连锁店于2007年被北京市商务局认定为"中国风味特色餐厅"。庆丰包子铺于2007年在北京广播电台、电视台投入的广告费用为131万余元，2008年至庆丰餐饮公司成立之前，其在上述媒体上投入的广告费用为322万余元。庆丰包子铺采用全国性连锁经营的模式，经过多年诚信经营和广告宣传，取得了较高的显著性和知名度。

再次，关于庆丰餐饮公司使用的"庆丰"文字与涉案注册商标的近似性判断。庆丰包子铺在餐馆服务上注册的"慶豐"商标及在方便面、糕点、包子等商品上注册的"老庆丰＋laoqingfeng"商标，在全国具有较高的知名度和影响力。"慶豐"与"庆丰"是汉字繁体与简体的对应关系，其呼叫相同；"老庆丰＋laoqingfeng"完全包含了"庆丰"文字。庆丰餐饮公司将"庆丰"文字商标性使用在与庆丰包子铺的上述两注册商标核定使用的商品或服务构成类似的餐馆服务上，容易使相关公众对商品或服务的来源产生误认或者认为其来源庆丰餐饮公司与庆丰包子铺之间存在某种特定的联系，可能导致相关公众的混淆和误认。

最后，关于庆丰餐饮公司使用"庆丰"文字的合理性判断。庆丰餐饮公司主张其对"庆丰"文字的使用属于合理使用其企业字号，且系对其公司法定代表人徐庆丰名字的合理使用。对此，最高人民法院认为，庆丰餐饮公司的法定代表人为徐庆丰，其姓名中含有"庆丰"二字，徐庆丰享有合法的姓名权，当然可以合理使用自己的姓名。但是，徐庆丰将其姓名作为商标或企业字号进行商业使用时，不得违反诚实信用原则，不得侵害他人的在先权利。徐庆丰曾在北京餐饮行业工作，应当知道庆丰包子铺商标的知名度和影响力，却仍在其网站、经营场所突出使用与庆丰包子铺注册商标相同或相近似的商标，明显具有攀附庆丰包子铺注册商标知名度的恶意，容易使相关公众产生误认，属于前述司法解释规定的给他人注册商标专用权造成其他损害的行为，其行为不属于对该公司法定代表人姓名的合理使用。因此，庆丰餐饮公司的被诉侵权行为构成对庆丰包子铺涉案注册商标专用权的侵犯，一审、二审法院关于庆丰餐饮公司的被诉行为属于合理使用、不构成侵权的认定错误，最高人民法院予以纠正。

需要指出的是，我国《商标法》鼓励生产、经营者通过诚实经营保证商品和服务质量，建立与其自身商业信誉相符的知名度，不断提升商标的品牌价值，同时保障消费者和生产、经营者的利益。庆丰餐饮公司可以注册其独有的具有识别性的商标，通过其自身的生产经营和广告宣传，创建和强化自己的品牌，建立与其品牌相符的商业信誉，提升企业竞争力，促进企业的长远发展。

二、关于庆丰餐饮公司将"庆丰"文字作为其企业字号注册并使用的行为是否构成不正当竞争的问题

《反不正当竞争法》第五条第（三）项规定："擅自使用他人的企业名称或者姓名，引人误以为是他人的商品的行为属于不正当竞争行为。"《最高人民法院关于审理不正当竞争民事案件应用法院若干问题的解释》第六条规定："……具有一定的市场知名度、为相关公众所知悉的企业名称中的字号，可以认定为反不正当竞争法第五条第（三）项规定的'企业名称'。"

根据一审、二审法院查明的事实，庆丰包子铺自1956年开业，1982年1月5日起开始使用"庆丰"企业字号，至庆丰餐饮公司注册之日止已逾27年，属于具有较高的市场知名度、为相关公众所知悉的企业名称中的字号，庆丰餐饮公司擅自将庆丰包子铺的字号作为其字号注册使用，经营相同的商品或服务，具有攀附庆丰包子铺企业名称知名度的恶意，其行为构成不正当竞争。二审法院认定庆丰餐饮公司的行为不构成不正当竞争错误，最高人民法院予以纠正。

三、关于庆丰餐饮公司民事责任的承担问题

庆丰餐饮公司的被诉侵权行为构成侵害庆丰包子铺注册商标专用权的行为

和不正当竞争，应当承担停止上述行为并赔偿损失的民事责任。因庆丰包子铺未提供因庆丰餐饮公司上述侵权行为所遭受的损失或庆丰餐饮公司所获利润的证据，故最高人民法院结合侵权行为的性质、程度及庆丰餐饮公司上述侵权行为的主观心理状态等因素，酌定庆丰餐饮公司赔偿庆丰包子铺经济损失及合理费用人民币5万元。因庆丰包子铺未举证证明其商标商誉及企业信誉因庆丰餐饮公司的侵权和不正当竞争行为受到的损害，最高人民法院对其要求庆丰餐饮公司在《济南日报》上发表声明消除影响的诉讼请求不予支持。

综上所述，庆丰包子铺的再审申请符合《中华人民共和国民事诉讼法》第二百条规定的情形。依照《中华人民共和国民事诉讼法》第二百零七条第一款、第一百七十条第一款第（二）项之规定，判决如下：

一、撤销山东省高级人民法院（2014）鲁民三终字第43号民事判决；

二、撤销山东省济南市中级人民法院（2013）济民三初字第716号民事判决；

三、山东庆丰餐饮管理有限公司于本判决生效之日起立即停止使用"庆丰"标识的侵害北京庆丰包子铺注册商标专用权的行为；

四、山东庆丰餐饮管理有限公司于本判决生效之日起立即停止在其企业名称中使用"庆丰"字号的不正当竞争行为；

五、自本判决生效之日起十日内，山东庆丰餐饮管理有限公司赔偿北京庆丰包子铺经济损失及合理费用5万元；

六、驳回北京庆丰包子铺的其他诉讼请求。

【相关法律条文】

《中华人民共和国商标法》第五十二条第（一）项、第（五）项，《最高人民法院关于审理商标民事纠纷案件适用法律若干问题的解释》第一条第一款，《中华人民共和国反不正当竞争法》第五条第（三）项，《最高人民法院关于审理不正当竞争民事案件应用法院若干问题的解释》第六条。

【案例评析】

我国商标法鼓励生产、经营者通过诚实经营保证商品和服务质量，建立与其自身商业信誉相符的知名度，不断提升商标的品牌价值，同时保障消费者和生产、经营者的利益。公民享有合法的姓名权，当然可以合理使用自己的姓名。但是，公民在将其姓名作为商标或企业字号进行商标使用时，不得违反诚实信用原则，不得侵害他人的在先权利。明知他人注册商标或字号具有较高的知名度和影响力，仍注册与他人字号相同的企业字号，在同类商品或服务上突出使用与他人注册商标相同或相近似的商标或字号，明显具有攀附他人注册商标或字号知名度的恶意，容易使相关公众产生误会，其行为不属于对姓名的合理使用，构成侵害他人注册商标专用权和不正当竞争。

【思考题】

《商标法》所指的"给他人注册商标专用权造成其他损害的行为"具体包括哪些？

案例十 谷歌公司诉国家工商行政管理总局商标评审委员会商标申请驳回复审行政纠纷再审案

申请人谷歌公司因与被申请人国家工商行政管理总局商标评审委员会（以下简称商标评审委员会）商标申请驳回复审行政纠纷一案，不服北京市高级人民法院（2015）高行（知）终字第3402号行政判决，向最高人民法院申请再审。最高人民法院于2016年9月27日作出（2016）最高法行申2099号行政裁定，提审本案。最高人民法院依法组成合议庭审理本案，现已审查终结。

【案情简介】

本案申请商标为第11709162号"nexus"商标，由谷歌公司于2012年11月7日提出注册，指定使用商品为第9类"手持式计算机、便携式计算机"。本案引证商标为第1465863号"nexus"商标，由案外人株式会社岛野于1999年5月13日提出注册申请，核定使用商品为第9类自行车用计算机，专用期限至2020年10月27日。

2013年9月9日，国家工商行政管理总局商标局（以下简称商标局）作出商标驳回通知书，认为申请商标与在先申请的引证商标构成近似，不符合2001年修正的《中华人民共和国商标法》（以下简称《商标法》）第二十八条的规定，对申请商标予以驳回。谷歌公司不服该决定，向商标评审委员会申请复审。商标评审委员会于2014年3月25日作出商评字〔2014〕第36493号关于第11709162号"nexus"商标驳回复审决定（以下简称被诉决定）。该决定认定：申请商标与引证商标字母构成及呼叫完全相同。申请商标指定使用的便携式计算机等商品与引证商标核定使用的自行车用计算机商品构成类似商品，申请商标与引证商标构成使用在类似商品上的近似商标。综上，商标评审委员会根据《商标法》第二十八条的规定，决定申请商标予以驳回。

谷歌公司不服被诉决定，向北京市第一中级人民法院（以下简称一审法院）提起行政诉讼。

【法院判决】

一审法院认为，申请商标与引证商标除字体及颜色外，二商标的字母构成、呼叫完全一致，构成近似商标。申请商标指定使用的手持式计算机、便携式计算机与引证商标核定使用的第9类自行车用计算机均为计算机类产品，相关公众容易认为其存在特定联系并造成混淆，故申请商标指定使用的商品与引证商标核定使用的商品构成类似商品。商标评审委员会作出的决定认定事实清楚，适用法律正确，审查程序合法、审查结论正确。商标审查具有个案性，其他商标获得初步审定或核准注册的情形并不能作为申请商标获准注册的必然依据。此外，谷歌公司还主张其与引证商标权利人签署了商标共存协议，因此申请商标应予核准注册。但商标法的立法目的一方面在于保护商标权人的利益，维护其商标信誉，保护生产、经营者的利益；另一方面在于保障消费者利益，防止市场混淆，促进社会主义市场经济的发展。因此，若诉争商标与在先商标指定使用的商品相同或类似，且诉争商标标识与在先商标标识相同或极为近似，出于维护正常市场秩序、防止混淆的目的，通常不应考虑相关的共存协议。鉴于本案中申请商标与引证商标相同，该主张缺乏事实及法律依据，故对其相关主张不予支持。一审法院据此判决：维持被诉决定。

谷歌公司不服一审判决，向二审法院提起上诉，请求撤销一审判决及被诉决定。

二审法院认为，《商标法》第二十八条规定："申请注册的商标，凡不符合本法有关规定或者同他人在同一种商品或者类似商品上已经注册的或者初步审定的商标相同或者近似的，由商标局驳回申请，不予公告。"认定相关商品是否类似，应当考虑其功能、用途、生产部门、销售渠道、消费群体等是否相同或具有较大关联性，是否容易使相关公众认为商品是由同一主体提供的或主体间存在特定联系。本案中，申请商标指定使用的手持式计算机、便携式计算机与引证商标核定使用的自行车用计算机均为第9类计算机类商品，且二商标指定使用的商品在功能、用途、生产部门、销售渠道及消费群体等方面基本相同或存在较大关联，故构成类似商品。谷歌公司认为申请商标与引证商标指定使用的商品不构成类似商品的上诉理由不能成立，二审法院不予支持。申请商标与引证商标为相同类别上的近似商标，如共存则易使相关公众认为两者来源于同一主体或其提供者间具有特定联系，从而对商品来源产生混淆、误认。《商标法》的立法目的一方面在于保护商标权人利益，另一方面还应保障消费者利益，防止市场发生混淆。故该共存协议不予考虑。商标评审委员会被诉决定及一审判决对此认定正确，二审法院予以维持。商标授权确权案件应当根据案件的具体情况加以个案审查，其他商标的注册情况亦不是本案申请商标具有可注册性的当然理由。谷歌公司相关上诉理由不能成立，二审法院不予支持。据此判决：驳回上诉，维持原判。

谷歌公司不服二审判决，向最高人民法院申请再审称：（一）谷歌公司与引证商标所有人株式会社岛野在全球范围内达成了"nexus"商标共存协议。双方商标在美国同时共存并获准注册，对于以英语为母语的美国消费者而言，申请商标与引证商标的共存注册尚且不会导致消费者的混淆误认，两方商标的共存更不会导致我国消费者的混淆误认。共存协议应当作为判断申请商标可否获准注册的考量因素。二审判决对共存协议不予采信，认定事实不清，适用法律错误。（二）引证商标与申请商标不构成类似商品上的近似商标。引证商标指定使用的商品与申请商标指定使用的商品不类似。首先，谷歌公司与引证商标所有人株式会社岛野所属行业区别较大。株式会社岛野的主营业务为自行车，渔具和赛艇的生产销售。申请人谷歌公司是全球知名的科技企业，致力于互联网搜索、云计算、无人机、无人驾驶汽车、手机、电脑、智能眼镜、智能机器人等高科技产品领域。因此，再审申请人本身的业务领域与引证商标权利人的业务领域具有明显区别。其次，两方的产品也不构成类似商品。申请商标"nexus"是谷歌名下的一个重要品牌，已大量使用在"手机"和"平板电脑"上，具有了很强的知名度和显著性，形成了稳定的消费者群体和市场秩序。引证商标指定的"自行车用计算机"与申请商标指定的"手持式计算机、便携式计算机"具有诸多的差异。"手持式计算机、便携式计算机"的功能要比自行车用计算机的功能复杂及强大得多。再次，自行车用计算机是运动型自行车的配件，生产部门一般是自行车生产商。而"手持式计算机、便携式计算机"的生产商一般都是大型的高科技公司。复次，"自行车用计算机"是比较专业的运动型自行车用电子产品，这类产品大多出现在运动型自行车销售门店。在销售或使用前，一般都需要由厂家或专门的自行车销售门店预先安装，并进行调试。而申请商标指定的"手持式计算机、便携式计算机"一般都通过各类电脑品牌的专卖店或零售店出售给消费者。最后，关于相关公众。"自行车用计算机"面对的消费者群体是少数对专业自行车运动有兴趣的运动员或者骑行爱好者。而申请商标指定的"手持式计算机、便携式计算机"则是人们日常工作和生活的必需品。申请商标指定商品与引证商标指定商品的消费者群体有较大差异。(三)二审判决对共存协议不予采信,认定事实不清,适用法律错误。共存协议是由引证商标权利人出具,其对是否可能产生混淆的判断更加符合市场实际。该同意书应当作为判断申请商标可否获准注册时予以考量之因素。(四)申请商标经过大规模的使用和宣传,已经获得了较高的知名度和显著性,与申请人建立起了稳定且唯一的对应关系,与引证商标之间形成了市场区分。

最高人民法院另查明,引证商标的权利人株式会社岛野于2014年9月3日出具"同意书",其主要内容为同意谷歌公司在我国境内使用和注册包括申请商标在内的有关商标。

最高人民法院认为,本案争议焦点在于申请商标是否违反《商标法》第二十八条的规定。

《商标法》第二十八条规定:"申请注册的商标,……同他人在同一种商品或者类似商品上已经注册的或者初步审定的商标相同或者近似的,由商标局驳回申请,不予公告。"关于"商标近似",《最高人民法院关于审理商标民事纠纷案件适用法律若干问题的解释》第九条第二款规定:"商标近似,是指被控侵权的商标与原告的注册商标相比较,……,易使相关公众对商品的来源产生误认或者认为其来源与原告注册商标的商品有特定的联系。"关于"类似商品",该司法解释第十一条第一款规定:"类似商品,是指在功能、用途、生产部门、销售渠道、消费对象等方面相同,或者相关公众一般认为其存在特定联系、容易造成混淆的商品。"参照适用上述司法解释的规定,是否容易造成相关公众的混淆、误认是认定申请商标是否违反《商标法》第二十八条规定时的重要考量因素。

首先,从商品类别来看。引证商标指定使用的商品为"自行车用计算机",与自行车体育运动密切相关;而申请商标为"手持式计算机、便携式计算机",属于消费电子领域。因此,虽然二者形式上都与"计算机"有关,但功能、用途、销售渠道、使用方式、消费对象等均存在一定差异。

其次,引证商标权利人出具的同意书是最高人民法院认定申请商标的注册是否违反《商标法》第二十八条规定的重要考虑因素,具体理由如下:其一,根据《商标法》第四十二条、第四十三条等规定,商标权人可以依法转让、许可其商标权,亦有权通过放弃、不再续展等方式处分其商标权。在商标评审委员会业已作出被诉决定,认定申请商标与引证商标构成类似商品上的近似商标的情况下，引证商标权利人通过出具同意书，明确对争议商标的注册、使用予以认可，实质上也是引证商标权利人处分其合法权利的方式之一。在该同意书没有损害国家利益、社会公共利益或者第三人合法权益的情况下，应当予以必要的尊重。其二，根据《商标法》第一条的规定，保障消费者的利益和生产、经营者的利益均是商标法的立法目的，二者不可偏废。虽然是否容易造成相关公众的混淆、误认是适用《商标法》第二十八条的重要考虑因素，但也要考虑到相关公众对于近似商业标志具有一定的分辨能力，在现实生活中也难以完全、绝对地排除商业标志的混淆可能性。尤其是在存在特定历史因素等特殊情形下，还可能存在不同生产、经营者善意注册、使用的特定商业标志的共存。本案中，相较于尚不确实是否受到损害的一般消费者的利益，申请商标的注册和使用对于引证商标权利人株式会社岛野的利益的影响更为直接和现实。株式会社岛野出具同意书，明确同意谷歌公司在我国申请和使用包括申请商标在内的有关商标权，表明株式会社岛野对申请商标的注册是否容易导致相关公众的混淆、误认持否定或者容忍态度。尤其是考虑到谷歌公司、株式会社岛野分别为相关领域的知名企业，本案中没有证据证明谷歌公司申请或使用申请商标时存在攀附株式会社岛野及引证商标知名度的恶意，也没有证据证明申请商标的注册会损害国家利益或者社会公共利益。在没有客观证据证明的情况下，不宜简单以尚不确定的"损害消费者利益"为由，否定引证商标权利人作为生产、经营者对其合法权益的判断和处分，对引证商标权利人出具的同意书不予考虑。其三，虽然商标的主要作用在于区分商品或者服务的来源，但除申请商标和引证商标外，包括谷歌公司的企业名称及字号、相关商品特有的包装装潢等其他商业标志也可以一并起到区分来源的作用。因此，即使准予申请商标注册，如在实际使用过程中结合其他商业标志，也可以有效避免相关公众混淆、误认。

综上，综合考虑申请商标与引证商标标志的差异程度、指定使用的商品的关联程度，以及株式会社岛野出具同意书等情形，最高人民法院认定申请商标的注册未违反《商标法》第二十八条的规定。商标评审委员会被诉决定结论错误，应予撤销。一、二审判决未全面考虑引证商标权利人出具的同意书，错误维持被诉决定，亦应予撤销。依照 2001 年修正的《中华人民共和国商标法》第三十一条，参照《最高人民法院关于审理商标民事纠纷案件适用法律若干问题的解释》第九条第二款、第十一条第一款，以及依照《中华人民共和国行政诉讼法》第八十九条第一款第（二）项、《最高人民法院关于执行若干问题的解释》第七十六条第一款、第七十八条规定，判决如下：

一、撤销北京市第一中级人民法院（2014）一中行（知）初字第 9012 号行政判决；

二、撤销北京市高级人民法院（2015）高行（知）终字第 3402 号行政判决；

三、撤销国家工商行政管理总局商标评审委员会商评字〔2014〕第 36493 号关于第 11709162 号"nexus"商标驳回复审决定；

四、判令国家工商行政管理总局商标评审委员会对第 11709162 号"nexus"商标重新作出决定。

一审案件受理费 100 元，二审案件受理费 100 元，均由谷歌公司负担。

【相关法律条文】

《中华人民共和国商标法》第二十八条、第三十一条，《最高人民法院关于审理商标民事纠纷案件适用法律若干问题的解释》第九条第二款、第十一条第一款。

【案例评析】

引证商标权利人同意商标注册申请人使用争议商标的，商标局不应当驳回商标申请。《商标法》的立法目的除了保护消费者的合法权利，同时也保护商标权利人的合法权利。引证商标权利人签署商标共存协议，同意商标注册申请人使用争议商标的行为可以视为其对商标权的处分。在没有客观证据证明国家利益、社会公共利益、第三人合法权益、消费者的利益会因争议商标核准注册而遭受损害的情况下，应该尊重商标权人的处分权，尊重商标共存协议的内容，批准商标注册申请人的申请。

【思考题】

1. 判断"商标近似"的标准是什么？

案例十一　贵阳南明老干妈风味食品有限责任公司诉贵州永红食品有限公司、北京欧尚超市有限公司侵害商标权纠纷案

贵阳南明老干妈风味食品有限责任公司（简称贵阳老干妈公司）就贵州永

红食品有限公司（简称贵州永红公司）制造、销售的牛肉棒产品包装的正面上部标有其自有的"牛头牌及图"商标、中部印有"老干妈味"字样提起侵害商标权之诉。

【案情简介】

原告贵阳老干妈公司诉称：贵阳老干妈公司拥有"老干妈"文字注册商标，且"老干妈"已经为国内外广大消费者所知悉。贵州永红公司制造、销售的牛肉棒产品包装的正面上部标有其自有的"牛头牌及图"商标，中部则印有"老干妈味"字样。贵阳老干妈公司认为贵州永红公司未经其同意，擅自在涉案产品上使用涉案商标"老干妈"，北京欧尚超市有限公司（简称北京欧尚公司）销售使用涉案商标"老干妈"的涉案产品，属于恶意侵犯驰名商标专用权的行为。故请求：（1）判令贵州永红公司和北京欧尚公司立即停止侵犯贵阳老干妈公司驰名商标专用权的行为，停止在牛肉棒上使用"老干妈味"字样，停止以任何形式销售印有上述"老干妈味"字样的牛肉棒；（2）判令贵州永红公司和北京欧尚公司赔偿经济损失300万元；（3）判令贵州永红公司和北京欧尚公司承担与本案有关的合理支出，总计127820元（其中包含律师费10万元、公证费用26500元、印制费750元、航空运费480元、交通费用90元）。

被告贵州永红公司辩称：涉案产品包装突出使用了自己的注册商标"牛头牌及图"，而"老干妈味"字体偏小，消费者不会对商品的来源产生混淆与误认。牛肉棒除了"老干妈味"，还有"原味""麻辣""黑胡椒"。"老干妈味"是对产品配料品牌的真实、合理描述和使用，因此，其不存在商标侵权行为。

法院经审理查明：涉案商标为第2021191号"老干妈"商标，注册人为贵阳老干妈公司，该商标于2003年5月21日核准注册，核定使用商品为第30类：豆豉、辣椒酱（调味）、炸辣椒油等商品，经续展，涉案商标专用期限至2023年5月20日。

涉案第2021191号"老干妈"商标曾在2011年、2014年、2015年、2016年多次被国家工商行政管理总局商标局、国家工商行政管理总局商标评审委员会和相关法院认定为驰名商标。

贵州永红公司拥有第4686272号、第10781638号、第3550793号、第5853924号的"牛头牌及图"系列注册商标，核定使用商品为第29类牛肉食品。"牛头牌及图"商标曾在2010年被商标局认定为驰名商标。

根据（2015）京方圆内经证字第27571号公证书记载：2015年9月14日，贵阳老干妈公司的委托代理人在公证员的陪同下，在北京欧尚公司位于北京市朝阳区香宾路 66 - 1 的商铺处购买了三支牛肉棒（简称涉案商品），单支售价为 24.8 元，并当场取得购物小票以及发票一张，发票上加盖有被告北京欧尚公司来广营店的印章。涉案商品包装的正面上部标有贵州永红公司所拥有的"牛头牌及图"商标，中部印有"老干妈味"字样；包装背面标有涉案商品品名为"老干妈味牛肉棒"，注明配料有牛肉、豆豉、鱼露等，还写明了涉案商品的制造商是贵州永红公司，地址是贵州省惠水县永红绿色食品工业园。

贵州永红公司确认北京欧尚公司销售的涉案商品系贵州永红公司生产。贵州永红公司自 2014 年开始购入贵阳老干妈公司生产的"老干妈"牌豆豉作为调料生产涉案商品，贵州永红公司生产的牛肉棒除了涉案商品中标明的"老干妈味"，还有"原味""麻辣""香辣""黑胡椒"等其他商品。2015 年贵州永红公司生产的"老干妈味牛肉棒"销售收入总计 219485.7 元。根据 2015 年财务审计报告显示，贵州永红公司处于整体亏损状态，在 2015 年整体亏损了 2697 万元。贵阳老干妈公司还提交了其合理支出的相关票据。

【法院判决】

北京知识产权法院于 2016 年 8 月 22 日作出（2015）京知民初字第 1944 号民事判决：一、贵州永红公司立即停止在其生产、销售的牛肉棒商品上使用"老干妈味"字样，北京欧尚公司停止销售上述印有"老干妈味"字样的牛肉棒；二、贵州永红公司赔偿贵阳老干妈公司经济损失及合理支出共计 426500 元；三、驳回贵阳老干妈公司的其他诉讼请求。宣判后，贵州永红公司向北京市高级人民法院提起上诉。北京市高级人民法院于 2017 年 4 月 24 日以同样的事实作出（2017）京民终 28 号民事判决：驳回上诉，维持原判。

法院生效裁判认为：《商标法》第十三条规定："为相关公众所熟知的商标，持有人认为其权利受到侵害时，可以依照本法规定请求驰名商标保护。就相同或者类似商品申请注册的商标是复制、摹仿或者翻译他人未在中国注册的驰名商标，容易导致混淆的，不予注册并禁止使用。就不相同或者不相类似商品申请注册的商标是复制、摹仿或者翻译他人已经在中国注册的驰名商标，误导公众，致使该驰名商标注册人的利益可能受到损害的，不予注册并禁止使用。"

《商标法》第四十八条规定："本法所称商标的使用，是指将商标用于商品、商品包装或者容器以及商品交易文书上，或者将商标用于广告宣传、展览以及其他商业活动中，用于识别商品来源的行为。"第五十九条第一款规定："注册商标中含有的本商品的通用名称、图形、型号，或者直接表示商品的质量、主要原料、功能、用途、重量、数量及其他特点，或者含有的地名，注册商标专用权人无权禁止他人正当使用。"

《最高人民法院关于审理涉及驰名商标保护的民事纠纷案件应用法律若干问题的解释》（简称《驰名商标司法解释》）第九条第二款规定："足以使相关公众认为被诉商标与驰名商标具有相当程度的联系，而减弱驰名商标的显著性、贬损驰名商标的市场声誉，或者不正当利用驰名商标的市场声誉的，属于《商标法》第十三条第二款规定的'误导公众，致使该驰名商标注册人的利益可能受到损害'。"本案中，涉案商品牛肉棒包装的正面上部标有贵州永红公司所拥有的"牛头牌及图"商标，中部印有"老干妈味"字样；包装背面标有涉案商品品名为"老干妈味牛肉棒"，注明制造商是贵州永红公司，地址是贵州省惠水县永红绿色食品工业园。贵州永红公司生产的牛肉棒除"老干妈味"外，还有"原味""麻辣""香辣""黑胡椒"等其他商品。贵州永红公司将"老干妈"作为涉案商品的口味名称，并标注于涉案商品包装正面，属于对涉案商标的复制、摹仿，其能够起到识别商品来源的作用，属于《商标法》意义上的使用。虽然涉案商品确实添加有"老干妈"牌豆豉，但"老干妈"牌豆豉并非食品行业的常用原料，"老干妈味"也不是日用食品行业对商品口味的常见表述方式，涉案商品对"老干妈"字样的使用不属于合理使用的范畴。

涉案牛肉棒商品与豆豉、辣椒酱（调味）、炸辣椒油商品虽然在商品原料、功能用途等方面存在差异，但二者均属日用食品，在销售渠道和消费群体方面存在一定重合，贵州永红公司在涉案商品包装正面使用"老干妈"字样，并将"老干妈味"作为与"原味""麻辣"等并列的口味名称的行为，足以使相关公众在看到涉案商品时直接联想到第2021191号"老干妈"商标，进而破坏该商标与贵阳老干妈公司所生产的豆豉、辣椒酱（调味）、炸辣椒油商品之间的密切联系和对应关系，减弱该商标作为驰名商标的显著性。贵州永红公司明知第2021191号"老干妈"商标在豆豉、辣椒酱（调味）、炸辣椒油商品上具有较高知名度，仍然在涉案商品上使用"老干妈味"字样，意图利用该商标的市场声誉吸引相关公众的注意力，从而获取不正当的经济利益。因此，贵州永红公司在涉案商品包装上标注"老干妈味"的行为，削弱了第2021191号"老干妈"商标与贵阳老干妈公司的唯一对应联系，弱化了该驰名商标告知消费者特定商品来源的能力，从而减弱了驰名商标的显著性，并不正当利用了驰名商标的市场声誉，构成《商标法》第十三条第三款所指"误导公众，致使该驰名商标注册人的利益可能受到损害的"的情形，属于给他人注册商标专用权造成其他损害的行为。

【相关法律条文】

《中华人民共和国商标法》第十三条、第四十八条、第五十九条第一款，《最高人民法院关于审理涉及驰名商标保护的民事纠纷案件应用法律若干问题的解释》第九条第二款。

【案例评析】

关于驰名商标侵权认定之商标使用与商标功能的连接点问题，从商标功能视角出发将"商标使用"区分为"识别性商标使用"和"广告性商标使用"，进而将驰名商标侵权区分为混淆式侵权与淡化式侵权。同时明确"描述性使用"并不是与"商标使用"并列的一个概念，而是作为"商标使用"中的一种合理使用情形。《商标法》上的合理使用主要包括两种情形：描述性使用与指示性使用。

【思考题】

1.《中华人民共和国商标法》及相关司法解释对"驰名商标"有哪些具体保护？

案例十二　苹果公司（AppleInc）诉国家工商行政管理总局商标评审委员会公司商标异议复审行政纠纷再审案

再审申请人苹果公司因与被申请人国家工商行政管理总局商标评审委员会（简称商标评审委员会）、一审第三人新通天地科技（北京）有限公司（简称新通天地公司）商标异议复审行政纠纷一案，不服北京市高级人民法院（2016）京行终 1630 号行政判决，向最高人民法院申请再审。最高人民法院依法组成合议庭进行了审查，现已审查终结。

【案情简介】

苹果公司申请再审称：商评字［2013］第 135654 号《关于第 6304198 号 IPHONE 商标异议复审裁定书》（简称被诉裁定）和一审、二审判决在事实认定、法律适用和审理程序上均存在错误。1. 商标评审委员会、一审、二审法院均漏审苹果公司提出的关于 2001 年修正的《中华人民共和国商标法》（简称《商标法》）第四十一条第一款的复审理由，违反法定程序，苹果公司的证据足以证明第 6304198 号商标"IPHONE"（简称被异议商标）的申请注册违反《商标法》第四十一条第一款的规定。2. 被异议商标是对苹果公司引证驰名商标的复制和模仿，商标评审委员会、一审、二审法院拒绝适用《商标法》第十三条第二款的规定驳回被异议商标的注册申请是错误的。3. 新通天地公司具有抢注、复制和抄袭苹果公司驰名商标的一贯恶意，商标评审委员会、一审、二审法院认为《商标法》第十条第一款第（八）项不适用于本案是错误的。请求：提审本案，撤销一审、二审判决和被诉裁定，判令商标评审委员会重新作出决定。

商标评审委员会提交书面意见称，二审判决事实清楚，适用法律正确，符合法律程序，应予维持。

新通天地公司提交书面意见称，二审判决认定事实清楚，适用法律正确，应驳回苹果公司的再审申请。主要理由是：1. 诉讼请求与诉讼理由是不同概念，苹果公司在一审期间明确表示认可本案涉及的实体法律依据仅限于《商标法》第十三条第二款、第十条第一款第（八）项，一审判决并未遗漏苹果公司的诉讼请求，且《商标法》第四十一条第一款适用于已注册商标的争议，不适用于本案对未获准注册的商标提出异议的情形。2. 苹果公司的证据不足以证明其引证注册商标"IPHONE"在被异议商标申请日（2007 年 9 月 29 日）之前已达到驰名程度。3. 被异议商标无害于社会主义道德风尚，亦无其他不良影响。

再审申请阶段，苹果公司提交了六组证据。第一组（证据 1 至证据 15），包括（2015）商标异字第 0000059426 号《第 9905210 号 IPHONEACCESSORIES 商标不予注册的决定》等，拟证明新通天地公司及其关联公司具有故意攀附苹果公司驰名商标、谋取不正当利益的意图，依据《商标法》第四十一条第一款的规定，被异议商标应不予核准注册。第二组证据（证据 16 至证据 18），包括《2007 年 7 月智能手机市场关注度及价格报告》等，拟证明在被异议商标申请日之前，苹果公司主张的引证商标（第 3339849 号商标、第 4073735 号商标）受到中国消费者持续关注，应被认定为驰名商标。第三组证据（证据 19），包括商标局做出的 17 份商标异议裁定书，拟证明在上述商标异议裁定中，商标局认定"IPHONE"商标具有较高知名度，从而根据《商标法》第十条第一款第（八）项的规定驳回商标的注册申请。第四组证据（证据 20 至证据 22），包括（2016）京中信内经证字 95311 号公证书等，拟证明新通天地公司及其关联公司具有故意攀附苹果公司驰名商标、谋取不正当利益的意图，依据《商标法》第四十一条第一款和第十条第一款第（八）项的规定，被异议商标应不予核准注册。第五组证据（证据 23 至证据 38），包括苹果公司员工汤玛士·拉伯尔出具的宣誓词等，拟证明苹果公司主张的引证商标"IPHONE"已被中国相关公众熟知，具有极高的显著性和知名度，应被认定为驰名商标。第六组证据（证据 39），包括北京务实知识产权发展中心出具的《IPHONE 商标行政纠纷专家研讨会法律意见书》，拟证明被异议商标的注册违反《商标法》第十三条第二款的规定，《商标法》第四十一条第一款应作为本案的审查依据。

【法院判决】

最高人民法院经审查认为，根据一审、二审判决及苹果公司的申请再审理由，本案的主要争议焦点为：1.《商标法》第四十一条第一款的规定是否适用于本案；2. 在被异议商标申请日之前，苹果公司主张的引证商标是否已达到驰名商标的程度；3. 被异议商标是否属于《商标法》第十条第一款第（八）项的情形。

一、关于《商标法》第四十一条第一款的规定是否适用于本案的问题

《商标法》第四十一条第一款规定：已经注册的商标，违反本法第十条、第十一条、第十二条规定的，或者是以欺骗手段或者其他不正当手段取得注册的，由商标局撤销该注册商标；其他单位或者个人可以请求商标评审委员会裁定撤销该注册商标。上述法律条款的规定表明，其适用前提是争议商标已经注册。本案的被异议商标尚未注册，故上述法律条款不适用于本案纠纷。此外，苹果公司针对被异议商标的异议复审申请，并非依据《商标法》第四十一条第一款的规定提出。因此，苹果公司主张商标评审委员会、一审、二审法院漏审依据《商标法》第四十一条第一款提出的复审理由，缺乏事实根据和法律依据，最高人民法院不予支持。苹果公司为证明被异议商标违反《商标法》第四十一条第一款规定而提交的证据，与本案是否应予再审无关，最高人民法院不予评判。

二、关于引证商标在被异议商标申请日前是否已达到驰名程度的问题

《商标法》第十三条第二款规定：就不相同或者不相类似商品申请注册的商标是复制、摹仿或者翻译他人已经在中国注册的驰名商标，误导公众，致使该驰名商标注册人的利益可能受到损害的，不予注册并禁止使用。根据上述法律条款的规定，第 9 类商品上的引证商标在第 18 类商品上的被异议商标申请日之前是否已达到驰名商标的程度，是引证商标能否合法阻止被异议商标在不相类似商品上申请注册的关键事实。为证明上述事实，苹果公司在商标异议复审、一审、二审及再审申请阶段，分别提交了相关证据。上述证据中，部分内容仅

涉及引证商标在被异议商标申请日后的实际使用及知名度的事实,与本案的关键事实并无直接关联性。其余证据,如关于苹果公司于 1993 年开始在北京设立办事处、苹果公司于 2007 年 1 月公布 IPHONE 手机概念、第一代 IPHONE 手机于 2007 年 6 月 29 日在美国上市、中关村在线网站发布的《2007 年 7 月智能手机市场关注度及价格报告》等媒体报道或网站信息,其证明的相关事实虽早于被异议商标申请日发生,但仍不足以证明引证商标在被异议商标申请日之前已达到驰名程度的关键事实,该部分证据缺乏证明力,主要体现在以下几方面:1. 苹果公司派驻代表机构在中国开展商务活动之初,尚不存在任何关于宣传和使用 IPHONE 商业标志的事实,苹果公司的经营历史及知名度与引证商标的宣传、使用历史及知名度并不必然等同;2. 苹果公司正式向中国市场销售IPHONE 手机的时间为 2009 年 10 月,自 IPHONE 手机概念公布至 2009 年 10 月的逾两年内,苹果公司并未在中国市场销售 IPHONE 手机,相关公众在中国市场无法通过正规销售渠道购得 IPHONE 手机,中国相关公众缺乏通过购买、使用 IPHONE 手机熟悉并高度认同"IPHONE"商标的有效渠道;3. 中关村在线网站发布的《2007 年 7 月智能手机市场关注度及价格报告》等证据亦显示,在被异议商标申请日前通过非正规销售渠道流入中国市场的 IPHONE 手机,在当时的中国智能手机市场中并未占有较高份额;4. 在被异议商标申请日之前,与IPHONE 手机有关的信息内容主要集中在对苹果公司下一代产品及经营策略的新闻报道、分析预测性文章,传播载体集中于《程序员》《软件世界》《环球》、《经济论丛》等专业性较强的报刊,鲜有面向中国相关公众(尤其是广大消费者)的 IPHONE 手机商业广告。相反的是,苹果公司的部分证据恰恰反映了以下特点:1. IPHONE 手机概念公布至被异议商标申请日期间,IPHONE 手机是部分媒体关注的对象,但并非中国主要媒体商业广告的对象,也未成为中国市场广大消费者熟悉并认可的知名品牌;2. IPHONE 手机概念公布至苹果公司正式向中国市场销售 IPHONE 手机的逾两年内,苹果公司基于其经营策略,未实施向中国市场投放 IPHONE 品牌广告、销售 IPHONE 手机商品等经营行为,"IPHONE"商标至少在被异议商标申请日之前缺乏在中国驰名的客观条件。因此,苹果公司的证据尚未有效证明在被异议商标申请日前,引证商标为中国相关公众所熟知并已达到驰名程度的事实。苹果公司主张引证商标随着 IPHONE手机概念的公布及在美国首次销售的信息在全球传播而瞬间成为驰名商标的理由,既不符合 2007 年互联网在中国的实际状况,也不符合引证商标当时在中国的使用状况。苹果公司主张引证商标在被异议商标申请日之前已在中国驰名的理由无事实根据,最高人民法院不予支持。

三、关于被异议商标是否属于《商标法》第十条第一款第（八）项情形的问题

《商标法》第十条第一款第（八）项规定不得作为商标使用的标志是指有害于社会主义道德风尚或者有其他不良影响的标志。上述规定所指的有其他不良影响的标志，主要是指对于中国政治、经济、文化、宗教、民族等社会公共利益和公共秩序产生消极、负面影响的标志。最高人民法院认为，本案被异议商标的申请注册未对中国的社会公共利益和公共秩序产生消极、负面影响，不属于《商标法》第十条第一款第（八）项规定的情形。

综上，苹果公司的再审申请不符合《中华人民共和国行政诉讼法》第九十一条规定的再审情形。最高人民法院依照《最高人民法院关于执行〈中华人民共和国行政诉讼法〉若干问题的解释》第七十四条之规定，裁定如下：

驳回苹果公司的再审申请。

【相关法律条文】

《中华人民共和国商标法》第十四条、第三十一条。

【案例评析】

《商标法》第十三条规定，"为相关公众所熟知的商标，持有人认为其权利受到侵害时，可以依照本法规定请求驰名商标保护。就相同或者类似商品申请注册的商标是复制、摹仿或者翻译他人未在中国注册的驰名商标，容易导致混淆的，不予注册并禁止使用。"需注意的是，相关商标须被证明在被异议商标申请日之前已在中国驰名，方可适用《商标法》第十三条之规定。

【思考题】

认定"驰名商标"应考虑哪些因素？

案例十三　普拉达有限公司诉天津万顺融和商业管理有限公司侵害商标权及不正当竞争纠纷案

普拉达公司就万顺融和商业管理有限公司在其位于中国天津自由贸易试验区（机场片区）欧洲贸易中心的销售专区的货柜上方、店铺内灯箱广告宣传画

使用 "PRADA" 标识，并在前台背景墙使用了包括 "PRADA" "MIU MIU" "Dior" "GUCCI" "ARMANI" 等在内的多个标识的行为提起侵害商标权及不正当竞争之诉。一审法院驳回普拉达公司的诉讼请求，普拉达公司不服，提起上诉，天津市第二中级人民法院进行了调解，当事人达成调解协议。

【案情简介】

普拉达公司成立于 1994 年 7 月 29 日，注册登记于卢森堡大公国。2011 年，中华人民共和国国家工商行政管理总局商标局出具《商标注册证明》，证明原告在 18 类及 25 类商品上使用的 "PRADA" 文字商标（注册号分别为：1263052、1260952）已经注册，上述商标目前均在有效期内。2015 年 12 月 25 日，中华人民共和国国家工商行政管理总局商标局出具《商标注册证明书》，证明原告在第 35 类服务上使用的 "PRADA" 商标已经注册，注册号为 G758862，有效期自 2011 年 4 月 26 日至 2021 年 4 月 26 日。

2014 年 11 月 2 日，中华人民共和国国家工商行政管理总局商标局出具《商标注册证明》，证明原告在 18 类及 25 类商品上使用的 "MIU MIU" 文字商标已经注册，注册号为 G686197，上述商标目前均在有效期内。2016 年 8 月 5 日，中华人民共和国国家工商行政管理总局商标局出具《商标注册证明》，证明原告在第 35 类服务上使用的 "MIU MIU" 商标已经注册，注册号为 G869657，有效期自 2015 年 11 月 8 日至 2025 年 11 月 8 日，核定使用商品/服务范围：办公事务。

原告进入中国市场后，在《ELLE 世界时装之苑》《时尚芭莎》等杂志上使用 "PRADA" "MIU MIU" 标识进行了广告宣传。2000 年 6 月，"PRADA" 商标被列入 "全国重点商标保护名录"。涉案商标、字号在中国具有较高的市场知名度和良好的声誉。为维护良好的、统一的商业形象和服务水准，提高商品及服务声誉，原告在中国的店铺均以直营店方式开设，未授权其他经销商销售原告的产品。

另，被告万顺融和公司成立于 2013 年 11 月 28 日，注册资本 10000 万元人民币。万顺融和公司是中国天津自由贸易试验区（机场片区）欧洲贸易中心（以下简称欧贸中心）的运营商。欧贸中心对外宣称系 "中国第一个以纯正欧洲商品为主题的新型商业平台"，其 2 号精品店内销售包括 "PRADA" "MIU MIU" "GUCCI" "MARC JACOBS" "FENDI" "VERSACE" 等多个品牌的进口商品。欧贸中心依托天津自由贸易试验区的成立，在国内外进行了广泛推介，陆续有国内外组织、机构前来考察或与被告签约合作。

被告运营的欧贸中心所售"PRADA""MIU MIU"产品进口自 Sigma Gi S. p. A. uniresonable，MODAMILANO SRL UNIPERSONABLE，履行了正当的进出口报关手续。

2015年6月5日，原告委托代理人与天津市东丽公证处公证员来到融和广场。公证员陪同代理人进到楼体外标有"欧洲名品直销中心"门口所示2号楼1-3门商店内，在公证员的监督下，代理人对店内销售商品现状进行拍照并制作了照片。公证处工作人员对代理人拍照行为进行了现场监督，并制作了（2015）津东丽证字第1392号公证书。公证书所附照片显示，万顺融和公司经营的欧贸中心的销售专区的货柜上方、店铺内灯箱广告宣传画使用了"PRA-DA"标识，欧贸中心前台背景墙使用了包括"PRADA""MIU MIU""Dior""GUCCI""ARMANI"等在内的多个标识。

原告对于被告经营的欧贸中心所售的"PRADA""MIU MIU"品牌的商品为真品并无异议，也未主张欧贸中心所销售的商品与原告授权的经营者在我国销售的产品在质量等级或品质方面存有实质性差异。

【法院判决】

天津市滨海新区人民法院于2016年10月8日作出（2015）滨民初字第1515号民事判决：驳回原告的诉讼请求。普拉达公司不服，提起上诉。天津市第二中级人民法院进行了调解，当事人达成了如下调解协议：一、被上诉人天津万顺融和商业管理有限公司应在其经营的融和广场欧洲名品直销中心收银台背景墙和展柜上规范使用上诉人普拉达有限公司"PRADA"和"MIU MIU"注册商标标识以及"PRADA"企业名称；二、被上诉人天津万顺融和商业管理有限公司在其经营的融和广场欧洲名品直销中心收银台背景墙和展示柜标注被上诉人天津万顺融和商业管理有限公司企业名称，并为指示和说明目的使用商品商标属于规范性使用。

天津市滨海新区人民法院认为：综合双方当事人的诉辩意见，本案的争议焦点应为：（1）原告指控的商标侵权行为是否成立；（2）原告指控的不正当竞争行为是否成立。

关于第一个争议焦点，原告主张被告侵害其商标专用权的行为具体表现在：（1）欧贸中心的店铺内灯箱广告、店招上使用了涉案商标；（2）欧贸中心的前台背景墙上使用了涉案商标；（3）欧贸中心外墙上有大幅广告使用了涉案商标。本案涉及平行进口商品的商标使用问题。《商标法》所保护的是标识与商品来源的对应性，商标禁用权也是为此而设置的，绝非为商标权人垄断商品流通环节所创设，即商标权利用尽规则应当是市场自由竞争所必需的基础规则之一。在此基础上，若商品确实来源于商标权人，此时商标权人已经从"第一次"销售中实现了商标的商业价值，而不能阻止他人进行"二次"销售或合理的商业营销，否则将阻碍市场的正常竞争秩序建立的进程。本案中，被告所销售的涉案品牌的商品不是直接来源于原告，但商品的国际流通具有多渠道、多环节性，原告对欧贸中心所售货品为真品并无异议，也未主张欧贸中心所销售的商品与原告授权的经营者在我国销售的产品在质量等级和品质方面存在实质性差异，被告通过正常的交易行为进口了涉案品牌的商品，履行了正常的进口报关手续，被告以平行进口方式取得原告的产品并在国内市场进行销售并未违反我国法律的禁止性规定，故对于被告经营的欧贸中心销售平行进口商品本身不构成侵权并无疑议。

本案需要评价的是被告销售平行进口商品时在灯箱广告、货柜上方、室外广告使用原告商标的行为。首先，从行为模式看，本案被告使用涉案商标的行为属于《商标法》意义上的商标使用行为。其次，应判断上述行为是否为对商标的合理使用。第一，被告经营的欧贸中心，是国家决定在天津设立自由贸易试验区后落成的商业项目，对外宣传是一个以欧洲商品为主题的新型商业平台。欧贸中心在外墙上的广告罗列了包括涉案商标在内的 20 多个品牌的商标；在精品店展厅内集中销售包括"PRADA""MIU MIU"在内的众多知名品牌的商品，其在销售专区货柜上方使用了上述标识，符合零售者通常所采用的利用商标表明该区域在售品牌的基本形式；前台的背景墙也并非仅仅使用了涉案商标，而是并列了若干知名品牌的商标。欧贸中心上述使用商标的行为是为了在展厅内区分销售区域，标明该区域在售的商品品牌，指示欧贸中心销售的商品、服务的真实来源，而非为了使消费者产生混淆。第二，法院注意到欧贸中心区别于一般的销售平行进口商品的商场，欧贸中心依托北方首个自贸区"天津自由贸易试验区"的成立，在国内外做了广泛的推介活动，对外广而告之其系中国海关在华北地区首次批准设立的保税直销卖场，以保税和跨境交易为特色，系欧洲进口商品的集中展销中心，并获得了较高的知名度。故虽然欧贸中心所售产品不是直接通过原告或者其授权中国销售的经营者取得，但是相关公众对于欧贸中心销售进口商品这一事实广泛知晓，以上指示性使用行为不会让消费者对于二者进入中国市场的不同途径产生混淆或者误认，不会使到欧贸中心购买涉案品牌商品的消费者产生欧贸中心与原告之间存在某种关联关系的误认。

同时，法院也注意到，被告经营的欧贸中心对于涉案商标的指示性使用，可进一步规范，比如在使用时进一步标注清楚其展销的系平行进口商品。

对于第二个争议焦点，原告主张被告的不正当竞争行为具体表现在商场外墙广告中使用"欧洲名品直销节"字眼；店内、店外广告上使用了原告的字号。原告主张其依据的是《反不正当竞争法》第五条第（三）项的规定，"擅自使用他人的企业名称或者姓名，引人误认为是他人商品"。《最高人民法院关于审理不正当竞争民事案件应用法律若干问题的解释》第六条、第七条规定也旨在规制使用知名企业名称中的字号引人误以为是他人商品的行为。

本案中，原告的"PRADA"商标和字号相同，对上述行为评判时，首先要确认被控侵权行为指向的是原告的商标还是字号。被告在商场外墙上的"ETC欧洲名品直销节"广告并列展示的除了"PRADA""MIU MIU"，还有若干图形商标、图文商标，比如"VERSACE""BALLY"图文商标，由此可以看出，虽然原告的商标与字号相同，但该广告使用标识的行为指向的是商标而非字号。再综观欧贸中心的宣传、营销模式，其使用涉案标识的目的、方式均指向商标，而非字号。其次，欧贸中心销售的产品系"PRADA"正品，且其所售产品与原告产品不存在质量等级、品质优劣的差异，其在销售推介时，必然要使用涉案的标识来标明在售品牌，向消费者指示商品、服务来源；欧贸中心在户外广告中使用"欧洲名品直销中心""欧洲名品直销节"等字样，也系为了对外宣传其与传统进口依托代理商不同，没有中间环节的经营模式，对此在第一个争议焦点中已有论述。故欧贸中心合理的营销行为不会"引人误以为是他人商品"，也不会让消费者误以为其与原告存在关联关系。最后，原告庭审中主张被告利用原告的字号推介天津市万顺融和滨海房地产有限公司的地产项目，但因其未能提交证据证实，法院不予采信。

综上，因被控侵权行为中对于"PRADA"标识的使用系商标性使用，且原告未提交证据证实被告存在其他的使用原告的字号获取市场竞争优势或者破坏他人市场竞争优势，以不正当手段给其他经营者造成市场损害的行为，故被告在店内、户外广告中使用"PRADA"标识的行为不构成不正当竞争。

综上所述，被告三种使用商标的情形系对涉案商标的合理使用，不构成商标侵权；被控构成不正当竞争的行为，具体指向的是原告的商标，而非字号，也不会"引人误以为是他人商品"，因而不构成不正当竞争。原告的主张缺乏事实及法律依据，法院不予支持。

【相关法律条文】

《反不正当竞争法》第五条第（三）项，及《最高人民法院关于审理不正当竞争民事案件应用法律若干问题的解释》第六条、第七条。

【案例评析】

对营销平行进口商品时使用商标行为的评判，要立足立法原意，还要充分考虑自贸区落地项目的经营模式特点。欧贸中心作为天津自由贸易实验区的首个落地项目，对外广而告之其作为欧洲进口商品的集中展销中心销售平行进口商品，若商品不存在实质性差异，其对商标的指示性使用不会混淆商品和服务来源，不会导致公众对于进口产品进入中国的渠道及当事人关联关系的混淆和误认，则不构成商标侵权。

商标和字号相同或相近，若对标识的使用指向的是商标而非字号，合理的营销行为不会"引人误以为是他人商品"，不会让消费者产生关联关系的误认，不构成不正当竞争。字号进口并销售商标产品本身不构成商标侵权。

【思考题】

商标的"合理使用"如何判断？

案例十四　普兰娜生活艺术有限公司与国家工商 行政管理总局商标评审委员会商标 申请驳回复审行政纠纷案

再审申请人普兰娜生活艺术有限公司（以下简称普兰娜公司）因与被申请人国家工商行政管理总局商标评审委员会（以下简称商标评审委员会）商标申请驳回复审行政纠纷一案，不服北京市高级人民法院（2015）高行（知）终字第3778号行政判决，向最高人民法院申请再审。最高人民法院于2016年12月28日作出（2016）最高法行申2221号行政裁定，提审本案。提审后，最高人民法院依法组成合议庭进行了审理，现已审理终结。

【案情简介】

2010年12月28日，普兰娜公司向商标局提出第8996648号"prana及图"商标申请注册，指定使用的商品为国际分类第28类第2807、2809群组"瑜伽砖；瑜伽板；瑜伽带；攀岩用皮带"。

引证商标一为第8885559号"prana"商标，申请日期为2010年11月26

日，权利人为蓝帽子（厦门）文化传播有限公司，商标专用期自 2012 年 10 月 14 日至 2022 年 10 月 13 日止。核定使用的商品为国际分类第 28 类第 2801 – 2804、2807、2810 群组"游戏机；电动游艺车；玩具；玩具汽车；智能玩具；儿童游戏用踏板车（玩具）；棋；运动球类；滑板；圣诞树用装饰品（照明用物品和糖果除外）"，其中仅"滑板"商品属于第 2807 群组。

引证商标二为第 G686680 号"prada 及图"商标，国际注册日为 1997 年 12 月 23 日，权利人为普拉达有限公司，专用权期限自 2007 年 12 月 23 日至 2017 年 12 月 23 日止。核定使用的商品为国际分类第 28 类第 2801 – 2807、2809 – 2811 群组"娱乐品；玩具；不属别类的体育及运动用品；圣诞树用装饰品"。

2012 年 3 月 27 日，商标局作出《商标驳回通知书》，认定申请商标与引证商标一、二构成近似商标，驳回申请商标的注册申请。普兰娜公司不服，于 2012 年 4 月 16 日向商标评审委员会申请复审，请求准予申请商标的注册申请。其主要理由为：申请商标与引证商标不构成近似商标；申请人与引证商标二的权利人正在协商共存协议；申请商标具有较强的显著性，且通过申请人的广泛宣传和使用，在业内已具有较高知名度，已被相关公众所熟知，不会引起消费者的混淆误认。

商标评审委员会于 2013 年 12 月 9 日作出被诉决定认为，申请商标文字"prana"与引证商标一第 8885559 号"prana"商标文字"prana"、引证商标二第 G686680 号"prada 及图"商标文字"prada"均由多个英文字母构成，在字母构成、呼叫等方面相近，其间仅有个别字母不同，消费者在隔离状态下施以一般注意力不易区分，已构成近似商标。申请商标指定使用的"瑜伽砖、瑜伽板、瑜伽带、攀岩用皮带"商品与引证商标一核定使用的"滑板"等商品在功能、用途、销售场所等方面相近，属于同一种或类似商品。申请商标与引证商标一、二共存上述商品，易导致相关公众对商品来源产生混淆误认。因此，申请商标与引证商标一、二构成使用在同一种或类似商品上的近似商标。普兰娜公司提供的证据不足以证明申请商标经过使用已具有较高知名度，进而足以与引证商标一、二相区分的显著性。依据 2001 年修正的《中华人民共和国商标法》（以下简称《商标法》）第二十八条的规定，申请商标予以驳回。

普兰娜公司不服被诉决定，向北京市第一中级人民法院提起行政诉讼称，申请商标与引证商标一、二不构成近似商标；普兰娜公司对申请商标享有受法律保护的企业名称权，其注册具有合理合法的基础，应予以核准；申请商标通过广泛宣传和使用，享有较高的知名度，符合《商标法》及相关法律关于商标注册的规定。请求撤销被诉决定，判令商标评审委员会重新作出决定。

商标评审委员会辩称，被诉决定认定事实清楚，适用法律正确，作出程序合法，请求依法判决维持被诉决定，并判令普兰娜公司承担本案诉讼费用。

普兰娜公司在一审庭审中出具经公证认证的引证商标二权利人普拉达有限公司的同意函（原件），普拉达有限公司在该函中同意申请商标在第28类"瑜伽砖；瑜伽板；瑜伽带；攀岩用皮带"商品上的中国注册。

【法院判决】

一审法院经审理认为，首先，关于申请商标与引证商标一是否构成类似商品上的近似商标问题。申请商标指定使用的"瑜伽砖；瑜伽板；瑜伽带"三项商品与引证商标一核定使用的"滑板"商品同属于第2807"体操、举重、田径、冰雪及属于本类的其他运动器材"群组，构成类似商品。申请商标指定使用的"攀岩用皮带"与引证商标一核定使用的"滑板"等商品不构成类似商品。申请商标英文文字部分"prana"与引证商标一英文文字"prana"并无明显区别，二者呼叫相同，已构成近似标识。申请商标指定使用在"瑜伽砖；瑜伽板；瑜伽带"商品上与引证商标以已构成类似商品上的近似商标。普兰娜公司关于申请商标经过长期宣传使用已取得较高知名度并不足以导致混淆误认的主张，缺乏事实及法律依据，不予支持。其次，关于申请商标与引证商标二是否构成类似商品上的近似商标问题。在案证据显示，引证商标二的权利人普拉达有限公司已出具同意函，同意申请商标在"瑜伽砖；瑜伽板；瑜伽带；攀岩用皮带"商品上的中国注册，考虑到上述情况，以及申请商标与引证商标二标识本身并非完全相同，故引证商标二已非申请商标在全部商品上获准注册的在先权利障碍。另外，普兰娜公司所提其对申请商标享有受法律保护的企业名称权，故申请商标应予核准注册的主张，缺乏法律依据，不予支持。综上，依据1989年《中华人民共和国行政诉讼法》第五十四条第（二）项第1目、第2目的规定，判决撤销被诉决定；商标评审委员会对普兰娜公司关于申请商标的驳回复审申请重新作出决定。

普兰娜公司不服一审判决，向北京市高级人民法院提起上诉称，申请商标指定使用的"瑜伽砖；瑜伽板；瑜伽带"商品在功能、用途、消费渠道、消费群体等方面与引证商标一核定使用的"滑板"商品不构成类似商品；申请商标与引证商标一不构成近似商标；申请商标指定使用在"瑜伽砖；瑜伽板；瑜伽带"商品上与引证商标一核定使用在"滑板"商品不会产生混淆误认。请求撤销一审判决关于申请商标指定使用在"瑜伽砖；瑜伽板；瑜伽带"上不予核准注册的部分，并依法予以改判。

二审法院经审理认为，申请商标指定使用的"瑜伽砖；瑜伽板；瑜伽带"商品虽然不是《类似商品和服务区分表》中的标准商品，但其与引证商标一核定使用的"滑板"商品在生产部门、消费对象、销售渠道等方面关联密切、存在较大程度的重合，容易使相关公众认为商品是同一主体提供的，或者其提供者之间存在特定联系，构成类似商品。申请商标的显著识别部分与引证商标一在英文字母组成、排列方式和发音上完全相同，虽然二者在字体及商标整体设计上存在细微差异，但并不能达到显著区分的功效。若申请商标与引证商标一共同使用于类似商品上，易使相关公众对商品的来源产生混淆和误认，二者已构成近似商标。普兰娜公司在一审诉讼中提供的证据不足以证明申请商标在引证商标一申请日之前，在中国经过使用具有较高知名度且足以与引证商标以相区分。商标评审案件遵循个案审查原则，普兰娜公司所述其他商标注册情况与本案事实情况不同，不能作为本案申请商标获准注册的当然理由。据此，驳回上诉、维持原判。

普兰娜公司向最高人民法院申请再审称，（一）申请商标的优先权日期早于引证商标一的申请日期，指定使用在"瑜伽砖；瑜伽板；瑜伽带"商品上的申请商标应予核准注册。普兰娜公司提交的优先权证明文件及商标档案均可证明申请商标的优先权日期为 2010 年 11 月 19 日，早于引证商标一的申请日期 2010 年 11 月 26 日。商标评审委员会将引证商标一作为在先商标属于事实认定错误，商评字〔2013〕第 129449 号关于第 8996648 号"prana 及图"商标驳回复审决定（以下简称被诉决定）及一、二审判决认定事实的主要证据不足。（二）被诉决定以及一、二审判决认定申请商标指定使用的商品"瑜伽砖；瑜伽板；瑜伽带"与引证商标一核定使用的商品"滑板"构成类似商品，申请商标与引证商标一构成近似的认定，主要证据不足，导致法律适用错误。1. 申请商标指定使用的"瑜伽砖；瑜伽板；瑜伽带"商品与引证商标一核定使用的"滑板"商品不构成类似商品。2. 申请商标与引证商标一在整体外观、商标构成存在一定区别，申请商标指定使用在"瑜伽砖；瑜伽板；瑜伽带"商品上与引证商标一核定使用在"滑板"商品不会产生混淆误认。3. 申请商标与引证商标一使用在各自指定/核定的商品上，足以起到识别商品来源的作用。4. 普兰娜公司在广告宣传和营销推广中大量使用了申请商标，申请商标已经与普兰娜公司建立了紧密甚至唯一的联系，足以与引证商标一区别开，申请商标的注册和使用不会造成相关公众的混淆误认，应当准予注册。综上，请求撤销一、二审判决以及被诉决定，判令被申请人重新作出决定。

普兰娜公司在申请再审阶段提交了申请商标的商标档案以及申请商标的申

请材料。商标注册申请书盖有北京东方亿思知识产权代理有限责任公司的公章，该申请书记载，优先权初次申请国为美国，申请日期为2010年11月19日。北京东方亿思知识产权代理有限责任公司在致商标局的"关于优先权文件的说明"中称，普兰娜公司于2010年12月28日提交申请商标在第28类使用商品上的商标注册申请，同时载有优先权初次申请国以及申请日期和申请号等。同时，普兰娜公司提交了其在法定期间提出优先权申请的资料，商标局档案处对该资料的真实性盖章予以认可。

商标评审委员会答辩称，（一）申请商标指定使用的商品"瑜伽砖；瑜伽板；瑜伽带"与引证商标一核定使用的商品"滑板"在消费对象、销售渠道等方面关联密切，属于类似商品。申请商标与引证商标一构成使用在同一种或类似商品的近似商标。（二）虽然经核实普兰娜公司曾提交过优先权申请的文件，但国家工商行政管理总局商标局（以下简称商标局）在审查过程中仍将引证商标一作为本案的引证商标，证明没有对申请商标的优先权予以认可。综上，请求维持一、二审判决以及被诉决定。

围绕当事人的再审请求，最高人民法院审理查明如下事实：

普兰娜公司依据其于2010年11月19日在美国提交的"prana及图"商标申请，于2010年12月28日向商标局提交了申请商标的注册申请，在申请书中主张优先权，并于2011年1月27日提交了相应的优先权证明文件。申请商标的优先权日期为2010年11月19日。

商标评审委员会在北京市高级人民法院作出（2015）高行（知）终字第3778号行政判决后，于2016年1月27日作出《关于第8996648号"prana及图"商标驳回复审决定书》，结论为申请商标指定使用在"攀岩用皮带"商品上的注册申请予以初步审定，申请商标指定使用在其余复审商品上的注册申请予以驳回。2016年3月29日，普兰娜公司对该决定不服，向北京知识产权法院提起行政诉讼称，该决定对申请商标指定使用在"攀岩用皮带"商品上的注册申请予以初步审定，其不持异议，但认为对驳回申请商标在"瑜伽砖；瑜伽板；瑜伽带"商品上的注册申请的部分，事实认定错误，应当予以撤销。其理由之一为，商标评审委员会关于引证商标一为在先商标的认定属于事实认定错误，申请商标的优先权日期早于引证商标一的申请日期，申请商标应为在先商标。

最高人民法院认为，本案焦点问题为，对于指定使用在"瑜伽砖；瑜伽板；瑜伽带"商品上的申请商标而言，引证商标一是否构成其获准注册的权利障碍。

《商标法》第二十四条规定"商标注册申请人自其商标在外国第一次提出商标注册申请之日起六个月内，又在中国就相同商品以同一商标提出商标注册申请的，依照该外国同中国签订的协议或者共同参加的国际条约，或者按照相互承认优先权的原则，可以享有优先权。依照前款要求优先权的，应当在提出商标注册申请的时候提出书面声明，并且在三个月内提交第一次提出的商标注册申请文件的副本；未提出书面声明或者逾期未提交商标注册申请文件副本的，视为未要求优先权。"该条对已在国外申请的商标在中国申请优先权的取得及程序进行了规定。本案引证商标一的申请日期为 2010 年 11 月 26 日，根据本案查明的事实，申请商标的优先权日期为 2010 年 11 月 19 日，申请商标的优先权日期早于引证商标一的申请日期。

普兰娜公司在商标授权的行政程序中曾经提出过优先权的主张，商标局并未对该申请给予回复，商标评审委员会亦未能在审查阶段对该事实予以认定，导致被诉决定存在遗漏当事人请求的情形。本案一、二审法院均已判决商标评审委员会对申请商标重新作出决定，而对于优先权认定的基本事实，商标评审委员会重新作出的决定并未涉及。由于优先权的认定是判断本案引证商标一是否能够成为申请商标的权利障碍的关键事实，且普兰娜公司对重新作出的商标驳回复审决定再次提出了行政诉讼。鉴于本案被诉决定对申请商标的优先权日存在漏审，导致错误认定了引证商标一成为注册申请的权利障碍，为避免循环诉讼、及时维护当事人权益、提高诉讼效率，最高人民法院参照最高人民法院《关于审理商标授权确权行政案件若干问题的规定》第二条关于"人民法院对商标授权确权行政行为进行审查的范围，一般应根据原告的诉讼请求及理由确定。原告在诉讼中未提出主张，但商标评审委员会相关认定存在明显不当的，人民法院在各方当事人陈述意见后，可以对相关事由进行审查并做出裁判"的规定，对被诉决定认定的错误事实予以纠正，即申请商标的优先权日期为 2010 年 11 月 19 日，而非 2010 年 12 月 28 日。由于申请商标的优先权日期早于引证商标一的申请日期，故引证商标一不构成申请商标能否注册申请的权利障碍。在此情形下，无须讨论申请商标与引证商标一是否构成同一种或类似商品上的近似商标。

综上所述，普兰娜公司关于优先权的再审申请理由成立，商标评审委员会作出的被诉决定结论错误，应予撤销。一、二审判决维持了被诉决定的错误认定，亦应予撤销。依照 2001 年修正的《中华人民共和国商标法》第二十四条，2014 年修正的《中华人民共和国行政诉讼法》第七十条、第八十九条第一款第（二）项、第三款，最高人民法院《关于执行〈中华人民共和国行政诉讼法〉若干问题的解释》第七十六条第一款、第七十八条规定，判决如下：

一、撤销北京市高级人民法院（2015）高行（知）终字第 3778 号行政判决；

二、撤销北京市第一中级人民法院（2014）一中行（知）初字第 7996 号行政判决；

三、撤销国家工商行政管理总局商标评审委员会商评字〔2013〕第 129449 号关于第 8996648 号"prana 及图"商标驳回复审决定；

四、国家工商行政管理总局商标评审委员会就第 8996648 号"prana 及图"商标重新作出驳回复审决定。

【相关法律条文】

《中华人民共和国商标法》第二十四条，《关于审理商标授权确权行政案件若干问题的规定》第二条。

【案例评析】

申请人在申请商标注册时主张有优先权，行政部门对申请商标是否享有优先权存在漏审，导致被诉决定错误的，人民法院应当在查清相关事实的基础上依法作出裁判。

【思考题】

什么是商标优先权？根据《商标法》，已在国外申请的商标在中国应如何申请优先权？

案例十五　上海帕弗洛文化用品有限公司诉上海艺想文化用品有限公司、毕加索国际企业股份有限公司商标使用许可合同纠纷案

原告上海帕弗洛文化用品有限公司（以下简称帕弗洛公司）因与被告上海艺想文化用品有限公司（以下简称艺想公司）、被告毕加索国际企业股份有限公司（以下简称毕加索公司）发生商标使用许可合同纠纷，上海市第一中级人民法院做出一审判决，双方均提起上诉，上海市高级人民法院维持原判。

【案情简介】

被告毕加索公司于 2003 年 5 月 21 日获核准注册涉案商标。2003 年 7 月 9 日，毕加索公司出具《授权证明书》，证明 2003 年 7 月 9 日至 2008 年 12 月 31 日授权原告帕弗洛公司在中国大陆地区使用系争商标。2008 年 9 月 8 日，毕加索公司再次出具《授权证明书》，授予帕弗洛公司中国大陆地区在书写工具类别上商业使用涉案商标，权利内容：中国大陆地区独家制造与销售，授权期限自 2008 年 9 月 10 日起至 2013 年 12 月 31 日止。2009 年 3 月 12 日，商标局向毕加索公司发出商标使用合同备案通知书，告知毕加索公司于 2008 年 6 月 30 日报送的许可帕弗洛公司使用涉案商标的使用许可合同备案申请已被核准。2010 年 2 月 11 日，毕加索公司与帕弗洛公司签订《授权契约书》，约定在原契约基础上延展十年，自 2014 年 1 月 1 日起至 2023 年 12 月 31 日止。

2012 年 1 月 1 日，被告毕加索公司与原告帕弗洛公司签订商标使用许可合同备案提前终止协议，但约定双方关于该商标的其他约定不受影响。2012 年 3 月 13 日，商标局发布 2012 年第 10 期商标公告，提前终止许可合同备案，提前终止日期为 2012 年 1 月 1 日。

2012 年 2 月 16 日，被告毕加索公司与被告艺想公司在上海签订《商标使用许可合同书》。该合同约定：第二条、独占使用；第五条、许可期限 2012 年 1 月 15 日至 2017 年 8 月 31 日；特别说明：甲方应在签订此合同一年内完成许可合同备案；除因商标局审查程序、期限冗长之外，若因甲方未积极撤销与帕弗洛公司在国家商标局之备案合同或者其他原因未在国家商标局办妥备案的，则乙方有权终止本合同。同日，毕加索公司出具授权书称艺想公司是中国大陆地区唯一独家授权。

【法院判决】

上海市第一中级人民法院认为：

一、原告帕弗洛公司获得了涉案商标的独占许可使用权

三方协议书、商标注册证明、被告毕加索公司出具的授权证明书和毕加索公司与帕弗洛公司所签订的授权契约书等证据之间可以相互印证，反映出涉案商标由台湾帕弗洛公司从毕加索公司处获得授权后转授权给帕弗洛公司使用的事实。毕加索公司在书面答辩意见中也对上述事实予以确认，帕弗洛公司获得涉案商标使用权的合同关系真实有效。根据毕加索公司的书面答辩意见，确认其所出具的两份授权证明书系真实有效，而 2008 年 9 月 8 日其所出具的第二份

授权证明书载明"权利内容：中国大陆地区独家制造与销售"，可以表明商标权利人授权帕弗洛公司使用涉案商标的授权方式符合我国商标法律规定的独占实施许可方式。因此，帕弗洛公司在 2008 年 9 月 10 日至 2013 年 12 月 31 日期间享有涉案商标的独占许可使用权。

二、本案系争合同不属于"恶意串通，损害第三人合法利益"的无效合同

被告毕加索公司和被告艺想公司之间所签订的商标使用许可合同系双方当事人真实意思表示，该两份合同所指向的商标使用许可关系真实存在，艺想公司亦支付了部分商标使用费作为对价。因此，艺想公司签订系争合同的目的在于获取涉案商标的独占许可使用权。艺想公司虽然曾经实施过不正当竞争行为，但其通过与商标权利人订立商标使用许可合同获取涉案商标独占许可使用权后，在其产品上使用涉案商标并不构成商标仿冒行为，也不必然构成对原告帕弗洛公司的不正当竞争。因此，艺想公司签订系争合同的目的并非出于损害帕弗洛公司的合法权益，也没有实施不正当竞争的主观恶意。艺想公司在与毕加索公司进行合同磋商时得知帕弗洛公司享有独占许可使用权的事实，但已经要求毕加索公司撤销其与帕弗洛公司的独占实施许可合同备案，故不能仅因艺想公司明知帕弗洛公司享有独占许可使用权的事实就认定其具有损害帕弗洛公司利益的主观恶意。毕加索公司作为商标权人，在涉案商标已经授权帕弗洛公司独占实施期间内，擅自与艺想公司签订新的独占实施许可合同，致使帕弗洛公司作为独占许可使用权人无法正常使用涉案商标，帕弗洛公司可以按照其与毕加索公司之间的相关合同约定维护其合法权益。"系争合同特别设置了针对帕弗洛公司不允许一方私自和解的条款"系艺想公司为保护自身合同利益而采取的措施，并不能证实其有损害帕弗洛公司合法利益的主观恶意。艺想公司在与毕加索公司签订了独占实施使用合同并支付了相应独占实施许可费用后，作为涉案商标的独占许可使用权人向工商行政部门提出投诉并非恶意损害帕弗洛公司合法利益的行为。毕加索公司、艺想公司投诉书内容相似亦不能证实两者具有合意损害帕弗洛公司利益的行为事实。

三、系争合同并未违反法律、行政法规的强制性规定

原告帕弗洛公司所主张的商标法司法解释第三条第一项的内容是对我国商标法所规定的三种商标使用许可方式的定义，不属于强制性法律规范。因此，系争合同的订立并未违反法律、行政法规的强制性规定，帕弗洛公司据此主张系争合同无效，亦缺乏事实和法律依据。

据此，上海市第一中级人民法院根据《中华人民共和国合同法》第五十二条第二项、第五项、《中华人民共和国民事诉讼法》第一百四十四条之规定，于

2014 年 7 月 29 日作出判决：

驳回原告帕弗洛公司的全部诉讼请求。本案一审案件受理费 13 800 元，由帕弗洛公司负担。

帕弗洛公司、艺想公司均不服一审判决，向上海市高级人民法院提起上诉。

帕弗洛公司请求：撤销原判，发回重审或改判支持其原审诉讼请求。其主要上诉理由为：一、原审查明事实错误。被上诉人毕加索公司在商标局的备案合同系伪造，原审法院认定该许可合同进行了备案、毕加索公司与帕弗洛公司于 2012 年 1 月 1 日签订提前终止备案协议，并无事实依据。二、原审适用法律错误。原审法院认为毕加索公司与艺想公司签订的商标独占许可使用合同并非无效合同，属定性错误。（一）艺想公司明知帕弗洛公司与毕加索公司之间存在商标许可关系，其仍与毕加索公司签订独占许可合同，其目的是进一步混淆市场、仿冒帕弗洛公司产品。且合同订立后，艺想公司据此向工商行政管理部门投诉帕弗洛公司，主观恶意明显。（二）系争合同属于艺想公司与毕加索公司恶意串通损害帕弗洛公司利益的无效合同。1. 从主观动机看，毕加索公司明知其与帕弗洛公司的商标许可关系并未到期，仍违背诚信原则与艺想公司签订商标许可合同，显属故意；艺想公司与帕弗洛公司生产销售同类产品，一直存在仿冒等不正当竞争行为，意图通过获得涉案商标许可使用授权进一步混淆市场。2. 系争合同专门设置了限制合同双方与帕弗洛公司和解的条款，是将双方利益捆绑后共同对抗帕弗洛公司，可佐证双方存在恶意串通行为。3. 未尽合理的通知、注意义务，毕加索公司和艺想公司均知悉帕弗洛公司享有涉案商标的许可使用权，即使毕加索公司要授权艺想公司使用涉案商标，应事先解除原授权使用关系，艺想公司也应调查此前的涉案商标许可使用关系是否已经解除。两被上诉人未尽到合理通知、注意义务，具有恶意。4. 在商标局备案的商标许可合同并未生效，其"林达光"签名并非毕加索公司负责人林达光的真实签名，而艺想公司在另案中曾致函最高人民法院称帕弗洛公司存在假冒签名骗取备案的行为，表明艺想公司知悉备案合同系假合同，其在系争合同中仅要求毕加索公司撤销备案合同，表明艺想公司清楚知悉涉案商标的前期授权关系尚未终止。5. 系争合同签订时，提前终止备案尚未公告，合同双方难以知悉备案已被提前终止，因此艺想公司主观恶意明显。6. 系争合同双方共同投诉、举报帕弗洛公司的商标侵权行为，表明双方事先有沟通、预谋。

上诉人艺想公司认同一审的判决结果，但认为一审认定的部分事实错误，请求发回重审或改判。其主要上诉理由为：一、一审判决认定被上诉人帕弗洛公司对涉案商标享有独占许可使用权，属认定事实错误。二、毕加索公司与帕弗洛公司存在直接利害关系，拒不到庭参加诉讼，法院不应采信其答辩意见。

上海市高级人民法院经二审，确认了一审查明的事实。

另查明：上诉人艺想公司在 2015 年 7 月 24 日法院召集其及上诉人帕弗洛公司谈话时表示，其在与被上诉人毕加索公司签订系争合同时，并不知晓帕弗洛公司与毕加索公司之间签订的合同的内容，但其知悉帕弗洛公司与毕加索公司之间就涉案商标存在使用许可关系；其在与毕加索公司签订系争合同时，毕加索公司称已与帕弗洛公司解除商标使用许可合同，因此其才敢与毕加索公司签订系争合同。

上海市高级人民法院二审认为：

本案二审的争议焦点为：一、商标局商标使用许可合同备案之效力以及备案合同和其后的备案提前终止协议是否存在伪造被上诉人毕加索公司负责人签名的问题。二、上诉人帕弗洛公司关于其享有涉案商标独占使用许可授权的证据之效力问题。三、台湾帕弗洛公司、毕加索公司与帕弗洛公司之间的商标使用许可关系的性质。四、上诉人艺想公司与毕加索公司签订的独占使用许可合同是否因恶意串通损害第三人利益而无效。五、艺想公司能否依据其与毕加索公司签订的系争合同获得涉案商标使用权。

一、商标局商标使用许可合同备案之效力以及备案合同和其后的备案提前终止协议是否存在伪造毕加索公司负责人签名问题

虽然备案合同及备案提前终止公告中的商标名称与涉案商标并不一致，但其商标注册号均与涉案商标相同；同时，商标局《商标使用许可合同备案通知书》载明的备案商标的注册号亦与涉案商标的注册号一致，因此应认定上述备案及其后的备案提前终止公告均与涉案商标相关。备案之许可合同以及《提前终止许可合同备案公告》中的商标名称虽有所出入，但在商标注册号均相同的情况下，应以商标注册号为依据确定所指向的商标标识。商标局将商标使用许可合同备案及终止备案的情况予以公告，其目的在于使不特定的第三人获悉涉案商标使用许可之权利变动状况，从而维护商标使用许可交易的安全。虽然备案之合同与上诉人帕弗洛公司和被上诉人毕加索公司、台湾帕弗洛公司间签订的相关协议并非同一，但商标使用许可合同备案的实质是将商标使用许可关系予以公示，且原审法院并未将备案之合同文本作为确定帕弗洛公司和毕加索公司之间权利义务的依据，因此并不影响帕弗洛公司的合法权益。基于商标局对毕加索公司与帕弗洛公司之间的商标使用许可合同的备案及其后备案终止的公告具有公示效力，相关公众应知悉毕加索公司与帕弗洛公司之间就涉案商标存在独占使用许可关系、该备案于 2012 年 1 月 1 日终止。相关合同文本之签名即

使系伪造，鉴于本案实际情况，也应认定不影响上述商标局备案和备案提前终止之公示的真实性及法律效力，因此不影响本案的判决结果。帕弗洛公司并未对此备案及此后该备案之终止提出异议，其已获得备案产生之相应利益，现又欲否定备案之效力，有悖诚信。如在他案中确需对相关签名是否伪造作出判断，则可在他案中另行解决。

二、上诉人帕弗洛公司关于其享有涉案商标独占使用许可授权的证据之效力问题

上诉人帕弗洛公司提供的证据并非孤证，而是可以构建起完整的证据链，证明涉案商标的使用许可授权过程及许可使用期间。原审法院并未直接采信被上诉人毕加索公司的答辩意见，而是综合在案证据对涉案商标使用许可授权的事实进行了认定，并无不妥。

三、台湾帕弗洛公司、被上诉人毕加索公司与上诉人帕弗洛公司之间的商标使用许可关系的性质

台湾帕弗洛公司与上诉人帕弗洛公司于2003年7月9日签订了《授权契约书》并于2005年3月21日签订了《授权契约补充协议》，根据上述协议，帕弗洛公司可以在大陆地区使用涉案商标。2003年7月9日，被上诉人毕加索公司出具《授权证明书》授权帕弗洛公司于2003年7月9日至2008年12月31日使用涉案商标；2008年9月8日，毕加索公司再次出具《授权证明书》，授权帕弗洛公司于2008年9月10日至2013年12月31日独家使用涉案商标；2010年2月11日，毕加索公司与帕弗洛公司签订《授权契约书》，约定将使用涉案商标的关系在原契约基础上延展十年，即自2014年1月1日至2023年12月31日。上述合同均系当事人的真实意思表示，合法有效，且毕加索公司为涉案商标的商标权人，其合法授权他人使用涉案商标的行为具有法律效力。根据上述合同约定，帕弗洛公司享有2008年9月10日至2023年12月31日在大陆地区独家使用涉案商标的权利。所谓"独"，即单一、唯一之义，上述合同中所谓独家使用，指涉案商标只能由被许可人帕弗洛公司使用，他人包括商标权人毕加索公司在内均不得使用，上诉人艺想公司所称的"独家"不同于"独占"之理由，难以成立。

四、上诉人艺想公司与被上诉人毕加索公司签订的独占使用许可合同是否因恶意串通损害第三人利益而无效

上诉人艺想公司与被上诉人毕加索公司于2012年2月签订的系争《商标使用许可合同书》，双方意思表示真实一致，合同已经成立并生效。关于艺想公司与毕加索公司是否存在恶意串通损害第三人利益并导致合同无效的问题，首先，

艺想公司与上诉人帕弗洛公司生产销售类似书写工具产品，在同一市场展开竞争，且毕加索公司在向法院提交的书面答辩意见中称已将其与帕弗洛公司的商标使用许可情况告知艺想公司；其次，艺想公司与毕加索公司在商标局 2012 年 3 月 13 日公告终止备案之前的 2012 年 2 月 16 日即签订系争商标使用许可合同，虽然商标使用许可合同备案于 2012 年 1 月 1 日终止，但并无证据表明帕弗洛公司与毕加索公司的商标独占使用许可合同关系已经解除，不能仅依据备案之终止而推定商标使用许可合同之解除；再者，艺想公司亦表示其知悉帕弗洛公司与毕加索公司之间的涉案商标使用许可关系。据此，可以认定艺想公司在与毕加索公司签订系争商标使用许可合同时，知晓帕弗洛公司与毕加索公司之间存在涉案商标独占使用许可关系，因而在重复授权情况下，艺想公司并不属于在后被授权之善意第三人。

然而，上诉人艺想公司不属于善意第三人，仅意味着其对被上诉人毕加索公司与上诉人帕弗洛公司之间的涉案商标独占使用许可关系是知情的，并不一定意味着其与毕加索公司间存在恶意串通并损害第三人利益之行为。从恶意串通的构成要件看，既需证明主观上存在加害故意，又需证明客观上存在串通行为。而本案中，艺想公司与毕加索公司签订使用许可合同的目的在于使用涉案商标，虽然艺想公司和毕加索公司在签订系争合同时，并未以毕加索公司和帕弗洛公司解除其双方在先的商标独占使用许可合同为合同生效前提之做法存在不妥，导致先后两个商标独占使用许可合同的许可期间存在重叠，但综合艺想公司在其系争合同中要求毕加索公司积极撤销与帕弗洛公司的备案合同等条款，本案中尚无充分证据证明艺想公司有加害帕弗洛公司的主观恶意，亦无证据证明艺想公司和毕加索公司间存在串通行为，因此难以认定此种合同行为属恶意串通损害第三人利益之行为。艺想公司、毕加索公司的投诉、举报行为，系基于其自认为艺想公司已获得涉案商标的独占许可使用权，且相应行政机关并未作出帕弗洛公司违法的决定，难言属于双方恶意串通之行为。至于系争合同专门设置的限制合同双方与第三方和解的条款，符合艺想公司维护其合同利益的目的，系市场竞争中的常见手段，同样难以认定系恶意串通行为。鉴于艺想公司与帕弗洛公司系同业竞争者，其采用与涉案商标权利人毕加索公司签订独占使用许可合同、要求毕加索公司不得在同类产品上向第三方授权使用涉案商标的方式展开市场竞争，该竞争方式本身并不具有违法性。系争合同不符合认定合同无效的法定条件，涉案各方之间的纠纷，可以通过追究违约责任等方式予以解决。

五、上诉人艺想公司能否依据其与被上诉人毕加索公司签订的系争合同获

得涉案商标使用权

虽然本案中上诉人艺想公司与被上诉人毕加索公司之间的商标使用许可合同已成立并生效，但合同已生效并不等于合同已被实际履行。首先，艺想公司、毕加索公司均知悉上诉人帕弗洛公司与毕加索公司就涉案商标存在的独占使用许可关系，艺想公司相对于帕弗洛公司与毕加索公司之间的商标独占使用许可合同关系而言，不属于善意第三人。其次，毕加索公司与帕弗洛公司之间就涉案商标存在独占使用许可合同关系，且该独占使用许可合同正常履行，虽然毕加索公司与帕弗洛公司之间的涉案商标使用许可合同备案于 2012 年 1 月 1 日终止，但在无证据表明帕弗洛公司与毕加索公司的商标独占使用许可合同已被解除的情况下，应认定该独占使用许可合同关系依然存续。由于艺想公司不属于善意第三人，因此帕弗洛公司依据其与毕加索公司间的商标使用许可合同取得的涉案商标独占许可使用权，可以对抗艺想公司与毕加索公司之间的商标使用许可合同关系。鉴于毕加索公司实际上并未履行其与艺想公司签订的商标使用许可合同之义务，艺想公司也就不能据此系争合同获得涉案商标的使用权。由此，帕弗洛公司依据在先的独占使用许可合同已经形成的商标使用的状态，应认定未被在后的商标独占使用许可合同关系所打破，否则将有悖公平诚信原则、扰乱商标使用秩序并最终有损相关消费者利益。原审判决虽认定系争合同并非无效，但并未认定艺想公司享有涉案商标的独占许可使用权，并无不当。艺想公司与毕加索公司如就系争合同产生纠纷，可通过追究违约责任等方式另案解决。此外，艺想公司是否另案起诉毕加索公司与帕弗洛公司恶意串通损害国家税收利益及艺想公司利益，属另案审理范围，本案不予审查。

综上，上海市高级人民法院依照《中华人民共和国民事诉讼法》第一百七十条第一款第（一）项之规定，于 2015 年 9 月 30 日判决如下：驳回上诉，维持原判。

【相关法律条文】

《最高人民法院关于审理商标民事纠纷案件适用法律若干问题的解释》第三条第一项，《中华人民共和国合同法》第五十二条第二项、第五项。

【案例评析】

在后商标使用许可合同相对人明知商标权人和在先商标使用许可合同相对人未解除在先商标独占使用许可合同，仍和商标权人签订许可合同，导致先后两个独占许可合同的许可期间存在重叠的，在后合同并非无效，但在后商标使用许可合同相对人不属于善意第三人，不能依据在后合同获得商标的许可使用权，在先取得的独占许可使用权可以对抗在后的商标使用许可合同关系。

【思考题】

《商标法》规定的"商标使用许可"包括哪三类？具体含义分别是什么？

案例十六　兰建军、杭州小拇指汽车维修科技股份有限公司诉天津市小拇指汽车维修服务有限公司等侵害商标权及不正当竞争纠纷案

原告兰建军、杭州小拇指汽车维修科技股份有限公司（以下简称杭州小拇指公司）诉称其依法享有"小拇指"注册商标专用权，而天津市小拇指汽车维修服务有限公司（以下简称天津小拇指公司）、天津市华商汽车进口配件公司（以下简称天津华商公司）在从事汽车维修及通过网站进行招商加盟过程中，多处使用了"小拇指图 "标识，且存在单独或突出使用"小拇指"的情形，侵害了其注册商标专用权；同时，天津小拇指公司擅自使用杭州小拇指公司在先的企业名称，构成对杭州小拇指公司的不正当竞争。被告天津小拇指公司、天津华商公司则辩称：杭州小拇指公司的经营范围并不含许可经营项目及汽车维修类，也未取得机动车维修的许可，且不具备"两店一年"的特许经营条件，属于超越经营范围的非法经营，故其权利不应得到保护。2. 天津小拇指公司、天津华商公司使用"小拇指"标识有合法来源，不构成商标侵权。3. 杭州小拇指公司并不从事汽车维修行业，双方不构成商业竞争关系，且不能证明其为知名企业，其主张企业名称权缺乏法律依据，天津小拇指公司、天津华商公司亦不构成不正当竞争。

【案情简介】

杭州小拇指公司成立于2004年10月22日，法定代表人为兰建军。其经营范围为："许可经营项目：无；一般经营项目：服务；汽车玻璃修补的技术开发，汽车油漆快速修复的技术开发；批发、零售；汽车配件；含下属分支机构经营范围；其他无须报经审批的一切合法项目（上述经营范围不含国家法律法规规定禁止、限制和许可经营的项目）。凡以上涉及许可证制度的凭证经营。"

其下属分支机构为杭州小拇指公司萧山分公司，该分公司成立于 2005 年 11 月 8日，经营范围为："汽车涂漆、玻璃安装"。该分公司于 2008 年 8 月 1 日取得的《道路运输经营许可证》载明的经营范围为："维修（二类机动车维修：小型车辆维修）"。

2011 年 1 月 14 日，杭州小拇指公司取得第 6573882 号"小拇指"文字注册商标，核定服务项目（第 35 类）：连锁店的经营管理（工商管理辅助）；特许经营的商业管理；商业管理咨询；广告（截止）。该商标现在有效期内。2011 年 4月 14 日，兰建军将其拥有的第 6573881 号"小拇指"文字注册商标以独占使用许可的方式，许可给杭州小拇指公司使用。

杭州小拇指公司多次获中国连锁经营协会颁发的中国特许经营连锁 120 强证书，2009 年杭州小拇指公司"小拇指汽车维修服务"被浙江省质量技术监督局认定为浙江服务名牌。

天津小拇指公司成立于 2008 年 10 月 16 日，法定代表人田俊山。其经营范围为："小型客车整车修理、总成修理、整车维护、小修、维修救援、专项修理（许可经营项目的经营期限以许可证为准）"。该公司于 2010 年 7 月 28 日取得的《天津市机动车维修经营许可证》载明类别为"二类（汽车维修）"，经营项目为"小型客车整车修理、总成修理、整车维护、小修、维修救援、专项维修"，有效期自 2010 年 7 月 28 日至 2012 年 7 月 27 日。

天津华商公司成立于 1992 年 11 月 23 日，法定代表人与天津小拇指公司系同一人，即田俊山。其经营范围为："汽车配件、玻璃、润滑脂、轮胎、汽车装具；车身清洁维护、电气系统维修、涂漆；代办快件、托运、信息咨询；普通货物（以上经营范围涉及行业许可证的凭许可证件在有效期内经营，国家有专项专营规定的按规定办理）"。天津华商公司取得的《天津市机动车维修经营许可证》的经营项目为："小型客车整车修理、总成修理、整车维护、小修、维修救援、专项修理"，类别为"二类（汽车维修）"，现在有效期内。

天津小拇指公司、天津华商公司在从事汽车维修及通过网站进行招商加盟过程中，多处使用了"小拇指图"标识，且存在单独或突出使用"小拇指"的情形。

2008 年 6 月 30 日，天津华商公司与杭州小拇指公司签订了《特许连锁经营合同》，许可天津华商公司在天津经营"小拇指"品牌汽车维修连锁中心，合同期限为 2008 年 6 月 30 日至 2011 年 6 月 29 日。该合同第三条第（4）项约定："乙方（天津华商公司）设立加盟店，应以甲方（杭州小拇指公司）书面批准的名称开展经营活动。商号的限制使用（以下选择使用）：（√）未经甲方书面同意，乙方不得在任何场合和时间，以任何形式使用或对'小拇指'或'小拇指微修'等相关标志进行企业名称登记注册；未经甲方书面同意，不得将'小拇指'或'小拇指微修'名称加上任何前缀、后缀进行修改或补充；乙方不得注册含有'小拇指'或'小拇指微修'或与其相关或相近似字样的域名等，该限制包含对乙方的分支机构的限制"。2010年12月16日，天津华商公司与杭州小拇指公司因履行《特许连锁经营合同》发生纠纷，经杭州市仲裁委员会仲裁裁决解除合同。

另查明，杭州小拇指公司于2008年4月8日取得商务部商业特许经营备案。天津华商公司曾向商务部行政主管部门反映杭州小拇指公司违规从事特许经营活动应予撤销备案的问题。对此，浙江省商务厅《关于上报杭州小拇指汽车维修科技股份有限公司特许经营有关情况的函》记载：1. 杭州小拇指公司特许经营备案时已具备"两店一年"条件，符合《商业特许经营管理条例》第七条的规定，可以予以备案；2. 杭州小拇指公司主要负责"小拇指"品牌管理，不直接从事机动车维修业务，并且拥有自己的商标、专利、经营模式等经营资源，可以开展特许经营业务；3. 经向浙江省道路运输管理局有关负责人了解，杭州小拇指公司下属直营店拥有《道路运输经营许可证》，经营范围包含"三类机动车维修"或"二类机动车维修"，具备从事机动车维修的资质；4. 杭州小拇指公司授权许可，以及机动车维修经营不在特许经营许可范围内。

【法院判决】

根据查明的事实，法院认为本案的主要争议焦点为：被告天津小拇指公司、天津华商公司的被诉侵权行为是否侵害了原告兰建军、杭州小拇指公司的注册商标专用权，以及是否构成对杭州小拇指公司的不正当竞争。

一、关于被告是否侵害了兰建军、杭州小拇指公司的注册商标专用权

天津小拇指公司、天津华商公司在从事汽车维修及通过网站进行招商加盟过程中，多处使用了"小拇指图"标识，且存在单独或突出使用"小拇指"的情形，相关公众施以一般注意力，足以对服务的来源产生混淆，或误认天津小拇指公司与杭州小拇指公司之间存在特定联系。小拇指图标识主体及最易识别部分"小拇指"字样与涉案注册商标相同，同时考虑天津小拇指公司在经营场所、网站及宣传材料中对"小拇指"的商标性使用行为，应当认定该标识与涉案的"小拇指"文字注册商标构成近似。据此，因天津小拇指公司、天津华商公司在与兰建军、杭州小拇指公司享有权利的第6573881号"小拇指"文字注册商标核定的相同服务项目上，未经许可而使用"小拇指图"及单独使用"小拇指"

字样，足以导致相关公众的混淆和误认，属于《中华人民共和国商标法》（以下简称《商标法》）第五十二条第（一）项规定的侵权行为。天津小拇指公司、天津华商公司通过其网站进行招商加盟的商业行为，根据《最高人民法院关于审理商标民事纠纷案件适用法律若干问题的解释》第十二条之规定，可以认定在与兰建军、杭州小拇指公司享有权利的第6573882号"小拇指"文字注册商标核定服务项目相类似的服务中使用了近似商标，且未经权利人许可，亦构成《商标法》第五十二条第（一）项规定的侵权行为。

二、被告是否构成对杭州小拇指公司的不正当竞争

该争议焦点涉及两个关键问题：一是经营者是否存在超越法定经营范围的违反行政许可法律法规行为及其民事权益能否得到法律保护；二是如何认定反不正当竞争法调整的竞争关系。

（一）关于经营者是否存在超越法定经营范围行为及其民事权益能否得到法律保护

天津小拇指公司、天津华商公司认为其行为不构成不正当竞争的一个主要理由在于，杭州小拇指公司未依法取得机动车维修的相关许可，超越法定经营范围从事特许经营且不符合法定条件，属于非法经营行为，杭州小拇指公司主张的民事权益不应得到法律保护。故本案中要明确天津小拇指公司、天津华商公司所指称杭州小拇指公司超越法定经营范围而违反行政许可法律法规的行为是否成立，以及相应民事权益能否受到法律保护的问题。

首先，对于超越法定经营范围违反有关行政许可法律法规的行为，应当依法由相应的行政主管部门进行认定，主张对方有违法经营行为的一方，应自行承担相应的举证责任。本案中，对于杭州小拇指公司是否存在非法从事机动车维修及特许经营业务的行为，从现有证据和事实看，难以得出肯定性的结论。经营汽车维修属于依法许可经营的项目，但杭州小拇指公司并未从事汽车维修业务，其实际从事的是授权他人在车辆清洁、保养和维修等服务中使用其商标，或以商业特许经营的方式许可其直营店、加盟商在经营活动中使用其"小拇指"品牌、专利技术等，这并不以其自身取得经营机动车维修业务的行政许可为前提条件。此外，杭州小拇指公司已取得商务部商业特许经营备案，杭州小拇指公司特许经营备案时已具备"两店一年"条件，其主要负责"小拇指"品牌管理，不直接从事机动车维修业务，并且拥有自己的商标、专利、经营模式等经营资源，可以开展特许经营业务。故本案依据现有证据，并不能认定杭州小拇指公司存在违反行政许可法律法规从事机动车维修或特许经营业务的行为。

其次，即使有关行为超越法定经营范围而违反行政许可法律法规，也应由

行政主管部门依法查处，不必然影响有关民事权益受到侵害的主体提起民事诉讼的资格，亦不能以此作为被诉侵权者对其行为不构成侵权的抗辩。本案中，即使杭州小拇指公司超越法定经营范围而违反行政许可法律法规，这属于行政责任范畴，该行为并不影响其依法行使制止商标侵权和不正当竞争行为的民事权利，也不影响人民法院依法保护其民事权益。被诉侵权者以经营者超越法定经营范围而违反行政许可法律法规为由主张其行为不构成侵权的，人民法院不予支持。

（二）关于如何认定反不正当竞争法调整的竞争关系

经营者之间是否存在竞争关系是认定构成不正当竞争的关键。《中华人民共和国反不正当竞争法》（以下简称《反不正当竞争法》）第二条规定："经营者在市场交易中，应当遵循自愿、平等、公平、诚实信用的原则，遵守公认的商业道德。本法所称的不正当竞争，是指经营者违反本法规定，损害其他经营者的合法权益，扰乱社会经济秩序的行为。本法所称的经营者，是指从事商品经营或者营利性服务（以下所称商品包括服务）的法人、其他经济组织和个人。"由此可见，反不正当竞争法并未限制经营者之间必须具有直接的或具体的竞争关系，也没有要求经营者从事相同行业。反不正当竞争法所规制的不正当竞争行为，是指损害其他经营者合法权益、扰乱经济秩序的行为，从直接损害对象看，受损害的是其他经营者的市场利益。因此，经营者之间具有间接竞争关系，行为人违背反不正当竞争法的规定，损害其他经营者合法权益的，也应当认定为不正当竞争行为。

本案中，被诉存在不正当竞争的天津小拇指公司与天津华商公司均从事汽车维修行业。根据已查明的事实，杭州小拇指公司本身不具备从事机动车维修的资质，也并未实际从事汽车维修业务，但从其所从事的汽车玻璃修补、汽车油漆快速修复等技术开发活动，以及经授权许可使用的注册商标核定服务项目所包含的车辆保养和维修等可以认定，杭州小拇指公司通过将其拥有的企业标识、注册商标、专利、专有技术等经营资源许可其直营店或加盟店使用，使其成为"小拇指"品牌的运营商，以商业特许经营的方式从事与汽车维修相关的经营活动。因此，杭州小拇指公司是汽车维修市场的相关经营者，其与天津小拇指公司及天津华商公司之间存在间接竞争关系。

《反不正当竞争法》第五条第（三）项规定，禁止经营者擅自使用他人企业名称，引人误认为是他人的商品，以损害竞争对手。在认定原被告双方存在间接竞争关系的基础上，确定天津小拇指公司登记注册"小拇指"字号是否构成擅自使用他人企业名称的不正当竞争行为，应当综合考虑以下因素：

1. 杭州小拇指公司的企业字号是否具有一定的市场知名度。根据本案现有证据，杭州小拇指公司自 2004 年 10 月成立时起即以企业名称中的"小拇指"作为字号使用，并以商业特许经营的方式从事汽车维修行业，且专门针对汽车小擦小碰的微创伤修复，创立了"小拇指"汽车微修体系，截至 2011 年，杭州小拇指公司在全国已有加盟店 400 余个。虽然"小拇指"本身为既有词汇，但通过其直营店和加盟店在汽车维修领域的持续使用及宣传，"小拇指"汽车维修已在相关市场起到识别经营主体及与其他服务相区别的作用。2008 年 10 月天津小拇指公司成立时，杭州小拇指公司的"小拇指"字号及相关服务在相关公众中已具有一定的市场知名度。

2. 天津小拇指公司登记使用"小拇指"字号是否具有主观上的恶意。市场竞争中的经营者，应当遵循诚实信用原则，遵守公认的商业道德，尊重他人的市场劳动成果，登记企业名称时，理应负有对同行业在先字号予以避让的义务。本案中，天津华商公司作为被特许人，曾于 2008 年 6 月 30 日与作为"小拇指"品牌特许人的杭州小拇指公司签订《特许连锁经营合同》，法定代表人田俊山代表该公司在合同上签字，其知晓合同的相关内容。天津小拇指公司虽主张其与天津华商公司之间没有关联，是两个相互独立的法人，但两公司的法定代表人均为田俊山，且天津华商公司的网站内所显示的宣传信息及相关联系信息均直接指向天津小拇指公司，并且天津华商公司将其登记的经营地点作为天津小拇指公司天津总店的经营地点。故应认定，作为汽车维修相关市场的经营者，天津小拇指公司成立时，对杭州小拇指公司及其经营资源、发展趋势等应当知晓，但天津小拇指公司仍将"小拇指"作为企业名称中识别不同市场主体核心标识的企业字号，且不能提供使用"小拇指"作为字号的合理依据，其主观上明显具有"搭便车"及攀附他人商誉的意图。

3. 天津小拇指公司使用"小拇指"字号是否足以造成市场混淆。根据已查明事实，天津小拇指公司在其开办的网站及其他宣传材料中，均以特殊字体突出注明"汽车小划小碰怎么办？找天津小拇指""天津小拇指专业特长"的字样，其"优惠体验券"中亦载明"汽车小划小痕，找天津小拇指"，其服务对象与杭州小拇指公司运营的"小拇指"汽车微修体系的消费群体多有重合。且自 2010 年起，杭州小拇指公司在天津地区的加盟店也陆续成立，两者的服务区域也已出现重合。故天津小拇指公司以"小拇指"为字号登记使用，必然会使相关公众误认为两者存在某种渊源或联系，加之天津小拇指公司存在单独或突出使用"小拇指"汽车维修、"天津小拇指"等字样进行宣传的行为，足以使相关公众对市场主体和服务来源产生混淆和误认，容易造成竞争秩序的混乱。

综合以上分析，天津小拇指公司登记使用该企业名称本身违反了诚实信用原则，具有不正当性，且无论是否突出使用均难以避免产生市场混淆，已构成不正当竞争，应对此承担停止使用"小拇指"字号及赔偿相应经济损失的民事责任。

天津市第二中级人民法院于 2012 年 9 月 17 日作出（2012）二中民三知初字第 47 号民事判决：一、判决生效之日起天津市小拇指汽车维修服务有限公司立即停止侵害第 6573881 号和第 6573882 号"小拇指"文字注册商标的行为，即天津市小拇指汽车维修服务有限公司立即在其网站（www.tjxiaomuzhi.net）、宣传材料、优惠体验券及其经营场所（含分支机构）停止使用"小拇指图"标识，并停止单独使用"小拇指"字样；二、判决生效之日起天津市华商汽车进口配件公司立即停止侵害第 6573881 号和第 6573882 号"小拇指"文字注册商标的行为，即天津市华商汽车进口配件公司立即停止在其网站（www.tjxiaomuzhi.com）使用"小拇指图"标识；三、判决生效之日起十日内，天津市小拇指汽车维修服务有限公司、天津市华商汽车进口配件公司连带赔偿兰建军、杭州小拇指汽车维修科技股份有限公司经济损失及维权费用人民币 50000 元；四、驳回兰建军、杭州小拇指汽车维修科技股份有限公司的其他诉讼请求。宣判后，兰建军、杭州小拇指公司及天津小拇指公司、天津华商公司均提出上诉。天津市高级人民法院于 2013 年 2 月 19 日作出（2012）津高民三终字第 0046 号民事判决：一、维持天津市第二中级人民法院（2012）二中民三知初字第 47 号民事判决第一、二、三项及逾期履行责任部分；二、撤销天津市第二中级人民法院（2012）二中民三知初字第 47 号民事判决第四项；三、自本判决生效之日起，天津市小拇指汽车维修服务有限公司立即停止在其企业名称中使用"小拇指"字号；四、自本判决生效之日起十日内，天津市小拇指汽车维修服务有限公司赔偿杭州小拇指汽车维修科技股份有限公司经济损失人民币 30000 元；五、驳回兰建军、杭州小拇指汽车维修科技股份有限公司的其他上诉请求；六、驳回天津市小拇指汽车维修服务有限公司、天津市华商汽车进口配件公司的上诉请求。

【相关法律条文】

《中华人民共和国商标法》第五十二条第（一）项、《中华人民共和国反不正当竞争法》第二条、第五条第（三）项。

【案例评析】

经营者超越法定经营范围的，是否有权制止他人商标侵权行为和不正当竞争行为?《反不正当竞争法》第二条规定，经营者在市场交易中，应当遵循自愿、平等、公平、诚实信用的原则，遵守公认的商业道德。本法所称的不正当竞争，是指经营者违反本法规定，损害其他经营者的合法权益，扰乱社会经济秩序的行为。经营者超越法定经营范围的，应当由行政主管部门依法查处，属于行政责任范畴，不必然影响有关民事权益的保护。因此，经营者超越法定经营范围，不能作为民事侵权抗辩的依据，也不影响人民法院依法保护其民事权益，经营者仍有权制止他人的商标侵权行为和不正当竞争行为。《反不正当竞争法》并未限制经营者之间必须具有直接的竞争关系，也没有要求其从事相同行业。经营者之间具有间接竞争关系，行为人违背《反不正当竞争法》的规定，损害其他经营者合法权益的，也应当认定为不正当竞争行为。

【思考题】

如果经营者存在超越法定经营范围的违反行政许可法律法规的行为，其民事权益能否得到法律保护?

第四章

其他知识产权案例

案例一 全国首例电商平台状告"刷单炒信"
不正当竞争纠纷案

2017 年 10 月 27 日，法院对于全国首例电商平台状告"刷单炒信"不正当竞争纠纷案进行了判决。杭州简世网络科技有限公司赔偿浙江淘宝网络有限公司、浙江天猫网络有限公司经济损失（含合理费用）202000 元。

【案情简介】

原告淘宝公司系淘宝网（www.taobao.com）的经营者。淘宝网是中国深受欢迎的网购零售平台，目前已成为全球范围的第三方电子商务交易平台。原告天猫公司系天猫网（www.tmall.com）的经营者。天猫网是品牌和零售商入驻的中国最大的第三方电子商务交易平台。被告简世公司设立平台组织炒信，破坏了原告淘宝公司、天猫公司构建的评价体系，误导消费者，严重损害了原告淘宝公司、天猫公司的声誉和市场竞争力。被告简世公司于 2014 年 9 月开始设立刷单平台傻推网（www.shatui.com），从事网络"刷单炒信"的违法行为。该公司的主要利润来源是手续费与会费。手续费按照商家支付给"刷手"佣金的 20% 收取；会费按照月费 268 元、年费 1980 元由商家支付，成为会员的商家在平台上发布刷单任务不收取任何手续费。

淘宝网与天猫网所建立的评价体系是网站的核心竞争力之一，经过十多年的评价数据的积累，消费者在购物中形成了对评价数据的依赖。被告简世公司所从事的组织炒信行为，使淘宝网与天猫网的数据受到了大量污染，遭受污染的数据会对消费者产生严重误导，从而严重损害了淘宝网与天猫网的市场声誉和竞争力。评价系统同时也是淘宝网和天猫网流量分发机制中核心的决策数据，淘宝网和天猫网平台的消费者寻找到商品，一般需要通过搜索，搜索结果靠前和参加营销活动的商品被消费者选中的概率会增加。原告淘宝公司、天猫公司为促进平台良性发展，会通过流量分配系统把消费者评价排名较好的卖家置于搜索排名靠前的位置，并允许其报名参加营销活动。这样，一方面可以帮助消费者提高搜索商品的效率，另一方面也会促进商家努力为消费者提供更优质的商品和服务，最终使得原告淘宝公司、天猫公司获得竞争优势。但炒信行为改变了原告淘宝公司、天猫公司构建的诚信经营体系，使不良卖家获取了不应该获得的流量，从而使诚信经营的卖家受到影响，形成了"劣币驱逐良币"的恶性效应，整体降低了原告淘宝公司、天猫公司的竞争能力。

【法院判决】

依照《中华人民共和国反不正当竞争法》第二条、第二十条，《中华人民共和国民事诉讼法》第六十四条第（一）款规定，判决如下：

杭州简世网络科技有限公司赔偿浙江淘宝网络有限公司、浙江天猫网络有限公司经济损失（含合理费用）202000元，于本判决生效之日起十日内履行。

驳回浙江淘宝网络有限公司、浙江天猫网络有限公司的其他诉讼请求。

案件受理费24576元，由浙江淘宝网络有限公司、浙江天猫网络有限公司负担11171元，杭州简世网络科技有限公司负担13405元。

浙江淘宝网络有限公司、浙江天猫网络有限公司于本判决生效之日起十五日内向本院申请退费；杭州简世网络科技有限公司于本判决生效之日起七日内，向本院交纳应负担的诉讼费。

【相关法律条文】

《中华人民共和国反不正当竞争法》

第二条：经营者在生产经营活动中，应当遵循自愿、平等、公平、诚信的原则，遵守法律和商业道德。本法所称的不正当竞争行为，是指经营者在生产经营活动中，违反本法规定，扰乱市场竞争秩序，损害其他经营者或者消费者的合法权益的行为。本法所称的经营者，是指从事商品生产、经营或者提供服务（以下所称商品包括服务）的自然人、法人和非法人组织。

第二十条：经营者违反本法第八条规定对其商品作虚假或者引人误解的商业宣传，或者通过组织虚假交易等方式帮助其他经营者进行虚假或者引人误解的商业宣传的，由监督检查部门责令停止违法行为，处二十万元以上一百万元以下的罚款；情节严重的，处一百万元以上二百万元以下的罚款，可以吊销营业执照。经营者违反本法第八条规定，属于发布虚假广告的，依照《中华人民共和国广告法》的规定处罚。

《中华人民共和国民事诉讼法》

第六十四条：当事人对自己提出的主张，有责任提供证据。当事人及其诉讼代理人因客观原因不能自行收集的证据，或者人民法院认为审理案件需要的证据，人民法院应当调查收集。

人民法院应当按照法定程序，全面地、客观地审核实际证据。

【案例评析】

1. 竞争关系主要发生于同业竞争者之间，但并不以此为限。如果被告的行为违背《中华人民共和国反不正当竞争法》第二条规定的竞争原则，对原告的合法利益造成损害的，也可以认定其与原告之间存在竞争关系。

2. 组织炒信行为是指炒信平台的经营者通过组织虚假交易等方式帮助其他网店经营者进行虚假宣传的行为。该行为不仅破坏了电子商务平台构建的商业信用评价体系，而且损害消费者的知情权，对其消费选择产生误导，违反了诚实信用原则和公认的商业道德。

【思考题】

1. "刷单炒信"为何会造成不正当竞争？

2. 竞争关系是否只发生在同业竞争者之间？

案例二　商务印书馆有限公司与华语教学出版社责任有限公司侵害商标纠纷、不正当竞争纠纷案

2017 年 12 月 28 日，法院对于商务印书馆有限公司与华语教学出版社责任有限公司侵害商标纠纷、不正当竞争纠纷案进行了审判。

【案情简介】

自 1957 年至今，商务印书馆有限公司（以下简称商务印书馆）连续出版《新华字典》通行版本至第 11 版。2010—2015 年，商务印书馆出版的《新华字

典》在字典类图书市场的平均占有率超过 50%。截至 2016 年，商务印书馆出版的《新华字典》全球发行量超过 5.67 亿册，获得"最受欢迎的字典"吉尼斯世界纪录及"最畅销的书（定期修订）"吉尼斯世界纪录等多项荣誉。商务印书馆诉称华语教学出版社有限责任公司（以下简称华语出版社）生产、销售"新华字典"辞书的行为侵害了商务印书馆"新华字典"未注册驰名商标，且华语出版社使用商务印书馆《新华字典》（第 11 版）知名商品特有包装、装潢的行为已构成不正当竞争，请求法院判令其立即停止侵害商标权及不正当竞争行为、消除影响并赔偿经济损失。一审法院认为，"新华字典"具有特定的历史起源、发展过程和长期唯一的提供主体及客观的市场格局，保持着产品和品牌混合属性的商品名称，已经在相关消费者中形成了稳定的认知联系，具有指示商品来源的意义和作用，具备商标的显著特征。"新华字典"已经在全国范围内被相关公众广为知晓，已经获得较大的影响力和较高的知名度，可以认定"新华字典"为未注册驰名商标。华语出版社在字典上使用"新华字典"构成复制他人未注册驰名商标的侵权行为。《新华字典》（第 11 版）使用的包装、装潢所体现的文字、图案、色彩及其排列组合具有识别和区分商品来源的作用，具备特有性。华语出版社在辞典商品上使用相近似的装潢设计，足以使相关公众对商品来源产生混淆、误认，构成《中华人民共和国反不正当竞争法》第五条第（二）项规定的不正当竞争行为。一审法院遂判决华语出版社立即停止侵权行为、消除影响并赔偿商务印书馆经济损失 300 万元及合理支出 27 万余元。

本案作为少数未注册商标成功认驰并获得保护的案例，其中还涉及了判断商标显著性的复杂问题，判决书中诸多要点都值得我们学习与借鉴。

【法院判决】

商务印书馆的诉讼请求具有事实及法律依据，本院予以支持。判决如下：

一、被告华语教学出版社有限责任公司立即停止使用原告商务印书馆有限公司的"新华字典"未注册驰名商标的行为；

二、被告华语教学出版社有限责任公司立即停止使用与原告商务印书馆有限公司《新华字典》（第 11 版）知名商品的特有包装装潢相同或近似装潢的不正当竞争行为；

三、被告华语教学出版社有限责任公司在《中国新闻出版广电报》《中国知识产权报》上，以及被告华语教学出版社有限责任公司官方网站首页（http://fyicbb30db50c0fd41f8a194e62ec014f3c4hc69fnwnf6quq6bbc.fiyg. wust. cwkeji. cn/）、被告华语教学出版社有限责任公司新浪微博官方账号首页（http://

fyic4f5ab8263af94d68b8191f8cb3dce0e1hc69fnwnf6quq6bbc. fiyg. wust. cwkeji. cn/
sinolingua）、被告华语教学出版社有限责任公司天猫店铺首页（http：//
fyicd22fbf4d6d2f46b5b7b0e512aa7d699csc69fnwnf6quq6bbc. fiyg. wust. cwkeji. cn/）
发布声明（在网络媒体上的发布持续时间不少于 7 日），消除因本案侵权行为给
原告商务印书馆有限公司造成的不良影响（声明内容须经本院审核，逾期未刊
登声明本院将刊登本判决相关内容，费用由被告华语教学出版社有限责任公司
承担）；

四、被告华语教学出版社有限责任公司于本判决生效之日起十日内向原告
商务印书馆有限公司赔偿经济损失三百万元及合理费用二十七万七千九百八十
九元二角；

五、驳回原告商务印书馆有限公司的其他诉讼请求。

如果未按本判决指定的期间履行给付金钱义务，应当依照《中华人民共和
国民事诉讼法》第二百五十三条规定，加倍支付迟延履行期间的债务利息。

案件受理费 34000 元，由被告华语教学出版社有限责任公司负担 30000 元
（于本判决生效之日起七日内交纳），由原告商务印书馆有限公司负担 4000 元
（已交纳）。

如不服本判决，原告商务印书馆有限公司、被告华语教学出版社有限责任
公司可以在本判决书送达之日起十五日内，向本院递交上诉状，并按照对方当
事人的人数提出副本，交纳案件上诉费，上诉于北京市高级人民法院。

【相关法律条文】

《中华人民共和国侵权责任法》第十五条：承担侵权责任的方式主要有：
（一）停止侵害；（二）排除妨碍；（三）消除危险；（四）返还财产；
（五）恢复原状；（六）赔偿损失；（七）赔礼道歉；（八）消除影响、恢复
名誉。

以上承担侵权责任的方式，可以单独适用，也可以合并适用。

《中华人民共和国商标法》第十三条：为相关公众所熟知的商标，持有人认
为其权利受到侵害时，可以依照本法规定请求驰名商标保护。

就相同或者类似商品申请注册的商标是复制、摹仿或者翻译他人未在中国
注册的驰名商标，容易导致混淆的，不予注册并禁止使用。

就不相同或者不相类似商品申请注册的商标是复制、摹仿或者翻译他人已
经在中国注册的驰名商标，误导公众，致使该驰名商标注册人的利益可能受到
损害的，不予注册并禁止使用。

《中华人民共和国商标法》第十四条：驰名商标应当根据当事人的请求，作为处理涉及商标案件需要认定的事实进行认定。认定驰名商标应当考虑下列因素：

（一）相关公众对该商标的知晓程度；

（二）该商标使用的持续时间；

（三）该商标的任何宣传工作的持续时间、程度和地理范围；

（四）该商标作为驰名商标受保护的记录；

（五）该商标驰名的其他因素。

在商标注册审查、工商行政管理部门查处商标违法案件过程中，当事人依照本法第十三条规定主张权利的，商标局根据审查、处理案件的需要，可以对商标驰名情况作出认定。

在商标争议处理过程中，当事人依照本法第十三条规定主张权利的，商标评审委员会根据处理案件的需要，可以对商标驰名情况作出认定。

在商标民事、行政案件审理过程中，当事人依照本法第十三条规定主张权利的，最高人民法院指定的人民法院根据审理案件的需要，可以对商标驰名情况作出认定。

生产、经营者不得将"驰名商标"字样用于商品、商品包装或者容器上，或者用于广告宣传、展览以及其他商业活动中。

《中华人民共和国反不正当竞争法》第五条第（二）项：行业组织应当加强行业自律，引导、规范会员依法竞争，维护市场竞争秩序。

《中华人民共和国反不正当竞争法》第二十条第一款：经营者以及其他自然人、法人和非法人组织违反本法第九条规定侵犯商业秘密的，由监督检查部门责令停止违法行为，没收违法所得，处十万元以上一百万元以下的罚款；

《最高人民法院关于审理商标民事纠纷案件适用法律若干问题的解释》第二条：依据商标法第十三条第一款的规定，复制、摹仿、翻译他人未在中国注册的驰名商标或其主要部分，在相同或者类似商品上作为商标使用，容易导致混淆的，应当承担停止侵害的民事法律责任。

《最高人民法院关于审理商标民事纠纷案件适用法律若干问题的解释》第十四条：商标法第五十六条第一款规定的侵权所获得的利益，可以根据侵权商品销售量与该商品单位利润乘积计算；该商品单位利润无法查明的，按照注册商标商品的单位利润计算。

《最高人民法院关于审理涉及驰名商标保护的民事纠纷案件应用法律若干问题的解释》第九条：足以使相关公众对使用驰名商标和被诉商标的商品来源产

生误认，或者足以使相关公众认为使用驰名商标和被诉商标的经营者之间具有许可使用、关联企业关系等特定联系的，属于商标法第十三条第一款规定的"容易导致混淆"。

《最高人民法院关于审理涉及驰名商标保护的民事纠纷案件应用法律若干问题的解释》第十二条：当事人请求保护的未注册驰名商标，属于商标法第十条、第十一条、第十二条规定不得作为商标使用或者注册情形的，人民法院不予支持。

《最高人民法院关于审理不正当竞争民事案件应用法律若干问题的解释》第四条：足以使相关公众对商品的来源产生误认，包括误认为与知名商品的经营者具有许可使用、关联企业关系等特定联系的，应当认定为反不正当竞争法第五条第（二）项规定的"造成和他人的知名商品相混淆，使购买者误认为是该知名商品"。

在相同商品上使用相同或者视觉上基本无差别的商品名称、包装、装潢，应当视为足以造成和他人知名商品相混淆。

认定与知名商品特有名称、包装、装潢相同或者近似，可以参照商标相同或者近似的判断原则和方法。

【案例评析】

一、关于华语出版社是否构成不正当竞争问题，从以下三个方面进行分析：

1. 华语出版社出版的被诉侵权产品使用了与商务印书馆知名商品特有装潢近似的装潢。

从原、被告产品对比图可以看出，被诉侵权产品在《新华字典》（第 11 版）后出版；从装潢方面来看，被诉侵权产品与《新华字典》（第 11 版）近似方面如下。（1）字典封面整体均呈上红下绿结构，红色占封面的主要部分，下部绿色区域的深浅程度以渐变的方式进行变化。（2）封面中上部，均突出标注"新华字典"汉字，在"新华字典"汉字上方均对应设置其拼音"XINHUAZIDI-AN"，在"XINHUAZIDIAN"拼音的上下两侧均设置两条黄色的线段。（3）封面中上部，"XINHUAZIDIAN"拼音的左上方均设置相对小号的少量文字，《新华字典》（第 11 版）设置的文字为"双色本""平装本""大字本"，被诉侵权产品设置的文字为"实用""学生""小学生""学生实用"。（4）封面中部，"新华字典"文字下方中间位置，均设置少量字体相对较小的文字，描述字典的版次，《新华字典》（第 11 版）设置的为"第 11 版"，被诉侵权产品设置的为"全新版大字本""修订版大字本""全新版""修订本"。（5）封面下部，《新华字典》（第 11 版）封面下部的绿色部分整体呈现一个平缓起伏的山丘形象，在绿色到红色之间的过渡位置，设置两个颜色深浅略有差异的绿条带，条带由中间向两端延伸的同时，条带宽度也由窄逐渐变宽；被诉侵权产品 1、3、4 的封面下部的绿色部分整体呈现一个平缓起伏的山坡形象，且绿色到红色之间的过渡区域设置一个过渡的颜色条带（在绿色中伴以少量浅黄色）；被诉侵权产品 2、5、8、10 的封面下部设置有颜色深浅略有差异的绿条带和少量浅黄色条带，这些条带呈现出起伏的山坡形状，条带由中间向两端延伸的同时，条带宽度也是由窄逐渐变宽。(6) 字典的书脊部分，均突出标注"新华字典"文字，书脊的底色主要均为红色。由上述对比分析可以看出，被诉侵权产品 1 – 5、8、10 的封面，与商务印书馆的《新华字典》（第 11 版）特有装潢，在具体设计及整体视觉效果上构成近似。

2. 华语出版社出版的被诉侵权产品的装潢容易导致相关公众发生混淆、误认。

根据《最高人民法院关于审理不正当竞争民事案件应用法律若干问题的解释》第四条规定可知，《中华人民共和国反不正当竞争法》第五条第（二）项规定的"造成和他人的知名商品相混淆，使购买者误认为是该知名商品"，是指足以使相关公众对商品的来源产生误认，包括误认为与知名商品的经营者具有许可使用、关联企业关系等特定联系的。根据上述规定，此处的混淆或者误认是指发生混淆或者误认的可能性，而不需要实际发生混淆或者误认。这种混淆或者误认的可能性包括将两种商品直接混淆的可能性，将两种商品的来源混淆的可能性及误认为两种商品的来源存在特定联系的可能性。本案中，商务印书馆《新华字典》（第 11 版）的装潢在整体形象上具有独特和显著的特征，具备识别商品来源的作用。华语出版社的被诉侵权产品的装潢与商务印书馆《新华字典》（第 11 版）的装潢在文字结构、图案设计、色彩搭配、排列位置等整体视觉效果上相近似，普通消费者施以一般注意力，容易对原、被告商品的来源发生混淆和误认。此外，从现有证据来看，被诉侵权产品已经在市场上引起了相关消费者的混淆和误认。例如，(2016) 京东方内民证字第 03035 号公证书记载的用户留言及 (2016) 京东方内民证字第 01670 号公证书记载的新闻报道。因此，华语出版社出版的被诉侵权产品使用的装潢容易导致相关公众将其与商务印书馆出版的《新华字典》（第 11 版）发生混淆和误认。

3. 被诉侵权辞书与商务印书馆出版的《新华字典》（第 11 版）存在直接竞争关系，被诉侵权行为给商务印书馆造成了损害。

华语出版社自 2012 年至，今出版的《新华字典》与商务印书馆出版的《新华字典》均为识字类工具书，面向的消费群体基本一致，商品彼此具有较强的替代性，存在直接竞争关系。被诉侵权辞书的销售必然会冲击辞书市场，对商务印书馆的辞书销售造成影响。

综上，商务印书馆与华语出版社均生产和销售第 16 类辞典商品，二者属于同业竞争者。华语出版社在与商务印书馆出版的知名商品《新华字典》（第 11 版）的功能、用途、销售渠道、消费群体相同的辞典商品上使用相近似的装潢，足以使相关公众对商品的来源产生混淆或误认，华语出版社的行为构成《中华人民共和国反不正当竞争法》第五条第（二）项规定的擅自使用知名商品特有装潢的不正当竞争行为。

二、本案是涉及未注册驰名商标保护的典型案例，涉及事实认定、法律适用及利益平衡等复杂问题。本案确立了对"新华字典"这类兼具产品和品牌混合属性的商品名称是否具备商标显著特征的裁判标准。考虑相关公众对"新华字典"的知晓程度、《新华字典》的使用持续时间、销售数量、宣传范围及受保护记录等多方面因素，认定原告商务印书馆的"新华字典"为未注册驰名商标。在给予"新华字典"未注册驰名商标保护的同时，注重平衡其与出版行业正常的经营管理秩序、促进知识文化传播之间的关系。判决明确指出，商标法对商标独占使用权利保护的是商标本身而非商标附着的商品，给予商务印书馆独占使用"新华字典"商标的权利并不是给予其出版字典类辞书的专有权，不会造成辞书行业的垄断。通过给予商标保护的方式，促使商标权利人更好地承担商品质量保障的法定义务和传播知识的社会责任，有利于促进出版行业规范、有序发展。

【思考题】

1. 何谓知名商品特有包装、装潢？如何认定是否构成不正当竞争？
2. 如何判定驰名商标？
3. 我国对注册驰名商标和未注册驰名商标是怎样分别保护的？

案例三 渝中区晓宇老火锅不正当竞争纠纷案

2017 年 12 月 1 日，法院对渝中区晓宇老火锅不正当竞争纠纷案进行了宣判，被告渝北区林峰晓宇餐饮店于本判决生效之日起十日内赔偿原告渝中区晓宇老火锅经济损失 70000 元。

【案情简介】

"渝中区晓宇老火锅"是原告的企业名称，"晓宇"系原告的知名商号，"晓宇火锅""渝味晓宇火锅"系原告知名商品（服务）名称。被告的经营范围与原告相同，被告却在工商登记的名称中使用了"晓宇"字样，且在店招、订餐卡、点菜单等使用与原告工商登记注册的名称、字号及原告知名商品（服务）名称相同或近似的文字。被告的上述行为足以让消费者产生误解，让消费者以为被告经营的"晓宇老火锅"就是原告经营的，或者与原告有关联。原告认为，被告的行为构成侵害原告企业名称权、擅自使用原告知名商品（服务）特有名称或使用与原告知名商品近似名称的不正当竞争。

【法院判决】

依照《中华人民共和国民法通则》第一百三十四条；《中华人民共和国反不正当竞争法》第二条，第五条第（二）款、第（三）款，第二十条第（一）款，《最高人民法院关于审理不正当竞争民事案件应用法律若干问题的解释》第一条，第二条第一款，第四条第二款、第三款，第六条第一款，第十七条第一款，《最高人民法院关于审理注册商标、企业名称与在先权利冲突的民事纠纷案件若干问题的规定》第四条，《中华人民共和国民事诉讼法》第一百四十二条之规定，判决如下：

一、被告渝北区林峰晓宇餐饮店立即停止使用带有"晓宇"字样的店面招牌及其他任何使用"晓宇"字样进行经营活动的不正当竞争行为；

二、被告渝北区林峰晓宇餐饮店于本判决生效之日起十日内变更登记其企业名称，变更后的企业名称中不得使用"晓宇"二字；

三、被告渝北区林峰晓宇餐饮店于本判决生效之日起十日内在华龙网上刊登声明以消除影响（内容须经本院审核）；如逾期不履行，本院将在华龙网上公布本判决的主要内容，刊登费用由被告渝北区林峰晓宇餐饮店负担；

四、被告渝北区林峰晓宇餐饮店于本判决生效之日起十日内赔偿原告渝中区晓宇老火锅经济损失 70000 元；

五、驳回原告渝中区晓宇老火锅的其他诉讼请求。

如果未按本判决指定的期间履行给付金钱义务，应当依照《中华人民共和国民事诉讼法》第二百五十三条之规定，加倍支付迟延履行期间的债务利息。

【相关法律条文】

《中华人民共和国民法通则》第一百三十四条：承担民事责任的方式主要有：

（一）停止侵害；（二）排除妨碍；（三）消除危险；（四）返还财产；（五）恢复原状；（六）修理、重作、更换；（七）赔偿损失；（八）支付违约金；（九）消除影响、恢复名誉；（十）赔礼道歉。

以上承担民事责任的方式，可以单独适用，也可以合并适用。

人民法院审理民事案件，除适用上述规定外，还可以予以训诫、责令具结悔过、收缴进行非法活动的财物和非法所得，并可以依照法律规定处以罚款、拘留。

《中华人民共和国反不正当竞争法》第二条：经营者在生产经营活动中，应当遵循自愿、平等、公平、诚信的原则，遵守法律和商业道德。

本法所称的不正当竞争行为，是指经营者在生产经营活动中，违反本法规定，扰乱市场竞争秩序，损害其他经营者或者消费者的合法权益的行为。

本法所称的经营者，是指从事商品生产、经营或者提供服务（以下所称商品包括服务）的自然人、法人和非法人组织。

《中华人民共和国反不正当竞争法》第五条第（二）款：国家机关及其工作人员不得支持、包庇不正当竞争行为。

《中华人民共和国反不正当竞争法》第五条第（三）款：行业组织应当加强行业自律，引导、规范会员依法竞争，维护市场竞争秩序。

《中华人民共和国反不正当竞争法》第二十条第（一）款：经营者以及其他自然人、法人和非法人组织违反本法第九条规定侵犯商业秘密的，由监督检查部门责令停止违法行为，没收违法所得，处十万元以上一百万元以下的罚款。

《最高人民法院关于审理不正当竞争民事案件应用法律若干问题的解释》第一条：在中国境内具有一定的市场知名度，为相关公众所知悉的商品，应当认定为反不正当竞争法第五条第（二）项规定的"知名商品"。人民法院认定知名商品，应当考虑该商品的销售时间、销售区域、销售额和销售对象，进行任何宣传的持续时间、程度和地域范围，作为知名商品受保护的情况等因素，进行综合判断。原告应当对其商品的市场知名度负举证责任。

在不同地域范围内使用相同或者近似的知名商品特有的名称、包装、装潢，在后使用者能够证明其善意使用的，不构成反不正当竞争法第五条第（二）项规定的不正当竞争行为。因后来的经营活动进入相同地域范围而使其商品来源足以产生混淆，在先使用者请求责令在后使用者附加足以区别商品来源的其他标识的，人民法院应当予以支持。

《最高人民法院关于审理不正当竞争民事案件应用法律若干问题的解释》第二条第一款：具有区别商品来源的显著特征的商品的名称、包装、装潢，应当认定为反不正当竞争法第五条第（二）项规定的"特有的名称、包装、装潢"。有下列情形之一的，人民法院不认定为知名商品特有的名称、包装、装潢：

（一）商品的通用名称、图形、型号；（二）仅仅直接表示商品的质量、主要原料、功能、用途、重量、数量及其他特点的商品名称；（三）仅由商品自身的性质产生的形状，为获得技术效果而需有的商品形状以及使商品具有实质性价值的形状；（四）其他缺乏显著特征的商品名称、包装、装潢。

《最高人民法院关于审理不正当竞争民事案件应用法律若干问题的解释》第四条第二款：在相同商品上使用相同或者视觉上基本无差别的商品名称、包装、装潢，应当视为足以造成和他人知名商品相混淆。

《最高人民法院关于审理不正当竞争民事案件应用法律若干问题的解释》第四条第三款：认定与知名商品特有名称、包装、装潢相同或者近似，可以参照商标相同或者近似的判断原则和方法。

《最高人民法院关于审理不正当竞争民事案件应用法律若干问题的解释》第六条第一款：企业登记主管机关依法登记注册的企业名称，以及在中国境内进行商业使用的外国（地区）企业名称，应当认定为反不正当竞争法第五条第（三）项规定的"企业名称"。具有一定的市场知名度、为相关公众所知悉的企业名称中的字号，可以认定为反不正当竞争法第五条第（三）项规定的"企业名称"。

《最高人民法院关于审理不正当竞争民事案件应用法律若干问题的解释》第十七条第一款：确定反不正当竞争法第十条规定的侵犯商业秘密行为的损害赔偿额，可以参照确定侵犯专利权的损害赔偿额的方法进行；确定反不正当竞争法第五条、第九条、第十四条规定的不正当竞争行为的损害赔偿额，可以参照确定侵犯注册商标专用权的损害赔偿额的方法进行。

《最高人民法院关于审理注册商标、企业名称与在先权利冲突的民事纠纷案件若干问题的规定》第四条：被诉企业名称侵犯注册商标专用权或者构成不正当竞争的，人民法院可以根据原告的诉讼请求和案件具体情况，确定被告承担停止使用、规范使用等民事责任。

《中华人民共和国民事诉讼法》第一百四十二条：法庭辩论终结，应当依法做出判决。判决前能够调解的，还可以进行调解，调解不成的，应当及时判决。

【案例评析】

一、原告主张享有"晓宇火锅""渝味晓宇火锅"知名服务特有名称权益是否成立。

《中华人民共和国反不正当竞争法》第五条第（二）项规定，经营者不得采用下列不正当手段从事市场交易，损害竞争对手：擅自使用知名商品特有的名称、包装、装潢，或者使用与知名商品近似的名称、包装、装潢，造成和他人的知名商品相混淆，使购买者误认为是该知名商品。《最高人民法院关于审理不正当竞争民事案件适用法律若干问题的解释》第一条规定，在中国境内具有一定的市场知名度，为相关公众所知悉的商品，应当认定为反不正当竞争法第五条第（二）项规定的"知名商品"。人民法院认定知名商品，应当考虑该商品的销售时间、销售区域、销售额和销售对象，进行任何宣传的持续期间、程度和地域范围，作为知名商品受保护的情况等因素，进行综合判断。原告应当对其商品的市场知名度负举证责任。第二条第一款规定，具有区别商品来源的显著特征的商品的名称，应当认定为反不正当竞争法第五条第（二）项规定的"特有的名称"。

本案中，"晓宇火锅"先后获得了"重庆火锅50强""最牛火锅""重庆十人正宗老火锅"等荣誉称号，"渝味晓宇火锅"先后获得"2013年度最受欢迎连锁品牌""最重庆老火锅""中国名火锅""重庆名火锅""最正宗老火锅""2013年度重庆在外地发展极具影响力连锁品牌""社区老火锅第一品牌""四星品牌"等荣誉。本院认为，虽然上述奖项被授予主体并不完全是原告，也有其关联公司重庆晓宇餐饮文化管理有限公司，但原告的经营者与该关联公司的法定代表人均为张平，该关联公司的主营业务是推广"晓宇火锅""渝味晓宇火锅"品牌，且原告是该关联公司的直营店，双方均是经营"晓宇火锅""渝味晓宇火锅"品牌的主体，故原告与其关联公司是具有紧密联系的民商事主体，上述品牌所获荣誉及积累的商誉，原告亦可以享有。原告亦通过著名美食栏目《舌尖上的中国（第二季）》使"晓宇火锅"在全国获得了较高的知名度。原告还通过其他如浙江电视台《爽食行天下》等电视媒体，新浪网、华龙网等网络媒体，重庆晨报、重庆商报等纸质媒体的宣传报道，进一步扩大了"晓宇火锅""渝味晓宇火锅"的影响力和美誉度。原告及重庆晓宇餐饮文化管理有限公司亦投入大量资金对"晓宇火锅""渝味晓宇火锅"进行了百度推广等网络推广，还利用公交车身广告等广告形式进行宣传，进一步加强了消费者对"晓宇火锅"的知悉度。因此，原告通过在其经营活动中实际、长期、广泛宣传使用"晓宇火锅""渝味晓宇火锅"的行为,使相关公众建立了"晓宇火锅""渝味晓宇火锅"的特定经营者系原告这样的认知,"晓宇火锅""渝味晓宇火锅"已经与原告建立了稳定的联系,故"晓宇火锅""渝味晓宇火锅"应当属于受《中华人民共和国反不正当竞争法》保护的"知名商品(服务)的特有名称"。

关于被告辩称:"晓宇火锅"原告实际使用较短,目前原告使用"渝味晓宇火锅",贵州晓宇酒店管理有限公司是"晓宇实业"商标专用权人,享有"晓宇"二字专用权,原告并不享有。本院认为,原告在实际经营过程中先后使用了"晓宇火锅"和"渝味晓宇火锅",两者起识别作用的均为"晓宇"二字,两者的区别仅在于后者比前者多了"渝味"两个字,而"渝味"通常理解为"重庆味道",后者与前者是包含与被包含关系,故原告并未放弃使用"晓宇火锅",原告使用"渝味晓宇火锅"应视为对"晓宇火锅"连续、持续的使用。另外,"晓宇实业"系文字图形商标,而"渝味晓宇"系文字商标,两者具有明显区别。故法院对被告的上述抗辩意见不予采信。

二、原告主张享有"晓宇"字号权益是否成立。

《中华人民共和国反不正当竞争法》第二条规定,经营者在市场交易中,应当遵循自愿、平等、公平、诚实信用的原则,遵守公认的商业道德。本法所称的不正当竞争,是指经营者违反本法规定,损害其他经营者的合法权益,扰乱社会经济秩序的行为。本法所称的经营者,是指从事商品经营或者营利性服务(以下所称商品包括服务)的法人、其他经济组织和个人。第五条第(三)项规定,经营者不得采用下列不正当手段从事市场交易,损害竞争对手:擅自使用他人的企业名称或者姓名,引人误认为是他人的商品。《最高人民法院关于审理不正当竞争民事案件适用法律若干问题的解释》第六条第一款规定,企业登记主管机关依法登记的企业名称,以及在中国境内进行商业使用的外国(地区)企业名称,应当认定为反不正当竞争法第五条第(三)项规定的"企业名称"。具有一定的市场知名度、为相关的公众所知悉的企业名称中的字号,可以认定为反不正当竞争法第五条第(三)项规定的"企业名称"。

本案中,原告"渝中区晓宇老火锅"系张某某经营的个体工商户,营业执照上载明其名称为"渝中区晓宇老火锅"。《中华人民共和国民法通则》第二十六条规定,个体工商户可以起字号。第九十九条规定,公民享有姓名权;法人、个体工商户、个人合伙享有名称权。《个体工商户名称登记管理办法》第六条规定,个体工商户名称由行政区划、字号、行业、组织形式依次组成。根据前述法律法规之规定,"晓宇"即为原告的字号。原告对"渝中区晓宇老火锅"这一名称及"晓宇"字号享有名称权,该权利受法律保护。法院对被告辩称个体工商户字号不属于反不正当竞争法规定的企业名称的意见不予采信。

如上文论述，原告在经营过程中使用的店招始终有"晓宇"二字，且起主要识别作用的亦是"晓宇"。原告对"渝味晓宇火锅"的宣传使用应当视为对"晓宇火锅"的宣传使用，且在"晓宇火锅""渝味晓宇火锅"经过广泛宣传使用，具有一定知名度的前提下，"晓宇"二字已经凝聚了原告的商誉，故"晓宇"同时作为原告的字号，该字号在火锅行业亦具有较高的知名度，为相关公众所知悉，相关公众会将该字号与原告建立稳定的联系，属于受反不正当竞争法保护的"企业名称"。

三、被告在店招、店内使用"晓宇"字样，注册含有"晓宇"字样的企业名称的行为是否侵害上述权益，构成不正当竞争行为。

关于被告行为是否侵害知名服务特有名称权益，《中华人民共和国反不正当竞争法》第五条第（二）项规定，经营者不得采用下列不正当手段从事市场交易，损害竞争对手：擅自使用知名商品特有包装装潢，或者使用与知名商品特有包装装潢近似的包装装潢，造成和他人知名商品相混淆，使购买者误认为是该知名商品。《最高人民法院关于审理不正当竞争民事案件应用法律若干问题的解释》第四条第二款、第三款规定，在相同商品上使用相同或者视觉上基本无差别的商品名称、包装、装潢，应当视为足以造成和他人知名商品相混淆。认定与知名商品特有名称、包装、装潢相同或者近似，可以参照商标相同或者近似的判断原则和方法。《最高人民法院关于审理商标民事纠纷案件适用法律若干问题的解释》第九条规定，商标相同是指被控侵权的商标与原告的注册商标相比较，两者在视觉上基本无差别。商标近似是指被控侵权的商标与原告的注册商标相比较，其文字的字形、读音、含义或者图形的构图及颜色，或者其各要素组合后的整体结构相似，或者其立体形状、颜色组合近似，易使相关公众对商品的来源产生误认或者认为其来源与原告注册商标的商品有特定的联系。第十条规定，人民法院认定商标相同或者近似按照以下原则进行：（一）以相关公众的一般注意力为标准；（二）既要进行对商标的整体比对，又要进行对商标主要部分的比对，比对应当在比对对象隔离的状态下分别进行；（三）判断商标是否近似，应当考虑请求保护注册商标的显著性和知名度。

具体到本案，原告与被告经营范围均为火锅服务，经营场所均在重庆市主城区，具有市场竞争关系。被告渝北区林峰晓宇餐饮店在店内玻璃墙、点菜单、订餐卡、预结单、宣传贴、楼梯贴纸上均有"晓宇"字样。"晓宇火锅""渝味晓宇火锅"为原告享有权益的知名服务特有名称，被告在其经营的火锅服务中使用"晓宇"字样。在"晓宇"经过原告及其关联公司的广泛宣传使用已经在火锅行业具有较高的显著性和知名度的前提下，两者在构成要素构成近似，在隔离观察的情况下，相关消费者很难将两者从整体视觉形象上区别开来，两者构成近似名称，且原、被告均在经营火锅业务，故被告上述使用行为足以使相关公众对服务来源产生混淆，或认为被告与原告具有关联关系，故被告在经营过程中使用含有"晓宇"字样的行为侵害了原告享有的知名服务特有名称权益，被告应当承担相应的民事责任。

关于被告行为是否侵害字号权益，《中华人民共和国反不正当竞争法》第五条第（三）项规定，经营者不得采用下列不正当手段从事市场交易，损害竞争对手：擅自使用他人的企业名称或者姓名，引人误认为是他人的商品。本案中，在原告注册成立在先，且原告的"晓宇"字号具有较高知名度的前提下，被告仍注册含有"晓宇"字样的企业名称并在店招中使用，使相关公众产生混淆、误认，构成侵害原告享有的字号权，被告应当承担相应的民事责任。

【思考题】

被评为知名字号的要素是什么？

案例四　哈药集团三精制药有限公司与北京三精日化有限公司、哈尔滨市香坊区精彩染发店侵害商标权及不正当竞争纠纷案

2016 年 12 月 12 日，法院对哈药集团三精制药有限公司与北京三精日化有限公司、哈尔滨市香坊区精彩染发店侵害商标权纠纷、不正当竞争纠纷案进行了判决，被告北京三精日化有限公司赔偿原告哈药集团三精制药有限公司经济损失及合理费用支出合计 50 万元。

【案情简介】

哈药集团三精制药有限公司申述北京三精公司在其企业名称中使用"三精"字号，北京三精公司还生产、销售生产日期在 2013 年 1 月 31 日以后或者使用期限在 2015 年 12 月 31 日以后、带有"三精"文字商标和图形商标及含有"三精"字号的企业名称的染发剂类、洗发液类、护发素类、焗油类及清洁制剂类商品。精彩染发店销售上述商品也被起诉。经法院审理判决：哈药三精公司的

诉讼请求部分成立，对成立部分予以支持。北京三精公司的抗辩主张不成立，不予支持。哈尔滨市香坊区精彩染发店的抗辩主张部分成立，对其成立部分予以支持。

【法院判决】

依照《中华人民共和国商标法》第四十八条，第五十七条第一项、第二项和第三项，第五十八条，第六十三条第一款和第三款、第六十四条第二款，《中华人民共和国反不正当竞争法》第二条第一款、第五条第（三）项、第九条第一款，《中华人民共和国合同法》第六十条、第一百二十二条，《中华人民共和国侵权责任法》第十五条第一款第一项和第六项，《中华人民共和国商标法实施条例》第七十九条，《最高人民法院关于审理注册商标、企业名称与在先权利冲突的民事纠纷案件若干问题的规定》第四条，《最高人民法院关于审理商标民事纠纷案件适用法律若干问题的解释》第十六条、第十七条、第二十一条第一款，《最高人民法院关于审理不正当竞争民事案件应用法律若干问题的解释》第十七条之规定，判决如下：

一、被告北京三精日化有限公司于判决生效之日起停止使用以"三精"作为字号的企业名称；

二、被告三精公司于判决生效之日起停止生产、销售侵害原告哈药集团三精制药有限公司第3396525号"三精"、第4267806号"三精"、第4423277号"三精"注册商标专用权的涉案商品；

三、被告哈尔滨市香坊区精彩染发店于判决生效之日起停止销售侵害原告哈药集团三精制药有限公司第3396525号"三精"、第4267806号"三精"、第4423277号"三精"注册商标专用权的涉案商品；

四、被告北京三精日化有限公司赔偿原告哈药集团三精制药有限公司经济损失及合理费用支出合计50万元，于判决生效之日起十日内付清；

五、驳回原告哈药集团三精制药有限公司的其他诉讼请求。

如果未按本判决指定的期限履行给付金钱义务，应当依照《中华人民共和国民事诉讼法》第二百五十三条之规定，加倍支付迟延履行期间的债务利息。

案件受理费25234.37元，由被告北京三精日化有限公司负担8800元，哈尔滨市香坊区精彩染发店负担50元，原告哈药集团三精制药有限公司负担16384.37元。

【相关法律条文】

《中华人民共和国商标法》

第四十八条

第五十七条第一项、第二项和第三项

第五十八条

第六十三条第一款和第三款

第六十四条第二款

《中华人民共和国反不正当竞争法》

第二条第一款

第五条第（三）项

第九条第一款，

《中华人民共和国合同法》

第六十条

第一百二十二条

《中华人民共和国侵权责任法》

第十五条第一款第一项和第六项

《中华人民共和国商标法实施条例》第七十九条

《最高人民法院关于审理注册商标、企业名称与在先权利冲突的民事纠纷案件若干问题的规定》第四条

《最高人民法院关于审理商标民事纠纷案件适用法律若干问题的解释》

第十六条

第十七条

第二十一条第一款

《最高人民法院关于审理不正当竞争民事案件应用法律若干问题的解释》

第十七条

【案例评析】

一、关于北京三精公司、精彩染发店是否构成商标侵权。

《中华人民共和国商标法》第五十七条规定："有下列行为之一的，均属侵犯注册商标专用权：（一）未经商标注册人的许可，在同一种商品上使用与其注册商标相同的商标的；（二）未经商标注册人的许可，在同一种商品上使用与其注册商标近似的商标，或者在类似商品上使用与其注册商标相同或者近似的商

标，容易导致混淆的。"被诉侵权商品上带有北京三精公司的"精彩""JEN-CA"注册商标标识，其标识的生产者为北京三精国药日化有限公司或北京中科精彩公司，二者均是北京三精公司曾经企业注册登记行政管理机关核准使用的企业名称。（2015）黑哈松证内经字第 3613 号《公证书》公证的网页显示，2015 年 11 月 12 日，北京三精公司在其网站上宣传的商品包装与被诉侵权商品相同，其在网站上亦使用"三精"商标进行商品宣传；且北京三精公司承认其之前生产的"三精"牌系列美发洗发护发商品的包装与被诉侵权商品相同。据此，可以认定被诉侵权商品系由北京三精公司生产。北京三精公司举示的其生产的不同于被诉侵权商品的其他商品包装，不能否定被诉侵权商品系其生产的事实，北京三精公司应对生产被诉侵权商品承担相应的法律后果及法律责任。北京三精公司生产的被诉侵权商品包括洗发液、护发素、染发剂及洗手液，与三个涉案注册商标核定使用的商品属同种或类似商品。被诉侵权商品上使用的"三精"标识与涉案注册商标相同或近似。

《中华人民共和国合同法》第六十条规定："当事人应当按照约定全面履行自己的义务。当事人应当遵循诚实信用原则，根据合同的性质、目的和交易习惯履行通知、协助、保密等义务"；第一百二十二条规定："因当事人一方的违约行为，侵害对方人身、财产权益的，受损害方有权选择依照本法要求其承担违约责任或者依照其他法律要求其承担侵权责任"。北京三精公司曾经涉案商标原权利人哈药三精股份公司许可，在美发洗发护发等相关商品上使用涉案商标，许可有效期至 2012 年 12 月 31 日。许可期限届满后，北京三精公司先后签订《〈品牌使用协议〉履行终止确认书》《〈品牌使用协议〉之终止及后续义务协议书》，并做出书面承诺，即：北京三精公司自 2013 年 1 月 31 日停止生产带有"三精"注册商标文字和图形的商品、标识、包装物等；自 2013 年 7 月 1 日后停止在生产经营、商业服务及商品包装物上使用"三精"注册商标（含文字及图形）。北京三精公司向哈药三精股份公司出具的许可期限内最后一批商品有效期均至 2015 年 12 月 31 日。根据北京三精公司就终止履行《品牌使用协议》出具的书面承诺函及所附《最后一批生产产品明细表》《效期内使用产品明细表》，被诉侵权商品中除植物染发（自然黑色）外，其余均未列入上述明细表；被诉侵权商品中除防脱育发组合外，其余商品有效期均在上述明细表所列有效期 2015 年 12 月 31 日之后。故包括植物染发（自然黑色）和防脱育发组合在内的全部被诉侵权商品均系北京三精公司超出哈药三精公司授权许可范围或者期限生产的商品。北京三精公司在《品牌使用协议》到期后，违反哈药三精公司的授权许可和自己的承诺，使用与涉案注册商标相同或者近似的标识，生产与涉案注册商标核定使用商品同种或者类似的被诉侵权商品，既构成违约，亦构成侵权。哈药三精公司诉请追究北京三精公司的侵权责任成立，应予支持。

《中华人民共和国商标法》第四十八条规定："本法所称商标的使用，是指将商标用于商品、商品包装或者容器以及商品交易文书上，或者将商标用于广告宣传、展览以及其他商业活动中，用于识别商品来源的行为。"（2015）黑哈松证内经字第3613号《公证书》公证的网页显示，北京三精公司于2015年11月12日在其网站上宣传其植物染发、植物清凉柔顺洗发液等美发护发商品时，使用了"三精"标识，其行为构成商标法意义上的使用。根据哈药三精股份公司与北京三精国药日化有限公司于2013年2月20日签订的《〈品牌使用协议〉之终止及后续义务协议书》关于北京三精公司自2013年7月1日起在生产经营和商业服务中，不再使用涉案注册商标，包括但不限于广告宣传、媒体广播、销售策划和服务推广等各类形式的约定，北京三精公司违反约定，超过许可期限，在宣传其生产经营的与涉案注册商标核定使用商品同种或者类似的商品时，使用与涉案注册商标相同或者近似的"三精"标识，既构成违约，亦构成商标侵权。

《中华人民共和国商标法》第五十七条规定：有下列行为之一的，均属侵犯注册商标专用权：（三）销售侵犯注册商标专用权的商品的。（2015）黑哈松证内经字第3291号《公证书》及其所附店铺店面、被诉侵权商品、封存包装照片和加盖"哈平路65号"印章及有李淑梅签名的商品明细表照片、封存实物等证据，足以证明精彩染发店销售了被诉侵权商品。精彩染发店销售北京三精公司生产的侵犯涉案注册商标专用权的被诉侵权商品，侵害了涉案注册商标专用权，构成商标侵权。

二、关于北京三精公司是否构成不正当竞争。

《中华人民共和国商标法》第五十八条规定："将他人注册商标、未注册的驰名商标作为企业名称中的字号使用，误导公众，构成不正当竞争行为的，依照《中华人民共和国反不正当竞争法》处理。"《中华人民共和国反不正当竞争法》第二条第一款规定："经营者在市场交易中，应当遵循自愿、平等、公平、诚实信用的原则，遵守公认的商业道德"；第五条规定：经营者不得采用下列不正当手段从事市场交易，损害竞争对手：（三）擅自使用他人的企业名称或者姓名，引人误认为是他人的商品；第九条第一款规定："经营者不得利用广告或者其他方法，对商品的质量、制作成分、性能、用途、生产者、有效期限、产地等作引人误解的虚假宣传"。北京三精公司曾经涉案商标原权利人哈药三精股份公司许可，在其企业名称中使用"三精"字号，许可有效期至2012年12月31

日。许可期限届满后，北京三精公司签订《〈品牌使用协议〉履行终止确认书》《〈品牌使用协议〉之终止及后续义务协议书》，并做出在 2013 年 6 月末前全面终止使用"三精"字号的书面承诺，于 2013 年 6 月 18 日将企业名称变更为北京中科精彩公司。后北京三精公司违反约定和承诺，于 2015 年 5 月 6 日又再次更名，将其企业名称中的字号变更为"三精"，再次更名后的"三精"字号与涉案第 3396525 号、第 4267806 号注册商标相同，其再次更名使用该字号的时间晚于涉案第 3396525 号"三精"注册商标获准注册日为 2004 年 9 月 7 日及第 4267806 号"三精"注册商标获准注册日为 2007 年 9 月 28 日。北京三精公司是在明知《品牌使用协议》到期后其无权使用"三精"字号，且已经为履行终止协议相关约定而终止使用"三精"字号，并将字号变更为"中科精彩"的情况下，又再次变更企业名称为北京三精公司，其再次更名使用"三精"字号，既构成违约，亦构成不正当竞争。同时，北京三精公司在其网站的企业简介中称："北京三精公司（原名北京三精国药日化有限公司）是集科研、生产、销售于一体的现代化企业。作为三精制药向日化领域扩展的平台，我公司以制药的严谨态度……本公司不仅拥有三精医药研发的深厚实力……"，故意混淆北京三精公司与哈药三精公司的关系。因此，北京三精公司再次更名使用"三精"字号的行为，主观上具有攀附哈药三精公司的恶意，客观上使相关公众误认为其与哈药三精公司仍然具有特定联系，造成混淆、误认，哈药三精公司主张北京三精公司构成不正当竞争成立，应予支持。北京三精公司自愿签订并履行《〈品牌使用协议〉履行终止确认书》《〈品牌使用协议〉之终止及后续义务协议书》及其承诺后，已失去继续或者重新使用"三精"字号的权力，其关于北京三精公司最早使用"三精"字号的时间早于涉案商标注册日，对"三精"字号具有合法在先权的抗辩主张，违背前述《中华人民共和国合同法》第六十条和《中华人民共和国反不正当竞争法》第二条第一款等法律规定及其合同约定和承诺，不成立，不应支持。

三、关于如何判定北京三精公司的责任。

哈药三精公司举证的哈药集团三精英美制药有限公司《全国企业信用信息查询表》、《委托加工合同》、双黄连中药牙膏、双黄连植物精华皂等证据，证明哈药三精公司通过其全资子公司授权许可他人使用了涉案注册商标，哈药三精公司授权许可他人使用涉案商标亦是对涉案注册商标的使用。因此，北京三精公司依据《中华人民共和国商标法》第六十四条第一款关于"注册商标专用权人不能证明此前三年内实际使用过该注册商标，也不能证明因侵权行为受到其他损失的，被控侵权人不承担赔偿责任"的规定，主张因哈药三精公司连续三年未使用涉案注册商标，北京三精公司不承担赔偿责任的抗辩主张不成立。

《中华人民共和国侵权责任法》第十五条第一款规定：承担侵权责任的方式主要有：（一）停止侵害；（六）赔偿损失。《最高人民法院关于审理商标民事纠纷案件适用法律若干问题的解释》第二十一条第一款规定："人民法院在审理侵犯注册商标专用权纠纷案件中，依据民法通则第一百三十四条、商标法第五十三条（现行商标法第六十条）的规定和案件具体情况，可以判决侵权人承担停止侵害、排除妨碍、消除危险、赔偿损失、消除影响等民事责任。"北京三精公司应当对其商标侵权及不正当竞争侵权行为承担停止侵权、赔偿损失等民事责任。

《最高人民法院关于审理注册商标、企业名称与在先权利冲突的民事纠纷案件若干问题的规定》第四条规定："被诉企业名称侵犯注册商标专用权或者构成不正当竞争的，人民法院可以根据原告的诉讼请求和案件具体情况，确定被告承担停止使用、规范使用等民事责任。"北京三精公司将与哈药三精公司涉案"三精"注册商标相同的文字注册为企业字号，用于经营同种或者类似商品，造成相关公众混淆、误认，构成不正当竞争。因北京三精公司以哈药三精公司的涉案注册商标和企业字号"三精"为其企业字号，不停止北京三精公司使用"三精"字号就不足以防止市场混淆、误认，故北京三精公司应当承担停止使用带有"三精"字样的企业名称的民事责任。

综上，哈药三精公司诉请北京三精公司在企业名称中停止使用"三精"字号，诉请北京三精公司停止生产、销售生产日期在 2013 年 1 月 31 日以后或者使用期限在 2015 年 12 月 31 日以后、带有"三精"文字商标和图形商标及含有"三精"字号的企业名称的染发剂类、洗发液类、护发素类、焗油类及清洁制剂类商品，符合法律规定，应予支持。

《最高人民法院关于审理不正当竞争民事案件应用法律若干问题的解释》第十七条规定："确定反不正当竞争法第五条、第九条、第十四条规定的不正当竞争行为的赔偿额，可以参照确定侵犯注册商标专用权的损害赔偿额的方法进行。"《中华人民共和国商标法》第六十三条第一款规定："侵犯注册商标专用权的赔偿数额，按照权利人因被侵权所受到的实际损失确定；实际损失难以确定的，可以按照侵权人因侵权所获得的利益确定；权利人的损失或者侵权人获得的利益难以确定的，参照该商标许可使用费的倍数合理确定。对恶意侵犯商标专用权，情节严重的，可以在按照上述方法确定数额的一倍以上三倍以下确定赔偿数额。赔偿数额应当包括权利人为制止侵权行为所支付的合理开支"；第六十三条第三款规定："权利人因被侵权所受到的实际损失、侵权人因侵权所获得的利益、注册商标许可使用费难以确定的，由人民法院根据侵权行为的情节判决给予三百万元以下的赔偿"。《最高人民法院关于审理商标民事纠纷案件适用法律若干问题的解释》第十六条规定："侵权人因侵权所获得的利益或者被侵权人因被侵权所受到的损失均难以确定的，人民法院可以根据当事人的请求或者依职权适用商标法第五十六条第二款（现行商标法第六十三条第三款）的规定确定赔偿数额。人民法院在确定赔偿数额时，应当考虑侵权行为的性质、期间、后果，商标的声誉，商标使用许可费的数额，商标使用许可的种类、时间、范围及制止侵权行为的合理开支等因素综合确定。当事人按照本条第一款的规定就赔偿数额达成协议的，应当准许"；第十七条规定："商标法第五十六条第一款规定的制止侵权行为所支付的合理开支，包括权利人或者委托代理人对侵权行为进行调查、取证的合理费用。人民法院根据当事人的诉讼请求和案件具体情况，可以将符合国家有关部门规定的律师费用计算在赔偿范围内"。本案中，北京三精公司因侵权所获得的利益和哈药三精公司因被侵权所受到的损失均难以确定。依据北京三精公司与哈药三精股份公司签订的《〈品牌使用协议〉之终止及后续义务协议书》，北京三精公司违反协议擅自使用"三精"等注册商标以及"三精"字号或保证在终止使用企业字号日期后发生误导公众或造成市场混淆的损害哈药三精股份有限公司合法权益的行为的，应向哈药三精股份公司支付违约金共50万元整。即北京三精公司、哈药三精股份公司在订立《〈品牌使用协议〉之终止及后续义务协议书》时对侵权赔偿数额等事宜已有充分的预见，并且该约定符合《最高人民法院关于审理商标民事纠纷案件适用法律若干问题的解释》第十六条第三款关于"当事人按照本条第一款的规定就赔偿数额达成协议的，应当准许"等法律规定。哈药三精公司承继了哈药三精股份有限公司就涉案注册商标所享有的权利义务，并且，北京三精公司和哈药三精公司均没有对该约定提出异议，没有主张该赔偿数额明显过高、过低或显示公平。因此，该协议就赔偿数额的约定对北京三精公司和哈药三精公司均有约束力。哈药三精公司请求的赔偿数额过高，缺乏事实依据，不符合合同约定，对其主张的过高部分不予支持。

【思考题】

如何认定商标侵权行为？

案例五   "郑单958"植物新品种侵权纠纷案

北京德农种业有限公司、河南省农业科学院与河南金博士种业股份有限公司侵害植物新品种权纠纷案〔河南省高级人民法院（2015）豫法知民终字第00356号民事判决书〕。本案是全国第一例关于在杂交本生产过程中涉及交本和亲本的关系问题，签订杂交本生产许可，前提一定要经过亲本权利人的同意，否则构成侵权，该案一审判决侵权赔偿数额高达近五千万元，巨额赔偿金已经引起了理论界、实务界和媒体的广泛关注，成为近年来全国知识产权审判的热点。

【案情简介】

"郑单958"玉米杂交品种是由母本"郑58"与已属于公有领域的父本"昌7—2"自交系品种杂交而成。"郑58"和"郑单958"的植物新品种权利人分别为河南金博士种业股份有限公司（简称金博士公司）和河南省农业科学院（简称农科院）。农科院与北京德农种业有限公司（简称德农公司）签订《玉米杂交种"郑单958"许可合同》及补充协议，许可德农公司在一定期限内销售"郑单958"玉米杂交种并约定许可费用，对于德农公司为履行合同而进行制种生产过程中涉及第三方权益时应由德农公司负责解决。德农公司根据农科院的授权，在取得"农作物种子经营许可证"后，开始在甘肃省大量生产、销售"郑单958"。金博士公司认为德农公司未经许可，为商业目的擅自使用"郑58"玉米自交系品种生产、繁育"郑单958"玉米杂交品种的行为，构成侵权并提起诉讼，要求德农公司停止侵权、赔偿金博士公司4952万元，并要求农科院承担连带责任。郑州市中级人民法院一审判决德农公司赔偿损失及合理开支4952万元，农科院在300万元内承担责任，驳回金博士公司其他诉讼请求。德农公司和农科院均提起上诉。河南省高级人民法院二审查明，农科院和金博士公司实行相互授权模式，德农公司接受许可生产过程中涉及第三方权益时应由德农公司负责，与农科院无关。故判决维持一审法院关于赔偿和合理支出的判项，撤销一审法院关于农科院承担连带责任的判项。

【法院判决】

一审法院归纳争议焦点如下：①德农公司是否侵犯了金博士公司享有的"郑58"植物新品种权的问题；②金博士公司要求德农公司停止侵权的问题；③农科院是否承担连带责任的问题；④赔偿数额的计算问题。

一审法院审理后认为：

1. 德农公司侵犯了金博士公司享有的"郑58"植物新品种权。

金博士公司没有明确授权德农公司使用"郑58"生产"郑单958"玉米种子的许可期限直至品种权保护期结束。《联合声明》《招股说明书》及对德农公司的《承诺书》是基于 2001 年 5 月 26 日农科院与德农种业有限公司和其控股公司签订的《"郑单958"玉米杂交种种子生产、销售许可合同》中约定的权利、义务而发布的，许可使用期限应当适用《"郑单958"玉米杂交种种子生产、销售许可合同》中的约定，即到 2010 年 7 月 1 日终止。合同终止后，德农公司若继续使用"郑58"品种，必须重新取得"郑58"品种权人许可，德农公司未取得金博士公司的授权许可，金博士公司向德农公司发送《函告》，德农公司仍继续使用"郑58"自交系品种生产"郑单958"对金博士公司构成了侵权，因此对德农公司辩称其并未侵犯金博士公司"郑58"玉米自交系植物新品种权理由不成立，不予采纳。

2. 金博士公司要求德农公司停止侵权的要求不予支持。

法发〔2009〕23 号最高人民法院印发《关于当前经济形势下知识产权审判服务大局若干问题的意见》的通知第十五条指出，知识产权诉讼制度要充分发挥停止侵害的救济作用，妥善适用停止侵害责任，有效遏制侵权行为。根据当事人的诉讼请求、案件的具体情况和停止侵害的实际需要，与侵权行为的严重程度相当，且不能造成不必要的损失。如果停止有关行为会造成当事人之间的重大利益失衡，或者有悖社会公共利益，或者实际上无法执行，可以根据案件具体情况进行利益衡量，不判决停止行为，而采取更充分的赔偿或者经济补偿等替代性措施了断纠纷。

一审法院考虑到加强植物新品种权保护有助于推动国家"三农"政策，德农公司已经取得"郑单958"品种权人的授权许可，并已支付相应的使用费，因培育"郑单958"玉米品种仍需要使用亲本"郑58"植物新品种权，德农公司为生产"郑单958"花费了大量的人力物力，若禁止德农公司使用亲本"郑58"生产"郑单958"玉米品种，将造成巨大的经济损失，通过支付一定的赔偿费能够弥补金博士公司的损失。综合以上因素，故对金博士公司要求德农公司停止使用"郑58"生产"郑单958"玉米品种的请求，不予支持。

3. 农科院应承担连带责任。

农科院和德农公司于2010年4月23日签订的《玉米杂交种"郑单958"许可合同》第一条第一款、第四条第一款及同日签订的《补充协议》第一条均明确约定：农科院授予德农公司"郑单958"的销售权，本合同所称的许可是指销售许可，对于生产"郑单958"过程中涉及第三方的权益，由德农公司负责解决。上述合同及补充协议说明，农科院对生产"郑单958"玉米杂交种制种过程中，必须取得"郑58"自交系品种权利人授权许可是明知的。农科院在明知其不是"郑58"的品种权人、无权许可德农公司使用"郑58"生产"郑单958"的情况下，于2010年4月给德农公司出具《授权许可书》，德农公司依据该《授权许可书》取得生产"郑单958"的"农作物种子生产经营许可证"，而使用"郑58"生产"郑单958"玉米杂交种，侵害了金博士公司所享有的植物新品种权，农科院应对其过错行为承担相应的民事责任。

4. 关于赔偿损失的数额。

一审法院认为：侵权赔偿要增强损害赔偿的补偿、惩罚和威慑效果，降低维权成本，提高侵权代价，贯彻全面赔偿原则。德农公司对其未取得"郑58"的合法授权而使用"郑58"繁育、生产"郑单958"玉米品种的侵权行为是明知的，其存在主观过错，德农公司使用"郑58"繁育、生产"郑单958"玉米品种获利巨大，德农公司在不停止使用"郑58"玉米品种生产玉米杂交种"郑单958"的情形下，至"郑58"保护期满，德农公司获利将远远超过金博士公司请求赔偿的数额4950万元。鉴于金博士公司诉讼请求的赔偿数额仅为4950万元，对其该项诉讼请求一审法院予以支持。植物新品种司法解释第六条规定法定赔偿适用时将维权费用考虑进去，并不意味着不适用法定赔偿时就不能另行计算维权费用，参照《中华人民共和国专利法》第五十六条第一款关于"赔偿数额还应当包括权利人为制止侵权行为所支付的合理开支"的规定，对于金博士公司主张的德农公司赔偿其维权费用的诉讼请求，综合考虑全案具体情况，酌情确定金博士公司为制止侵权行为所支付的调查费、律师费等合理开支为2万元。农科院根据其过错程度在300万元范围内对德农公司的上述赔偿数额承担连带赔偿责任。

一审法院判决如下：

一、德农公司于本判决生效之日起十日内赔偿金博士公司四千九百五十万元及因制止侵权行为所支付的合理开支两万元；

二、农科院对上述赔偿在三百万元范围承担连带责任；

三、驳回金博士公司的其他诉讼请求。

如果未按本判决指定的期间履行给付金钱义务，应当依照《中华人民共和国民事诉讼法》第二百五十三条之规定，加倍支付迟延履行期间的债务利息。本案案件受理费 289426 元，由德农公司负担。

北京德农种业有限公司、河南省农业科学院对一审判决不服，向河南省高级人民法院提起上诉。

根据双方的诉辩主张，二审法院归纳争议焦点如下：①德农公司是否侵犯了金博士公司对"郑58"享有的植物新品种权？②如构成侵害植物新品种权，一审判决认定的赔偿数额是否适当？③农科院应否在三百万元的范围内承担连带责任？

二审法院审理后认为：

1. 德农公司侵犯了金博士公司对"郑58"享有的植物新品种权。

一审判决将 2001 年 10 月 27 日的《联合声明》的效力期限认定截止于 2010 年 7 月 1 日是正确的。2010 年 7 月 1 日以后，在与"郑58"品种权利人金博士公司就使用母本"郑58"生产"郑单958"没有达成一致协议、没有经过金博士公司同意的情况下，德农公司使用"郑58"生产"郑单958"，侵犯了金博士公司对"郑58"享有的植物新品种权。一审判决认定德农公司侵犯了金博士公司对"郑58"享有的植物新品种权的事实正确，予以支持。德农公司关于其没有侵犯金博士公司对"郑58"享有的植物新品种权、一审判决认定事实错误、适用法律不当、程序违法的上诉理由不能成立，予以驳回。

2. 一审判决认定的赔偿数额适当。

《最高人民法院关于审理侵犯植物新品种权纠纷案件具体应用法律问题的若干规定》第六条第二款规定，人民法院可以根据被侵权人的请求，按照被侵权人因侵权所受损失或者侵权人因侵权所得利益确定赔偿数额。被侵权人请求按照植物新品种实施许可费确定赔偿数额的，人民法院可以根据植物新品种实施许可的种类、时间、范围等因素，参照该植物新品种实施许可费合理确定赔偿数额。结合二审审理期间金博士公司提供的新证据等，二审法院认为一审判决的赔偿数额适当，予以维持。德农公司关于一审判决的赔偿数额不当，一审判决主观臆测德农公司的获利远超四千九百五十万元错误等问题的理由不足，予以驳回。

3. 农科院不承担连带责任。

德农公司不仅是在经农科院同意的前提下，才取得了生产"郑单958"品种的权利，而且在生产过程中涉及其他权利人的权利时，则要由德农公司负责解决，与农科院无关。一审判决以农科院向德农公司出具《委托书》、使中种集团取得了生产"郑单958"农作物种子生产经营许可证并进而侵害了金博士公司所享有的植物新品种权为由，判令农科院在三百万元的范围内承担连带责任不当，予以纠正，农科院的该项上述理由成立，予以支持。

二审法院判决如下：

一、维持河南省郑州市中级人民法院（2014）郑知民初字第720号民事判决第一项；

二、撤销河南省郑州市中级人民法院（2014）郑知民初字第720号民事判决第二、第三项；

三、驳回河南金博士种业股份有限公司的其他诉讼请求。

一、二审案件受理费各289426元，均由上诉人北京德农种业有限公司承担。

本判决为终审判决。

【相关法律条文】

《中华人民共和国植物新品种保护条例》第六条、第三十九条第一款，《最高人民法院关于审理侵犯植物新品种权纠纷案件具体应用法律问题的若干规定》第六条，《中华人民共和国侵权责任法》第二条、第九条、第十四条、第十五条第一款第（六）项、《中华人民共和国民事诉讼法》第六十四条第一款、第一百七十条第一款第（二）项。

【案例评析】

本案是关于在玉米杂交种生产中涉及杂交种和其亲本的关系问题而引发的植物新品种侵权纠纷。该案涉及的"郑单958"玉米杂交种，因是由母本与父本自交系品种杂交而成，只要生产、繁育"郑单958"玉米杂交种，就必须使用母本"郑58"玉米自交系品种。在生产、繁育"郑单958"玉米杂交种时，不仅要得到"郑单958"杂交种权利人的许可，还要得到母本"郑58"自交系品种权利人的同意。法院考虑到加强植物新品种权保护有助于推动国家三农政策，德农公司已经取得"郑单958"杂交种权利人的授权许可，并已支付相应的使用费，为生产"郑单958"杂交种花费了大量的人力物力，若禁止德农公司使用母本"郑58"自交系品种生产"郑单958"玉米杂交种，将造成巨大的经济损失。因培育"郑单958"玉米杂交种仍需要使用母本"郑58"自交系品种，通过支付一定的赔偿费能够弥补金博士公司的损失。综合以上因素，法院对金博士公司要求德农公司停止使用"郑58"自交系品种生产"郑单958"玉米杂交种的请求未予支持。但根据侵权人的主观过错、获利情况、不停止使用"郑58"自交系品种生产至保护期满的继续获利情况等因素，对权利人请求的4952万元的赔偿数额和合理支出予以全额支持，较好地平衡了各方当事人的利益。

【思考题】

1. 生产种子进行商业销售需要获得哪些授权？

2. 法院判决驳回金博士公司要求德农公司停止侵权之诉讼请求的理由是什么？

案例六　"博Ⅲ优"植物新品种侵权纠纷案

四川中正科技有限公司与广西壮族自治区博白县农业科学研究所、王腾金、刘振卓、四川中升科技种业有限公司侵害植物新品种权纠纷案〔广西壮族自治区高级人民法院（2017）桂民终95号民事判决书〕。这是一起因股权变更引起的植物新品种权纠纷案。

【案情简介】

"博Ⅲ优273"获植物新品种权，品种权共有人为广西壮族自治区博白县农业科学研究所（以下简称博白农科所）、王腾金、刘振卓。博ⅢA亦获植物新品种权，系博Ⅲ优9678、博Ⅲ优273的亲本，博ⅢA植物新品种的品种权人为博白农科所。2003年11月2日，博白农科所与四川中升科技种业有限公司（以下简称中升公司）签订《品种使用权转让协议书》（即2003年协议），博白农科所将"博Ⅱ优815""博Ⅲ优273"的使用权转让给中升公司独家使用开发。2007年11月16日，中升公司与博白农科所签订《协议》（即2007年协议）约定，博白农科所将博Ⅲ优9678、博Ⅱ优815的品种使用权转让给中升公司独占使用开发（博Ⅱ优815仅限于广东区域），中升公司继续享有博Ⅲ优273的使用开发权，博白农科所不得将博Ⅲ优9678、博Ⅱ优815（只限广东区域）的品种权转让或授权给第三方，否则应赔偿中升公司相关损失。本协议签订生效后，2003年协议终止执行。2008年1月7日，博白农科所授权中升公司生产经营博

Ⅲ优9678、博Ⅲ优273。博ⅢA仅用于配组博Ⅲ优9678、博Ⅲ优273，不得做其他商业用途使用。授权起止时间为2008年1月7日至2012年12月31日止。四川中正科技有限公司（以下简称中正公司）根据中升公司的授权和"2007年协议"的约定，经营博Ⅲ优9678、博Ⅱ优815及博Ⅲ优273等品种。2011年11月2日，中升公司分别致函中正公司、博白农科所，决定从2011年11月2日起终止对中正公司生产、经营博Ⅲ优9678、博Ⅲ优273及博Ⅱ优815（已退出市场）的授权，有关品种的生产、经营权为中升公司独占所有。中升公司享有博Ⅲ优273的开发权，博白农科所不得再向中正公司提供博Ⅲ优9678、博Ⅲ优273及博Ⅱ优815的不育系、恢复系。博白农科所、王腾金、刘振卓、中升公司主张中正公司在2011年11月2日之后仍委托他人生产博Ⅲ优9678、博Ⅲ优273种子的行为构成侵权，遂向法院提起诉讼。一审法院认为，中正公司的行为侵害了涉案植物新品种权，故判决中正公司停止侵权行为、消除影响并赔偿经济损失180万元。二审法院认为，博ⅢA、博Ⅲ优273两个植物新品种因未按规定交纳年费，于2013年11月1日公告终止，于2014年12月4日恢复权利；于2015年11月1日因未按规定交纳年费又公告终止。一审判决认定博ⅢA、博Ⅲ优273这两个植物新品种权仍然有效与本案事实不符，中正公司的相关上诉理由成立。对赔偿数额的确定，应综合考虑如下因素：当事人均认可的亩产量、销售价格及中正公司认可的生产面积；因中升公司突然中止授权而使中正公司不可避免遭受的损失；侵权持续期间；涉案植物新品种实施许可费的数额及实施许可的种类、时间、范围等具体情节。据此，二审法院酌定中正公司赔偿博白农科所、王腾金、刘振卓、中升公司经济损失人民币40万元。

【法院判决】

南宁市中级人民法院系本案的一审法院。

该院认为，本案的争议焦点是：①博白农科所对博Ⅲ优9678植物品种是否享有植物新品种权及博Ⅲ优273植物新品种权至今是否有效；②中正公司生产经营博Ⅲ优9678、博Ⅲ优273品种的行为是否构成侵权；③如果中正公司的行为构成侵权，如何承担侵权责任。

一审法院审理后认为：

1. 博白农科所对博Ⅲ优9678品种享有植物新品种权，博Ⅲ优273植物新品种权至今有效。

中正公司主张博Ⅲ优9678品种仅系审定品种，未获授予植物新品种权，亦无有效证据证明博Ⅲ优273植物新品种权至今有效。根据广西壮族自治区高级人民法院于 2016 年 7 月 4 日作出的已经发生法律效力的（2016）桂民终 167 号民事判决确认的事实，博Ⅲ优 273、博ⅢA 获授予植物新品种权，品种权号分别为 CNA20040223.4、CNA20040339.7，博ⅢA 的品种权人为博白农科所，博ⅢA 系博Ⅲ优 9678、博Ⅲ优 273 的亲本，博Ⅲ优 273、博ⅢA 植物新品种权仍在保护期限内。本案确无证据证明博Ⅲ优 9678 获授予植物新品种权。而根据上述确认的事实，在该生效判决作出时，博Ⅲ优 273、博ⅢA 两个植物新品种权仍在保护期限内。中正公司并无相反证据足以推翻上述生效判决确认的事实，且农业部植物新品种保护办公室的官方网站上亦有相关信息记载，故一审法院对中升公司关于博Ⅲ优 273 植物新品种权效力的抗辩意见不予采信。

2. 中正公司生产经营博Ⅲ优 9678、博Ⅲ优 273 品种的行为构成侵权。

中正公司未经品种权人许可，为商业目的生产、销售博Ⅲ优 273 品种，侵犯了该植物新品种权。博ⅢA 系博Ⅲ优 9678 的亲本，中正公司为商业目的生产、销售博Ⅲ优 9678，属于为商业目的将授权品种的繁育材料重复使用于生产另一品种的繁育材料，亦构成侵犯植物新品种权。中正公司辩称其已受让"2007 年协议"项下权利义务而成为"2007 年协议"主体，因此其生产、销售博Ⅲ优 9678、博Ⅲ优 273 品种已获品种权利人授权。但中正公司提供的证据不足以证明其已继受"2007 年协议"项下权利义务，其提出的要求作为合同主体履行"2007 年协议"的另案诉讼请求已被（2016）桂民终 167 号民事判决驳回，故一审法院对中正公司的该抗辩主张不予支持。

3. 关于本案侵权责任承担的问题。

中正公司的行为构成侵权，应停止生产、销售博Ⅲ优 9678、博Ⅲ优 273 品种。关于赔偿数额，一审法院综合考虑以下因素：①参考《关于生产经营博Ⅲ优 9678 及博Ⅲ优 273 水稻种子的说明》显示的亩产量、销售价格以及中正公司认可的生产面积、成本；②中正公司明知授权终止仍实施侵权行为的主观过错；③本案的侵权持续期间较长；④涉案植物新品种实施许可费的数额，植物新品种实施许可的种类、时间、范围等具体情节，酌定赔偿数额为 180 万元，原告主张过高部分，一审法院不予支持。

一审法院判决如下：

一、四川中正科技有限公司立即停止生产、销售博Ⅲ优 9678、博Ⅲ优 273 水稻种子的侵权行为；

二、四川中正科技有限公司于本判决生效之日起十日内在《广西日报》上刊登声明，就其侵权行为消除影响，声明的内容须经一审法院审核。如未按本项消除影响，一审法院将采取公告、登报等方式，将判决的主要内容和有关情况公布于众，费用由四川中正科技有限公司承担；

三、四川中正科技有限公司赔偿广西壮族自治区博白县农业科学研究所、王腾金、刘振卓、四川中升科技种业有限公司经济损失合计180万元；

四、驳回广西壮族自治区博白县农业科学研究所、王腾金、刘振卓、四川中升科技种业有限公司的其他诉讼请求。

一审案件受理费22544元，由四川中正科技有限公司负担。

四川中正科技有限公司不服南宁市中级人民法院作出的（2012）南市民三初字第110号民事判决（即上述一审判决），向广西壮族自治区高级人民法院提起上诉。

根据各方当事人的诉辩意见，二审法院归纳争议焦点如下：①一审判决认定博ⅢA系博Ⅲ优9678、博Ⅲ优273的亲本，且博ⅢA、博Ⅲ优273这两个植物新品种权仍然有效是否正确；②被上诉人中升公司是否已将博Ⅲ优9678、博Ⅲ优273品种使用权转让给上诉人中正公司，上诉人中正公司生产经营涉案博Ⅲ优9678、博Ⅲ优273品种的行为是否构成侵权，上诉人中正公司关于权利用尽原则抗辩理由是否成立；③如果上诉人中正公司的行为构成侵权，则一审判决判令上诉人中正公司承担相应侵权民事责任是否有事实和法律依据。

二审法院审理后认为：

1. 一审法院认定博ⅢA、博Ⅲ优273这两个植物新品种权仍然有效是错误的。

由于上诉人中正公司在二审期间提交的新证据、二审法院依职权调取的证据及二审庭审时登录农业部植物新品种保护办公室网站查询所见情况互相印证，证明了博ⅢA、博Ⅲ优273这两个植物新品种因品种权人未按规定交纳年费，于2013年11月1日均公告终止，于2014年9月26日提出恢复权利请求，农业部植物新品种保护办公室经审查于2014年12月4日发文，同意恢复其权利。上述两个植物新品种于2015年1月1日因品种权利人未按规定交纳年费又公告终止。一审判决认定博ⅢA、博Ⅲ优273这两个植物新品种权仍然有效与本案查明的事实不相符，二审法院予以纠正。上诉人中正公司的相关上诉理由成立。

2. 中正公司关于权利用尽原则抗辩不成立。

在二审诉讼中，上诉人中正公司以其在一审诉讼中提交的证据"调种结算及相关票据、收据"主张权利用尽原则抗辩，即中正公司向博白农科所下属企业博有公司购买了博ⅢA、博Ⅲ优9678、博Ⅲ优273品种，并支付上述品种的使用费和生产费，中正公司可以用于经营而不构成侵权。由于上述数量的涉案品种使用于侵权行为发生之前还是之后并无相应证据证实，并且中正公司亦不能提供证据证明自 2011 年 11 月 2 日之后，中正公司生产，经营博Ⅲ优 9678、博Ⅲ优 273 品种所需要的涉案植物新品种博ⅢA、博Ⅲ优 273、博Ⅲ优 9678 均来源于"2011 年调种结算"记载的已购买或已支付使用费、生产费的上述品种，故中正公司关于权利用尽原则抗辩缺乏足够的证据证明，其上诉理由不能成立，二审法院不予支持。

3. 关于赔偿数额。

二审法院综合考虑以下因素：①参考《关于生产经营博Ⅲ优 9678 及博Ⅲ优 273 水稻种子的说明》显示的亩产量、销售价格以及中正公司认可的生产面积；②中正公司在 2011 年 11 月 2 日之前被授权经营涉案品种，中升公司突然中止授权，没有给予中正公司相应准备时间，中正公司不可避免遭受一定损失；③本案侵权持续时间从 2011 年 11 月 2 日至 2013 年 11 月 1 日、2014 年 12 月 4 日至 2015 年 11 月 1 日；④涉案植物新品种实施许可费的数额及实施许可的种类、时间、范围等具体情节。二审法院酌定上诉人中正公司赔偿四位被上诉人经济损失人民币 40 万元。一审法院确定的赔偿数额 180 万元过高，二审法院酌情予以变更，中正公司的部分上诉理由成立。

二审法院判决如下：

一、维持南宁市中级人民法院（2012）南市民三初字第 110 号民事判决第四项；

二、撤销南宁市中级人民法院（2012）南市民三初字第 110 号民事判决第一、第二项；

三、变更南宁市中级人民法院（2012）南市民三初字第 110 号民事判决第三项为：四川中正科技有限公司赔偿广西壮族自治区博白县农业科学研究所、王腾金、刘振卓、四川中升科技种业有限公司经济损失合计人民币 40 万元。

一审案件受理费 22544 元，由四川中正科技有限公司负担 15029 元，广西壮族自治区博白县农业科学研究所、王腾金、刘振卓、四川中升科技种业有限公司负担 7515 元；二审案件受理费 22544 元，由四川中正科技有限公司负担 15029 元，广西壮族自治区博白县农业科学研究所、王腾金、刘振卓、四川中升科技种业有限公司负担 7515 元。

上述应付款项，义务人应于本案生效判决送达之日起十日内履行完毕，如果未按本判决指定的期间履行给付金钱义务，应当依照《中华人民共和国民事诉讼法》第二百五十三条之规定，加倍支付迟延履行的债务利息。权利人可于本案生效判决规定的履行期限最后一日起两年内，向南宁市中级人民法院申请执行。

本判决为终审判决。

【相关法律条文】

《中华人民共和国民法通则》第一百三十四条第一款、第二款，《中华人民共和国植物新品种保护条例》第六条，《最高人民法院关于审理侵犯植物新品种权纠纷案件具体应用法律问题的若干规定》第二条、第六条，《中华人民共和国民事诉讼法》第六十四条第一款、第一百七十条第一款第（二）项。

【案例评析】

本案是涉及植物新品种权保护的典型案例。侵害植物新品种权的行为司法实践中可分为两种类型，一是未经品种权利人许可，为商业目的生产或销售授权品种的繁育材料；二是未经品种权人许可，为商业目的将授权品种的繁育材料重复使用于生产另一品种的繁育材料。本案同时涉及以上两种侵权行为的判定，在法律适用方面具有典型性。此外，植物新品种权在保护期限内有可能间歇性地处于终止状态，这是其他类型的知识产权侵权诉讼所不具备的特殊性。本案裁判充分考虑植物新品种保护中的特殊因素，对侵权行为及赔偿数额做出了正确认定，对类似案件的裁判具有规则指引意义。

【思考题】

1. 本案中，二审法院不支持中正公司关于权利用尽原则抗辩的理由是什么？

2. 植物新品种权因品种权利人未按规定交纳年费终止后，可以恢复吗？应如何恢复？

案例七　"反光材料"商业秘密纠纷案

鹤壁市反光材料有限公司与宋某某、鹤壁睿明特科技有限公司、李某某侵害商业秘密纠纷案〔河南省高级人民法院（2016）豫民终347号民事判决书〕。本案是2017年中国法院10大知识产权案件之一。

【案情简介】

宋某某自2006年起在鹤壁市反光材料有限公司（以下简称反光材料公司）

任业务员，主要负责部分省份的销售及客户拓展工作。反光材料公司与宋某某先后签订两份劳动合同，并约定有保密条款和竞业限制条款。反光材料公司对其经营信息制定有保密制度，对客户及潜在客户信息采取了必要的保密措施，同时向宋某某及其他业务员支付了保密费用。鹤壁市睿欣商贸有限公司（以下简称睿欣公司，即鹤壁睿明特科技有限公司前身）成立于 2011 年 6 月 22 日，经营范围为钢材、建材、五金交电、涂板、反光护栏。在睿欣公司经营期间，宋某某以宋翔名义参与办理睿欣公司工商登记手续的相关工作。睿欣公司银行往来账目显示，自 2011 年 8 月 1 日至 2015 年 7 月 31 日期间，睿欣公司与反光材料公司的多笔交易客户重合，宋某某以个人名义从睿欣公司账户取款多次。反光材料公司遂以侵害商业秘密为由，将宋某某等诉至法院。一审法院认为，宋某某、睿欣公司对反光材料公司的商业秘密构成共同侵权。二审法院认为，根据反光材料公司所提供的交易记录及客户来往票据，其中"品种""规格""数量"能够说明客户的独特需求，"成交日期"能够反映客户要货的规律，"单价"能够说明客户对价格的承受能力和价格成交底线，"备注"反映了客户的特殊信息。这些内容构成了反光材料公司经营信息的秘密点。上述经营信息涉及的客户已与反光材料公司形成了稳定的供货渠道，保持着良好的交易关系，在生产经营中具有实用性，能够为反光材料公司带来经济利益、竞争优势。反光材料公司为上述经营信息制定了具体的保密制度，对客户及潜在客户信息采取了必要的保密措施，并与宋某某明确约定了保密条款、竞业限制条款，向宋某某及其他业务员支付了相应的保密费用，可以证明反光材料公司为上述经营信息采取了合理保密措施。综上，可以认定反光材料公司制作的客户名单构成商业秘密。宋某某负有对反光材料公司的忠实义务，其中包括对工作中接触到的经营信息进行保密的义务，其明知公司的相关管理规定及客户名单的非公开性和商业价值，但仍私自与反光材料公司的客户进行交易，且与睿欣公司来往频繁，构成披露、使用、允许他人使用反光材料公司经营信息的行为，侵害了反光材料公司的商业秘密。睿欣公司不正当地获取、使用了宋某某所掌握的反光材料公司拥有的商业秘密。宋某某、睿欣公司对反光材料公司的商业秘密构成共同侵权。因睿欣公司已变更为睿明特公司，故侵权责任应由睿明特公司承担。

【法院判决】

河南省鹤壁市中级人民法院系本案的一审法院审理后认为：

1. 反光材料公司拥有其所述的商业秘密。

反光材料公司将获取的客户信息整理后输入电脑数据库及将向东北地区客户出具的增值税发票、发货清单、与其客户资金往来的汇款凭证、要货通知单、向客户的发货清单、出差工作日程表及出差计划上载明的信息予以整理，而这些客户信息并不是行业内普遍知悉的信息，也不易从公开渠道直接获得。反光材料公司获得的经营信息具有现实的或者潜在的商业价值，有的已成为有长期业务往来的客户，有的虽未建立业务关系但亦是反光材料公司获得交易机会的重要资源，能够为反光材料公司带来经济利益。同时，反光材料公司为上述经营信息采取了制定保密制度、与业务员签订保密条款、支付保密费用等保密措施。故反光材料公司制作的客户名单及相关载体上记录的信息构成其商业秘密。

2. 宋某某、睿欣公司对反光材料公司的商业秘密构成共同侵权

宋某某作为反光材料公司的业务员，主要负责黑龙江省、吉林省、辽宁省及内蒙古自治区的产品销售及客户拓展工作，其了解和掌握作为反光材料公司商业秘密的客户资料等经营信息，其应当知道反光材料公司对其客户的经营信息进行了管理和维护，并有保密要求。而其违反劳动合同有关保密约定及反光材料公司有关保守商业秘密的要求，擅自向反光材料公司的客户及潜在客户销售反光材料，构成对反光材料公司商业秘密的侵犯，应当承担侵权责任。宋某某在反光材料公司工作期间，应负有对反光材料公司的忠实义务，其中包括对工作中接触到的经营信息进行保密的义务。而其多次参与睿欣公司注册登记工作，而睿欣公司的经营范围又与反光材料公司的经营范围具有重合内容，且睿欣公司与反光材料公司所长期联系的客户在较短时间内即发生了业务交易关系，同时结合睿欣公司未举证证明其业务往来系客户自行要求与其交易的事实，故推定睿欣公司使用了宋某某所掌握的为反光材料公司所拥有的商业秘密，宋某某、睿欣公司对反光材料公司的商业秘密构成共同侵权。因睿欣公司已变更为睿明特公司，故睿欣公司的侵权责任应由睿明特公司承担。

3. 关于侵权赔偿数额的认定。

本案中，由于反光材料公司的损失及宋某某、睿明特公司的获利均无法计算，故根据宋某某、睿明特公司侵权行为的性质、主观过错、交易时间、交易的数量，反光材料公司以往的同类产品交易价格及为获取客户经营信息付出的努力等因素，酌情确定宋某某、睿明特公司的赔偿额为35万元。

一审法院判决如下：

一、宋某某、睿明特公司立即停止对反光材料公司商业秘密的侵权行为并在两年内不准使用反光材料公司所拥有的商业秘密；

二、宋某某、睿明特公司于判决生效后十日内赔偿反光材料公司经济损失

三十五万元;

三、驳回反光材料公司的其他诉讼请求。

若宋某某、睿明特公司未按本判决指定的期间履行给付金钱义务,应当依照民事诉讼法第二百五十三条之规定,加倍支付迟延履行期间的债务利息。本案案件受理费 8800 元,财产保全费 5000 元,共计 13800 元,由宋某某、睿明特公司共同负担。

宋俊超、鹤壁睿明特科技有限公司对一审判决不服,向河南省高级人民法院提起上诉。二审法院驳回了宋某某、睿明特公司上诉请求,维持原判。二审案件受理费 6550 元,由宋某某、鹤壁睿明特科技有限公司负担。本判决为终审判决。

【相关法律条文】

《中华人民共和国反不正当竞争法》第十条,《最高人民法院关于审理不正当竞争民事案件应用法律若干问题的解释》第十一条、第十三条、第十六条、第十七条,《中华人民共和国专利法》第六十五条,《中华人民共和国民事诉讼法》第六十四条第一款、第一百七十条第一款第一项。

【案例评析】

本案是涉及商业秘密保护的典型案例。商业秘密案件因证据复杂、隐蔽,通常审理难度较大。特别是,因员工离职等带来的商业秘密保护问题一直是司法实践中的难点。本案判决对商业秘密案件中"不为公众所知悉""保密措施""商业价值"及赔偿责任的确定等重要法律问题,结合案情进行了细致和全面的阐释,对类似案件的审理具有较强的规则指引意义。此外,本案还着重强调了员工离职后的保密义务,倡导了诚实信用的价值取向。

【思考题】

1. 法院如何认定商业秘密的构成要件?

2. 企业对于商业秘密应该如何保护?

案例八 汪紫平侵犯商业秘密宣告无罪案

【案情简介】

江苏谷登公司拥有非开挖水平定向钻机的相关技术。江苏谷登公司与被告人汪紫平签订劳动合同，并签有相关保密条款。2011 年 4 月，被告人汪紫平在江苏谷登公司派其去武汉参加非开挖水平定向钻机展会期间，未办理正常离职手续离开江苏谷登公司，并将其电脑上的技术图纸拷贝至 U 盘带到江苏玉泉机械制造有限公司（以下简称玉泉公司），主要从事 YQ3000 - L 型水平定向钻机的研发工作。2011 年 5 月至 2012 年 7 月，玉泉公司陆续生产并对外销售三台 YQ3000 - L 型水平定向钻机。江苏省盐城市人民检察院指控被告人汪紫平犯侵犯商业秘密罪，盐城市中级人民法院于 2013 年 11 月 20 日作出 (2013) 盐知刑初字第 0004 号刑事判决书，以被告人汪紫平犯侵犯商业秘密罪，判处其有期徒刑一年三个月，并处罚金人民币一万元。江苏省高级人民法院以部分事实不清，证据不足为由，发回重审。盐城市中级人民法院重审后判决被告人汪紫平犯侵犯商业秘密罪，免予刑事处罚。江苏省高级人民法院二审认为，对江苏谷登公司涉案履带行走装置技术信息是否不为公众所知悉，以及江苏谷登公司涉案损失数额是否在 50 万元以上的认定，根据现有证据，均存在一定疑点，尚不能满足刑事案件排除合理怀疑的证明标准，最终改判被告人无罪。

【法院判决】

盐城市中级人民法院一审认为：

①根据工信部鉴定意见等相关证据，江苏谷登公司设计、制造的 GD2800 - L 型水平定向钻机履带行走装置及其相关技术信息构成商业秘密，玉泉公司 YQ3000 - L 型水平定向钻机履带行走装置及其相关技术信息与江苏谷登公司的 GD2800 - L 型水平定向钻机中履带总成的技术信息具有同一性。②被告人汪紫平对使用江苏谷登公司涉案技术信息存在主观故意。③明达会计所认定江苏谷登公司生产的 280T 水平定向钻机履带总成部件在视同销售情况下每台营业利润为人民币 211664.74 元。由于 300T 型与 280T 型水平定向钻机为功能相似的同类产品，玉泉公司生产、销售 300T 型钻机侵占了原本应由江苏谷登公司享有的市

场份额，其生产、销售 300T 型钻机三台意味着江苏谷登公司失去了相同数量的交易机会。故本案中江苏谷登公司的损失数额为 211664.74 的三倍，即人民币 634994.22 元。

综上，盐城市中级人民法院认为，被告人汪紫平作为江苏谷登公司的技术人员，掌握 GD2800－L 型水平定向钻机的设计图纸，负有保密义务。其在离开江苏谷登公司后，向玉泉公司披露了 GD2800－L 型水平定向钻机"履带行走装置及其主要技术参数"等技术信息，设计、制造出同类型的 YQ3000－L 型水平定向钻机，给江苏谷登公司造成重大损失，构成侵犯商业秘密罪。同时考虑被告人汪紫平犯罪情节轻微，可以免予刑事处罚。

盐城市中级人民法院判决被告人汪紫平犯侵犯商业秘密罪，免予刑事处罚。汪紫平不服一审判决，向江苏高院提出上诉，请求二审法院依法撤销原判，改判无罪。

本案二审期间，检察机关提供以下证据：

1. 盐城价格认证中心于 2016 年 1 月 13 日出具的《关于 280T 型水平定向钻机履带总成的价格鉴证过程的说明》，内容为该中心接受盐城市公安局委托，就涉案 280T 型水平定向钻机履带总成的价格进行鉴定，分别向浙江甲工程机械有限公司（以下简称甲公司）、河北乙潜孔采掘机械有限公司（以下简称乙公司）、江苏内重工有限公司（以下简称丙公司）调查类似产品市场行情，经调查确认，甲公司成交价 541125 元、乙公司成交价 540000 元、丙公司成交价 510000 元。该中心采用市场比较法对与鉴证标的相似的三个比较案例成交价水平进行因素修正，最后测算出标的的鉴证价格为 510000 元。

2. 盐城价格认证中心工作人员 A 的证言，主要内容为盐城市公安局委托该中心价格鉴证时，并未提供涉案履带总成的相关图纸及配件清单，该中心系依据委托单位提供的参数对外询价，履带总成的相关报价应该包括发动机，委托单位提供的参数中有行走速度和爬坡能力参数，即属于动力系统参数。

3. 丙公司工作人员蒋某某的证言，主要内容为目前行走马达（即液压回转传动装置）、四轮一带的价格大概是 30 万元（含增值税在内）左右，2013 年估计会比现在贵一点。

4. 甲公司工作人员张某某的证言，主要内容为盐城价格认证中心向其单位询价时并没有提交配件清单、图纸，甲公司只是大致估价，如果底盘总成不包括动力系统，则在 2013 年期间价格达不到 50 万元，2013 年底盘总成如只包括四轮一带、涨紧油缸、行走马达（即液压回转传动装置）等价格不超过 40 万元（含增值税在内）。

5. 前案上海鉴定中，江苏谷登公司提供的涉案水平定向钻机技术图纸30 张。

二审检察机关出庭意见如下：根据二审期间向询价单位、价格鉴证单位调查取证情况，即便按照被询价单位估计的最高价格40 万元（含增值税在内）计算，每台履带总成的利润为：400000/1. 17 − 224232. 7 = 117647. 64 元，本案损失数额计算应为三台合计 352942. 93 元，未到达 50 万元的刑事立案标准，再结合江苏谷登公司提交给鉴定机构的鉴定技术资料图纸的具体情况，建议二审法院改判汪紫平无罪。

江苏省高级人民法院二审认为：

根据我国刑事诉讼法规定，刑事案件认定案件事实，必须以证据为根据。审理定罪量刑的证据应当确实充分，且案件认定事实已经排除合理怀疑。本案中，根据现有证据，对于江苏谷登公司涉案履带行走装置技术信息是否不为公众所知悉，以及江苏谷登公司涉案损失数额是否在 50 万元以上的认定均存在一定疑点，尚不能满足刑事案件排除合理怀疑的证明标准。

一、本案工信部鉴定所采用检材存在一定疑点。

本案中，一审法院认定涉案技术信息构成商业秘密的主要证据是工信部鉴定的相关鉴定结论。该鉴定报告中同时记载鉴定所依据的鉴定材料为江苏谷登公司的技术密点说明、江苏谷登公司 GD2800 − L 型水平定向钻机及涨紧油缸的技术资料 6 页、玉泉公司技术资料及其产品实物等。二审法院经审查认为，江苏谷登公司提供的部分检材在是否客观真实反映其技术信息方面存在疑点，在缺乏其他证据印证的情形下难以排除相关合理怀疑，并进而导致二审法院难以采信依据上述检材和作出的鉴定结论。具体理由是：

在之前的上海鉴定中，江苏谷登公司提供了相应技术说明和技术图纸，鉴定机构亦召开技术听证会听取了江苏谷登公司的相关陈述。在本案中，江苏谷登公司又重新提供了相关技术说明与技术图纸。其中，①江苏谷登公司提供的技术密点说明的形成时间为 2014 年 12 月 15 日，在之前上海鉴定的鉴定材料中并未出现。同时，该份说明中有关履带行走装置设计要点在上海鉴定的鉴定材料中均未有明确体现。②江苏谷登公司提供的涉案 6 张技术资料图纸，并不包含在之前上海鉴定所依据的 30 张技术图纸检材之内。同时，上述技术资料中的两张技术图纸上注明单位为"咸工公司"。

鉴于本案工信部鉴定检材中有关技术说明及技术图纸均未在之前上海鉴定中明确体现，且部分技术图纸的单位标注为"咸工公司"，因此应当就江苏谷登公司的产品实物与上述检材采取对比勘验等方式，对上述检材的客观真实性做进一步核实，但本案中仅审查勘验了江苏谷登公司技术资料、玉泉公司技术资料及玉泉公司产品实物，并未再就检材作相应核查。因此，本案中江苏谷登公司提供的部分检材的来源及是否客观真实反映其技术信息仍存在一定疑点，难以排除相关合理怀疑，二审法院对本案工信部司法鉴定难以采信，并据此认为，根据现有证据尚不足以证明江苏谷登公司涉案 GD2800 - L 型水平定向钻机履带行走装置相关技术信息构成不为公众所知悉。

二、现有证据尚不足以证明江苏谷登公司涉案损失数额在 50 万元以上。

本案中，根据二审证据，盐城价格认证中心作出涉案履带总成价格为人民币 51 万元（含增值税在内）的价格鉴证意见的客观性、准确性存在较大疑点，不能排除合理怀疑，并进而导致对以上述价格鉴证意见为基础作出的履带总成部件的营业利润数额无法采信。

首先，根据涉案工信部鉴定内容，江苏谷登公司履带行走装置相应秘密点并不包括动力系统，因此即便涉案技术秘密成立，损失数额计算也不应考虑动力系统的相关利润。其次，二审证据中，盐城价格认证中心工作人员作证称，盐城市公安局委托该中心价格鉴证时，并未提供涉案履带总成的相关图纸及配件清单，该中心系依据委托单位提供的参数对外询价，履带总成的相关报价应该包括发动机。蒋某某、张某某证言称，不包括动力系统的履带总成（主要含四轮一带、涨紧油缸、液压回转传动装置）的市场价格不超过 40 万元（含增值税在内）。上述证据可以证明盐城价格认证中心就履带总成作出的 51 万元鉴证价格，不能排除包括动力系统价格。最后，根据明达会计所的两份鉴定报告，涉案水平定向钻机和其中履带总成的营业利润分别是 403664.73 元、211664.74 元，在同时具有其他若干重要核心部件的情形下，作为水平定向钻机组成部件之一的履带行走装置利润率超过整机利润的 50%，其客观真实性存在合理怀疑。

综上，鉴于一审判决关于江苏谷登公司的损失数额为人民币 634994.22 元的认定严重存疑，因此根据现有证据尚不能认定江苏谷登公司的涉案损失数额达到刑法规定商业秘密犯罪 50 万元以上的入罪标准。

二审法院判决如下：撤销一审判决，改判汪紫平无罪。

【相关法律条文】

《中华人民共和国刑法》第二百一十九条规定，行为人实施侵犯商业秘密的行为，给商业秘密的权利人造成重大损失的，处三年以下有期徒刑或者拘役，并处或者单处罚金；造成特别严重后果的，处三年以上七年以下有期徒刑，并处罚金。2004 年 12 月，《最高人民法院、最高人民检察院关于办理侵犯知识产权刑事案件具体应用法律若干问题的解释》第七条规定，实施侵犯商业秘密的行为，给商业秘密的权利人造成损失数额在五十万元以上的，属于刑法第二百一十九条规定的"重大损失"；给商业秘密的权利人造成损失数额在二百五十万元以上的，属于刑法第二百一十九条规定的"特别严重后果"。《中华人民共和国反不正当竞争法》第二十七条，经营者违反本法规定，应当承担民事责任、行政责任和刑事责任，其财产不足以支付的，优先用于承担民事责任；第三十一条，违反本法规定，构成犯罪的，依法追究刑事责任。

【案例评析】

本案较好地体现了知识产权刑事案件定罪量刑证据应当确实充分，且案件事实已经排除合理怀疑的刑事证据裁判理念。二审法院依法坚持对鉴定报告内容进行实质性审查，纠正了仅对鉴定报告进行形式审查的认识误区。通过对财务鉴定报告的基础财务数据的审查，发现本案损失数额计算所依据的产品市场价格评估存在重大疑点。通过对司法技术鉴定所依据的技术资料的审查，发现第二次鉴定所依据的技术资料存在较大疑点。并在此基础上作出被告人无罪的判决。本案充分体现了在知识产权审判"三合一"改革试点工作推动下，审判、检察机关对知识产权刑事司法保护观念以及刑事证据裁判意识进一步统一。本案二审中，审判机关与检察机关依法履行职责，检察机关提出无罪建议，二审法院作出无罪判决，取得了较好的审理效果。本案的裁判结果充分体现出审理法院在依法打击各类侵犯知识产权犯罪行为的同时，在知识产权刑事案件审判中，坚持刑法谦抑性原则和刑事证据裁判标准的刑事司法理念。

【思考题】

1. 侵犯商业秘密行为达到刑事入罪的标准是什么？
2. 离职人员如何避免侵犯原公司商业秘密？

第五章

知识产权管理与成果转化案例

案例一 专利布局助推美的创新发展

现阶段"中国制造"正逐步走向"中国创造"。针对目前存在的"山寨"现象，专利是保护企业创新成果的有效手段。20世纪八九十年代，中国制造业主要以OEM（Original Equipment Manufacturer，汉语意思是"原始设备制造商"，基本含义是定牌生产合作，俗称"代工"）模式为主，在国内市场销售的产品也借用了外销产品的设计，引发了一些专利纠纷。在这种局势下，一些有实力的企业逐渐转变为ODM（Original Design Manufacturer，原始设计制造商）模式，并尝试自主创新模式。

美的集团是世界500强企业，是中国家电行业的领头羊之一。美的根据"产品领先、效率驱动、全球经营"的发展战略，不断打磨技术和产品，加大科研和创新投入，在全球9个国家设立了20个研发中心，过去5年投入研发资金超过200亿，专利工作取得显著成就。截止到2017年底，美的累计国内专利申请量突破7万件，授权维持量3.5万件，并将约7500件收购知产进行转化与融合。根据科睿唯安（ClarivateAnalytics）发布的《2017全球创新报告：进无止境》研究报告，在家电领域，美的发明专利数量连续三年稳居全球第一（2014—2016年）。同时，美的在家用电器和厨房电器两项专利量均名列榜首，在专利的申请量上美的比同行高一倍。具体如下图（5-1-1，5-1-2）所示。

Figure 43: Top 10 global innovators–home appliances (2016)

Company	Country	# Inventions
Midea	China	5040
Gree Electric Appliances	China	2567
Haier Group	China	1732
Mitsubishi Electric	Japan	944
LG	S Korea	866
Panasonic	Japan	806
BSH Hausgeraete	Germany	760
Joyoung	China	631
Samsung	S Korea	444
Hisense	China	429

图 5 - 1 - 1　全球家电创新十强（2016 年）

Figure 44: Top 10 kitchen innovators–Asia (2012-2016)

Company	Country	# Inventions
Midea	China	10526
Panasonic	Japan	2667
Haier Group	China	2394
Mitsubishi Electric	Japan	2259
Joyoung	China	1977
LG	S Korea	1921
Gree Electric Appliances	China	1410
Hitachi Kucho	Japan	1162
Samsung	S Korea	962
Sharp	Japan	947

图 5 - 1 - 2　亚洲厨电创新十强（2012—2016 年）

一、科学的知识产权管理体系

美的不仅有优质的产品和先进的技术支持，还建立了完善的知识产权管理体系。优质的产品离不开知识产权的保护，先进的技术只有转化为知识产权才能真正为企业的发展增光添彩。

美的集团的知识产权体系整体上分为两级架构。第一级架构是集团法务部下设的知识产权部，为集团知识产权工作的统领部门。知识产权部细分为诉讼维权、海外知产、商版域、综合管理等业务模块，分别负责不同领域的事务；第二级架构是美的集团各业务单位下设的知识产权中心，负责各业务单位具体的知识产权事务。知识产权工作在专业层面采用集团法务一体化管理，业务层面则直接面向各业务单位的研发部门。

除了组织保障，美的还建立了一套严格的制度保障体系，美的建立了全集团统一的专利、商标、版权、域名和商业秘密等相关领域的知识产权管理办法，同时在专利质量管控、发明人奖励、事务所管理及品牌保护等方面配备了细化的制度。此外，美的还建立了统一的知识产权信息平台，搭建起完善的知识产权流程，全面覆盖知识产权的创造、管理、运用和保护环节，实现知识产权工作的在线管理及知识产权的全生命周期管理。

在品牌保护方面，美的组建了专门的品牌保护团队，结合外部支持资源，进行打假保护。据美的集团法律合规总监李俊伟介绍，仅 2016 年，操作行政及刑事打假案件就高达 283 起，其中工厂案件有 28 起，有力地打击了造假源头；刑事案件有 42 起；现场查获假冒产品成品 119904 台，零配件及商标标贴249031 件；在专利保护方面，以保护美的核心业务经营自由为主。在发现核心技术被抄袭、产品被模仿的时候，专利团队会迅速做出反应，充分利用包括法律诉讼在内的多种手段制止侵权，保障创新产品的市场竞争力，有效维护美的合法权益。2016 年，经法院判决的专利侵权诉讼案件有 7 起，行政案件查处多起，这让自主创新产品避免了同质化竞争。

二、以外观设计专利构筑品牌 DNA

外观设计专利是非常好的价值资源，通过对外观设计专利的研究和分析，能够更快速、更全面地掌握产品外观的发展趋势，厘清思路。近年来中国的家电行业逐渐发展壮大，在国际市场上也具有了一定的地位，但随着技术的发展成熟，产品同质化现象凸显，企业进入了恶性价格竞争之中。价格竞争使得行业利润被蚕食，企业发展受阻，这就迫使企业谋求转型，放弃对规模和销量的追求，将精力转向利润较高的中高端产品，更加注重产品的差异化和创新性，以谋求较好的收益。可喜的是，近些年中国产品的设计已经开始逐渐走向国际，并在国际知名的设计竞赛中屡获大奖。

韩国三星、LG，日本索尼、东芝等国际家电巨头都把工业设计作为自己的"第二核心技术"。我国白色家电领军企业美的同样认为，"优秀的设计就是生产力"。在产品日益同质化的家电行业，美的集团不仅强调技术突围，还认为优良的工业设计能够催生新的市场，促进市场细分，引导消费需求。美的鼓励事业部大力发展工业设计，制定鼓励政策，各经营单位工业设计水平明显提升。在国内外各种重要的工业设计大赛中，如德国 IF 设计大赛、美国"IDEA 奖"、日本 G - mark 工业设计大赛、德国红点产品设计奖（Reddot design award）等，美的已经成为"获奖常客"。美的凭借着自己日益赶超国际水准的工业设计水平，不断引领着我国家电行业的"美学趋势"，也同样影响着消费者的需求和审美。

　　2012 年，美的厨房电器事业部产品 APP Link Built – in MWO & Oven（APP Link 嵌入式微波炉 & 大烤箱）获得 IF2013 年度产品设计大奖，这是美的微波炉连续三届获得 IF 设计大奖。美的凡帝罗 625L 超大对开门冰箱（ Appliance Link SBS 系列）获得 2012 年度"德国 IF 设计大奖"、"美国 IDEA 产品设计银奖"、第七届中国外观专利大赛"中国最佳时尚设计奖"。美的凡帝罗 BCD – 532 法式冰箱，深入挖掘用户需求，凭借 90 度开门、独立多功能区、门上药妆盒、温湿精控、全开放抽屉、曲面光源配合动态杀菌呼吸灯等诸多巧妙设计，获得 2017 年德国红点产品设计大奖。如下图（5 – 1 – 3，5 – 1 – 4，5 – 1 – 5）所示。

图 5 – 1 – 3　获得 IF2013 年度产品设计大奖的美的 APP Link 嵌入式微波炉 & 大烤箱

图 5 – 1 – 4　美的凡帝罗 625L 超大对开门冰箱

图 5 – 1 – 5　美的凡帝罗 BCD – 532 法式冰箱

空调产品方面，在 2012 年国际权威工业设计奖日本 G – mark 上，美的空调一款"11P"海外高端分体机 Premie，凭借其仅 15 厘米的超薄轻巧的外观、简洁的运动构造和实用的性价比受到各国评委的一致认可，最终从 3000 余项参评作品中脱颖而出，夺得日本优良产品设计奖，同时取得了载入 2012 年 Good Design Award 年鉴、在线展览及现场展览的资格。内销 IC 挂机获得 2012 年德国 IF 设计奖。Q200 全封闭挂机获得 2013 年德国红点产品设计奖。2014 年，美的"ZL"系列空调荣获德国"IF 设计大奖"；2014 年，美的"YA300"和"Q2000"系列空调荣获美国"IDEA 工业设计奖"；"SolarAC"概念空调从来自全球 60 多个国家的 4791 件优秀概念作品中脱颖而出，成功荣获"2014 年德国红点概念产品设计大奖"。

图 5 – 1 – 6　15 厘米厚的美的空调荣获日本 G – mark 工业设计奖

2016 年以来，美的家用空调频繁亮相国际舞台，已相继获得十余项国际设计奖项。7 月，美的 Hybrid air 复合式空调首次荣获"红点至尊奖"设计大奖；9 月，美的智能王变频空调美的智能王荣获 IFA"产品创新"大奖；9 月，美的家用空调产品 WAVE 再次斩获"红点至尊奖"殊荣，更彰显了美的家用空调设计创新理念在行业乃至国际的领先地位。

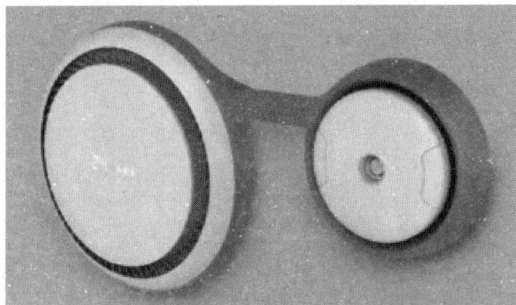

图 5 – 1 – 7　2016 年红点至尊奖获奖"概念作品"WAVE

除了在国际三大顶级工业设计大赛中频频获奖外，美的在国内也获得了广泛的认可。如在2012年11月由国家知识产权局主办、知识产权出版社承办的中国第七届外观设计专利大赛中，美的电压力锅12PSS509A获得"最佳时尚外观奖"；早在2010年举办的第十二届中国专利大赛中，美的（MY - CS20）电压力锅就获得了国内设计大奖——中国外观设计金奖，成为当年家用电器中唯一获得该奖项的设计。

图5 - 1 - 8 "最佳时尚外观奖"获得者
——美的电压力锅12PSS509A

外观设计专利金奖是我国知识产权领域由国家知识产权局和世界知识产权组织（WIPO）共同颁发的，针对原创发明设计的最高奖项，针对全国所有在册的2000万家企业进行评选，每届评审外观设计金奖仅有5席，堪称"知识产权界的诺贝尔奖"。2014年，美的集团凭借"分体落地式空调器室内机（单贯流B）"产品第二次获得中国外观设计金奖。

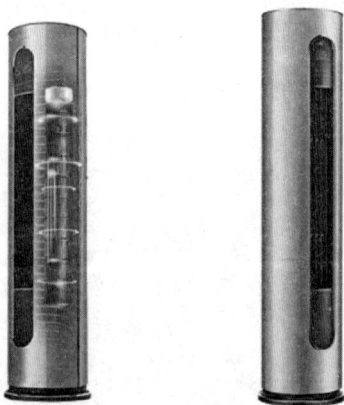

图5 - 1 - 9 分体落地式空调器室内机（单贯流 B）

　　2017 年 11 月 13 日，第十九届中国专利奖评审结果揭晓：美的生活电器事业部电饭煲荣获中国外观设计金奖，继 2010 年电压力锅荣获第十二届外观设计金奖后再度获此殊荣，这也是小家电领域的唯一金奖产品。

　　截至 2017 年 12 月 31 日，美的共获得外观设计专利授权 8282 项。美的集团 2017 年董事会年报显示，在工业设计领域，2017 年共获得国际设计奖项 72 项，包含德国红点奖 20 项、美国 IDEA 奖 26 项、德国 IF 奖 17 项、日本 G - mark 奖 5 项、韩国 GD 奖 4 项等，其中德国红点奖、美国 IDEA 奖和德国 IF 奖为国际三大顶级工业设计大奖。美的集团通过外观设计专利的布局和战略性应用，成就了强势的 PI 系统。PI 是品牌形象识别系统的重要组成部分，

图 5 - 1 - 10　美的电饭煲（MB - FZ4094）

是产品 DNA 传承至产品的具体表现。它能够让产品具有清晰的品牌辨识度，加深消费者对品牌（例如耐克、奔驰、飞利浦、B&Q 等）的印象和识别能力。众多国际一线品牌都对 PI 高度重视。

　　外观设计专利不仅能从法律上保护企业的外观设计和创新成果，还能帮助企业了解行业发展情况，洞悉发展趋势，有效进行新产品规划，并利用专利布局，保障设计战略有效实施，起到事半功倍的效果，为企业创造更多价值。

　　三、加强专利布局，智取国内外市场

　　为什么全球领先型企业很难被超越？一个重要原因在于它们在获取专利的同时对专利进行了有效布局，从而构筑起立体攻防体系，既可以用专利武器攻击对手，又可以用专利武器保护自己。中国企业要想崛起，必须向国际企业看齐。美的的知识产权战略将从创新竞争力及品牌竞争力的布局、全价值链的风险管控、知识产权资产的管理及运用、信息战略指引等几个角度为公司的全球化经营保驾护航。美的集团在实践中摸索出一套行之有效的专利布局思路与方法。

　　1. 利用专利分析与技术挖掘洞悉竞争对手

　　结构/功能矩阵图是很好的专利分析工具。具体操作时可将竞争对手的产品结构分解开，作为矩阵的纵坐标，然后将产品要实现的功能逐一地列出作为横坐标，呈现竞争对手的专利申请概况。

　　以国外××公司的微波炉产品为例，结构可拆分为自动开关门系统、腔体系统等。这些结构实现的功能包括了增强烹饪效果、延长使用寿命、减少安装空间等。检索到该公司的微波炉相关专利，并详细解读了其技术内容后，将其

数目列入结构/功能矩阵图中。

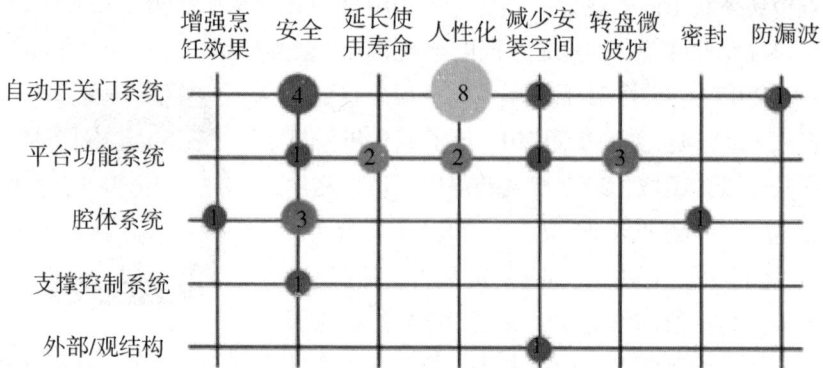

图 5 – 1 – 11　结构/功能矩阵图

从图中可以看出竞争对手的技术优势点和薄弱点。在技术优势点（如图中基于人性化设计的自动开关门系统），部署大量专利；而在技术薄弱点（如图中基于防漏波的腔体系统设计），竞争对手的专利申请量少甚至完全没申请。

这样，后续的技术开发和专利布局就有了方向，可以考虑主要集中布局两个方面：

（1）竞争对手重兵部署的专利区域，这些区域一般是行业的热点研发区域，我们也需要重点研发、专利布局，从而占有一席之地；

（2）竞争对手忽视的薄弱区域，我们也要重点布局，以在未来形成我们产品的差异化优势，至少可以获得与竞争对手在未来进行交叉许可的谈判筹码。

除了结构/功能矩阵图，专利地图也是一个获取行业或者竞争对手专利、技术布局概况的较好方式。如图 5 – 1 – 12，以地图的方式清晰地显示出行业或公司专利技术的聚集状态，从而有助于判断专利的整体分布，地图中的密集区域，即为技术研发的热点区域。

在了解竞争对手的专利情况时，除了专利分布分析外，我们还需要结合产品的市场情况、技术布局地等要素进行分析。如 OTR 微波炉、立式吸尘器等产品主要是在北美地区销售的，在后续海外专利布局的时候，我们需要结合市场的情况，在产品销售地区做针对性的专利布局，这样可以实现专利资源的优化配置。

2. 常用专利布局模式

（1）围墙式专利布局

在解决某个技术问题时，可能会有多种技术方案，其实施效果也各不相同。

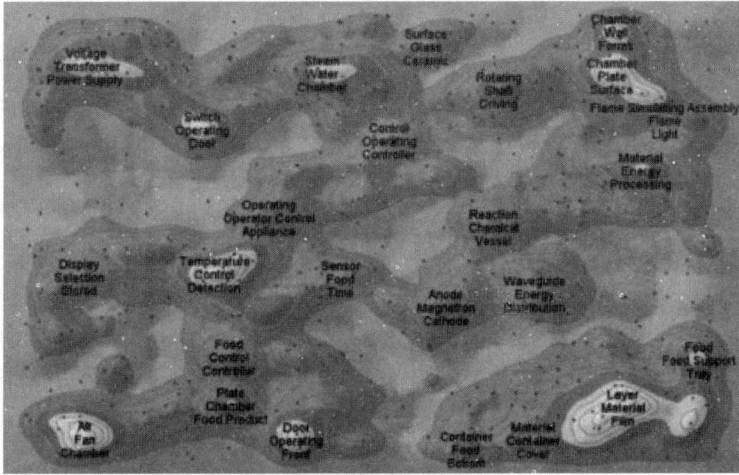

图 5 - 1 - 12　专利地图

研发人员如果只用那个最优化的解决方案去进行专利布局，就会为竞争对手做回避设计留出空间。如某公司发明了抽屉式洗碗机的传动机构，如果该公司只申请最优化的齿轮齿条传动方案，而放弃皮带轮传动、螺纹螺杆传动等传动效果差一些的技术方案，那就很容易被竞争对手回避掉。例如，竞争对手可以采用技术效果稍差一些的螺纹螺杆传动方案来做同类型的产品，如果获得不错的销售业绩，就会导致公司市场订单的流失。

因此，对于重要产品和技术，建议采用围墙式的专利布局方式，无论最优方案（A）还是技术较差一些的备用技术方案（B/C/D……），都全部申请专利，以做到对创新技术的全面保护，让对手回避乏术。

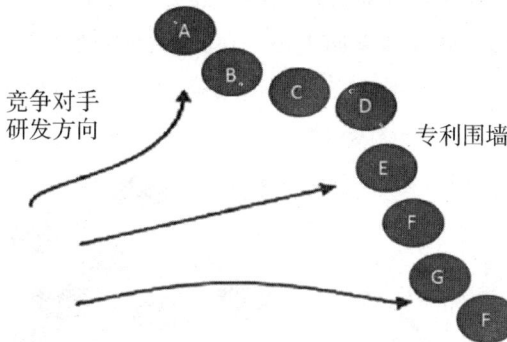

（2）"主＋卫星式"专利布局

在研发某项核心技术时，研发者一般会就整套系统的架构申请一项基础专利。但仅仅这样是远远不够的，实际上这套基础系统可能包含了众多延伸零组件及组装关系。而这些延伸零组件或许都有配套性的改进，甚至当前就有基于未来产品迭代考虑的改进想法。这时，研发者就需要围绕这项基础专利技术的很多小的技术改进点，都要全部进行专利申请保护。

如果把基础专利比作恒星，那么这些小改进的专利就可看作是围绕这件基础专利的卫星专利。如果我方不申请这些卫星专利，很有可能导致竞争对手抢先申请，这些卫星专利在将来会对我方产品造成限制。

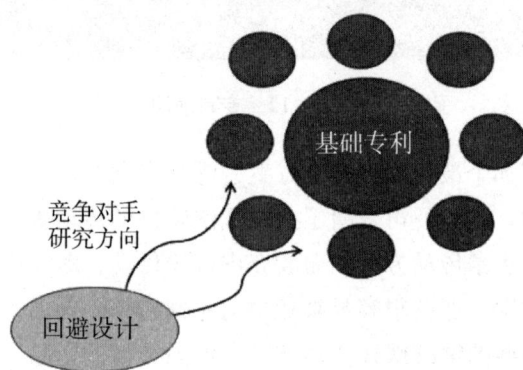

（3）地毯式专利布局

这种布局方式主要应用于新兴技术的布局。由于新兴技术的技术发展趋势不是很明朗，所以需要尽量多地在各个研发方向上布局专利。例如，现在很热门的智能家电领域，其走向究竟是以整体节能方向为主，还是以单机智能方向为主，还是以家电的互联互通方向为主，在目前都不是很清晰。所以现在就有必要在各个方向上多布局专利，尽量占住坑位，以免在智能家电时代真正到来时成为产业的配角。

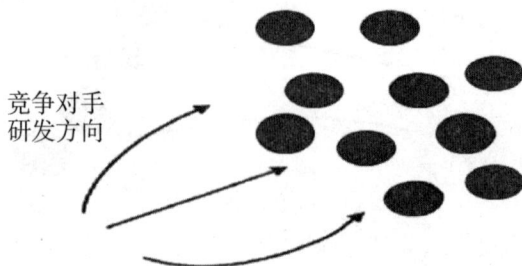

（4）包绕式专利布局

这种布局方式应用于竞争对手开发了创新型技术，但专利保护力度较弱的情形时最为有效，日本企业对这种专利布局的运用最为娴熟。实际上。很多原创性的技术都是美国企业先做出来，并申请了基础专利。但日本企业善于围绕这个原创性基础专利技术进行技术改良，然后再申请专利保护，通过这种方式把这些原创性专利包围起来，形成自己的知识产权。

由于原创发明的技术往往需要经历数年，十几年后才能真正产业化，所以原创性专利的实际垄断周期可能仅仅只存在于产业化后的短短几年间。而在实践中，这些改良型专利却往往申请得较晚。这就导致一个有趣的现象，就是具有原创性基础发明的厂商反而容易受制于这些具有改良型专利的厂商。一方面，当两者的专利都处于存续期时，原创发明厂商可能会与改良专利厂商进行交叉授权许可；另一方面，在原创性专利到期后，改良型专利（申请日期在后）反而还有很长的保护周期，这样技术的主导权在不知不觉中反而移转到了后者的手里。以微波炉为例，日本企业就在美国原创微波炉专利的基础上，申请了大量与蒸汽、烧烤功能相对应的改良型专利，从而逐步把控了行业的技术主导权。

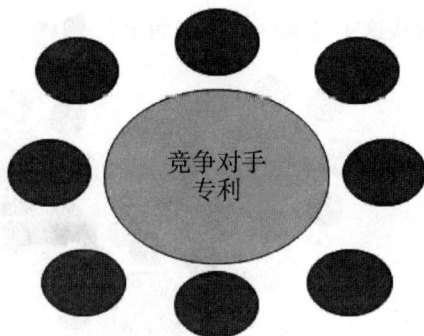

（5）策略式专利布局

有时候，无论研发的方向如何调整、技术如何做规避设计，总有一些绕不开的技术峡谷，如果能适当在这些技术峡谷里放些策略型的专利，就可能起到"一夫当关，万夫莫开"的作用。例如美的家喻户晓的蒸汽洗抽油烟机，其要实现油烟机内部的蒸汽洗功能，肯定要有特定的结构将水引入蒸汽发生器，那么盛水的水杯除了单独作为配件放置于油烟机外部外，还有一种方式就是嵌入油烟机体内。美的电器第一代的产品是将水杯作为单独配件设置的，但一开始公司就有意不只申请了水杯外置型的专利，还将水杯嵌入油烟机体内的方案也作为策略型专利进行了申请。后来无意间发现竞争对手果然窥探到了美的电器的产品技术，并有意进行了规避设计，而且规避的思路和公司早已申请的方案毫无二致，虽然煞费苦心但终究还是落入了公司的策略型专利布局的保护范围之内。

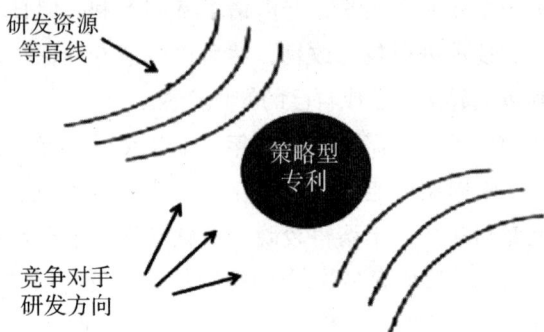

（6）组合式专利布局

这种布局方式可以看作是"主＋卫星式"专利布局方式的升级版。当厂商开发一个新产品的时候，通常可能针对多个基础技术点申请多个基础专利。而这些基础专利的周围还会围绕申请多个卫星专利。这样就形成了一个强大的专利网，让竞争对手无法从这个专利网中破网而出。

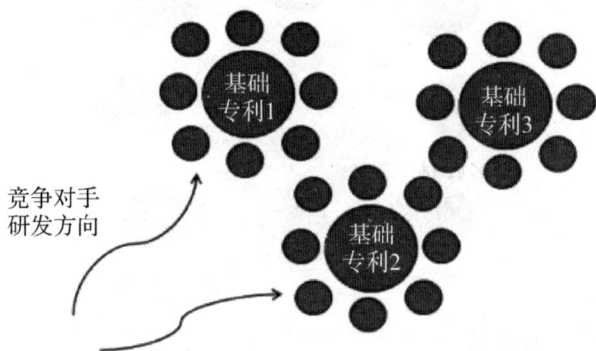

专利布局应该是能结合产品、技术创新的具体情况，融合各种专利布局方式和技巧，并且站在如何防止竞争对手破局的角度来思考布局的策略。

3. 专利布局后期管理

美的集团的专利工程师们还在实践中总结了一套专利布局后期管理的策略和方法。

（1）授权管理

将专利组合递交申请只是专利布局的"万里长征"走出的第一步，专利组合的质量最终取决于该组合的授权文本质量，因此对专利组合的审查阶段进行管理是极为重要的。

首先，要特别重视审查意见的答复，既要尽力使专利获得授权，更要注意专利授权的范围，所以对核心专利申请的审查意见答复，要做到寸土必争，不能轻易妥协。

其次，如果专利组合的技术正在被他人使用，则应时刻关注对方的使用情况，必要时可以采取分案申请、要求优先权和主动修改等方式，适当修改权利要求的保护范围，使专利的权利要求保护范围始终能覆盖到对方。

最后，当发现有潜在侵权者时，可以采取发明专利加快审查等手段，使专利尽快获得授权，以便在适当的时候可以进行专利维权。

（2）专利标引

当公司里有上千件甚至上万件专利时，如果平时没有进行恰当的专利组合管理，一旦遇到诉讼、许可等紧急事项时，要挑出可用的专利，无异于大海捞针，费时费力。因此，对专利组合进行适当的标引，将对有效运用专利组合产生重要的影响。具体而方，可以从如下五个方面对专利进行标引：

第一，根据产品类别、技术点等对公司的专利进行标引，一件专利可以对应一个或者多个技术点，即一件专利可以有多个标签，具有共同标签的专利可以构成一个专利组合。以电热水器领域的专利为例，可根据部件分类对专利打上内胆、加热器、控制器、进出水管等标签；可根据技术效果分类对专利打上速热、防漏电、高热水输出率、防漏水、排污等标签。

第二，对于通信、多媒体等高度依赖于标准的行业，则可以通过专利标引将专利与对应的标准关联。

第三，定期或不定期地对竞争对手在市场上销售的产品进行分析，找出能够覆盖到这些竞争对手的产品的专利，对这些专利标注竞争对手的名称及产品的型号，甚至可以将一些证据文件也存放到该专利的对应文件夹或条目下。

第四，根据专利的保护范围及技术应用情况等，对专利的重要性进行分级，分为核心专利、重点专利、一般专利和拟放弃专利等，并进行对应的标引。

第五，引入或开发专利管理系统，如目前大为、彼速等软件公司开发的专利管理软件，都可以实现专利标引的功能，甚至还可以根据用户的需求进行定制化开发。

（3）专利强化

当一件专利有比较高的可能性被用于诉讼但诉讼还不是很紧迫时，可以考虑采用以第三人名义无效自己专利的手段来巩固专利权的稳定性，即找出一些无效证据，并对这些无效证据进行各种组合，结合各种无效理由，来无效自己的专利。这一专利强化策略的好处主要体现在两个方面：一方面，可以根据证据情况对权利要求进行修改，使专利权更稳定，有利于加快后续维权程序的进度；另一方面，当这些理由和证据被考虑了，但仍然不能无效掉自己的专利时，根据"一事不再理"原则，给后续的其他请求人提出无效请求设置较多的证据障碍，从而提高了专利权的稳定性。但需要说明的是，此种手段适用于无效证据较少且专利权本身的稳定性尚可的情形，应用时须注意评估相应的风险。

4. 美的专利布局案例

有着美的厨电专利"军师"之称的付饶对专利布局有很多体会，并分享了厨电方面的两个经典案例。

（1）油烟机"蒸汽洗"技术的专利布局。付饶带领他的团队，通过对行业内各企业专利布局的分析，决定从四个思路布局美的"蒸汽洗"技术专利：第一个就是采用多种专利布局的模式，针对同一项专利技术，将其周边可能涉及的所有专利全部注册完毕，不让其他企业有机可乘。例如，美的厨电申请注册了带喷管的油烟机专利，并同时申请了喷管的喷射角度、形状、防止堵塞等专利，仅这一个小小的专利周边就布局有十件专利；第二个就是策略型专利布局，即通过在竞争对手必经的专利之路上设置关卡型专利，起到"一夫当关，万夫莫开"的作用，一件水杯外置专利、一件水杯内置专利就成功卡位了整个油烟机清洗市场；第三个是地毯式的专利布局。我们的技术规划是迭代的，如果你只是盯着眼前已有的技术申请专利，你可能会丢弃掉了对未来技术的专利保护。因此，这个我们在申请清洗油烟机的内部专利的同时，也申请了清洗油烟机外部的专利，达到全面的保护；第四个就是围墙式的专利布局，例如，在设计整个油烟机"蒸汽洗"技术布局时，除了申请"蒸汽洗"这个系统的专利之外，还把水汽混合清洗系统，以及直接把水从水龙头引到油烟机内部的系统方案，都申请了专利。这样的布局能有效把其他的竞争对手挡在"围墙"的外面。

（2）美的变频微波炉的案例。初期，变频技术很多都是掌握在日本企业手里，如松下、夏普等，且这些企业实行内部的专利共享，构建技术壁垒不让其他厂商进入。针对这种情况，美的厨电做了十年的技术规划，即用十年时间打破这种专利封锁，2006 年引入了东芝的技术开发了第一代变频器，通过消化之后产生第二代的变频器，第三代又做了进一步创新，基本上能够接近日本企业的技术水平了，2016 年，第四代变频技术取得了重大创新突破，使得微波炉变频技术的水平远超其他同类企业，达到国际领先水平。

反观微波变频技术的整体布局思路，第一个是绕跟规避，像小鱼一样从日本企业编织的专利网里钻出来，并长成比他们更大的鱼；第二个思路就是全面布局美的厨电的变频技术专利，以形成一个护城河，把美的厨电自己的核心变频技术保护起来。例如，美的厨电一个限流技术，是在突破日企的专利技术封锁后，才有了更好的技术效果，加热效率大概提高了30%。目前，美的变频技术共申请了57项专利，其中布局海外专利8件，不仅达到国内领先水平，同时也实现了"走出去"战略，让美的技术在海外生根发芽，达到全球技术领先水平。

持续的投入和不断的创新带来了丰厚的回报，2017年，公司营业总收入达2419.19亿元，同比增长51.35%；实现归属于母公司的净利润172.84亿元，同比增长17.70%。2018年初，公司市值突破4000亿元，成为国内A股制造业市值第二名的公司，仅次于上汽集团。

【案例评析】

由美的等国内家电领军企业发起的产品外观设计创新，正是近年来中国家电产业谋求从中低端市场转战高端市场的必经之路。对于一款家电产品而言，外观设计往往起到画龙点睛的作用。此外，美的集团还不断加大研发投入和专利布局，确立了向跨国科技集团转型的目标。目前，美的电器在国际化方面已经迈出了很大的步伐，但在海外高端市场，美的与跨国品牌之间的差距仍然很大，这也是美的准备努力赶超了的地方。

案例二　知识产权战略推动海尔国际化

现阶段，我国为实现"中国制造2025"的目标，大力加快知识产权强国建设，推进创新驱动发展战略。在这样的发展背景下，企业应当抓住机遇，顺应时代潮流，勇于创新，敢于突破，打造"知识产权强企"，形成品牌优势。同时以发明专利为核心的竞争模式，也给企业带来了巨大效益，是企业实施知识产权战略的重要方法和手段。

创新与专利是支撑企业发展的动力，正是有了这种支撑，海尔集团一路向好，从一家濒临破产的小厂家成长为国际化的集团企业。截至2017年底，海尔的全球专利数已经超过了3.4万项，如表5-2-1所示，海外发明专利数量近9000件。这奠定了其参与国际竞争的强大基础，成为国内家电产业中率先转型、迈向"中国制造2025"的领军企业之一。

表 5 - 2 - 1　海外专利

品牌	PCT	美国	欧洲	日本	韩国	南美洲	大洋洲	加拿大	其他国家	合计
海尔	907	5317	686	864	168	45	229	636	121	8973
第二名	564	300	327	3351	200	22	73	65	170	5072

数据来源：INNOGRAPHY

除此之外，海尔的发明专利占比高。按照我国专利审核机制，"发明专利"需要经过国家知识产权局严格的实质审查才能获权，"外观设计专利"和"实用新型专利"则无须经过实质审查。全球家电行业普遍认为，"发明专利"才是衡量一个企业科技创新能力的标准。从表 5 - 2 - 2 中可以看到，海尔发明专利占专利总量的 61.2%，这说明海尔更注重专利质量。而另一家企业发明专利占比仅为 37.9%。海尔的专利授权数也是最高的。专利提报数不等于授权数——即最终获批的专利数。海尔专利授权率接近 80%，为行业最高，而第二名将提报数量作为专利数量第一的依据，实际上授权率不超过 70%。

表 5 - 2 - 2　专利占比

品牌	发明专利占比	实用新型专利占比	外观设计专利占比
海尔	61.20%	20.86%	17.93%
第二名	37.90%	40.67%	21.42%

数据来源：INNOJOY、INNOGRAPHY

海尔取得的这些成就首先源于企业自身高效的专利运营管理，同时得益于其打造的以用户为中心的开放创新体系，最重要的是离不开其实施的知识产权战略的支撑。

一、多种模式推动专利运营

专利运营是指企业为获得与保持市场竞争优势，运营专利制度提供的专利保护手段及专利信息，谋求获取最佳经济效益的总体性谋划。具体体现为实现专利价值的市场对价，主要包括专利转让、专利许可、专利金融三个方面；同时，基于专利的转让、许可及金融，专利运营还有相应的延伸，包括专利评估、专利维权、专利保险、专利贷款融资等。

海尔集团专利运营的基础是拥有一大批优质的专利资产，具体方式呈现为线上与线下联动。其专利运营模式主要有：运用专利规则实现前端的一流创新资源利益绑定；借助专利占位实现产品增值；利用自身专利资源优势实现产业协同和运营收益。

例如，海尔集团拥有电热水器"防电墙技术"专利包，为实现专利资产利益最大化，海尔集团向国内数十家电热水器厂商授予专利许可，不仅获取了超千万元的专利许可费，由于被许可方和海尔集团制造销售的防电墙热水器无一出现漏电等安全事故，还取得了显著的社会效益。海尔集团还通过全球专利检索及情报分析，确定了一种新型的压缩机技术将成为冰箱制冷压缩机的发展方向，便立刻试制出全球体积最小、性能领先且噪声小的直线压缩机，并围绕该产品布局了近 80 件发明专利。相关制造商纷纷前来购买这批核心专利，但是海尔集团基于自身产业需求考虑后采用了更为持久的运营方式，向全球数家压缩机厂许可实施该批专利权，采用入门费加按量计价的方式收取许可费，专利许可合同金额超过 1.5 亿元，并约定海尔集团享有两年的独家采购权。如此一来，海尔集团通过专利运营不仅收回了前期研发投入，更保持了产业优势。

专利运营要基于各产业战略规划进行相应的增值设计，增大产业协同效应。只有进行前瞻技术领域的专利占位及布局，积极探索专利运用与专利资产化的新途径，才能形成未来家电行业的竞争力，成就海尔集团的创新品牌之路。海尔集团巧妙地运用多种模式来进行专利运营，增强专利资产的变现能力，最大程度地满足了产业效应和用户需求。

二、颠覆传统的设计理念，打造以用户为中心的开放创新体系

近年来，国内外家电市场竞争日趋激烈，竞争手段丰富多样，各大家电企业为了满足自身的利益，纷纷抢占以专利转化为核心的知识产权竞争高地。然而，这种以专利技术为核心的传统模式，不足以使企业在竞争中保持巨大的优势。同时，伴随着互联网的发展，带来的很多新技术、新型营销方式甚至是新的用户体验，对企业在技术专利发明和创造上提出了更高的标准和要求，也给整个家电行业带来更多的创新空间。家电行业的创新主要有两种

图 5 - 2 - 1　海尔帝樽空调

形式，一种是在原有的基础上做优化，而另一种是推倒原有基础的颠覆性设计。前者属于渐进式的创新模式，后者则是颠覆性的创新之路。

海尔在充分考虑用户需求和体验的前提下，打破了传统空调四四方方的外观设计理念，于 2012 年 12 月成功推出颠覆空调行业百年传统外观的产品——圆形帝樽空调（如图 5 - 2 - 1 所示）。帝樽空调的圆形空间设计，造型时尚，极

大地满足了消费者的"角落需求",避免了卫生死角的产生和四角空间的浪费。该产品也获得了美国质量学会（ASQ）主办的 2015 年世界质量与改进大会质量界家电行业最高奖项——创新项目奖。

海尔帝樽空调的圆形外观设计,颠覆了传统设计理念,形成知识产权的同时,也迅速抢占了市场并带来巨大效益。根据产业在线的数据显示,2013 年 7 月,空调产量 891 万台,同比增长 9.01%;销量 897 万台,同比增长 5.88%,其中内销 559 万台,同比增长 9.77%,出口 338 万台,同比增长 0.01%;反映在品牌层面,一线品牌尤其是海尔空调表现最为抢眼,总体销量同比增长 16.98%,超出第二名近三倍,其中内销同比增长 18.92%,出口同比增长 12.5%,均列第一位。

图 5 - 2 - 2　海尔天樽空调

在帝樽空调之后,2013 年 10 月,一款延续圆形革命的海尔天樽空调正式发布,其创新性的"风洞形"出风口设计,让这款产品再次惊艳空调界。天樽空调的"圆形风洞"式设计（如图 5 - 2 - 2 所示）,使外观和创新技术得到了更好的融合,将艺术切实地功能化。这种圆形出风口设计不仅使风量更大,空气射流的送风方式还实现了"在空调内进行冷热混合,吹出混合好的凉爽气流",让吹出的风由冷风变成了凉风,终结了长期以来困扰人们的"空调病"。同时,海尔天樽智能空调 SKFR - 72LW/02WAA22A 还获得新浪科技 2014 年风云榜——年度最佳空调奖。

图 5 - 2 - 3　卡萨帝天玺空调

2017 年 8 月 1 日,海尔卡萨帝在成都发布全球首台多温区空调——天玺空调,（如图 5 - 2 - 3 所示）。该空调彻底突破了"空调一次只能吹一种温度的风"的行业局限,凭借"分区送风"这项革命性创新,卡萨帝天玺空调首次实现一台空调吹出两种温度甚至多种温度的风,引领行业走向多温区时代。卡萨帝天玺空调的颠覆性创新代表了未来高端空调的转型方向。随着这款空调的推出,传统空调对于人体舒适度的调节标准将被颠覆,高端市场格局也有望再次被改写。

帝樽空调、天樽空调与天玺空调的相继问世,是颠覆传统设计的成果,更是与用户交互需求及开放创新优势平台的结晶。帝樽空调的初期企划工作长达两年，平均每天获取200条创意需求，将需求整合后挖掘到用户真正想要的空调改变点，从而产生了帝樽空调。而天樽空调更是将与用户互动发挥到极致，共有超过67万名网友提出了各种各样的空调设想，并最终互动出具有能用APP、微信远程操控、去除PM2.5、自动感知自行调节的天樽空调。卡萨帝天玺空调产生的背后，则是源于针对1.2亿次用户使用数据的痛点分析，卡萨帝整合全球高端资源，将用户需求和产品研发直线对接，深入研究用户对高端空调的精细需求，最终推出了天玺空调。可参考，打造以用户为中心的开放创新体系为海尔发展提供了源源不断的动力。

继帝樽、天樽空调的颠覆性设计之后，海尔又推出开放式创新平台研发成果：线性压缩机（如图5-2-4所示），该项目历时六年，经过五次技术升级，运用九大创新技术，最终形成了具有自主知识产权、全球领先的线性压缩机技术。该技术较现有技术能效提升5%以上，确保用户在各种情况下使用冰箱都可以更节能，填补了国内技术空白。因此，"线性压缩机技术"也获得了2017年12月由国家知识产权局和世界知识产权组织共同主办的第十九届中国专利奖颁奖大会的专利金奖。

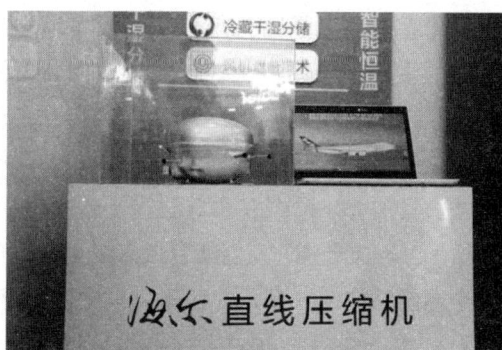

图5-2-4　海尔直线压缩机

同时在第十九届中国专利奖颁奖大会上获奖的还有海尔的复式双滚筒洗衣机，该项目获得中国外观设计金奖，其生产技术应用于海尔的卡萨帝双子云裳滚筒洗衣机上（如图5-2-5所示）。该款洗衣机，填补了行业空白，开创了全新的洗衣机品类，一台洗衣机实现两台洗衣机的功能，省水、省时、省空间。在一个外壳里上下排列两个洗衣筒，两筒各自拥有一套独立的驱动系统；两筒共用一套进水管路，一套排水管路，一套电源线，一套操控系统；两筒可以同时工作，也可以分开工作。

图5－2－5 复式双滚桶洗衣机

图5－2－6 云鼎空调柜机

在第十九届中国专利奖颁奖大会上，获得中国外观设计金奖的还有海尔的空调柜机外观镂空设计，如图5－2－6所示的云鼎空调柜机，从右至左依次是传统空调柜机、圆形空调柜机和云鼎空调柜机。云鼎空调柜机，实现"吹10℃冷风"到"吹23℃自然风"的平衡，更接近人体舒适温度，真正做到凉而不冷，热而不燥，避免"空调病"！空间组合设计，让水分自然蒸发，可实现干湿自控，保持52%的最佳空气湿度。智能操控设计，主动为人服务，自动检测PM2.5。海尔的云鼎空调这一创新发展，又必将成为空调产业新的风向。拥有如此快速的创新发展和颠覆性成果，是因为海尔能够切实地立足于消费需求，敢于并勇于打破固有思路的围墙，将用户、各行各业的创新资源为自身所用，并且在全流程各个节点都直接面对用户，与用户零距离交互，让用户直接参与创新，这为海尔的发展提供了源源不断的创新源泉。另外，开放的创新体系是实现技术创新的有效模式。目前海尔已经在全球建立了包括10大研发中心、创新中心（如表5－2－3所示），以及HOPE创新合伙人社群在内的三层全球研发体系，实现了创新信息全球网络协同共享，并快速对接全球用户的需求。

表5－2－3 海尔10大研发中心

研发机构名称	所在国家及城市
GE Appliances 路易维尔研发中心	美国路易维尔
海尔美国埃文斯维尔研发中心	美国埃文斯维尔
GE Appliances 印度研发中心	印度班加罗尔
GE Appliances 韩国研发中心	韩国首尔
GE Appliances 上海研发中心	中国上海
FPA 奥克兰研发中心	新西兰奥克兰

研发机构名称	所在国家及城市
FPA 达尼丁研发中心	新西兰达尼丁
欧洲研发中心	德国纽伦堡
海尔亚洲 R&D 株式会社	日本熊谷
MABE 研发中心	墨西哥克雷塔罗

海尔作为全球原创科技的引领者，致力于打造以用户为中心的开放创新体系，不断用具有颠覆性的科技产品去满足用户对美好生活的追求。除了以上创新成果以外，海尔还有更多的首创技术和产品，从首创"F＋"保鲜格局、以独创 MSA 控氧保鲜科技实现深层保鲜效果的气调冰箱，到率先应用 RFID 原创技术、深入织物内部柔护的纤见洗衣机，再到全球首创智慧人体冷热感知系统与双电机系统、实现多区域送风的天玺空调等，海尔在改变全球生活品质上的成就始终走在行业最前列。专利体现的是企业的科技创新能力，但是只有转化出为用户创造美好体验的产品，才能真正体现出专利价值。

三、知识产权战略助推海尔成功

如今，海尔集团已经形成了自己的知识产权战略——构建核心专利池，确保行业技术领先地位；构建事实标准及行业标准，实现产业控制力；参与全球规则制定，掌握知识产权国际规则。

在这样的战略推动下，海尔集团打造出超前技术专利包——在智能家电产品上，海尔布局了 290 件专利；在无线电能传输技术上，海尔集团拥有 151 件专利；在半导体制冷技术上，海尔集团拥有 72 件专利。这些专利布局，帮助海尔集团主导了智能家电、无线电能传输家电、半导体等相关技术领域国家标准的制定。除此之外，拥有 53 件发明专利的线性压缩机、163 件发明专利的节水洗涤技术、35 件发明专利的防震减噪技术等专利包，也保障了海尔产品的市场独占地位。

1. 构建核心专利池

专利池是两个或两个以上的专利权人达成协议，相互间交叉许可或共同向第三方许可其专利的联营性组织，或者是指这种安排之下的专利集合体。专利池通常由某一技术领域内多家掌握核心专利技术的厂商通过协议结成，各成员拥有的核心专利是其进入专利池的入场券。企业通过构建专利池来保持竞争优势、降低研发成本。保持竞争优势就是禁止或者提高池外企业进入本技术领域的门槛，降低研发成本就是专利池内企业可以免费或者低价使用专利池内的技术，从而降低研发成本。

海尔积极推动与国内外领先的专利权人共同组建专利联盟和专利池，以形成对抗海外知识产权巨头的武器。海尔以 10 大研发中心作为资源接口，与全球一流供应商、研究机构、著名大学建立战略合作，共建创新生态圈。目前，海尔已经与 DOW、利兹大学等合作伙伴共建了 7 个专利池，共同纳入的专利数量达到 100 件以上，联合运营获取专利授权收入，其中 2 个专利池已上升为国家标准。

以海尔搭建无线充电供电专利池为例，截至 2016 年底，海尔无线累计申请国际国内专利总量约 200 件（其中发明专利 135 件，实用新型专利 24 件）。开发的千瓦级厨电等产品已通过了国家 3C 认证。其中，"无线电能传输技术在家用电器上的应用项目"在 2012 年获得中国家电科技进步一等奖，并得到了全国轻工业协会专家的一致认可。目前海尔与全球战略伙伴合作，已将无线传输技术纳入国际无线电传输系统的专利池。进入专利池以后，海尔通过核心技术，分享专利池里面的成果，并主导相关标准制定，从而提升企业的综合竞争力。

2. 构建技术标准及行业标准

技术标准即指一种或者一系列具有一定强制性要求或指导性功能，内容含有细节性技术要求和有关技术方案的文件，其目的是让相关的产品或服务达到一定的安全要求或进入市场的要求。标准包含两方面的含义：①对技术要达到的水平画了一道线，只要不达到此线的就是不合格的生产技术；②技术标准中的技术是完备的，如果达不到生产的技术标准，可以向标准体系寻求技术的许可，从而获得相应达标的生产技术。由此可见，技术和标准技术之间的差距是"质的差别"，而"质的差别"是占有与不占有知识产权问题上的本质差别。

所谓"得标准者得天下"，标准技术的全球许可，能给标准的拥有者带来非常可观的经济收益。在现今的产品生产领域，尤其是高科技产品生产领域，标准成了一种新的进行技术垄断和市场限制的手段，谁能够抢先进行技术标准与行业标准的制定和管理工作，谁就有可能把握住对这个产品乃至整个行业的主动权。海尔认识到标准的重要性，开始打造出以技术专利为基础，逐渐形成专利标准化，从而制定行业标准的战略手段。截至 2017 年底，海尔已经主导国家标准 96 项、行业标准 36 项、团体标准 20 项，主导国内标准数量位居家电企业第一。

以全空间保鲜冰箱为例，海尔在进行全空间保鲜冰箱相关技术研发时，就如何解决用户保湿、保干、冷冻、串味 4 大保鲜难题申请了若干发明专利（如表 5 - 2 - 4 所示）。主要技术创新包括：精控微风道技术、干湿分储技术、智能恒温技术。其中，干湿分储技术的两项专利发明，保湿功能单元和干燥储物装置及其换风方法为海尔制定行业标准奠定了基础。2017 年 10 月，中国标准化协会向海尔冰箱颁发了行业首个《全空间保鲜电冰箱标准》。该标准规定了全空间保鲜冰箱的术语与定义、技术要求、试验方法、检测规则及标志、包装、运输、储存，适用于全空间保鲜冰箱。这不仅填补了冰箱行业关于全空间保鲜方面的空白，也让行业和用户在选购时有据可依。

表 5 - 2 - 4　全空间保鲜冰箱相关专利

专利号	专利名称	技术创新	申请人
ZL201510264463.3	冰箱	精控微风道技术	
ZL201410702153.0	保湿功能单元	干湿分储技术	
ZL201410693300.2	干燥储物装置及其换风方法	干湿分储技术	青岛海尔股份有限公司
ZL201510215962.3	一种冷冻冷藏装置及其除霜控制方法	智能恒温技术	

反观海尔全空间保鲜冰箱成为行业标准的过程。首先，海尔在追求全保鲜技术上勇于创新，历时三年，首创精控干湿分储技术，精分干区、湿区，对食材实现精准制冷保鲜，这也是标准中鉴定干湿区的重要指标；其次，把创新技术转化为发明专利，并形成专利标准化；最后使全保鲜冰箱成为行业标准的制定者，牢牢掌握了行业话语权。

3. 制定全球规则及国际化标准

如果说专利体现的是企业的科技创新力，那么标准就是企业的核心竞争力。能否掌握标准话语权，专利在其中发挥着巨大作用。截至 2018 年 6 月，海尔已参与 59 项国际标准的制修订，在参与过程中累计提出了 92 项国际标准制修订提案，海尔 80% 的国际标准制修订提案海尔是中国提出国际标准制修订提案最多的家电企业；累计主导、参与国家/行业标准制修订 470 项，其中已发布 416 项，是国内主导国家行业标准最多的家电企业；共获得 11 项国家标准创新贡献奖。

在国际组织占位方面，海尔是中国唯一进入国际电工委员会市场战略局（IEC/MSB）的家电企业；承担 IEC/SC59A 国际洗碗机分委会秘书处工作，是中国唯一承担国际标准分技术委员会的家电企业；牵头成立 IEC TC59/SC59M WG4 冰箱保鲜国际标准工作组，主导制定冰箱保鲜全新国际标准，实现家电领域的国际突破；在国际标准组织 IEC、ISO 中共拥有 66 个专家席位，如图 5－2－7 所示，数量占到中国家电企业的 80%，位列中国家电企业第一，在国际上也位居前列，在 UL 标准开发组织中拥有 28 个专家席位；还是无线电力联盟厨房应用工作组 WPC/KWG 的联合主席，大中华区市场推广组 WPC/GCPWG 的主席。

在国内组织占位方面，海尔参与了 50 多个国家标准技术/分技术委员会和工作组工作，此外还承担全国家用电器标准化技术委员会家电可靠性分技术委员会、家电服务分技术委员会、智能家电分技术委员会和无线电能传输家电 4 个分委会秘书处工作及 1 个工作组秘书处工作，承担了国家家用电器技术标准创新基地（青岛）工作。

此外，海尔还牵头首个 IEC AI 白皮书制定，推动 COSMO、智慧家庭、衣联网在 IEEE 的国际标准立项取得重大突破。

海尔在国际化标准方面取得显著成果的同时，总结出一套高效的专利转化、标准申请流程。例如，海尔针对家庭环境带电安全问题推出的防电墙技术，于 2007 年成为中国强制安全标准，2008 年被国际电工委员会（IEC）收录为国际标准。2016 年，海尔升级的防电墙二代技术，推动行业全面解决了电热水器因安装环境不良引发火灾的隐患。再以海尔首创的匀冷保鲜技术为例，该技术解决了直冷冰箱制冷不均匀、温差大、结霜厚等行业顽疾；相比

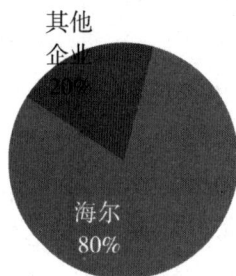

其他
企业
20%

海尔
80%

图 5－2－7

传统风冷冰箱，具有耗电低、噪声小、高保湿并且不串味等优势。鉴于匀冷保鲜技术的领先性，海尔集团围绕其核心模块提交了近 30 件发明专利申请，涵盖中高端冰箱产品，保证了市场独占地位，同时让海尔集团形成了对此技术严格的知识产权保护。2015 年，海尔集团发起成立了 IEC/SC59M/WG4 冰箱保鲜国际标准工作组，并将作为召集人主导制定冰箱保鲜国际标准。

【案例评析】

海尔的成功不仅依靠自身过硬的技术，还离不开其多种模式的专利运营，依靠自身强大的专利系统，使专利迅速变现、产品增值，保证企业运营已经成为海尔专利运营的重要组成部分。海尔颠覆传统的设计观念，为海尔产品赋予了艺术与实用并存的创新灵魂。其打造的以用户为中心的创新体系，深入了解

用户需求，将用户需求融入产品研发，让用户掌握产品研发的话语权并直接参与创新。除此之外，海尔的知识产权战略是推动海尔创新发展的重要法宝，并逐步形成了具有海尔特色的知识产权战略：构建核心专利池，确保行业技术领先地位；构建事实标准及行业标准，实现产业控制力；参与全球规则制定，掌握知识产权国际规则。海尔的知识产权战略以及创新成果必将保证海尔成为"中国制造2025"的领军企业之一。

案例三　高智发明的专利运营模式研究

近年来，伴随着发明投资市场的发展，知识产权作为一种新兴投资品走向市场的时机日趋成熟。一些专门从事专利经营的控股公司和投资集团如雨后春笋般涌现，它们为专利市场营造出一个更为坚实和流畅的运作机制。然而，以高智发明（Intellectual Ventures，IV）为代表的发明专利投资公司却改变了传统的专利经营管理模式，它并不从事实际产品生产，而是将专利经营作为公司主要业务，在创新价值链中选择自己所专注的某些环节，并力求在全球范围打造发明的产业链。

高智发明自2003年开始专注于发明投资业务，在不到10年的时间内逐步成长为全球最大的专业从事发明投资的公司。目前，高智发明除拥有几万件自己开发和从外界购买的发明专利之外，还和500多家各国机构开展合作，其管理的基金总额达70亿美元，期限为25年，拥有9万多件专利，几乎囊括所有高新技术领域，其中有超过4万多件专利正在产生效益，商业化率达到50%以上。高智已分析了30多万件专利，完成2000多笔交易，业务遍布全球。过去十几年的时间里，高智投资合计约35亿美元，收回资金超过40亿美元，其中，收入的90%以上来自专利许可授权，有不到10%是通过诉讼的庭外和解获得。目前有越来越多的收入来自创新项目，如协助企业研发等。

高智发明的成功得益于其独特的商业模式与创新性的专利运营模式。高智发明致力于为发明建立一个积极的市场，把专家和资本、买家和卖家连接到一起，其核心目标是发展一个更加有效和有动力的"发明经济"，建立一个"发明资本体系"。正是基于此独特的商业模式，高智发明的专利运营模式分为四类，即投资、许可、转让和诉讼。高智公司作为运营主体在进行投资时，会综合考虑可专利性、技术创新性、从技术到市场的时间、相关文献及技术、被市场采纳的可行性等因素。通过专利授权、创建新公司、建立合资企业以及建立行业合作伙伴关系等方式来使发明成果商业化。

高智发明模式使得人们逐步意识到将专利作为战略资产的重要性，专利不仅是高科技公司的核心竞争力，更是一种优质资产，专利投资及运营将成为知识经济时代的核心业务。

一、高智发明的组织结构

高智发明成立于 2000 年，公司总部位于美国华盛顿州的 Bellevue。从 2003 年起，高智发明一直积极从事发明和与发明相关的投资业务。在总部设有发明实验室，2009 年 5 月，公司正式地发起了高智发明实验室——位于华盛顿贝尔维尤一个 2555 平方米的设施，有先进的电子、光电和生化设备。高智发明目前主要投资的领域包括信息技术、生物医疗、材料科学等，近期信息技术领域的发明课题主要集中在普适计算、增强现实、数据存储、搜索、多核计算、通信、网络等方面。高智发明着眼于未来 5～10 年的技术进步，为全世界的发明家提供投资和专业支持，从而在全球范围内促进发明创新以及知识成果的价值实现。

高智发明的组织架构包括专利购置部门、创新部门、投资者关系部门、商业化部门、研究部门和知识产权运营部门，研究部门和知识产权运营部门分别为上述四个部门提供业务支持。从团队组成来看，高智发明目前在世界各地拥有超过 500 名雇员，包括计算机科学家、物理学家、生物学家、数学家、工程师、专利律师、风险投资家、金融精英以及商务精英。法律团队方面，高智发明现有 500 多人的团队里有超过 100 位的专业律师，其中大多数是负责专利诉讼的律师。从某种意义上来说，这样的人员组织结构本身就具有备强的专门从事专利组合、授权和诉讼的能力。高智发明的组织结构如图 5 - 3 - 1 所示。

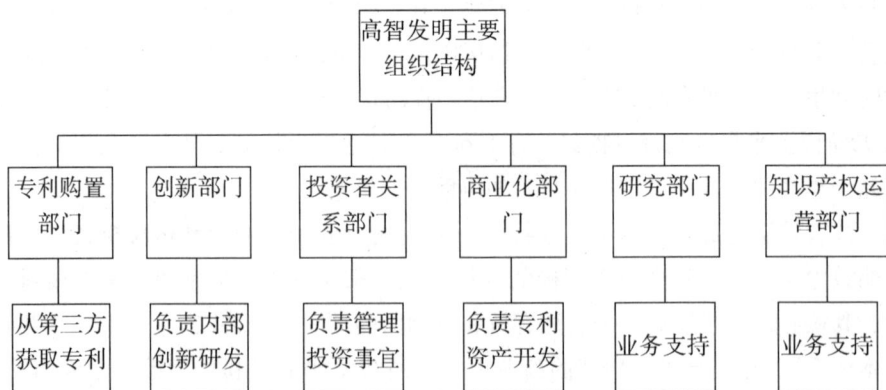

图 5 - 3 - 1　高智发明的主要组织结构图

二、高智发明的专利运营模式

高智公司的商业运行模式主要可划分为五个步骤：

（1）构建专家库

组建世界顶尖级的技术、法律、经济专家团队，一方面，找寻富有市场前景的专利投资机会，另一方面，在高智研究实验室，对世界急需解决的问题从事技术研发。

（2）购买专利

通过设立的三支基金，即发明科学基金（Invention Science Fund）、发明投资基金（Invention Investment Fund）、发明开发基金（Invention Development Fund），对个人发明人、各类单位发明人手中的专利进行购买。

（3）专利包装

对自创或者购买的专利，根据专利本身的技术属性以及市场预期，将专利进行重新包装组合，建立专利池。

（4）专利授权

将专利以及组合推向公司在全球建立的专利交易平台，缩小专利权人与专利买家之间的信息鸿沟，以达到促成专利交易、赚取高额服务佣金的目的。

（5）诉讼

高智发明通过自己强大的专利聚合效应，自己培养或者从外界购买专利，进行专利的交易和授权。而当他们发现其他大型公司可能侵犯了其某项专利时，向后者发起诉讼，从中获得利润。然而，诉讼并不是其主要的盈利方式，高智发明的收入超过90%来自专利授权，只有不到10%经由诉讼的庭外和解获得。

总体来说，高智公司的商业模式实质就是以专利制度为基础和依据，建立专利发明的资本市场，把专利当作一种产业来运营获利。具体商业运作模式见图5-3-2。

1. 公司内部研发

高智发明拥有用于内部研发的基金——发明科学基金（Invention Science Fund）。该基金是以公司内部研究成果为主，在发明获得知识产权后自产自销获得利润的一股资金。自2007年以来，高智发明在发明科学基金的支持下全面推进与全球的科研院所及创新机构合作，建立全球的科学家网络，为发明和技术难题解决方案提供服务。截至2015年底，高智与全球超过400家研发机构和院校有正式合作关系，其中包括2万多名研发人员，并有4000多名活跃的科学家已经与高智有过创新方面的合作。

高智发明选择了为"发明家提供投资和专业支持"这一特定且细分的市场，

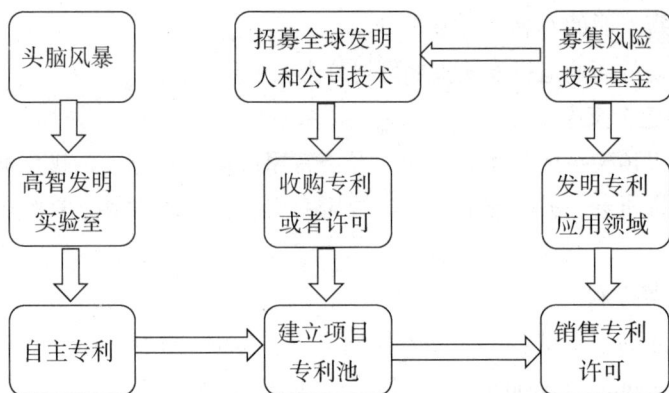

图 5 - 3 - 2　高智发明的商业运作模式

并希望在此领域提供与传统专利管理模式全然不同的差异化专业服务。高智发明针对不同的发明人和专利法律状况，采取了差异化的专利集中策略（如图 5 - 3 - 3 所示）。针对"新点子"阶段，高智发明设立了"点子实验室"，其工作流程可参考图 5 - 3 - 3 所示。从产生"新点子"到获得专利需要经历 3～5 年，需要巨额投资，且面临诸多风险。针对"产生研究成果"阶段，高智发明采取"独家代理权"或"专利独占许可"的方式，取得大学或科研院所的专利。针对"专利授权"阶段，高智发明主要采取直接收购的模式。在强大的资金和团队支持下，高智发明在 2009 年组建了自己的实验室，通过该实验室已经申请了 3000 多件专利。

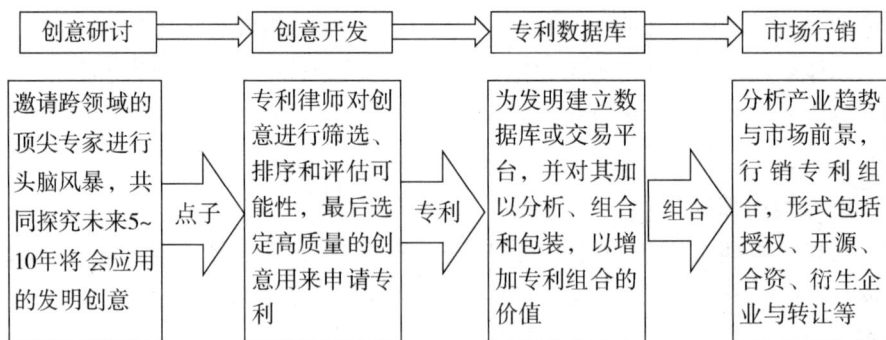

图 5 - 3 - 3　高智发明的内部研发流程

在技术研发方面，高智发明广泛邀请来自不同学科领域的顶级专家，定期召开一种被誉为"头脑风暴"的发明会议，挖掘能够覆盖未来 5～10 年产业发展命脉的核心技术。目前，高智发明提交了多项专利申请，涵盖光学、生物技术、电子商务、通信、电信、计算机、新能源、材料学、食品加工安全和医疗器械等多个领域。例如由机器学习和疟疾专家，机械工程师和统计学家联手构建的全自动显微镜Easy Scan GO（如图5-3-4所示），该设备可以自动读取血液，以确定患者是否患有抗药性疟疾。使用人工智能来诊断疟疾，其性能优于普通人类医生的诊断。

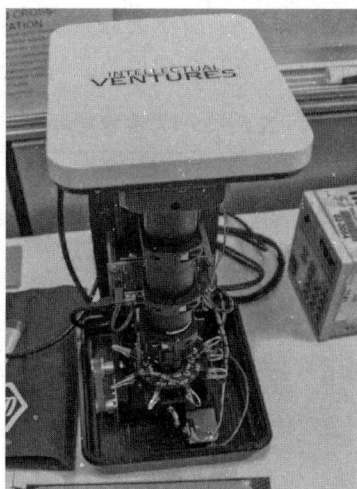

图5-3-4　全自动显微镜
Easy Scan GO

2. 投资买断专利

高智发明用于外部专利购买的资金依靠发明投资基金（Invention Investment Fund）的强大支持。发明投资基金来源于机构投资者与个人，像微软、英特尔、思科、谷歌这样的国际知名企业都是高智发明的投资人。发明投资基金主要是通过空壳公司的形式，收购一批具有市场潜力的发明创造和专利权，在此基础上完成二次开发和组合集成，然后对外进行专利许可、转让并从中获利。至2010年，高智发明在购买专利方面支出超过10亿美元，其中，3.15亿美元支付给了个人发明者，8.48亿美元支付给了中小企业发明人。与此同时，它还在没有提起诉讼的情况下，给投资者带来了大约10亿美元的回报。

专利购买是高智发明的核心业务，也是其盈利的主要来源，该环节运营的好坏程度将直接影响公司命运的走向。而发明投资基金作为公司用来支撑专利买断的资金，将直接决定高智发明的专利购买能力。发明投资基金运营模式具有如下特点：第一，高智发明的专利收购行为具有很强的秘密性，这可能是公司出于某种战略意图的考虑。例如，担心泄露商业模式和技术路线，或者是竞争对手参与竞争而哄抬价格。第二，发明投资基金的收益相对较快。发明科学基金获得回报的时间期限会比较长，因此需要投资者有足够的耐心，而发明投资基金则是以快速赢利为目的。这种收购模式类似于创业资本的运作，即通过低价收购、包装重组、上市出售获利，不过高智发明的运作重点不是资本而是专利权。第三，高智发明的专利收购渠道多元化，主要从高校、研究机构、个人发明者以及一些陷入困境或者破产公司的专利拍卖会那里获取，有时候也从大公司购买专利。第四，高智发明专利收购重点比较突出，主要集中于电子信息等"技术密集型"产业，以期望实现专利的集聚和增值。

表 5 - 3 - 1 所示为高智发明各个基金的估计专利数目，从表中可以看出，通过发明投资基金获得的专利数远远大于其他两项。

表 5 - 3 - 1　高智发明各个基金的估计专利数目（截至 2016 年 1 月）

基金	整个货币化专利组合	高智发明的公开清单货币化组合	美国专利和许可前公开	已确认的向高智发明转让（不包括发明开发基金）	发明投资基金美国所购专利组合（不包括科学基金）
发明投资基金（购买）	30900	27800	20000	20000	20000
发明科学基金（内部开发）	3600	3600	2300	2300	0
发明开发基金（跟大学合作）	4300	3500	700	0	0
专利合计（近似值）	38800	34900	23000	22300	20000

3. 国际创意开发

国际创意开发与合作主要由发明开发基金（Invention Development Fund）所支撑。发明开发基金是一支以部分美国大学基金为主要投资人，专注于发明开发投资的基金。高智发明的"发明人计划"，对发明开发基金的运营做出了详细的规定。其中，发明合作的主要原则是自愿、发明权属无争议以及在发明方案选中之后积极配合专利撰写，具体的运营流程如下：确立发明指南→投资发明创意→开发国际专利→促进发明转化→分享发明成果（如图 5 - 3 - 5 所示）。

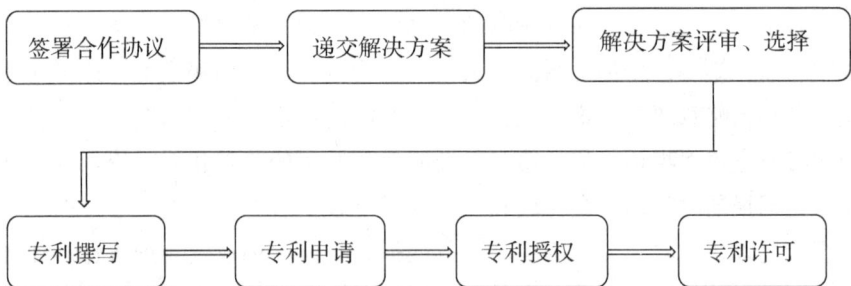

图 5 - 3 - 5　发明合作原则及流程

首先，高智发明的专家团队会结合行业发展动态和潜在商业机会，选定具有重要价值的发明主题，并在网络上发布相应的发明指南，发明者可以据此提交发明创意方案。目前，发明科学基金感兴趣的发明领域主要包括软件、通信网络、电子计算（硬件）、土木工程、机械、能源、物理科学、生命科学。其次，由国际专家组成的评审小组按照严格的多步审查程序对每个提交的发明进行评估，一旦确立符合投资主题的高品质发明创意，将提供所有必要的资金和专业支持，将该发明创意开发转变为国际专利。最后，对所开发的国际发明专利进行优化组合，在国际范围内授权转移实现商业价值，并与发明者分享利润，共享成功。因此，对于发明人而言，发明开发基金既是"发明引路人"、"发明投资人"，又是一个高效的"发明商业化平台"。与发明开发基金合作，发明人不仅在创新能力方面得到了认可和提升，同时，还可以分享创新活动所带来的经济收益。当然，是否选择与高智发明合作，发明人拥有最终决定权。

例如，Arktek 疫苗冷藏设备的研发与合作。通过盘点高智发明专利池中的专利和技术储备，高智发明的研发团队发现可以从容器的设计和材料等方面入手，结合高智发明自己的一些发明，使新型的冷藏罐实现在 40℃ 以上环境中无限次开关，并且只需放入三条冰块就可以使容器内的温度保持在 0~8℃ 达 30 天以上的效果。通过原型、小试等研发过程，高智发明的研究团队认为样品基本上可以与厂家合作，继续研发使其成为成品并批量生产，为解决疫苗的批量运送问题提供了解决方案。

高智发明与澳柯玛股份有限公司以及比尔·盖茨先生作为唯一投资人的支长青投资基金 Global Good 正式达成合作，开始了新型的疫苗储存设备的研发量产工作。澳柯玛股份有限公司与高智发明的疫苗冷藏设备 Arktek 项目合作，随着其社会推广及影响力的扩大，双方获得了资本市场的认可，必将很快将其应用于商业用途，实现双赢。商业化运作以后，高智发明将以技术使用费形式收取较高的费用。

4. 诉讼谋取利益

（1）间接诉讼

高智发明通过控制大量空壳公司或附属机构的形式，开展间接诉讼。高智发明通过隐藏在 1100 多家空壳公司背后发起专利诉讼威胁。其中，最典型案例是绿洲研究（Oasis Research）诉 Adrive 案。2007 年，高智发明从发明人 Crawford 处购买了 6 项发明，2010 年 7 月，高智发明将这些专利卖给成立仅 12 天的绿洲研究，一个月后绿洲研究以 Crawford 的专利及 1 项当年 7 月授权的专利向 Adrive、AT&T 等 18 家业务涉及云计算的服务商发起专利诉讼，即 Oasis Research 诉 Adrive 案。高智发明通过在背后操纵 Oasis Research 进行诉讼来获取利润。

（2）直接诉讼

近年来，高智发明开始采用直接诉讼形式向知名企业发起诉讼。2011 年 10 月，高智发明以 6 项专利侵权为由向摩托罗拉发起诉讼，而在其发起指控的两个月以前，谷歌刚刚宣布将以 125 亿美元的价格收购摩托罗拉移动，这项交易令谷歌获得了 1.7 万多项专利，可被用来保护其 Android 移动操作系统。在高智发明针对摩托罗拉移动发起的诉讼中，并非所有涉案专利都来自高智发明原创。高智发明通过自己强大的专利聚合效应，控制专利权，实行诉讼。表 5 - 3 - 2 所示为高智发明起诉最多的公司（达 3 个案件）。

表 5 - 3 - 2　高智发明起诉最多的公司（达三个案件）

相关公司名称	所涉案件数	相关公司名称	所涉案件数
AT&T	9	Cingular	8
T - Mobile	7	Sprint Nextel	6
US Cellular	6	Nextel	6
SBC Internet Services	5	佳能	5
CricketCommunications	4	Wayport	4
Capital One	3	赛门铁克	3

三、高智发明的启示

近些年，中国在知识产权领域取得一定的成绩，已经成功跻身于世界专利大国的行列。目前，中国有 2613 所高等学校，10.9 万家各类研发机构，逾 621 万研发人员，2017 年研发人员全时当量达 403 万人/年，其中企业占 77.3%。2017 年，有 113 家中国企业进入"2017 全球创新 1000 强"榜单，仅次于美国、日本，位居全球第三。世界知识产权组织于 2018 年 7 月发布的"2018 全球创新指数"排名中，中国由 2016 年的第 22 名升至第 17 名。2017 年，中国专利申请达 369.8 万件，授予专利权 183.6 万件；发明专利申请量达 138.2 万件，同比增长 14.2%，连续 7 年居世界首位；根据世界知识产权组织公布的数据，2017 年中国通过《专利合作条约》途径提交的国际专利申请量达 4.9 万件，仅次于美国。有 10 家中国企业进入企业国际专利申请量前 50 位。

然而，中国也存在着科技成果市场化程度不高的状况，尤其是在科研院所及高校，我国高校专利的平均寿命只有 3 年多，且专利转化率也普遍低于 5%，存在大量的专利尚未完成技术到市场化的转移。同时，在目前中国的知识产权实践中，许多专利申请没有明确的商品化目的，从而尚未进入运营获利的阶段就以失败而告终。我国对政府资助科研项目的知识产权配套措施也不够完善，对高校和科研院所等项目承担单位的知识产权管理和约束不够。

反观高智发明的理念和投资模式是值得借鉴的。如能在政府主导下，建立专利运营公司，背靠强大的资金实力，在不同的产业进行全方位的专利收购。这类公司不需要自身拥有庞大的研发机构，通过博采世界范围内科研机构、企业研发人员的智力资源，以委托研究的方式，就能获取共有的专利权。同时建立起庞大的专利利用市场，很多未使用的专利就可以寻找到更多的市场机会。在这种资源整合的过程中，发明运营公司本身也能够取得巨大的经济收益。这种商业模式不仅有巨大的商业意义，还对促进国内技术转移、支持我国参与世界知识产权的战争有重要的战略意义。

案例四　联想集团并购案中的知识产权战略

联想集团是我国 IT 行业的领军企业，从 2004 年底联想集团宣布收购 IBM PC 部门起，联想正式迈入国际大舞台，在经过整合之后，联想在国际化征途中也不断加速发力，接二连三地跨国收购多家企业，凭借自身的实力以及覆盖全球的供应链，为更多的客户提供满意的产品。

1984 年，联想集团是由 11 名科技人员在中科院计算所投资 20 万人民币创办的，是一家在信息产业内多元化发展的大型企业集团。联想集团主要生产的商品包括：分体各类电脑、智能桌面、智能电视、服务器与储存、打印机、联想手机、数码产品、配件等。联想集团员工数量高达 4.2 万人，其中含国际员工 7 千多人。旗下拥有 Thinkpad、Ideapad、昭阳、扬天、ThinkCentre、ThinkStation、ThinkVision 等多个品牌，联想集团在国内的北京、广东惠阳、上海、成都、厦门、合肥都设立有制造点；在国外设立制造点的 2 个国家分别是墨西哥和印度。联想集团的营销网点覆盖全国各地，在国外设有 7 家子公司。联想集团在 2008 年首次进入《财富》世界 500 强，并且在日本大和、北京、上海、深圳、巴西以及美国都设立了研发中心。

一、联想集团连续并购历程

联想集团在连续并购历程中意图打造"PC +"核心战略，并在 2014 年 4 月 1 日，正式成立四大业务集团：个人电脑业务集团、移动业务集团、企业级业务集团和云服务业务集团。为此，联想集团在 IT 行业实施连续跨国并购，早在 2005 年 5 月，联想集团以"蛇吞象"之势并购 IBM 的 PC 业务，成为"走出去"的典范，之后相继宣布与 NEC 成立合营企业，收购德国 Medion、美国 Stoneware、巴西 CCE、IBM x86 服务器和美国摩托罗拉移动业务。联想集团作为全球个人电脑市场的领导企业，在联想集团的"PC +"业务的国际化征程中，IT 行业内的并购实施范围颇深，先后在美国、德国、巴西、日本等多个国家实施跨国并购。按照时间发展顺序，联想集团的并购历程如表 5 - 4 - 1 所示。

表 5 - 4 - 1　联想集团并购事件汇总表

时间	并购事件	支付方式	融资方式的创新
2005.5	收购 IBM PC 部门	6.5 亿美元现金 +6 亿美元股票 +5 亿美元债务	内部融资：1.5 亿美元 过桥贷款：5 亿美元 银团贷款：6 亿美元
2011.7	与日本 NEC 成立合营企业，占有合营企业 51% 的股份	1.75 亿美元股票	5 年期对赌协议
2011.8	收购德国 Medion，第一次持股 61.48%，第二次增持至 79.82%	1.848 亿欧元现金 +0.462 亿欧元股票	—
		2.324 亿港元股票 +9.3 亿港元现金	
2012.12	收购美国 Stoneware，持股 100%	—	—
2012.12	与 EMC 建立合资公司，持股 51%	—	—
2013.1	收购巴西 CCE，持股 100%	2.1 亿雷亚尔现金 +0.9 亿雷亚尔股票	—
2014.9	收购 IBM x86 服务器	18 亿美元现金 +2.8 亿美元股票	发行 15 亿美元债券
2014.10	收购美国 Motorola 移动业务	6.6 亿美元现金 +7.5 亿美元股票 +15 亿美元票据	

二、联想并购案例分析

近年来，联想集团积极寻求外部的互补性资产，打破其所处的发展僵局，加速企业自身发展。针对这一战略目的，我们选取联想并购 IBM PC 业务和摩托罗拉手机业务的两次案例进行分析。分析基于以下几方面因素：（1）联想并购 IBM PC 业务和摩托罗拉手机业务是同一商业主体的两次并购行为。目前大多数文献集中于单个并购案例的研究分析或是不同主体的并购行为比较，较为缺乏对同一商业主体的不同并购行为的研究；（2）针对同一并购主体不同并购行为的研究，能够减少因主体变动带来的差异，同时增强研究的连续性，结合企业发展的不同阶段，企业的战略目标、发展规划等维度对企业的并购行为、并购战略进行更为透彻的探讨；（3）联想作为全球电脑市场的领导企业以及多元化经营的代表，跻身世界 500 强，其跨国并购活动对自身乃至所处行业都具有巨大的影响力。选择联想作为研究对象，通过对联想并购 IBM PC 业务和摩托罗拉手机业务两个案例进行分析，揭示联想集团跨国并购行为下的知识产权战略，可以为我国今后的并购活动提供一些借鉴。

1. 联想并购 IBM PC 业务案例分析

联想在企业的初创阶段就确立了国际化的品牌发展路线。早在 1990 年，联想就分别在美国洛杉矶和法国德斯多夫设立了分公司，开始跨国经营。但是由于在全球的个人电脑市场上，联想的品牌知名度并不高，同时其自身的研发实力与国际知名电脑制造商之间存在巨大差距，缺乏核心技术和自主知识产权，仅仅依靠其自身实力难以在跨国经营上实现突破。IBM 创建于 1911 年，总部设在美国，主要产品与业务包括软件、服务器、储存、业务咨询、IT 服务。2012年，IBM 的年营业额达到 1045 亿美元，员工数量为 43 万余人，业务遍布 160 多个国家和地区。1992 年，lBM 推出的 Thinkpad 是业界首款笔记本电脑。

2004 年 12 月 8 日，联想集团以 17.5 亿美元（包括 6.5 亿美元现金和 6 亿美元股票，承担 IBM 的 5 亿美元债务）的代价收购 IBM 个人电脑事业部，囊括了 IBM 在全球范围内所有 IBM 的笔记本和台式机业务，包括研发和采购。此次并购是中国 IT 产业迄今为止最大的一笔跨国并购，通过此次并购，联想集团作为中国的民营企业首次跻身于世界 500 强。联想在此轮并购中获得了 IBM 旗下最著名也是最为成功的品牌 Think 及其相关专利；同时，新的联想集团可在 5 年内根据协议使用 IBM 公司的品牌，并完全获得商标和相关专利。该项收购历时 1 年多，于 2005 年 5 月 1 日正式结束。

在国际贸易中，购买别人现存的知识产权是技术转让和知识产权战略的普遍形式。联想收购 IBM 的全球 PC 业务主要是为了得到 IBM 笔记本电脑的商标、品牌和核心技术。通过并购，联想不仅拥有了高质量的研发团队，也赢得了世界上最先进的个人电脑技术，并获得超过 5000 项专利，在短时间内为企业创造了巨大的创新资源。

2. 联想并购摩托罗拉移动业务案例分析

从 2012 年 2 月在厦门组建联想厦华移动通信科技有限公司开始，联想手机在内地市场快速成长，但是由于联想所提供的手机基本属于低端产品，其品牌效应远不如联想电脑。随着手机市场的不断成熟，消费者对智能手机的要求越来越高，国外进口手机品牌如三星、苹果迅速打开中国市场，占据一席之地；国内品牌如华为、小米不断根据消费者需求对自身产品进行优化升级，对联想手机已有赶超之势。联想手机在大陆手机市场占有率不断下滑：不仅难以冲出中国大陆，打开亚非拉等新兴市场，在北美的市场占有率更是几乎为零，本想依托联想发达的 PC 业务进行手机品牌的推广，但事实证明这样做收效甚微。

摩托罗拉公司，成立于 1928 年，总部设在美国伊利诺伊州，是《财富》世界百强企业，主要产品与业务包括机顶盒、条码扫描机、芯片、个人电脑、手机。是全球芯片制造和电子通信的领导者，年营业额达到 428 亿美元。作为智能手机的鼻祖，摩托罗拉有极高的声誉以及 2 万多项的研究专利。

2014 年 1 月 30 日，联想集团以 29.1 亿美元（包括 6.6 亿美元现金，7.5 亿美元股票，15 亿美元的三年期本票）收购摩托罗拉，通过收购，摩托罗拉旗下的多个品牌，如 MOTO X、MOTO G 等智能手机产品以及研发成果；2000 多项专利、品牌和商标，都将归入联想移动业务。联想此举为其移动业务上的发展奠定了结实的基础，联想还依靠获得的专利扫除出海障碍，打入美国和英国两大成熟市场。该项并购于 2014 年 10 月 30 日正式结束，历时 9 个月。

通过对两次跨国并购的简要分析可以发现，这两次并购中联想所获得的互补性资产主要体现为品牌、专利等无形资产。而这些无形资产在短时间内都难以获得：品牌作为企业声誉机制的外在表现，是长时间积淀的结晶；专利则是企业内研发力量不断探索的成果。这些无形资产往往是大多数企业在扩张自身规模中急需的专有互补性资产，联想在收购 IBM PC 和摩托罗拉专利技术的引进和随后的整合过程中，为联想叩开美国市场的大门提供了敲门砖。

三、联想集团并购案中的知识产权战略

1. 基于专利研发对企业并购整合能力的评价

专利作为企业技术研发的结晶，是一个企业重要的无形资产。在知识经济的浪潮中，随着各国知识产权的保护措施日益完善，专利作为企业产品的核心竞争力，为企业的发展提供长足动力。同时作为最为重要的资产，专利的整合是并购完成后对外部互补性资产整合的重中之重，也是整合过程无法避免的难点。联想在 2000 年至 2002 年期间专利申请数量激增，2002 年后专利的申请数量明显减少，在并购 IBM PC 前的 2004 年，专利申请更是大幅下降，这些现象显示联想在技术研发方面也遭遇了瓶颈。在完成并购 IBM PC 业务后，虽然短时间内联想的专利申请呈现出下降的趋势，但是随着对从 IBM 获取的专利不断进行整合，其自身研发实力也在逐步强化，在 2006 年至 2008 年期间，联想的专利申请数量出现上升的趋势，（如图 5 - 4 - 1 所示）。

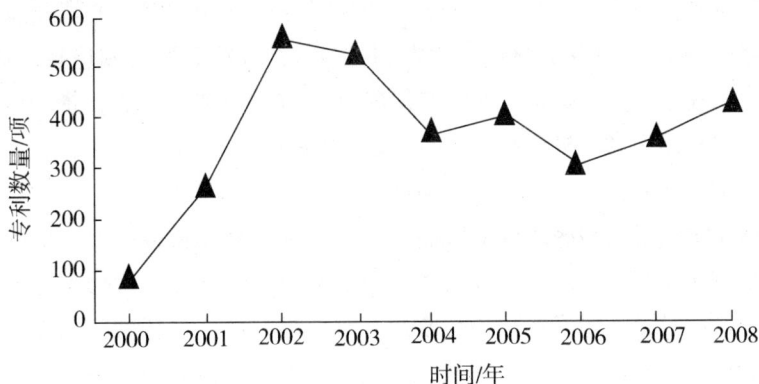

图 5 - 4 - 1　并购 IBM 前后联想历年专利申请分布

　　由于获取的数据有限，通过表 5 - 4 - 2 可以看到，2007 年至 2013 年期间，联想在移动业务方面专利的申请数量似乎呈现出上升的趋势，实际上，联想在手机专利的申请上，外观专利占总专利数量的比例越来越高，而真正反映企业真实研发能力的发明专利和实用新型专利却并没有真正上升的趋势，联想手机科研实力的短板暴露无遗。但是至 2014 年，即完成并购摩托罗拉手机业务的第一年，无论是外观专利，还是实用新型专利和发明专利的数量较前三年相比都有了较为显著的改善。联想在手机专利这一外部互补性资产的整合能力值得肯定。

表 5 - 4 - 2　联想移动的专利申请数

时间/年	2007	2008	2009	2010	2011	2012	2013	2014
申请专利数量/项	48	32	27	29	56	38	34	49
手机外观专利/项	17	16	0	0	26	30	25	29
外观专利占比/%	35.42	50.00	0.00	0.00	46.43	78.95	73.53	59.18

　　数据来源：佰腾专利库

2. 联想集团并购案的启示与思考

①专利整合方面

通过对收购摩托罗拉的手机设计制造专利技术和联想的技术整合，联想增强了在国际市场的竞争力量，实现了"1+1>2"的目标。目前联想的业务构成，PC产出居全球第一，而智能手机产出居全球第五，可见其在智能手机领域的发展潜力还是巨大的。联想为了在美国打开手机市场，发展为世界型的企业，提出"PC+"战略，试图让企业原本不擅长的智能手机等移动产品打开局面，通过收购其他企业的手机制造技术，将手机领域转化为战略核心。联想集团从谷歌那里收购了摩托罗拉2000多项专利，多是涉及企业手机制造技术的专利，这对联想来说是巨大的财富，加之在其在PC上的巨大技术成就，推动了技术整合，这不仅有助于其手机专利技术的突破，更有助于其PC的发展。

②专利的地域性方面

地域性也是对专利垄断权的限制。一项专利只有在获得保护申请的国家或地区才享有相应的专属权利，购买某一个国家的专利仅仅是获得了该地区的专利垄断权。此时，若将该专利产品或带有该商标的产品销售到第三方国家，不仅无法获得专利权带给企业的垄断利润，甚至很可能被诉侵犯他人的权利。除此之外，专利的地域性还影响企业海外并购的成本。根据企业知识产权战略的需要，企业或许只需购买某一区域或某几个区域的专利权，此时专利的地域性就直接影响交易的价格。手机领域的专利纠纷一直是各巨头发展的制约因素，而专利是联想移动发展中的一个软肋，联想收购摩托罗拉，显然在专利上享有优势，在一定程度上避免了和竞争对手的正面交锋，走出了在专利纠纷中的被动处境。不过，智能手机更新换代高速增长，摩托罗拉所掌握的旧专利已贬值，联想并不能靠这些专利在市场上长期称霸。联想除了花钱购买专利外，应尽快补上自主创新的短板，毕竟，"买鱼"不是长久之计。

③专利的价值性方面

虽然通过对摩托罗拉智能机业务的收购，联想获得了2000余项专利，但大多都集中在手机工艺领域，而在主要的制式、芯片、通信等领域的专利，仍然掌握在谷歌手中。即谷歌仍然保留大量核心专利，联想购买的专利在使用过程中可能需要得到属于谷歌的相关专利的支持，因此存在价值连动性风险，但也是出于对整个Android生态圈合作伙伴的掌控与保护。对联想来说，在摩托罗拉公司处于企业业绩下滑期并有出售意愿的时候选择并购，其专利价值相对估值较低，能够降低并购风险，联想在并购过程中相对掌握主动权。但联想此番29.1亿美金的并购，是否与并购实际价值相符，还有待时间检验。若花费资金和获取利益不相匹配，则反映出我国企业在海外并购中对目标企业的专利缺少战略规划。

④对象选择方面

联想在并购 IBM PC 业务之前，虽然其主营业务停滞不前，专利申请速度明显放缓，但是其在亚太地区的电脑销售量位居前列，进行并购活动意在通过 IBM 技术以及品牌的引入来增强企业的活力。在对摩托罗拉进行并购时，联想在大陆手机的市场份额大幅度下降，意在通过并购摩托罗拉来提高其在海外市场的销售数量，对国内市场未做出较好的应对措施，与联想一直提倡的"保守+进攻"的企业战略不符。同时在并购对象的选择上后者明显逊色于前者。联想并购 IBM PC 业务时，IBM 企业具有良好的企业形象、强劲的研发实力。而在联想并购摩托罗拉时，摩托罗拉移动已经遭遇了几轮拆分，专利申请数量锐减，旗下的品牌几乎淡出了人们的视野。

⑤市场变化方面

手机、电脑属于技术快速迭代的产业，技术的生命周期较短，因此购买的专利技术是否能够保持长期有效，不被同类技术替代，是联想需要关注的问题。在行业激烈的竞争中，联想依旧任重而道远。

【案例评析】

第一，并购企业发展战略对专利效用的发挥具有显著正向影响。在企业并购活动之前，初期的知识产权战略制定就显得十分重要。企业应该根据自身实力、所处的行业位置和企业的未来发展战略，进行并购活动。同时，企业在并购活动前，应合理选择并购对象，与之实现优势互补的共赢局面。

第二，并购行为下专利资源的获取是一把"双刃剑"。一方面，并购方企业通过跨国并购能够获得品牌、专利等互补性资产，对一个急需扩张的企业而言显得弥足珍贵，其在短时间内难以凭借一己之力完成；另一方面，专利的获得伴随着极高的代价，企业面临着难以整合的风险，一旦并购失败或是不能对获得的专利资源进行有效重组，对一个企业而言几乎会导致灾难性的后果。很多企业跨国并购成功之后又陷入"赢者诅咒"的例子更是用实际说明，并购下知识产权的获得并不一定意味着企业会加速发展，跨国并购市场上互补性资产的获取，风险与收益并存。

第三，通过并购活动，联想集团可以获得专利、品牌等外部资产，其中专利能够为并购企业提供生产技术，品牌能够提高并购企业的知名度和美誉度。从专利上来看，两次并购中，联想分别获得了 IBM PC 业务的所有专利以及摩托罗拉移动业务的 2000 多个专利。

第四，并购活动之后，并购企业的专利整合能力正向影响专利效用的发挥。外部获得的专利并不是并购完成后就能够直接加速企业成长，而是需要与企业内部的资源进行整合，实现协同效用，促使企业实现"质的飞跃"。并购后，企业专利的整合在于吸收外部获得的生产技术，增强自身的研发实力；品牌的整合要求并购企业在自己的品牌与外部获得的品牌之间寻求平衡。从品牌策略来看，联想在并购 IBM PC 后，积极使用"双品牌策略"，成功地实现了 IBM 品牌的内部转化。从专利研发来看，联想无论是在并购 IBM PC 业务之后还是在并购摩托罗拉手机之后，专利研发数量都有了显著上升。

第五，被并购企业专利的质地正向影响专利效用的发挥。在企业进行并购活动中，专利质地对未来其效用的发挥产生重要影响，如果企业在并购中获得的专利质地不如预期，则在后期的企业成长中，专利的效用难以使企业获得飞速发展。

案例五　美国高校专利成果转化的成功之道

中国改革开放 40 年来，一直很重视科学技术，考虑到专利成果在经济发展和社会进步中的作用，近年来国家更是将知识产权保护和运用提升到国家战略的高度，倡导创新驱动发展战略，强调要将科技创新成果运用到实际的生产发展环节。但是，目前我国科技创新成果的转化实施效果并不尽如人意，尤其是作为国家创新体系三大支柱之一的高等院校，其专利申请数量虽然持续增长，但普遍存在为申请而申请、为考核而申请的情况，大多数高校的专利申请量高、专利维持率低，专利的转移、转化率更是低迷。

影响专利成果转化的因素很多，例如促进转化的政策、转化的手段与方式、专业的技术转移机构、转化人才的培养与储备等。美国高校得益于其所处的优越的内、外部知识产权环境，专利的创造、运用、管理和保护机制都非常完善，在专利成果转化方面建立了一套完整的体系，专利产出和转化表现突出。目前，我国在科学技术转化方面发展较为滞后，如何解决我国高校专利成果技术转化为现实生产力的问题已迫在眉睫。通过对美国专利转化进行分析、研究，进而借鉴并找出一套适合我国高校专利转化的有效运行机制，提高我国科技成果转化率并增强我国的科技竞争力。

一、美国相关立法促进高校专利成果转化

美国对科技创新的重视，体现在对高等院校的高科技成果来源，尤其是专利技术成果的重视。美国政府高度认可高校应该充分利用其专利技术发明，实现有效的转化从而服务于整个美国的社会，相继推出了一系列的政策、法规激励高校的专利转化。表5-5-1所示为1980年以来美国联邦政府促进高校技术转移、转化的主要政策。

受益于美国联邦政府相继出台的政策的支持，美国高校专利成果转化保持良好的发展态势。如图5-5-1所示，为美国高校专利许可的发展趋势，其也代表着美国高校专利成果转化的发展态势。从图中可以观察得出美国高校专利成果转化是从1980年《拜杜法案》颁布实施后，才真正意义上开始的。此后，美国高校专利成果转化大致经历了起步、快速发展和高速发展3个阶段。1980年实施的《史蒂文森·威德勒法案》和《拜杜法案》开启了美国高校专利转移、转化的全新时代；1992年的《小企业创新发展法案》及相关法案推动了美国高校专利成果转化进入快速发展阶段；2007年推出的《美国竞争法》（360百科）及其后再授权的该法案的2010版和2015版，促使美国高校专利成果转化在2008年之后一直保持在一个比较活跃的状态。

总统备忘录，加速联邦研究的技术转移和商业化支持高成长企业（2011年10月）由奥巴马总统发布，这份备忘录指导联邦部门和机构多种行动，包括设立目标、测度绩效、优化管理流程以及推动地方和区域伙伴计划，以加速技术转移并支持在私营部门商业化。

表5-5-1　1980年以来美国联邦政府促进高校技术转移、转化的主要政策

政策（法案）名称	主要内容简介
1980年技术创新法案（史蒂文森·威德勒法案）（P. L. 96-480）	通过指导联邦实验室促进联邦拥有和发明的技术转化到非联邦部门，确立技术转移为联邦政府的使命
1980年大学和小企业专利程序法案（拜杜法案）（P. L. 96-517）	允许小企业、大学和非营利组织获得联邦经费开发的发明的权利。还允许政府拥有和政府运行的实验室授予独占性专利权给商业机构
1984年专利和商标明确法案（P. L. 98-620）	进一步修订《史蒂文森·威德勒法案》和《拜杜法案》，涉及使用专利和许可执行技术转移

续表

政策（法案）名称	主要内容简介
1986 年联邦技术转移法案（P. L. 99 – 502）	使得联邦实验室能够联合外部当事人一起进入合作研究和开发协议（CRADAs），谈判实验室产生发明专利的许可
总统行政命令 12591，促进有权使用科学与技术（1987 年 4 月）	里根总统发布，这一行政命令寻求确保联邦实验室执行技术转移
1988 年综合贸易与竞争法案（P. L. 100 – 418）	主要关注在公私 R&D 伙伴、技术转移和商业化合作，此外还涉足贸易和知识产权保护。在国家标准与技术研究所（NIST）设立制造业延伸伙伴（MEP）计划
1989 年国家竞争性技术转移法案（P. L. 101 – 189）	修订联邦技术转移法案扩展 CRADAs 的使用，包括政府所有合约者运行的联邦实验室，并增加非披露规定
1992 年小企业创新发展法案（P. L. 102 – 564）	对现有的 SBIR 计划再授权，同时增大 SBIR 在机构预算的占比和项目的最大金额。还设立小企业技术转移（STTR）计划，增强政府拥有承包人运行的联邦实验室和小企业、大学以及非营利机构伙伴之间的合作研究机会
1993 年国家合作研究和生产法案（P. L. 103 – 42）	放松合作生产活动限制，使研究合作体能够通过合作共同获得技术
1995 年国家技术转移和提升法案（P. L. 104 – 113）	修订《史蒂文森·威德勒法案》使得 CRADAs 对联邦实验室、科学家和私营企业更有吸引力
2000 年技术转移商业化法案（P. L. 106 – 404）	放宽 CRADA 许可权力，使这类协议对私营产业更有吸引力，加大联邦技术的转化。设立有联邦实验室的机构技术转移绩效报告要求
2007 年美国 COMPETES（为有意义地促进一流的技术、教育与科学创造机会法）法案（P. L. 110 – 69）	授权增加 R&D 投资；加强从小学到研究生层次的科学、技术、工程和数学（STEM）的教育；进一步提升国家的创新基础设施。创立先进能源研究计划署（ARPA – E）促进和资助先进能源技术
2010 年美国 COMPETES 再授权法案（P. L. 111 – 358）	更新 2007 年美国 COMPETES 法案，授权在随后的 3 年提供额外的资金支持科学技术和教育计划。许多规定旨在切实巩固美国经济基础，创造新工作，以及提升美国的海外竞争力

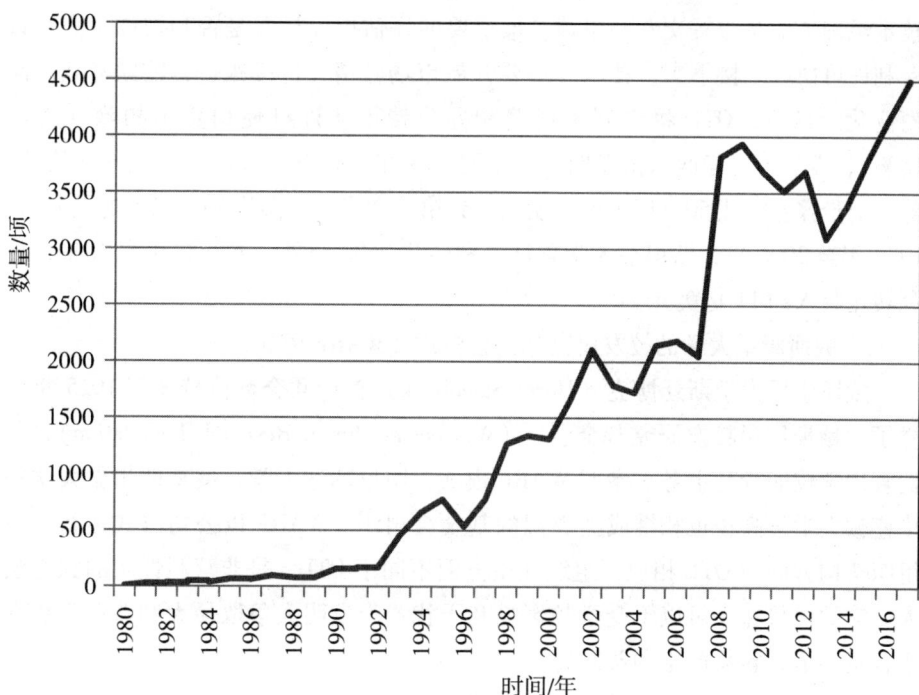

图5-5-1　美国高校专利许可发展趋势

二、美国高校专利成果转化典型模式

无论是转化效率，还是转化效益，美国高校的专利成果转化都位居世界前列。其中，1980 年颁布实施的《拜杜法案》居功至伟，使之前长期徘徊在4%左右的知识产权许可应用率得到大幅度提升。该法案催生的美国高校专利转化模式，推动了专利转化的规范化和市场化。美国高校专利转化模式主要有以下三种典型运行方式：

1. 斯坦福大学的技术许可办公室模式（OTL 模式）

目前，美国高校专利转化的标准模式是斯坦福大学首创的 OTL 模式（Office ofTechnology Licensing）。它是现今最为成功的高校专利转化模式，备受学界和实务界推崇。斯坦福大学全权委托 OTL 管理学校的专利许可和营销事务，校外专利事务所则负责专利申请事宜。OTL 模式以营销为导向，具体的步骤如下：首先，发明人详细填写发明披露表，提交至技术经理。其次，技术经理综合发明的技术和经济等信息，在广泛征求意见以及听取发明人的建议后，对发明进行整体评估，并独立决定是否向专利商标局提交专利申请。然后，通常情况下，技术经理在提交专利申请前，会向潜在的被许可人发出要约并进行接触和谈判。

技术经理考虑是否提交专利申请，最重要的评估指标是看是否和被许可人签订专利许可协议。接下来，技术经理要开展市场营销并持续跟进，辅助专利产品商业化。最后，OTL 将专利申请费和办公费用从许可使用费中扣除（大约15%），专利许可净收入由发明人、发明人所在系和发明人所在学院三方均分。前 2 个步骤会淘汰 50% 以上的发明人，到第三个步骤会淘汰 60% 以上的发明人。1970 年至 2006 年，斯坦福大学累计专利转化 2600 余件，专利转化率 40%，专利转化收入约 11 亿美元。

2. 威斯康星大学的校友研究基金会模式（WARF 模式）

威斯康星大学斯廷博克（Harry Steenbock）教授联合数位校友于 1925 年成立了"威斯康星校友研究基金会"（Wisconsin Alumni Research Foundation），负责管理学校的专利事务。参照 WARF 模式，明尼苏达大学、俄亥俄州立大学和华盛顿大学等高校也相继成立类似的基金会组织。WARF 以公司方式运行，在组织架构方面与 OTL 相似，组织性质方面不同于 OTL，是非营利性质的独立法人。它的优势在于可以不受学校影响和干扰，为发明人争取最大利益；劣势在于权责不清，容易产生利益冲突。

3. 美国国家技术转移中心模式（NTTC 模式）

美国国家技术转移中心（National Technology Transfer Center）成立于 1989年，是非营利性质的服务机构。NTTC 既定时公布高校的技术成果，又通过"全国通"及其强大的搜索功能，帮助技术需求方寻找技术和技术拥有者，并促成双方的接洽。全国通的服务流程是：技术需求方发布所需技术，代理人检索数据库并联系技术拥有者，技术需求方与技术拥有者对接。NTTC 的优点是利用互联网连接着大量的联邦实验室、高校和研究人员以及海量的技术数据资源。

三、对我国高校成果转化的启示

1. 提高认识转变观念

（1）改变传统的研究理念

我国高校的传统理念是教学和科学研究，大学是一片净土不应该有过多的商业成分，认为如果高校与社会上的企业、工厂结合搞专利转化，会影响高校的教学并导致高校丧失专利的所有权，因此我国高校很少与企业合作进行专利的研究开发。与之相反，美国人崇尚实用主义，反对将科学研究作为一种远离生活的纯理论研究，主张以行动求生存，注重科学技术的实用性。正是在这种思想的指导下，美国高校以实用主义为目的，将高校的科学研究与社会企业的需求结合起来，积极实现专利的有效转化。

随着经济建设的高速发展，我国很多高校的科研项目如果继续闭门造车，不与企业、社会需求相结合就会阻碍社会的发展，同时也不利于高校自身的建设发展。转变传统观念，适当引入美国的实用主义理念是有必要的，这需要政府和高校以及社会的共同努力，为高校专利转化创造一个良好的氛围。

（2）引入服务社会的办学理念

服务社会的办学理念是美国高校进行专利转化的行动指南，正是在此理念的指导下美国高校走出校门，将专利从实验化阶段向实用化阶段转变，并将专利成果服务于社会，实现了专利高转化率的突破。与之相比，中国高校在高校教学和科研方面有很大的成就，但是在社会服务方面却不够重视，而高校教学、高校科研与社会服务三者是相辅相成的，高校可以通过服务企业的科技需求为其下一步的科研计划找到目标，并且可以将这些实践经验引入高校教学中，使高校的教学更加切合实际；另一方面，高校学生在专利向社会转化的过程中可以更好地了解社会需求，有助于解决高校学生的就业问题。因此，要实现高校专利的有效转化必须转变目前高校重理论教育轻社会服务的理念。

首先，高校负责人要转变以往的重理论研究的理念，重视专利的社会服务，鼓励高校专利的研发人员和团队将其研究与社会服务结合起来，并与企业建立合作关系共同致力于高校专利的转化工作。其次，高校专利研发人员也要转变观念，重视专利的社会推广和使用，并不断地根据社会需求进行专利的研发和转化。最后，高校专利的研发人员应走出去，深入到企业中参与企业的生产实践。美国政府非常鼓励美国高校的师生到企业中去，一方面将高校的科研专利带入到企业中去，接受社会的检验，使科研更具有实用价值并且通过实践找到科研专利的缺陷并加以修正；另一方面也让企业有机会了解高校的科研项目，让企业找到自己感兴趣的科研项目，并促使企业与高校合作研发。我国高校应引入该机制，鼓励高校专利研发人员走出校门走进企业，将研究与企业的需求结合起来，促进高校专利的有效转化。

2. 完善相关立法

美国高校专利转化机制之所以成功，很大程度是依靠强有力的法律支持。从最初制定法律入手，1980 年颁布《拜杜法案》，又经过不断修改和完善，颁布了《史蒂文森·威德勒法案》《小企业创新发展法案》《联邦技术转让法案》等一系列法案，为美国高校专利转化提供了必要的法律保障。我国在有关专利转化和保护方面也出台了相关的法律，如《中华人民共和国专利法》《中华人民共和国促进科技成果转化法》等，但是由于这些法律规定得过于笼统，没有针对性和具体、明确的奖惩、分配机制，与实践脱节，无法从根本上对高校专利转化提供法律保障。因此，针对高校专利转化的相关问题，制定一部"专利转化法"，为高校专利的市场转化提供法律依据已经迫在眉睫。

我国高校专利转化率低的另一个重要的原因是专利的产权归属不明。我国高校的科研经费主要来自国家资助，因此导致高校研发的专利的权属问题不明确，加之高校与企业合作进行专利研发的相关法律、法规不完善，这些都影响高校专利的转化。美国通过《拜杜法案》明确了美国高校通过联邦政府资助研发的专利归属高校，通过法律明确了权属问题。因此，在我国高校专利转化过程中首先明确专利权属问题是非常有必要的，通过法律的途径规定专利的权属能更好地调动高校科研团队的积极性、主动性，也只有这样才能避免专利转化中因权属问题而产生的纠纷，从而使高校专利迅速转化为现实生产力。

3. 设立专业的组织机构

（1）建立全国网络信息平台

高校研发的专利的相关资料信息发布渠道不畅通是影响专利转化的一个重要因素。目前我国高校研发的专利不被社会上的企业和公司所知晓，很多发明创造一直停留在高校的研究室里，无法转化为现实的生产力。美国政府非常重视信息资源的共享，早在1992年美国就设立了科学技术转让的网络服务平台，将美国高校研发的一些专利的基础信息在这个平台上公布出来，美国的企业可以通过浏览公布的信息寻找自己感兴趣的专利，促成专利有效转化。

基于以上分析，我国政府应尽快帮助高校建立专利网络信息平台，通过这个平台将高校的科研专利的基本信息收集起来并公布，企业可以通过该平台了解到感兴趣的专利信息，进而促成高校专利的有效转化。

（2）建立专利转化机构

我国目前高校专利转化工作大都由各自的部门负责，有些在高校的科技处，有些在高校研究院等，高校与地方没有统一的专利转化管理部门，专利转化的管理比较混乱。美国高校有专业的专利转化机构且配备了专业的经营管理人员，如大学技术管理者协会、技术授权办公室等。我国应借鉴美国高校专利转化的成功经验，建立类似大学技术管理者协会、技术授权办公室等专业机构负责我国高校专利转化的管理工作。我国政府和高校以及社会企业应相互配合，设立由精通法律、商业、管理的人才组成的专利转化办公室，负责专利许可授权、专利转化中介服务、专利转化收益分配等工作。具体工作是：对高校研发的专利进行整理、归纳、分析并评估；对专利转化的全过程提供咨询服务，负责专利的许可授权，通过与企业签订专利授权许可协议实现高校专利的有效转化；建立合理的收益分配制度，对授权许可的收益进行分配，合理提取一部分管理费后将收益分配给高校和专利的发明人。在我国高校设立专利转化办公室，一方面可以提高我国高校研发专利的转化效率，实现专利的有效转化，节约专利转化成本；另一方面可以使高校专利研发人员专心致力于专利研发，而不用再担心其研发的专利如何市场化的问题，同时也使其获得更高的专利许可收益。

4. 提高资金投入完善融资平台

（1）政府加大资金投入

美国联邦政府投入大量资金是美国高校专利转化成功的物质保障，联邦政府、州政府都设立专项基金会来支持美国高校的科研工作，如美国国家自然基金（NSF）等，每年都有固定的研究经费，且美国高校可以自由选择申请经费资助，这些科研经费确保了高校专利的研发和有效转化。与之相比，我国高校的专利研发经费也主要由政府提供，但与美国政府的资金投入相比，相差甚远。因此，为了保证高校专利的研发与转化，政府加大科研资金的投入是非常必要的，我们可以借鉴美国科研基金会的方式，建立我国高校自己的科研基金会，并制定一套申请、批准、备案流程。高校专利研发团队可以向该基金会递交申请，基金会对其申请的科研项目进行综合评估，对符合条件的科研项目给予必要资金支持，保证其从研发到专利转化所需要的资金，进而实现高校专利的有效转化。

（2）扩大融资平台

美国高校的科研经费的融资平台很广泛，不仅有各级政府的基金会投入，还有其他非营利性机构、社会团体的资助，校友会的捐助，工业界、企业界的投资等，这些渠道为美国高校科研提供了可靠的资金保障。美国高校除了借助外部资助外还通过高校自身科研专利进行融资，通过与校外企业联合开发的方式进行资金的筹备。而我国高校的融资平台比较单一，基本上是靠政府的拨款进行专利的研发、转化。中国的国情和经济发展的程度决定了中国政府不可能像美国政府一样投入巨额的资金用于高校专利的研发与转化，因此，为了解决科研资金问题，我国高校必须拓展融资平台，这方面我们要借鉴美国的经验，利用高校基金会进行融资，聘请专业人员进行管理，负责资金的筹集和使用，并加强与校外企业的合作，通过合作研发、转化获得必要的资金支持。

（3）引入风投机制

专利转化风险投资是指在高校将自身研发的专利进行市场转化的过程中，为了降低因为研发、转化所需资金的压力，而引入的一种高风险、高潜在收益的资本。目前我国高校专利转化所需资金大部分来自政府资助，还有一部分是自筹资金，引入风投资金的很少。而美国高校专利转化方面引入风险投资的比例达到了50%。从美国的经验看，建立风投机制是实现高校专利转化的一个重要途径，我国经济发展水平低，政府和高校无法投入大量的资金用于专利的转化，如果再没有企业和风投资金的注入，那么很多专利就要束之高阁，因此在我国高校专利转化过程中引入风投资金是一个必然的趋势。在引入风险投资时，我国政府要发挥其引导作用，组织国内外知名风投公司和企业走入我国高校，了解我国高校专利研发的现状，促成其与高校的合作研发转化。高校自身也要努力建立自己的风投引入机制，寻找合适的企业和风险投资基金，并挑选一些优秀的科研成果，进行合作研发，促进高校专利的高效转化。

5. 建立人员培训与引进机制

我国高校目前专利转化工作基本上都是由专利的研发人员和高校的行政管理人员负责，而他们与市场、企业接触不多，缺乏必要的经验，影响专利转化的成功率。而美国高校在专利转化的人员配置方面引入专业的管理、推广团队，他们具有多年专利转化管理、推广的经验，并且清楚当前的市场需求和走向，由他们负责研发专利成果的市场转化一方面节省了时间，另一方面也提高了专利转化的成功率。我国可以借鉴美国高校的成功经验，一方面在高校内部挑选一批有专利背景且具备经济学、管理学知识的人员，并对他们进行必要的培训，推荐其进入企业和市场实践，在实践中了解企业的需求和市场的导向，然后回到高校把企业、市场的需求与研发的专利进行对接，寻求更合适的转化对象，促进专利的有效转化；另一方面为了节省专利转化的时间提高效益，可以引入专业的专利转化团队，由其负责高校研发专利的转化。如果高校自己培养专利人才，虽其对相关专利很了解，能更切合实际地实现专利对口转化，但是培养人才不是一朝一夕可以做到的，需要大量的时间、资金和人力投入，而引入专业的专利管理团队，可以依靠其专业的谈判技巧和丰富的经验迅速实现转化。

6. 明确利益分配机制

根据美国高校专利转化的经验分析，专利转化后的利益分配问题和激励机制是促进高校专利转化的重要因素。我国目前对于专利转化的收益分配没有明确的机制和规定，我国可以借鉴美国高校的收益分配模式，即将高校专利转化所获得的收益平均分成三份，发明人、高校、发明人所在院系各分得一份，这样就公平地兼顾了各方的利益。我国高校在利益分配上应提高发明人的收益比例，这样可以把发明人研发专利及其转化与自己的收益联系在一起，能更好地激发发明人的创造热情和进行专利转化的积极性，同时也是高校收益的一个保障。

【案例评析】

美国得益于其政府立法的优越性，拥有健全的高校专利成果转化体系和创新的政策环境，对研发成果的归属，专利授权，专利权使用费的分配方式，技术转让机构的设立，技术转让的激励措施等都做了系统的规范。其主要特色有：

第一，明确界定科研成果所有权及收益分配。联邦政府出资的研发成果的所有权可归执行单位，高校、小型企业及非营利组织可选择拥有发明权，政府保留非专有、不得转让、可撤销及不必支付专利权使用费的使用权。允许联邦实验室进行独占性授权或部分独占性授权，私营企业无论规模大小都可以接受独占性授权。在高校、中小企业和非营利研究机构持有专利所有权的情况下，政府在一定条件下拥有"介入权"，即有权要求将某一专利的非专有或专有使用权许可给符合条件的申请人使用。同时，在法律层面规定专利权使用费的收入分配给发明人、相关人员及实验室，分为固定比例制和累进递减制两种模式。

第二，建立促进专利成果转移转化的机构、实施计划或项目。在国家、联邦实验室以及联邦实验室或大学内部设立促进成果转移转化的机构，如联邦实验室联盟、国家技术转让中心、ORTA、OTL等。其中，OTL模式现已成为当今美国高校和研究机构技术转移及知识产权经营的标准模式。政府出资设立计划，推动科技成果向企业进行转移转化，如小企业创新研究计划、小企业技术转让计划及先进技术计划等。联邦实验室、大学可与产业界进行合作研发，建立合作研究发展协议制度，促成研究组合。

第三，采用多种激励措施。将技术转让作为实验室工作人员的一项职责，并与其绩效评估挂钩；设立各种奖项激励科研成果转移转化等。

案例六 我国高校科技成果转化系列案例

《中华人民共和国促进科技成果转化法》提出：鼓励研究开发机构、高等院校采取转让、许可或者作价投资等方式，向企业或者其他组织转移科技成果；并明确国家设立的研究开发机构、高等院校对其持有的科技成果，可以自主决定转让、许可或者作价投资。

随着国家对高校科技成果转化的政策松绑，许多沉睡在高校里的创新成果正逐渐被唤醒，2017年以来各大高校优秀的专利技术开始与企业合作，开启科技成果转化新篇章！

一、武汉工程大学：碳化硅陶瓷膜技术作价2128万元入股一公司

2017年1月，武汉工程大学徐慢教授领衔的陶瓷膜科研团队以一组（8项）专利，作价2128万元技术入股湖北迪洁膜科技有限公司，该公司由团队与鄂州市昌达资产经营有限公司共同组建，武汉工程大学按照《湖北省自主创新促进条例》《湖北省高校院所知识产权推进工程管理暂行办法》《武汉工程大学科技成果奖励办法》，将专利评估所得收益2128万元的90%奖励给研发团队，另10%由学校武汉化院科技有限公司代持。这是该学校首次将9成成果转化收益奖励给研发团队，即1915.2万元，并由此在迪洁膜公司占股50.4%，迪洁膜公司也因此在全国率先实现了碳化硅陶瓷膜量产。

碳化硅陶瓷膜是最新一代膜分离材料，该材料由碳化硅粉经高温烧制而成，具有通量大、耐高温、耐化学侵蚀、机械强度好、抗微生物能力强、渗透通量大、可清洗性强、孔径分布窄、使用寿命长等优点，可分离出液体、空气中的颗粒物，主要应用于工业废水的处理。

此前，省属事业单位的科研人员在转化专利技术成果时，往往存在种种顾虑，担心背上"侵吞国有资产"的罪名。2016年7月，《湖北省自主创新促进条例》获省第十二届人民代表大会常务委员会第二十三次会议通过，自2016年10月1日起施行。该条例明确规定，在湖北省行政区域内的国家和省设立的高等院校、科研机构，将科技成果以技术转让或者许可方式实施转化所得净收入，其研发团队可以按照不低于70%的比例取得；以作价投资实施转化形成的股份或者出资比例，其研发团队可以按照不低于70%的比例取得。

湖北省知识产权局局长张彦林表示，《湖北省自主创新促进条例》等法规的出台，对产权清晰的科技成果转移转化提供了更好的分配方案，鼓励创造人员以专利权入股，极大地激发了一线科研人员创新创业的热情。

二、山东理工大学：毕玉遂教授团队研发的新型发泡剂创下5亿元的高价许可

2017年4月，山东理工大学毕玉遂教授领衔的研发团队的"无氯氟聚氨酯新型化学发泡剂"技术，被山东补天新材料技术有限公司以5亿元买断20年独占许可使用权（美国、加拿大市场除外），创造了山东省专利许可的新纪录。首付4100万元已拨付到山东理工大学账户上。

发泡剂是生产聚氨酯泡沫材料的重要原料。欧美国家已经研发出四代聚氨酯化学发泡剂，但都含有氟氯元素，会对臭氧层造成破坏。无氯氟聚氨酯新型

化学发泡剂技术既清洁环保又可降低能源消耗，可广泛应用于聚氨酯、聚氯乙烯、聚苯乙烯发泡，可适用于聚氨酯软质、硬质、半硬质发泡。

事实上早在 2011 年，毕玉遂团队就初步掌握了聚氨酯发泡的化学反应机理，但是他们一直不敢申请专利，因为一旦申请专利就要把所有的东西都公开，他们担心无法保护好这个技术。直到有一天，有窃贼入室偷盗毕教授实验室的数据，让毕玉遂意识到专利保护必须提上日程。最终，在国家知识产权局指导下，这项世界唯一的化学发泡剂技术提交了 4 件中国专利申请、1 件 PCT 国际专利申请。2017 年，"无氯氟聚氨酯新型化学发泡剂"的专利网布局完成，科研成果获得了最大保护。

山东理工大学党委书记吕传毅是天价合同签订的核心人物。2015 年，《中华人民共和国促进科技成果转化法修正案（草案）》正式出台，把科技成果的处置权、收益权和使用权下放给高校，并规定用于奖励科研人员的转化收益比例从不低于 20% 提高到不低于 50%。而为了让山东理工大学的科研成果更好地转化为生产力，2016 年后，吕传毅及其团队新修订相关科研细则及奖励办法，把团队的收益提高到 80%，学校只占 20%。

此后，山东理工大学越来越多的专家教授和市场方面都积极响应，技术合同成交额从 2015 年的 174 份，增长了 2018 年 330 份，增长了近一倍。不久前发布的《中国科技成果转化 2018 年度报告（高等院校与科研院所篇）》显示，山东理工大学在全国高等院校以转让、许可、作价投资三种方式转化科技成果合同金额中排名第一。

三、同济大学：王占山教授团队研发的高性能激光薄膜器件及装置专利转让价值 3800 万元

2017 年 5 月，同济大学王占山教授团队将自主研发的"高性能激光薄膜器件及装置"6 件发明专利授权转让，团队可获得技术转移金额的 85% 作为奖励，润坤（上海）光学科技有限公司支付 3800 万元技术转让费，并提出了 1.6 亿元的成果转化和产业化准备方案。这是同济大学建校 110 年历史上最大额度的技术转移现金合同。值得关注的是，根据校内成果转移转化实施细则，研发团队将获得此次转让收益的 85%，这在上海市高校已经实行的相关激励政策中堪称新高。

国家和上海市相继完善促进科技成果转化政策的大背景，推动学校制定更加具有激励作用的技术转移转化收益的分配细则。同济大学科学管理部部长贺鹏飞介绍，学校在相关细则中形成了技术转移收益"学校 15%，团队 70%，服务机构 5%，具体服务人员 10%"的四方分配机制，有效解决了科研人员对技

术的市场价值不了解的问题，也使得技术转移转化过程得以规范化。贺鹏飞强调，"根据规定70%给研究人员，15%给推进转移的服务机构和具体人员，团队把这些事儿都做了，加起来就有85%了"。

高能激光技术和装置是国防战略和新兴产业的制高点之一。而激光薄膜器件的核心技术、关键工艺和高端器件又长期受到国外封锁与禁运。王占山教授团队的突破，直接将我国的光学薄膜推到了国际前沿，同时掀开了高功率激光装备这个广阔的市场。

在许多高校科研成果的不成功案例中，一个关键性因素，往往是来自企业的担忧：担心自身"成为创新技术应用的小白鼠"。校企合作的基础上，如何以市场可成长眼光来判定合作深度、降低共同风险，成为需要解决的课题。

同济大学在这一环节做出了有益的探索：提出了技术转移费用"分期付款"的方式，允许企业在两年内分期支付技术转移费用，打消了部分企业对于应用新技术的"疑惑"，主动与企业共同承担了技术转移的风险，从而为此次技术成果转移得以顺利实施提供了最后的"钥匙"。

为促进同济大学自主研发的"高性能激光薄膜器件及装置"走出实验室，走向产业化，2016年4月23日，上海高校张江协同创新研究院、同济大学、润坤投资控股有限公司三方共同签署《关于高性能激光薄膜器件与装置的技术成果转化意向书》，形成了"企业 + 高校 + 独立的技术转移服务机构"的"三位一体"技术转移模式，也使长三角地区成为国内首个集研发、中试、生产、服务和人才培养于一体的高性能激光薄膜器件及装置的"全链条"创新中心。

关于此次3800万元技术转移现金合同，相关专家表示，这次签约转让技术，探索了一条高校科技成果转移转化走向规范化、持续化的新途径。通过专业的第三方服务机构，将政府、高校、企业相对分散的技术成果转化资源集成起来，形成合力，可以分担风险、提升技术成果转化的成功率，并确保技术成果转化的可持续性。

张江协同创新研究院表示，这次技术成果转移转化，推动军民两用技术的产业化，将大大增强上海张江创新示范区支撑涉及国家战略的工程任务的产业能力。此外，此次技术转移项目也得到了上海张江产业化专项重大项目的支持，在一定程度上减小了企业后期技术转化的风险，这也是此次技术转移能够成功实现的重要因素。

四、四川大学：王琪教授团队研发的分子复合 MCA 阻燃剂制备技术实现产值3.1亿元

2016年10月，四川大学高分子材料工程国家重点实验室的王琪教授及其团

队研发的"分子复合三聚氰胺氰尿酸盐（MCA）阻燃剂及其制备方法和用途"获得第十八届中国专利金奖。2017 年，分子复合 MCA 阻燃剂制备技术已在全国 20 多家企业获得应用，相关产品出口韩国、欧盟等国家和地区，实现产值约 3.1 亿元，下游产品累计实现产值约 25 亿元。

"四川大学历来重视产学研结合与科技成果转化，学校为我们的科技成果转化提供了有力的制度保障。"谈及成功经验，王琪教授感慨万千。事实上，这仅仅是四川大学助力科研人员成功转化专利成果的一个缩影，近年来，四川大学一直致力于完善体制机制建设，制定出台了《四川大学科技成果转化行动计划（试行）》等相关条例，积极探索高校科技成果转化的新举措、新途径和新模式，为成果转化注入了更多新活力。

三聚氰胺氰尿酸盐（MCA）是一种无卤环保型氮系阻燃剂，适用于多种工程塑料及橡胶材料，王琪教授团队从调控 MCA 超分子结构出发，通过分子复合方法制备 MCA，分子复合改性 MCA 阻燃高分子材料具有无焰熔滴特性，可达到 UL94 测试最高阻燃级别。

"高校科技成果转化需要建立市场化的知识产权运营机构，培养一支既懂技术又懂市场运作和科技管理的专业化队伍，而市场上的技术转移机构往往缺乏对高校技术成果、体制和研发队伍等情况的了解。因此，由高校自身筹建专业化的机构是解决科研成果与市场化、产品化之间'成果转化鸿沟'的关键。"四川大学科学技术发展研究院相关负责人表示，四川大学于 2012 年成立了四川大学产业技术研究院，主要统筹学校科技成果转移转化和外设研究院的建设管理等工作。此外，四川大学还按"企业化管理、市场化运作"的模式，组建了一支专业的技术转化服务队伍，并构建了一个对接市场需求、促进成果交易、提供投融资服务等覆盖成果转化的全链条服务体系。

四川大学还创造性地提出了校地合作新模式——共建合作专项资金、共引高端人才。据了解，四川大学与德阳市共建了四川省内首个校地合作产业技术研究院——四川大学德阳产业技术研究院。其首批签约运营的 13 个科技成果转化项目，签约金额达 1.2 亿元，带动投资 8.3 亿元，截至目前，6 个项目已经实现产业化示范作用。此外，校地合作专项资金设立 3 年来，总规模已达 2.5 亿元，共资助 149 个项目，带动投资 68 亿元，促进了一批重大科技成果在四川的转化落地。

四川大学根据"科学确权、早期分割、权益共享、责任共担"的管理理念，已建立了一套较为科学合理的分割确权评价方法。通过这套程序，成果所有人可享有 50% 到 90% 的成果所有权，并按所有权比例享受相应的权益。2016 年，四川大学与相关部门联合签署的《系统推进全面创新改革共建世界一流大学战略合作协议》，加大了四川大学科技成果在四川转化的奖励力度，规定实施许可和技术转让方式在四川转化的，在原有基础上再增加5%的收益奖励，实施许可和技术转让的奖励额度分别达到转化收益的90%和75%；以作价投资方式进行转化的，学校与成果所有人按成果所有权权属比例进行收益分配后，学校最高可将收益部分的30%奖励给成果所有人。

五、北京工业大学：马重芳教授团队研发的单螺杆技术作价9200万元入股一公司

2017年8月，北京工业大学第一个以科技成果作价股权奖励的公司诞生，北工大马重芳教授研发项目团队以其单螺杆技术5个方向1件发明专利、3件实用新型专利和2件公开发明专利的成果以9200万元作价入股，在新公司成立后，马重芳教授项目团队获得了75%的股权奖励。

北工大科技园有限公司董事长兼总经理王锋介绍，在专利权作价入股后，以股权奖励的方式对教师研发团队进行激励是北工大的一次创新探索，学校希望以此项目为范本，让这一激励模式也在其他项目上得以运用，促进学校创新成果转化。

单螺杆技术可用于压缩机、膨胀机、真空泵、热泵制冷设备、机电产品等领域，对于建筑节能、提升可再生能源利用效率等方面具有重要意义。而目前，国际上只有极少数公司掌握单螺杆核心部件加工技术，并实行技术封锁，马重芳教授团队的科研突破推动科技大国的发展。

"这次运作历经7个月终于完成，这主要得益于国家的好政策。"王锋感慨道。2015年，修改后的《中华人民共和国促进科技成果转化法》正式施行，其中提出，鼓励研究开发机构、高等院校采取转让、许可或者作价投资等方式，向企业或者其他组织转移科技成果；并明确国家设立的研究开发机构、高等院校对其持有的科技成果，可以自主决定转让、许可或者作价投资。在此背景下，北工大在2017年5月也出台了《北京工业大学科技成果使用、处置和收益管理规定》《北京工业大学技术转移项目管理办法》等科技成果转化配套制度。这些新政不但提升了学校科技成果转化效能，也为此次奖励提供了法理依据。

近年来，随着政策的松绑，高校的科技成果转化活力被进一步激发，相关创新模式也如雨后春笋般涌现。除北工大外，西南交通大学探索"职务科技成果混合所有制"，将职务科技成果知识产权分割一部分给科研团队；上海交通大学成立了知识产权管理有限公司，作为对接市场的技术折价入股通道，以知识产权增资方式实现规范管理……一批科技成果转化成功案例逐渐呈现在人们

面前。

六、中南大学：赵中伟教授团队 3 件发明专利许可使用费达 1.048 亿元

2017 年 9 月，中南大学冶金与环境学院赵中伟教授团队的"电化学脱嵌法从盐湖卤水提锂"技术 3 件相关专利，以独占许可方式成功转让给上海郓华科技发展有限公司，许可使用费达 1.048 亿元（其中货币资金 2480 万元，股权价值 8000 万元）。双方将共同组建平台公司，由平台公司具体负责专利的产业化和生产。根据中南大学相关规定，研发团队可获得此次转让收益总额 70% 的奖励。

我国锂资源丰富，但多集中于镁含量高的盐湖里，赵中伟团队将锂离子电池的工作原理应用于盐湖卤水提锂，发明镁锂分离的新技术，让分离效果更好、能耗更低，还不产生酸、碱等有害物质排放。

长期以来，我国高校科研创新工作偏重基础与理论研究，拥有强大研发创新能力的科研人才未能将智力资源转化成市场价值。2015 年修订的《中华人民共和国促进科技成果转化法》打破高校科技成果转化藩篱，鼓励其对持有的科研成果采取转让、许可或投资作价的方式进行转移转化，对高校以实践为导向的科技创新产生巨大鼓舞作用。中南大学接连制定出《知识产权管理办法》《科技成果出资入股流程暂行规定》《技术成果股权及权益分配规定》等文件，不断完善科技成果转化收益分配机制，建立符合科技成果转化工作特点的岗位管理、职称评定、考核评价和工资激励等制度，优化创新技术转化为专利申请的流程、提高科研人员通过职务成果获得的收益比例，有力地推动实验室里的发明创造走进企业。2000 年以来，中南大学依托其拥有的高价值专利创办的企业已超过 150 家，仅 2017 年上半年，学校已实现技术转让 45 项，实现了以往难以想象的经济效益。

【案例评析】

虽然最近近年来高校的高价值专利转移转化取得了很大的进步，但相比较高校庞大的发明专利数量而言，目前高校的科研成果转化率还是比较低的。当今中国，正处于由知识产权大国向知识产权强国迈进这一特定的历史进程中，高校高价值专利的培育和运用应该是知识产权强国建设的重心。高校的高价值专利，不仅要发掘，还需要主动培育。高价值专利具有技术含量高、专利申请文件专业性强、国内外市场前景良好等多方面特点，在技术研发之初和研发过程中，就要高度重视运用专利信息，做好评估评价，还需要专门的知识产权服务机构高质量地申请专利。总之，高价值专利的培育和运用是个系统工程，需

要政府、高校、科研院所、企业和服务中介等多方主体共同发力。总之，全社会要达成共识，共同打造有利于高校的高价值专利培育、运用和保护的社会环境。

案例七　科技成果转移转化模式

一、政府主导的知识产权交易博览会平台模式

1. 背景介绍

为贯彻中共中央、国务院对广东省知识产权工作的部署和要求，落实省委、省政府关于"打造全国知识产权交易中心"的指示精神，持续发挥"广东知识产权交易博览会"的平台作用和影响力，更大程度地汇聚和吸引国内外优质资源，推动创新资源转化运用，实现创新资源市场价值，更好地服务广东省实现"四个走在全国前列"目标，打造粤港澳大湾区建设品牌活动，广东省知识产权局、广州市人民政府牵头，每年举办一次，自2016年珠江论坛开始，已经连续举办三届知识产权交易博览会，奥凯公司持续作为知交会的主承办单位之一。

2. 案例内容

2018年知交会主题为"知识产权支撑粤港澳大湾区创新发展"，分为"知识产权交易博览""知识产权珠江论坛""专场活动"三大部分，为企业、高校、科研院所等各类创新主体搭建了知识产权展示、交流、交易、合作的重要平台。

本届知交会将举办知识产权珠江论坛、知识产权展览展示、新品发布、项目推介、专利拍卖和对接洽谈等活动，吸引了超过260家企业和机构参展。促成知识产权投资意向90亿元，达成知识产权交易金额共计10.42亿元，比去年增长44.72%，成为推动知识产权交流、合作、共赢的重要平台，促使更多的创新成果在广东交易、转化。

3. 启示

（1）政府主管部门牵头协调资源力度大

政府知识产权主管部门牵头，能够有效协调各个政府主管部门、企业、高校、科研院所、社会组织、服务机构等知识产权相关的各要素汇聚在一起，最大限度地促进知识产权相关主题汇集、互通。

（2）广东省在多个方面具备知识产权的良好基础

广东省经济体量、民营经济体量、创新活力均位居全国第一，科技创新体制机制灵活且激励政策好，对创新技术的需求、承接能力较为强劲。

二、常态化专利技术对接会模式

1. 背景介绍

承建政府和科协等各类成果转化基地，深挖"产学研用"精髓，高度结合高校优秀科技成果、技术供给与企业需求精准对接，定期举办专利技术对接会。

2. 案例内容

定期举办专利技术成果对接会，通过专利分析挖掘高校科研院所高价值专利极其背后团队，通过奥凯国际高端专利检索分析数据库、奥凯庞大的企业资源和企业专利技术需求，进行技术匹配后，邀请相关的有承接专利技术实力的企业、投资机构、孵化器等主体，一起参与精准的专利技术对接会，促进专利技术的供方和需求方的精准匹配、合作洽谈，并且常态化开展此项工作，解决高校科研院所没有企业需求和资源，也不善于主动联系企业，而企业也不知道谁正在研发和企业最相关的专利技术，信息的不对称、资源的不互通的问题。

3. 启示

（1）充分借助各方政府主管部门和科协等的资金和资源力量。

（2）充分利用奥凯在全国高等院校的专利信息服务专业性和基础。

（3）拥有丰富全面的专利数据检索分析工具以及专利分析师队伍，实现专利信息和产业的精准匹配。

三、广东省军民融合知识产权运营平台模式

1. 背景介绍

广东军荣知识产权运营有限公司（军荣公司）成立于2018年12月，位于广州开发区科学城，是中国船舶工业集团控股的国有控股公司。公司以军民融合为基础，开展军民融合科技的研究开发、技术推广、知识产权管理咨询、代理、维权咨询、运营服务等业务。中国船舶工业集团有限公司（简称中船集团）组建于1999年7月1日，是在原中国船舶工业总公司所属部门企事业单位基础上组建的中央直属特大型国有企业。中船集团拥有广船国际有限公司、中船黄埔文冲船舶有限公司等40余家二级单位。

2. 案例内容

广东省军民融合知识产权运营平台由中国船舶工业综合技术经济研究院与广州奥凯信息咨询有限公司共同发起设立的国有控股企业——广东军荣知识产权运营有限公司（下称广东军荣）负责建设运营。平台致力于将军工央企技术、品牌、资源优势与灵活市场机制相结合，围绕创新产业发展打造包含知识产权交易、技术成果转化、咨询培训等全链条、专业化的运营服务体系，积极对接国防建设与区域经济发展需求，促进形成"资源共享、能力协同、产业融合"的军民双向互动发展格局，辐射、带动广东省乃至整个粤港澳大湾区科技创新和未来产业发展，打造具有全国影响力的知识产权运营服务品牌。

技术本身并无军民之分，实际上军工单位手中掌握的相当部分专利是普通专利，希望将其转移出来，与广东省、粤港澳大湾区转型升级的需求相对接，并引入优势民企的力量，服务国防与武器装备建设。广东省军民融合知识产权运营平台的正式启用，恰好弥补了军工单位过往以计划管理体制进行技术转移的市场短板，标志着广东省军民融合知识产权工作进入一个新阶段。

3. 启示

（1）引入中央直属特大型国有企业资源。

（2）紧扣军民融合主题。

案例八　专利申请案例

一、专利申请程序

专利，也是俗称的专利权，是指发明人对其发明所享有的权利。专利权是指专利人在规定的时间范围内对其发明的享有权。在未经专利权人同意时，他人是无权使用的。申请专利是一项"技术"活，要认真填写申请文件、细心准备好各项申请材料。一般来说，专利可以分为发明专利、实用新型专利以及外观设计专利。根据我国专利法的规定，发明专利申请的审批程序包含以下五个阶段，分别是受理、初审、公布、实审以及授权。而实用新型及外观设计专利申请只有受理、初审和授权三个阶段。详情可以在国家知识产权局的官网上查找到（http：//www.sipo.gov.cn/zhfwpt/zlsqzn _ pt/zlsqspcxjs/zlsqsplc/index.htm）。

还可以将准备好的材料交至专利局设在各个省市的代办处。

二、专利申请的提交形式

申请人应以书面形式提交专利申请。随着互联网技术的发展，申请人现在也可以电子形式提交专利申请，在这里就不详述电子专利申请流程了。

申请人以书面形式提交申请专利，可以将申请文件及其他需要提供的文件当面交到专利局的受理窗口或者用邮寄的方式寄至"国家知识产权局专利局受理处"（以下简称专利局受理处）。如果交由代理，则可以当面交到设在地方的专利局代办处的受理窗口或者邮寄至"国家知识产权局专利局××代办处"。

三、申请专利的文件

1. 发明专利申请文件

申请发明专利需要的文件有：发明专利请求书、说明书摘要（必要时需提供摘要附图）、权利要求书、说明书（必要时需提交说明书附图）。以下提供一份案例详细说明。发明专利请求书不在此叙述了，重点讲解后面几份文件的书写要求。

【发明专利案例：一种高效羊毛纺纱装置的加工工艺】

（1）说明书摘要

说明书摘要的文字部分须写明发明专利的名称和所属的技术领域，并陈述出要解决的技术问题以及解决本问题的技术方法有哪些要点和其主要的用途。说明书摘要的文字部分一般控制在 300 字以内。

说明书摘要
案例：发明名称 一种高效羊毛纺纱装置的加工工艺 摘要 本发明公开了一种高效羊毛纺纱装置的加工工艺，包括机体、清洗箱和梳理机，所述机体的顶部设置有第一排杂口、吸尘泵、第一电机和进料口，所述吸尘泵的底部设置有吸尘口，所述机体内设置有捻线机、梳理机和清洗箱，且捻线机内设置有转动轴，所述转动轴通过皮带与清洗箱内的从动轮连接，所述从动轮通过皮带与第二电机内的主动轮连接，所述梳理机内的顶部设置有多个梳理装置，所述梳理棍上设置有若干个梳针，所述清洗箱的上方设置有进料仓，所述捻线机依次通过皮辊和引线罗拉与纱筒连接。本发明梳理效率较好，有效除尘，减少给工作人员带来的危害，皮辊温度稳定，提高纱线的质量、柔顺和光洁等，结构简单，效率高，节省设备投资，具有较好的实用性。

（2）权利要求书

权利要求书中的文字内容应当说明发明专利的技术特征，简要并清楚地表述出请求保护的范围。如果权利要求书中含有几项权利要求时，须按顺序用阿拉伯数字编号排列。

权利要求书

1. 一种高效羊毛纺纱装置的加工工艺，包括机体（1）、清洗箱（11）和梳理机（22），其特征在于：所述机体（1）的顶部设置有第一排杂口（2）、吸尘泵（4）、第一电机（5）和进料口（6），且吸尘泵（4）设置在第一排杂口（2）和第一电机（5）之间，所述吸尘泵（4）的底部设置有吸尘口（3），且吸尘口（3）设置在机体（1）内的顶部，所述机体（1）内设置有捻线机（20）、梳理机（22）和清洗箱（11），且捻线机（20）内设置有转动轴（16），所述转动轴（16）通过皮带与清洗箱（11）内的从动轮（10）连接，所述从动轮（10）通过皮带与第二电机（13）内的主动轮（12）连接，且第二电机（13）设置在机体（1）的底部，所述梳理机（22）内的顶部设置有多个梳理装置（14），且梳理棍（24）通过连接件（23）与梳理装置（14）连接，所述梳理棍（24）上设置有若干个梳针（25），所述梳理机（22）内的底部设置有第一加热装置（15），所述清洗箱（11）的上方设置有进料仓（8），且进料仓（8）内设置有清毛滚筒（7），所述进料仓（8）的一侧设置有第二排杂口（9），且进料口（6）设置在进料仓（8）的顶部，所述捻线机（20）依次通过皮辊（17）和引线罗拉（19）与纱筒（18）连接，且皮辊（17）内的两侧皆设置有第二加热装置（21）。

2. 根据权利要求1所述的一种高效羊毛纺纱装置的加工工艺，其特征在于：所述第二加热装置（21）的一侧设置有陶瓷板。

3. 根据权利要求1所述的一种高效羊毛纺纱装置的加工工艺，其特征在于：所述清洗箱（11）内设置有稀硫酸液，且皮带、转动轴（16）、从动轮（10）和主动轮（12）上皆涂覆有聚苯硫醚薄膜。

4. 根据权利要求1所述的一种高效羊毛纺纱装置的加工工艺，其特征在于：所述清毛滚筒（7）内的下方设置有滤网，且滤网的下方设置有斜板。

5. 根据权利要求1所述的一种高效羊毛纺纱装置的加工工艺，其特征在于：所述捻线机（20）和梳理机（22）之间的皮带外部、梳理机（22）和清洗箱（11）之间的皮带外部皆设置有防尘罩。

说明书

一种高效羊毛纺纱装置的加工工艺

技术领域

本发明涉及纺织设备技术领域，具体为一种高效羊毛纺纱装置的加工工艺。

背景技术

羊毛是纺织工业的重要原料，它具有弹性好、吸湿性强、保暖性好等优点，而羊毛纺纱前需要将羊毛加工成洗净毛，而纺纱是取动物或植物性纤维运用加捻的方式使其抱合成为一连续性无限延伸的纱线，以便适用于织造的一种行为，传统的羊毛纺纱机经常会出现断毛现象，纺纱原料的断毛率较高，多是人工操作，纺纱过程中会有尘埃和小细棉随纱线而散落在纺纱机周围或人的身上，给环境带来污染，对人身体也充满了危害，而且传统的羊毛纺纱机是在压辊外部表面加热，使得辊轮温度不稳定，影响纱线的质量、柔顺和光洁等，结构复杂，造价高，纺纱效率低，生产成本大。

发明内容

本发明的目的在于提供一种高效羊毛纺纱装置的加工工艺，以解决上述背景技术中提出的问题。

为实现上述目的，本发明提供如下技术方案：一种高效羊毛纺纱装置的加工工艺，包括机体、清洗箱和梳理机，所述机体的顶部设置有第一排杂口、吸尘泵、第一电机和进料口，且吸尘泵设置在第一排杂口和第一电机之间，所述吸尘泵的底部设置有吸尘口，且吸尘口设置在机体内的顶部，所述机体内设置有捻线机、梳理机和清洗箱，且捻线机内设置有转动轴，所述转动轴通过皮带与清洗箱内的从动轮连接，所述从动轮通过皮带与第二电机内的主动轮连接，且第二电机设置在机体的底部，所述梳理机内的顶部设置有多个梳理装置，且梳理棍通过连接件与梳理装置连接，所述梳理棍上设置有若干个梳针，所述梳理机内的底部设置有第一加热装置，所述清洗箱的上方设置有进料仓，且进料仓内设置有清毛滚筒，所述进料仓的一侧设置有第二排杂口，且进料口设置在进料仓的顶部，所述捻线机依次通过皮辊和引线罗拉与纱筒连接，且皮辊内的两侧皆设置有第二加热装置。

优选的，所述第二加热装置的一侧设置有陶瓷板。

优选的，所述清洗箱内设置有稀硫酸液，且皮带、转动轴、从动轮和主动轮上皆涂覆有聚苯硫醚薄膜。

优选的，所述清毛滚筒内的下方设置有滤网，且滤网的下方设置有斜板。

优选的，所述捻线机和梳理机之间的皮带外部、梳理机和清洗箱之间的皮带外部皆设置有防尘罩。

与现有技术相比，本发明的有益效果是：该设备梳理效率较好，吸尘口位于正上方，可以有效减少灰尘与小细棉四处飞散，有效除尘，吸尘泵的添加使传统的纺纱工艺环境变得更加清洁，减少给工作人员带来的危害，皮辊温度稳定，提高了纱线的质量、柔顺和光洁等，结构简单，效率高，造价低，节省设备投资，具有较好的实用性。

（3）说明书

说明书第一页第一行应当写明创造的名称，该名称应当与请求书中的名称一致，并左右居中。说明书的内容应当包括五个部分，分别是技术领域、背景技术、发明内容、附图说明和具体实施方式。书写每一部分前都须写明标题。

附图说明

图 1 为本发明的结构示意图；

图 2 为本发明的皮辊内部结构示意图；

图 3 为本发明的梳理装置结构示意图。

图中：1 - 机体；2 - 第一排杂口；3 - 吸尘口；4 - 吸尘泵；5 - 第一电机；6 - 进料口；7 - 清毛滚筒；8 - 进料仓；9 - 第二排杂口；10 - 从动轮；11 - 清洗箱；12 - 主动轮；13 - 第二电机；14 - 梳理装置；15 - 第一加热器；16 - 转动轴；17 - 皮辊；18 - 纱筒；19 - 引线罗拉；20 - 捻线机；21 - 第二加热器；22 - 梳理机；23 - 连接件；24 - 梳理棍；25 - 梳针。

具体实施方式

下面将结合本发明实施例中的附图，对本发明实施例中的技术方案进行清楚、完整的描述，显然，所描述的实施例仅仅是本发明一部分实施例，而不是全部的实施例。基于本发明中的实施例，本领域普通技术人员在没有做出创造性劳动前提下所获得的所有其他实施例，都属于本发明保护的范围。

请参阅图 1 至图 3，本发明提供的一种实施例：一种高效羊毛纺纱装置的加工工艺，包括机体 1、清洗箱 11 和梳理机 22，机体 1 的顶部设置有第一排杂口 2、吸尘泵 4、第一电机 5 和进料口 6，且吸尘泵 4 设置在第一排杂口 2 和第一电机 5 之间，吸尘泵 4 的底部设置有吸尘口 3，且吸尘口 3 设置在机体 1 内的顶部，机体 1 内设置有捻线机 20、梳理机 22 和清洗箱 11，且捻线机 20 内设置有转动轴 16，转动轴 16 通过皮带与清洗箱 11 内的从动轮 10 连接，从动轮 10 通过皮带与第二电机 13 内的主动轮 12 连接，且第二电机 13 设置在机体 1 的底部，梳理机 22 内的顶部设置有多个梳理装置 14，且梳理棍 24 通过连接件 23 与梳理装置 14 连接，梳理棍 24 上设置有若干个梳针 25，梳理机 22 内的底部设置有第一加热器 15，清洗箱 11 的上方设置有进料仓 8，且进料仓 8 内设置有清毛滚筒 7，进料仓 8 的一侧设置有第二排杂口 9，且进料口 6 设置在进料仓 8 的顶部，捻线机 20 依次通过皮辊 17 和引线罗拉 19 与纱筒 18 连接，且皮辊 17 内的两侧皆设置有第二加热器 21，第二加热器 21 的一侧设置有陶瓷板，清洗箱 11 内设置有稀硫酸液，且皮带、转动轴 16、从动轮 10 和主动轮 12 上皆涂覆有聚苯硫醚薄膜，清毛滚筒 7 内的下方设置有滤网，且滤网的下方设置有斜板，捻线机 20 和梳理机 22 之间的皮带外部、梳理机 22 和清洗箱 11 之间的皮带外部皆设置有防尘罩。

工作原理：将羊毛由进料口 6 进入到进料仓 8 中，先通过清毛滚筒 7 的清理，过滤网过滤到的杂质顺着斜板由第二排杂口 9 排出，羊毛进入到清洗箱 11，利用羊毛抗弱酸不抗碱和植物性纤维抗碱性不抗酸性的性能，将羊毛浸于盛有稀硫酸液的清洗箱中，溶去羊毛中植物性杂质而不损伤羊毛纤维，第二电机 13 工作，主动轮 12 转动，通过皮带带动从动轮 10，从动轮 10 带动转动轴 16，羊毛由转送带传送到梳理机 22 中，梳理机 22 内的梳理装置 14 对羊毛纤维进行梳理，梳理棍 24 上的梳针 25 梳理效果好，梳理机 22 底部的第一加热器 15 对皮带加热，从而羊毛纤维被烘干，羊毛纤维随着皮带进入到捻线机 20 进行加捻成线工作，皮辊 17 内的第二加热器 21 对陶瓷板加热，形成的热气流对辊体均匀加热，提高羊毛纱线的质量，最后由引线罗拉 19 引出，缠绕在纱筒 18 上，第一电机 5 开启，吸尘泵 4 开始工作，由于吸尘泵 4 的动力作用，吸尘口 3 把机体 1 内的灰尘与小细棉吸入第一排杂口 2 内。

对于本领域技术人员而言，显然本发明不限于上述示范性实施例的细节，而且在不背离本发明的精神或基本特征的情况下，能够以其他的具体形式实现本发明。因此，无论从哪一点来看，均应将实施例看作是示范性的，而且是非限制性的，本发明的范围由所附权利要求而不是上述说明限定，因此旨在将落在权利要求的等同要件的含义和范围内的所有变化囊括在本发明内。不应将权利要求中的任何附图标记视为限制所涉及的权利要求。

说明书附图

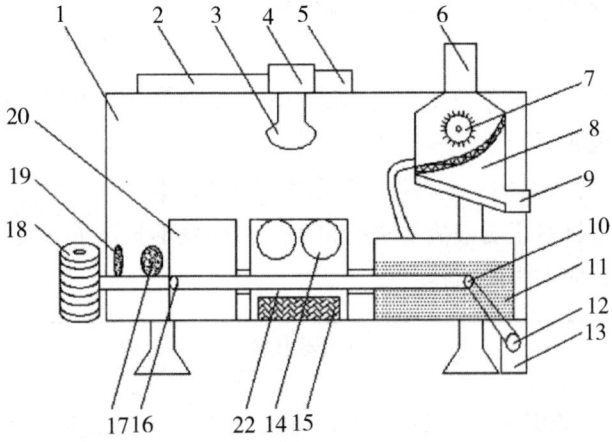

图 1

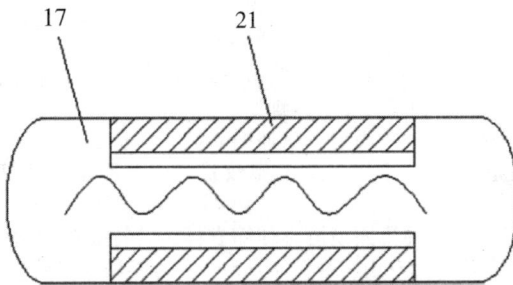

图 2

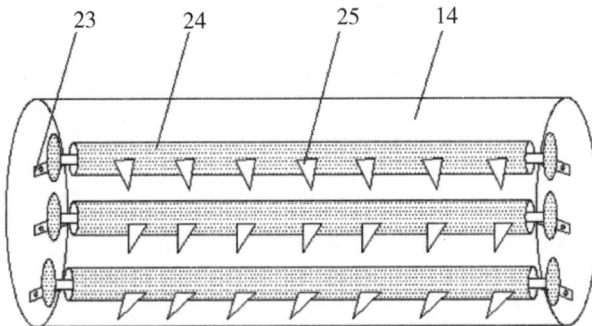

图 3

如果说明书中有附图的，那么要尽量竖向绘制在图纸上。当一幅图不能完整地表示本项发明时，可以绘制在几张图纸上，但同时要单独提供一份缩小比例的整图，并在该图上清楚地标注出各个分图的位置。若说明书中无附图，则说明书文字部分不包括附图说明及相应的标注。

2. 实用新型专利

申请文件有：实用新型专利请求书、说明书摘要及其摘要附图、权利要求书、说明书、说明书附图。

【实用新型专利案例：一种稳固型浴室伸缩衣杆】

前一案例已针对说明书摘要进行讲解，在此就不赘述了，我们主要来看看权利要求书和说明书中的内容。

权利要求书
1. 一种稳固型浴室伸缩衣杆，其特征在于：包括主连接杆、支撑垫、伸缩杆组件、左端支撑组件和右端支撑件，所述右端支撑件套在主连接杆的右端，所述伸缩杆组件右端设置在主连接杆左端内侧，所述伸缩杆组件左端螺纹连接有左端支撑组件，所述支撑垫放置在主连接杆和右端支撑件之间，所述支撑垫内侧还分布有螺纹槽。 2. 根据权利要求1所述的一种稳固型浴室伸缩衣杆，其特征在于：所述左端支撑组件包括左端支撑件，扣在左端支撑件左侧的防滑垫，以及与左端支撑件右端转动连接的螺纹固定管，所述螺纹固定管内壁分布有内螺纹。 3. 根据权利要求1所述的一种稳固型浴室伸缩衣杆，其特征在于：所述伸缩杆组件包括伸缩杆主体，固定在伸缩杆主体左侧的螺纹杆，以及固定在伸缩杆主体右侧的锁紧杆。 4. 根据权利要求1所述的一种稳固型浴室伸缩衣杆，其特征在于：所述主连接杆的左端内侧还固定有套杆，所述套杆由三片锁紧片沿环形连接而成，而每片锁紧片圆周外侧还固定有防滑片，且内侧还设置有锁紧螺纹。 5. 根据权利要求4所述的一种稳固型浴室伸缩衣杆，其特征在于：所述套杆为圆锥形结构。

说明书

一种稳固型浴室伸缩衣杆

技术领域

本实用新型涉及一种稳固型浴室伸缩衣杆。

背景技术

在平时使用浴室时，都会把毛巾或者换洗的衣裤放置在浴室的衣架上，待洗完后可以直接拿起衣裤换上，比较方便，随着衣杆的技术改进，现有的浴室衣杆已经不是单一固定在两侧墙壁上，往往都可以自由伸缩旋转固定锁紧，可根据两侧墙壁之间的宽度，调整好伸缩杆的伸缩距离，利用杆体内的锁紧装置锁紧，当锁紧后衣杆两侧即可顶住两侧墙壁，但事实是现有的衣杆在固定后由于两侧和墙面瓷砖贴合不紧，稍微有松动就会掉下来，使弄脏衣裤，特别是一些女孩子力气没那么大，往往锁不紧衣杆。

实用新型内容

本实用新型要解决的技术问题是提供一种结构简单、操作简便、调节方便、锁紧稳固性好不易掉落的稳固型浴室伸缩衣杆。

为解决上述问题，本实用新型采用如下技术方案：

一种稳固型浴室伸缩衣杆，包括主连接杆、支撑垫、伸缩杆组件、左端支撑组件和右端支撑件，所述右端支撑件套在主连接杆的右端，所述伸缩杆组件右端设置在主连接杆左端内侧，所述伸缩杆组件左端螺纹连接有左端支撑组件，所述支撑垫放置在主连接杆和右端支撑件之间。

作为优选，所述左端支撑组件包括左端支撑件，扣在左端支撑件左侧的防滑垫，以及与左端支撑件右端转动连接的螺纹固定管，所述螺纹固定管内壁分布有内螺纹。

作为优选，所述伸缩杆组件包括伸缩杆主体，固定在伸缩杆主体左侧的螺纹杆，以及固定在伸缩杆主体右侧的锁紧杆。

作为优选，所述主连接杆的左端内侧还固定有套杆，所述套杆由三片锁紧片沿环形连接而成，而每片锁紧片圆周外侧还固定有防滑片，且内侧还设置有锁紧螺纹。

作为优选，所述支撑垫内侧还分布有螺纹槽。

作为优选，所述套杆为圆锥形结构。

本实用新型的有益效果是：本实用新型稳固型浴室伸缩衣杆设置有主连接杆和右端支撑件，且在主连接杆和右端支撑件之间放置有支撑垫，在锁紧时，左端支撑组件和右端支撑件在两侧墙壁上抵触设置，由于锁紧需要旋动伸缩杆组件或主连接杆，难免会引起左端支撑组件和右端支撑件松动，而设置支撑垫、可以完美地解决这个问题，旋紧后使衣杆完全固定在两侧墙壁上不会掉落弄脏衣裤，操作简单，使用方便。

附图说明

为了更清楚地说明本实用新型实施例或现有技术中的技术方案，下面将对实施例或现有技术描述中所需要使用的附图作简单的介绍，显而易见地，下面描述中的附图仅仅是本实用新型的一些实施例，对于本领域普通技术人员来讲，在不付出创造性劳动的前提下，还可以根据这些附图获得其他的附图。

图1为本实用新型一种稳固型浴室伸缩衣杆的结构示意图；

图2为本实用新型一种稳固型浴室伸缩衣杆的爆炸图；

图3为本实用新型一种稳固型浴室伸缩衣杆中支撑垫的示意图；

图4为本实用新型一种稳固型浴室伸缩衣杆中左端支撑组件的示意图；

图5为本实用新型一种稳固型浴室伸缩衣杆中锁紧片的俯视图；

图6为本实用新型一种稳固型浴室伸缩衣杆中锁紧片的主视图。

具体实施方式

下面结合附图对本实用新型的优选实施例进行详细阐述，以使本实用新型的优点和特征能更易于被本领域技术人员理解，从而对本实用新型的保护范围做出更为清楚明确的界定。

参阅图 1 至图 6 所示，一种稳固型浴室伸缩衣杆，包括主连接杆 4、支撑垫 10、伸缩杆组件 2、左端支撑组件 1 和右端支撑件 5，所述右端支撑件 5 套在主连接杆 4 的右端，所述伸缩杆组件 2 右端设置在主连接杆 4 左端内侧，所述伸缩杆组件 2 左端螺纹连接有左端支撑组件 1，所述支撑垫 10 放置在主连接杆 4 和右端支撑件 5 之间。

所述左端支撑组件 1 包括左端支撑件 13，扣在左端支撑件 13 左侧的防滑垫 12，以及与左端支撑件 13 右端转动连接的螺纹固定管 14，所述螺纹固定管 14 内壁分布有内螺纹（未图示）。

所述伸缩杆组件 2 包括伸缩杆主体 23，固定在伸缩杆主体 23 左侧的螺纹杆 21，以及固定在伸缩杆主体 23 右侧的锁紧杆 24。

所述主连接杆 4 的左端内侧还固定有套杆 3，所述套杆 3 由三片锁紧片 6 沿环形连接而成，而每片锁紧片 6 圆周外侧还固定有防滑片 7，且内侧还设置有锁紧螺纹 9。

所述支撑垫 10 内侧还分布有螺纹槽 11。

所述套杆 3 为圆锥形结构。

在本实施例中，首先把支撑垫 10 放入到右端支撑件 5 内，并把右端支撑件 5 套到主连接杆 4 右端上，使支撑垫 10 放置在主连接杆 4 和右端支撑件 5 之间前后抵触设置，然后把左端支撑组件 1 套在伸缩杆组件 2 的左侧，通过螺纹杆 21，可以使左端支撑组件 1 和伸缩杆组件 2 固定螺纹连接，支撑垫 10 内侧还分布有螺纹槽 11，使支撑垫 10 具有一定的弹性，在伸缩杆主体 23 转动旋紧时可以使支撑垫 10 压紧，来增加整个衣杆的稳固性，不易脱扣掉落弄脏衣裤，而伸缩杆组件 2 在旋紧时，伸缩杆主体 23 右侧的锁紧杆 24 旋入到套杆 3 内螺纹连接，当旋紧时，因套杆 3 锥形结构，会使套杆 3 不断向外侧扩张，使防滑片 7 抵触到主连接杆 4 内壁上达到锁紧固定的效果。

本实用新型的有益效果是：本实用新型稳固型浴室伸缩衣杆设置有主连接杆和右端支撑件，且在主连接杆和右端支撑件之间放置有支撑垫，在锁紧时，左端支撑组件和右端支撑件在两侧墙壁上抵触设置，由于锁紧需要旋动伸缩杆组件或主连接杆，难免会引起左端支撑组件和右端支撑件松动，而设置支撑垫可以完美解决这个问题，旋紧后使衣杆完全固定在两侧墙壁上不会掉落弄脏衣裤，操作简单，使用方便。

以上所述，仅为本实用新型的具体实施方式，但本实用新型的保护范围并不局限于此，任何不经过创造性劳动想到的变化或替换，都应涵盖在本实用新型保护范围内。

说明书附图

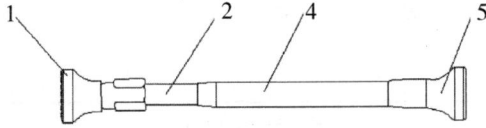
图 1

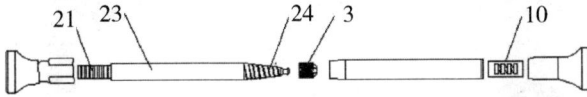
图 2

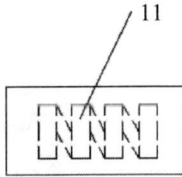
图 3

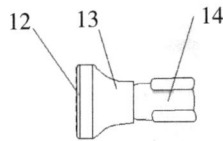
图 4

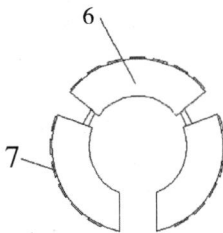
图 5

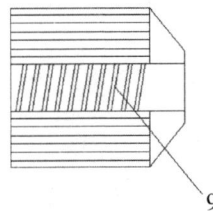
图 6

3. 外观设计专利

申请外观设计专利时需要的文件有：外观设计专利请求书、图片或照片（要求强调保护色彩的，图片或照片应当提交彩色的）以及对该外观设计的简要说明。

【外观设计专利请求书案例——使用外观设计的产品名称：公仔（鸭子手摇铃)】

图片或照片

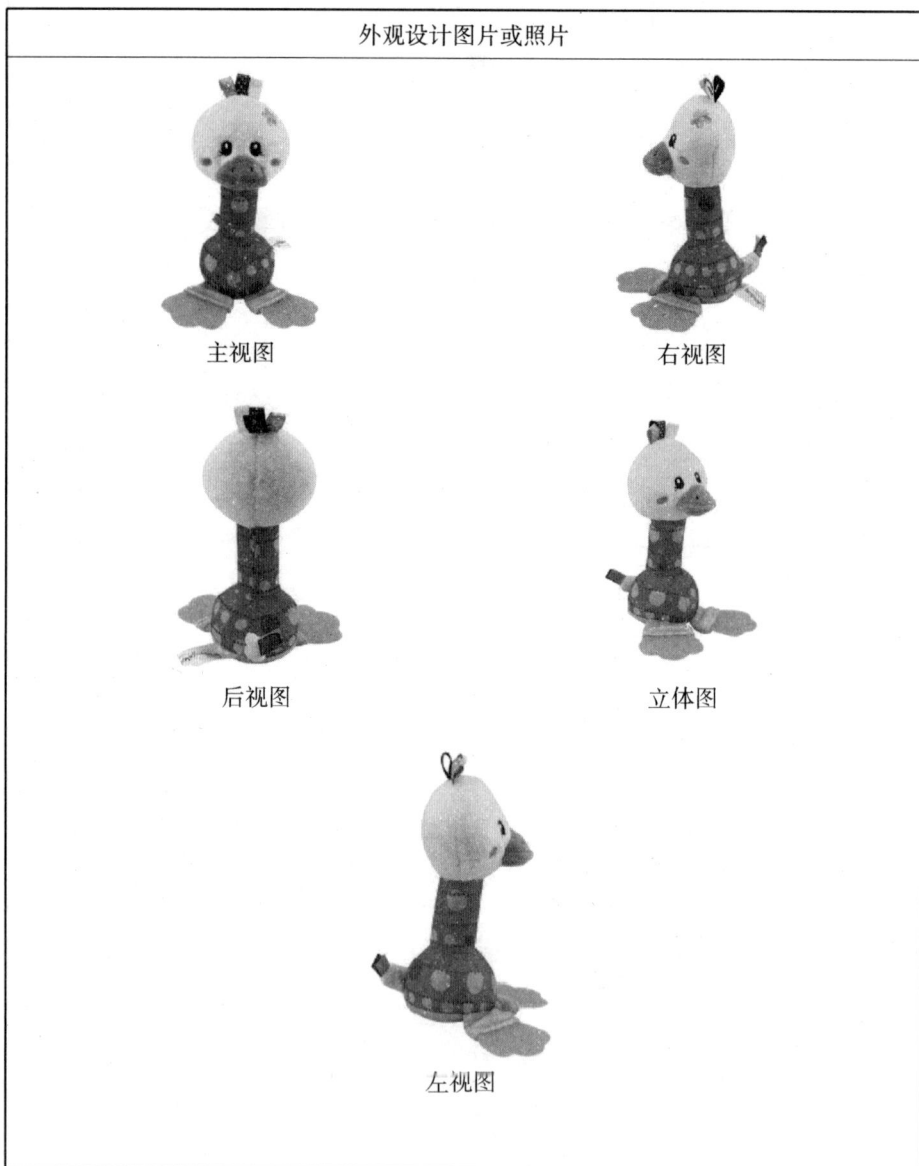

外观设计图片或照片

主视图

右视图

后视图

立体图

左视图

申请外观专利，填写申请表时应当提交图片或照片。图片或者照片都应当清楚地显示要求专利保护的产品的外观设计。申请人如果请求保护色彩的外观设计专利申请时，应当提交彩色图片或照片。在提供相应的专利图片或照片时，需要注意以下几点事项：

第一，当外观设计是立体产品时，产品设计要点涉及六个面，需要提供六面正投影视图；如果产品设计要点仅涉及一个或几个面的，应当至少提交所涉及面的正投影视图和立体图，并简要说明省略视图的原因。就平面产品的外观设计而言，产品设计要点涉及一个面的，可以仅提交该面正投影视图；产品设计要点涉及两个面的，应当提交两面正投影视图。

第二，必要的情况下申请人还应当提交该外观设计产品的展开图、剖视图、剖面图、放大图以及变化状态图。此外，申请人可以提交参考图，参考图通常用于表明使用外观设计的产品的用途、使用方法或者使用场所等。

第三，色彩包括黑白灰系列和彩色系列。对于简要说明中声明请求保护色彩的外观设计专利申请，图片的颜色应当着色牢固、不易褪色。

第四，六面正投影视图的视图名称，是指主视图、后视图、左视图、右视图、俯视图和仰视图。各视图的视图名称应当标注在相应视图的正下方。其中主视图所对应的面应当是使用时通常朝向消费者的面或者最大程度反映产品的整体设计的面。例如，带杯把的杯子的主视图应是杯把在侧边的视图。

第五，同一图纸上，可以安排多幅视图，各视图的布置方向应保持一致，各视图间应彼此明显地分开，可采用竖列排版或者横列排版方式。

第六，若申请专利产品为成套产品，应当在其中每件产品的视图名称前以阿拉伯数字顺序编号标注，并在编号前加以"套件"字。例如，对于成套产品中的第4套件的主视图，其视图名称为：套件4主视图。对于同一产品的相似外观设计，应当在每个设计的视图名称前以阿拉伯数字顺序编号标注，并在编号前加以"设计"字。例如：设计1主视图。组件产品，也就是指由多个构件相结合构成的一件产品，分为无组装关系、组装关系唯一或者组装关系不唯一的组件产品。对于组装关系唯一的组件产品，应当提交组合状态的产品视图；对于无组装关系或者组装关系不唯一的组件产品，应当提交各构件的视图，并在每个构件的视图名称前以阿拉伯数字顺序编号标注，并在编号前加以"组件"字。例如，对于组件产品中的第3组件的左视图，其视图名称为：组件3左视图。另外，对于有多种变化状态的产品的外观设计，应当在其显示变化状态的视图名称后，以阿拉伯数字顺序编号标注。

简要说明
1. 本外观设计产品的名称：公仔（鸭子手摇铃）。 2. 本外观设计产品的用途：本外观设计产品用于玩耍。 3. 本外观设计产品的设计要点：形状及图案。 4. 最能表明本外观设计要点的图片或照片：主视图。 5. 省略视图：俯视图与仰视图不常，反省略。

在简要说明这一部分，需要包括的内容有：外观设计产品的名称、用途、设计要点，以及一幅最能表明设计要点的图片或照片。此外，前面也提到，如果申请请求保护色彩的外观设计专利，应当在简要说明中声明。如果外观设计专利申请省略了视图，也应当写明省略的具体原因。